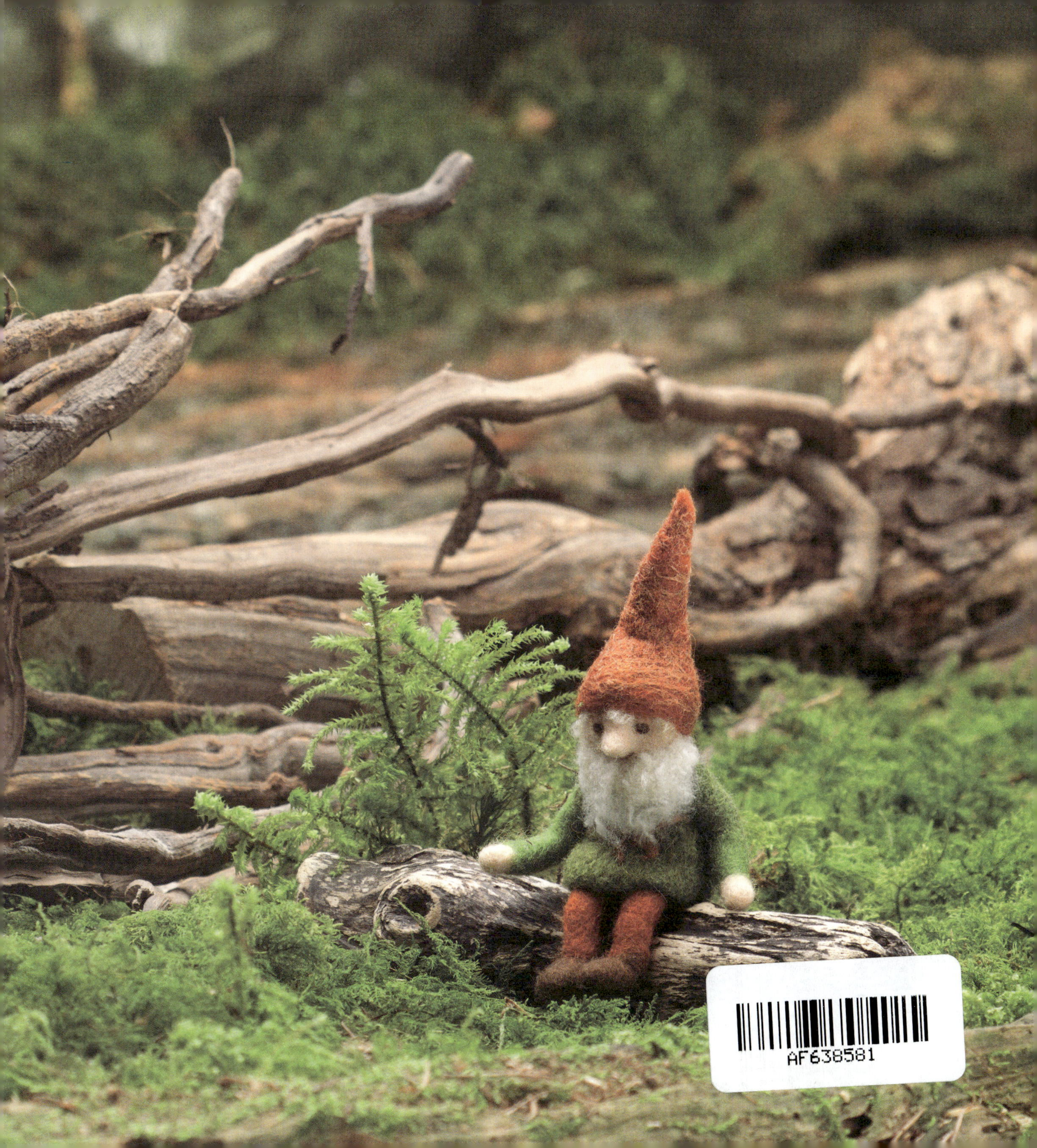

Rotraud Reinhard

Filzen von heimischen Tieren

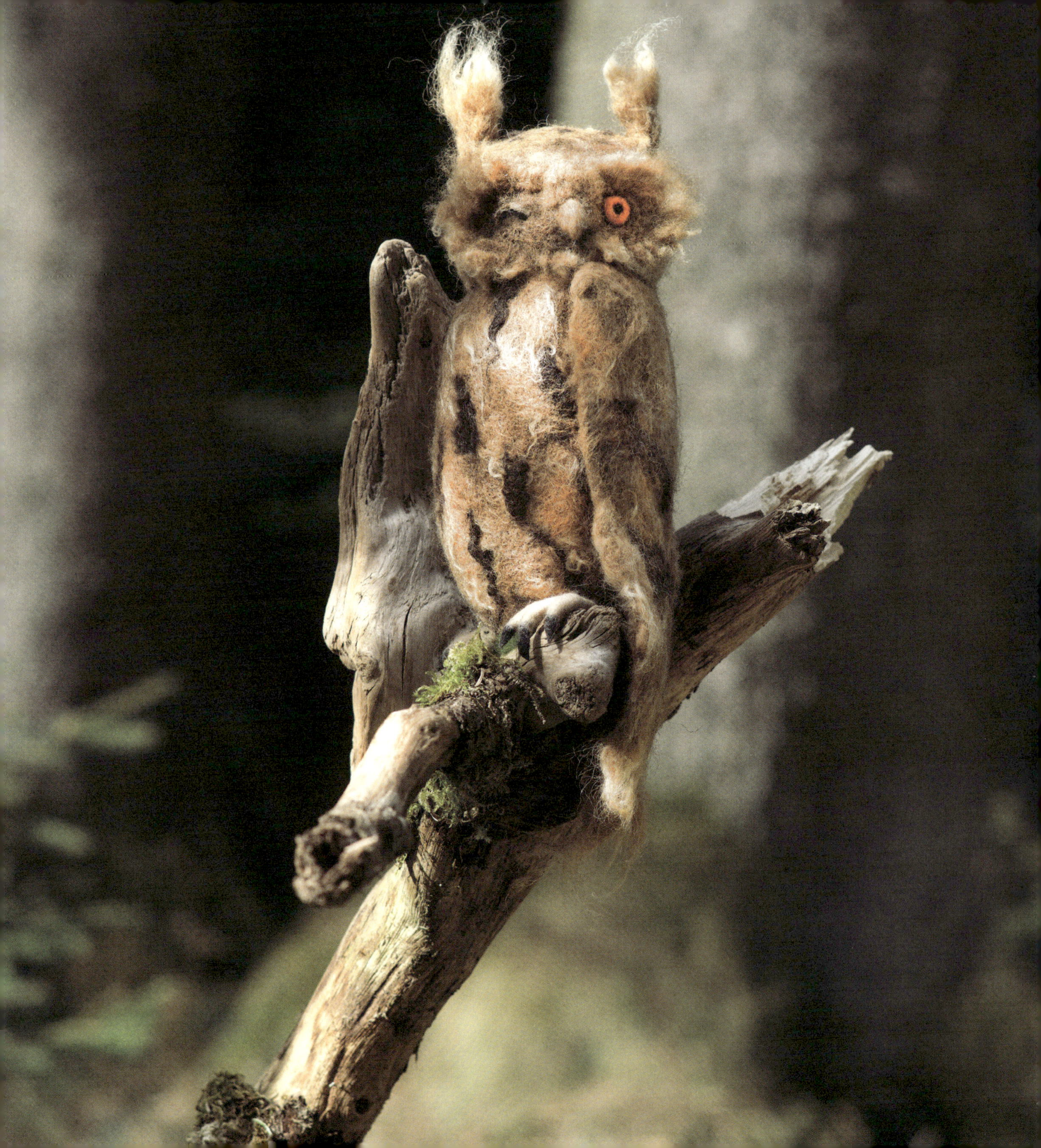

Rotraud Reinhard

Filzen von heimischen Tieren

Verlag Freies Geistesleben

4., überarbeitete Auflage 2024

Verlag Freies Geistesleben
Landhausstraße 82, 70190 Stuttgart
geistesleben.de

ISBN 978-3-7725-2748-7

Fotos: Ulrike & Jürgen Pfeiffer | www.pfeiffers-online.de,
Rotraud Reinhard
Umschlaggestaltung: Maria A. Kafitz
Gestaltung & Satz: Bianca Bonfert
Druck: Print Best, Viljandi
Printed in Estonia

FSC www.fsc.org MIX Papier | Fördert gute Waldnutzung FSC® C129413

ClimateCalc™ Der CO2-Ausstoß dieses Druckproduktes wurde mit ClimateCalc berechnet und kompensiert: South Pole www.climatecalc.eu CC-000113/EE

Inhalt

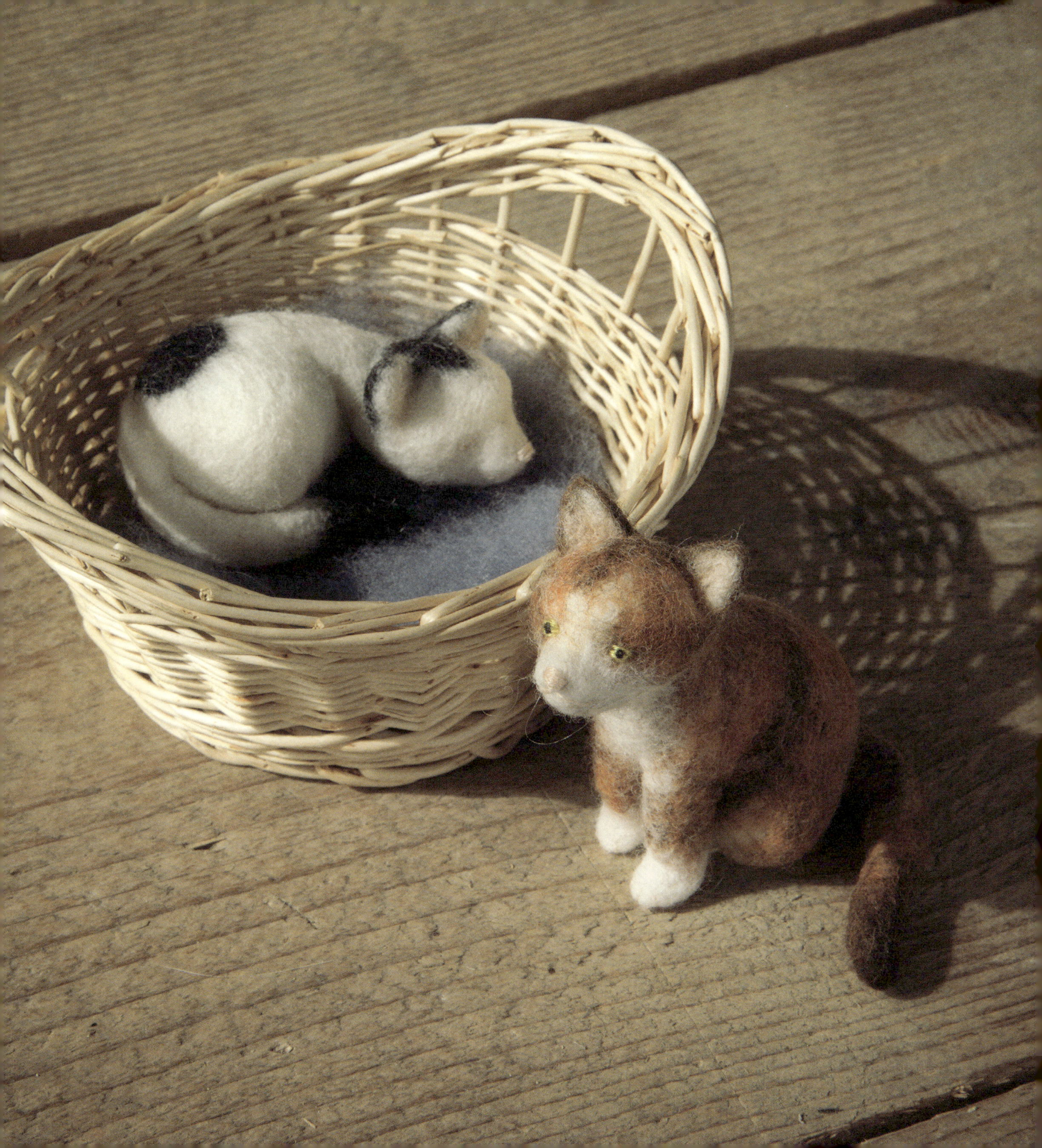

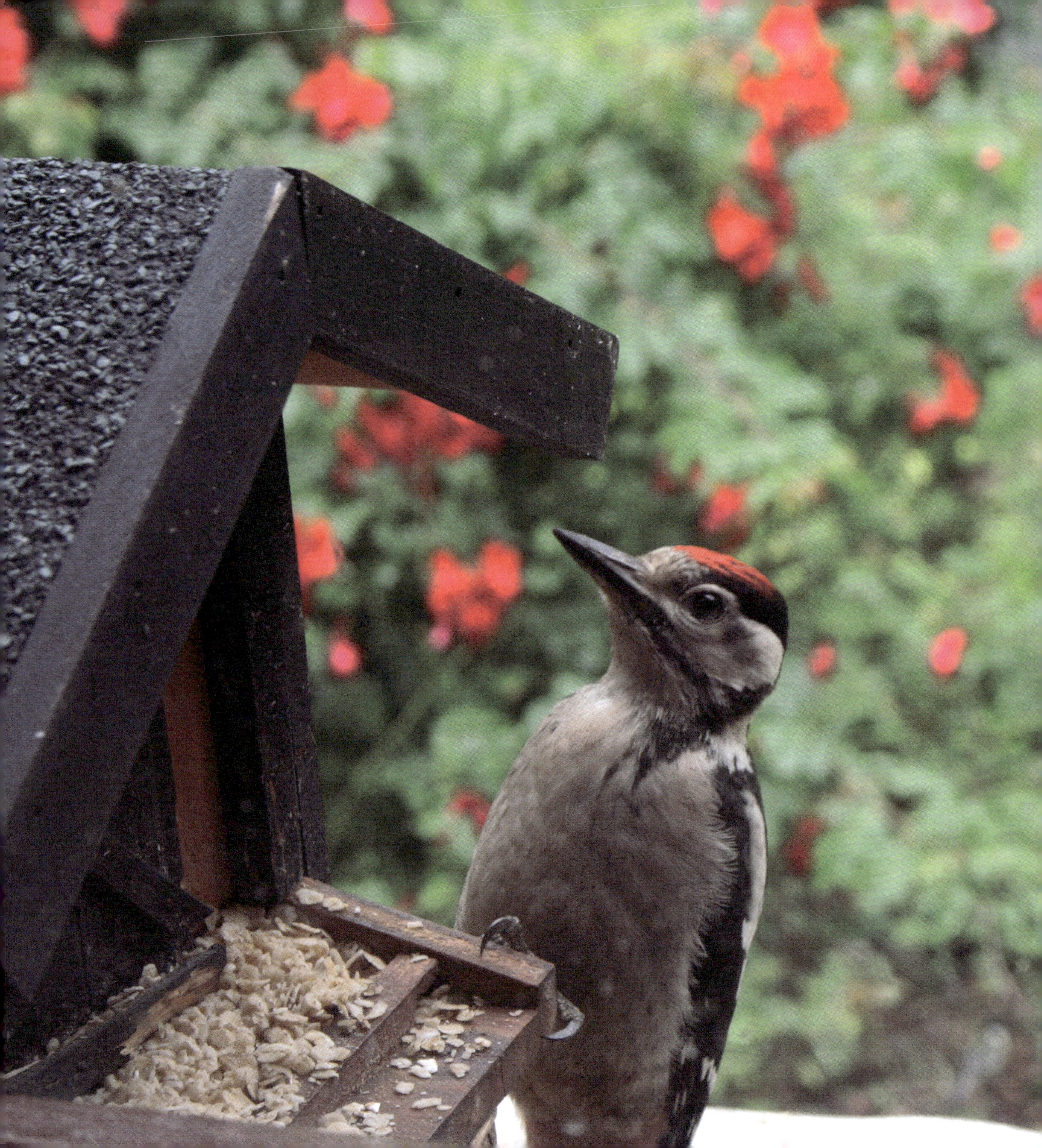

Vorwort

Im Jahr 2001 kam mein erstes grundlegendes Buch heraus, *Filzen von Tieren und Figuren*. Zwanzig Jahre später erscheint nun die dritte Auflage des daraus hervorgegangenen Buches *Filzen von heimischen Tieren*. Mit vielen stimmungsvollen Fotos und ausführlichen Schritt-für-Schritt-Erklärungen bietet es die Möglichkeit, unsere Tierwelt gefilzt darzustellen.

Beim Blick aus dem Fenster, beim Gang durch den Garten, beim Spaziergang über Wiesen, beim Laufen am Bach entlang und beim Wandern durch den Wald begegnen uns immer wieder Wildtiere. Meistens erhaschen wir nur einen kurzen Blick auf sie, dann sind sie wieder weggeflogen, weggehuscht, weggesprungen oder viel zu weit entfernt. Selten können wir sie in Ruhe von Nahem betrachten.

Mit dem plastischen Filzen in Aufbautechnik, wie es im Folgenden beschrieben wird, ist es möglich, naturgetreue Tiere herzustellen. Wir fangen an, genauer hinzuschauen, zu beobachten und bekommen einen völlig neuen Bezug zur Tierwelt um uns herum. So können uns Rotkehlchen, Fuchs und Reh als schöne Wanddekoration, auf dem Jahreszeitentisch oder als Spieltier nahekommen und Freude bereiten. Durch das viele Streicheln und Reiben während der Herstellung strahlt ein gefilztes Tier Wärme und Lebendigkeit aus und wächst uns ans Herz.

Viel Freude beim Anschauen und gutes Gelingen beim Filzen!

Rotraud Reinhard

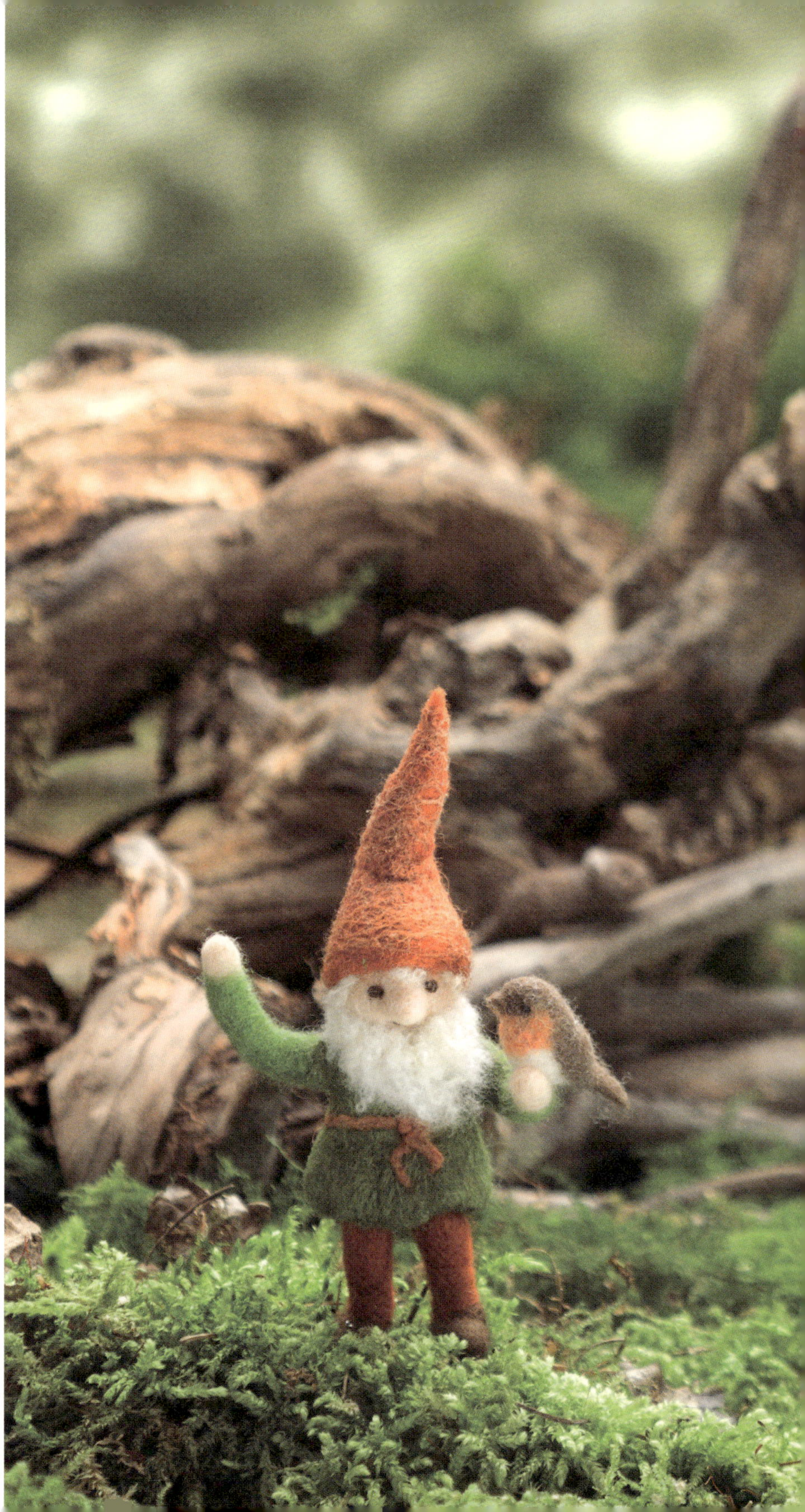

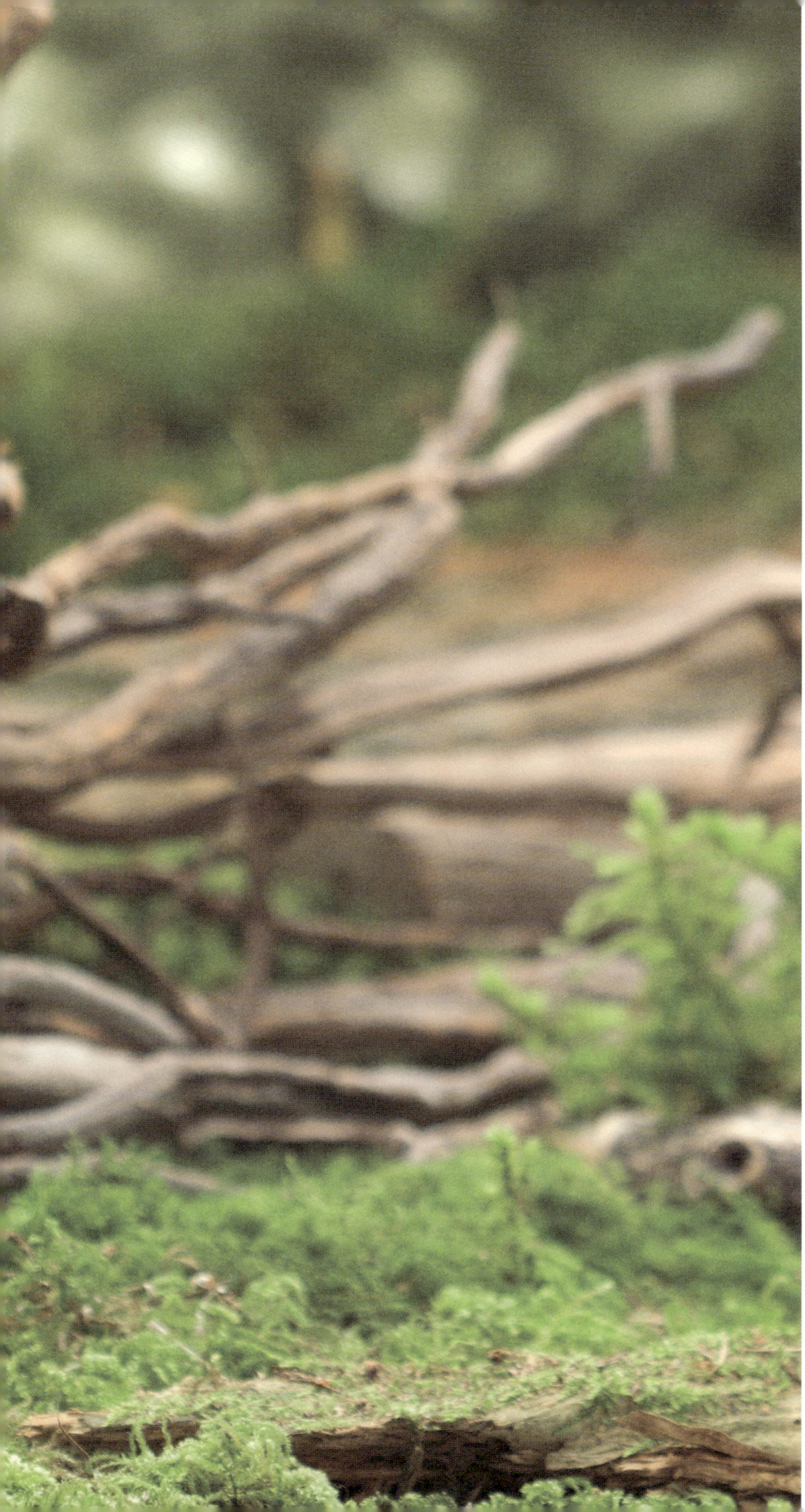

Erst lesen, dann filzen

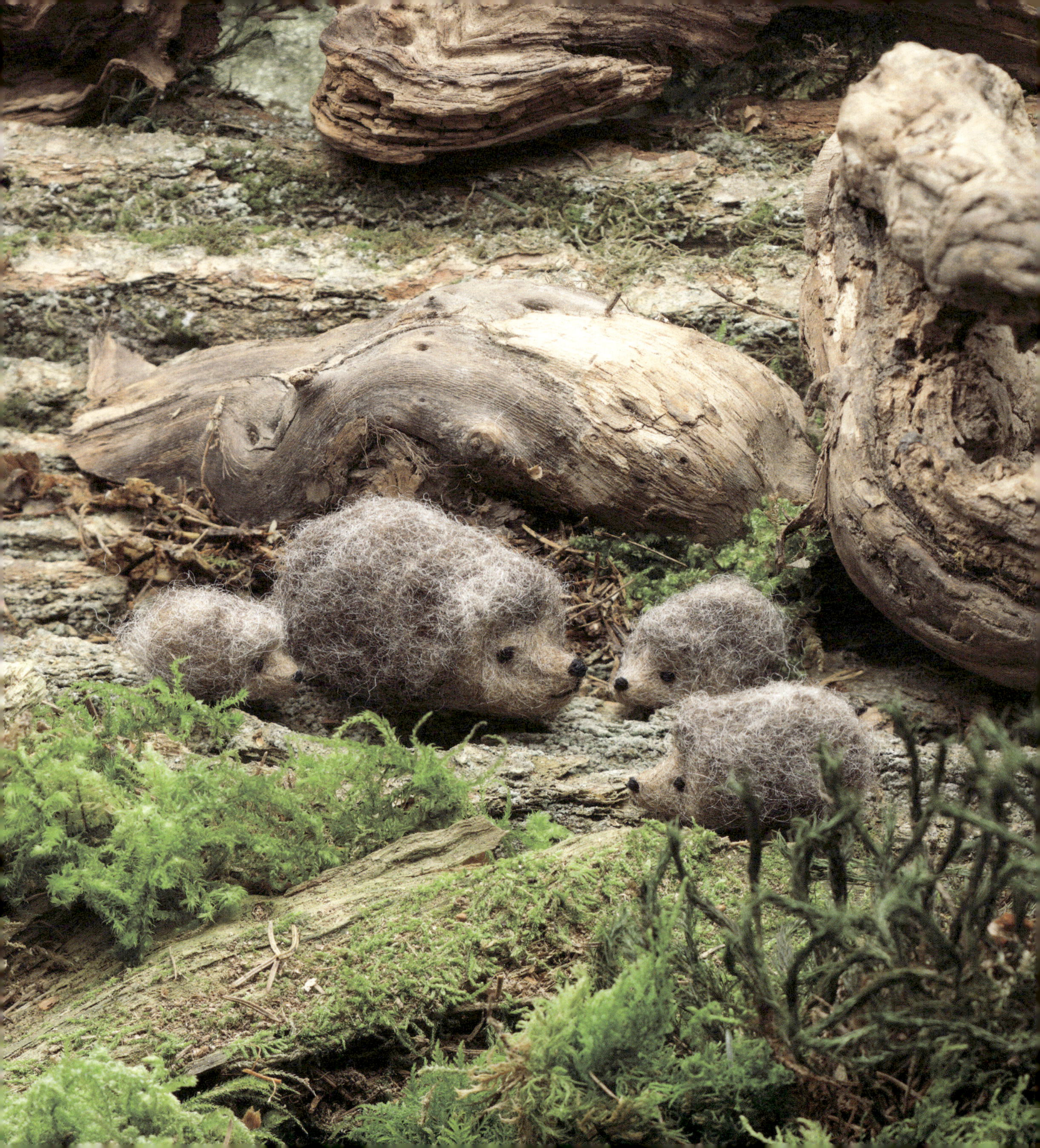

Leitfaden

Dieses einführende Buch über das Nassfilzen von Tieren bietet sehr ausführliche **Schritt-für-Schritt-Erklärungen**, um Ihnen ein gutes Nachvollziehen der einzelnen Arbeitsschritte zu ermöglichen. Es ist für Anfänger und für Fortgeschrittene gleichermaßen geeignet und wendet sich vorwiegend an Eltern, Menschen in pädagogischen Berufen, an alle, die gerne kreativ mit Wolle umgehen, und natürlich an alle Tierfreunde. Einfache Tiere können meist schon gut von drei- bis sechsjährigen Kindern gefilzt werden, sechs- bis zwölfjährige Kinder bewältigen auch schon anspruchsvollere Tierformen. Sinnvoll ist es, mit einfachen Formen zu beginnen – ob groß oder klein – und sich dann langsam an anspruchsvollere Objekte zu wagen.

Die Anleitungen bestehen hauptsächlich aus vielen **Anleitungsfotos mit den Beschreibungen direkt darunter**. Das vermeidet unnötiges Suchen, Hin-und-her-Springen oder Umblättern – was gerade beim Filzen mit nassen Händen sehr lästig sein kann.

Kinder sind glücklich, wenn sie zum Spielen nicht nur *einen* Fuchs haben, sondern noch eine Mama, einen Papa und möglichst noch ein oder mehrere Kinder dazu. Genauso ist es ein schönes Bild, wenn zwischen herbstlichen Eicheln, Nüssen und Kastanien eine ganze Eichhörnchenfamilie turnt.

Viele Tiere sind in **verschiedenen Positionen** beschrieben, z.B. liegend, hockend, sitzend oder gehend. Dadurch ergeben sich zahlreiche Variationsmöglichkeiten beim Dekorieren und beim Spielen.

Ebenso ergeben sich daraus verschiedene **Schwierigkeitsgrade.** Sie sind bei den Tierbeschreibungen durch die Anzahl der Punkte erkennbar:

• Ein Punkt bedeutet «kinderleicht» (siehe u.a. die Anleitung beim Igel ohne Beine, S. 49), die Arbeitsdauer beträgt etwa eine halbe bis eine Stunde.

•• Zwei Punkte stehen für «einfach» (siehe u.a. die Anleitung bei der Maus ohne Beine. S. 30), dafür werden etwa 1 bis 2 Stunden benötigt.

••• Drei Punkte kennzeichnen Tiere im mittleren Schwierigkeitsgrad (siehe u.a. die Anleitung beim sitzenden Fuchs, S. 67). Der Arbeitsaufwand beträgt etwa 2 bis 4 Stunden.

•••• Vier Punkte markieren eine anspruchsvolle Filzarbeit (siehe u.a. die Anleitung beim stehenden Fuchs, S. 72). Dafür brauchen Sie etwa 3 bis 6 Stunden.

Ein liegendes Tier ohne Beine ist also relativ einfach zu filzen, ein sitzendes schon schwerer, und ein vierbeiniges stehendes Säugetier zu filzen ist schon eine anspruchsvolle Arbeit. Auch ein Tier mit aufwendiger Fellzeichnung oder einem sehr naturgetreuen

Körperbau zu filzen benötigt deutlich mehr Zeit und Geduld als ein einfarbiges Tier aus ungefärbter Wolle mit einer einfachen, runden Gestalt.
In jeder **Hauptanleitung** wird jeweils ein Tier für jede Grundform stellvertretend ausführlich erklärt. Bei den anderen Tieren der entsprechenden Grundform wird auf diese detaillierte Anleitung verwiesen. Ansonsten werden nur noch die charakteristischen Merkmale und die Besonderheiten angegeben, die es zu beachten gilt.
Folgende Grundformen werden vorgestellt: liegendes Tier ohne Beine (Hauptanleitung S. 30); hockendes Tier ohne Beine (Hauptanleitung S. 33): aufrecht sitzendes vierbeiniges Tier (Hauptanleitung S. 42); sitzendes Tier (Hauptanleitung S. 67); stehendes vierbeiniges Tier (Hauptanleitung S. 72); stehendes Tier mit Drahtbeinen (Hauptanleitung S. 109); Singvögel (Hauptanleitung S. 126)
Eine exakte **Größen- und Mengenangabe** ist nicht möglich, da die **Form** mit ihren Proportionen wichtig ist. Bei diesem freien Aufbau kann die genaue Größe schwer kalkuliert werden. Daher sind alle Größen- und Grammangaben nur als Anhaltspunkte zu verstehen. Längenangaben können selbstverständlich proportional vergrößert oder verkleinert werden. Es kann ungefähr von einem guten Drittel Schrumpfung während des Walkens ausgegangen werden.
Im Folgenden wird die Wolle für den **Aufbau** bei der Materialaufzählung immer an erster Stelle genannt. Danach werden die Länge und die Breite des ersten Vliesstückes genannt, aus der die Körperrolle entsteht, und gegebenenfalls Ohr-, Schwanz-, Bein- oder Flügelstücke.
Auch die Angaben, mit wie vielen einzelnen Flocken oder Flöckchen ein jeweiliger Tierkörper aufgebaut wird, sind lediglich als Anhaltspunkte zu verstehen.
Die **Miniaturformen** (auf S. 177-185) sind als Ergänzung zu Reh, Fuchs oder Hase gedacht, um wesentlich kleinere Tiere wie Vögel, Frosch und Maulwurf im Verhältnis passend dekorieren zu können. Die Herstellung orientiert sich an den entsprechenden größeren Tieren, die vorher schon erklärt wurden. Das erfordert einiges an Fingerspitzengefühl.
Zum Schluss folgen noch einige Kapitel über die Fertigstellung nach dem Filzen und nützliche Hinweise.

Viel Freude beim Filzen – ob Sie nun für Ihre Kinder oder mit ihnen filzen, für liebe Menschen oder für sich selbst!

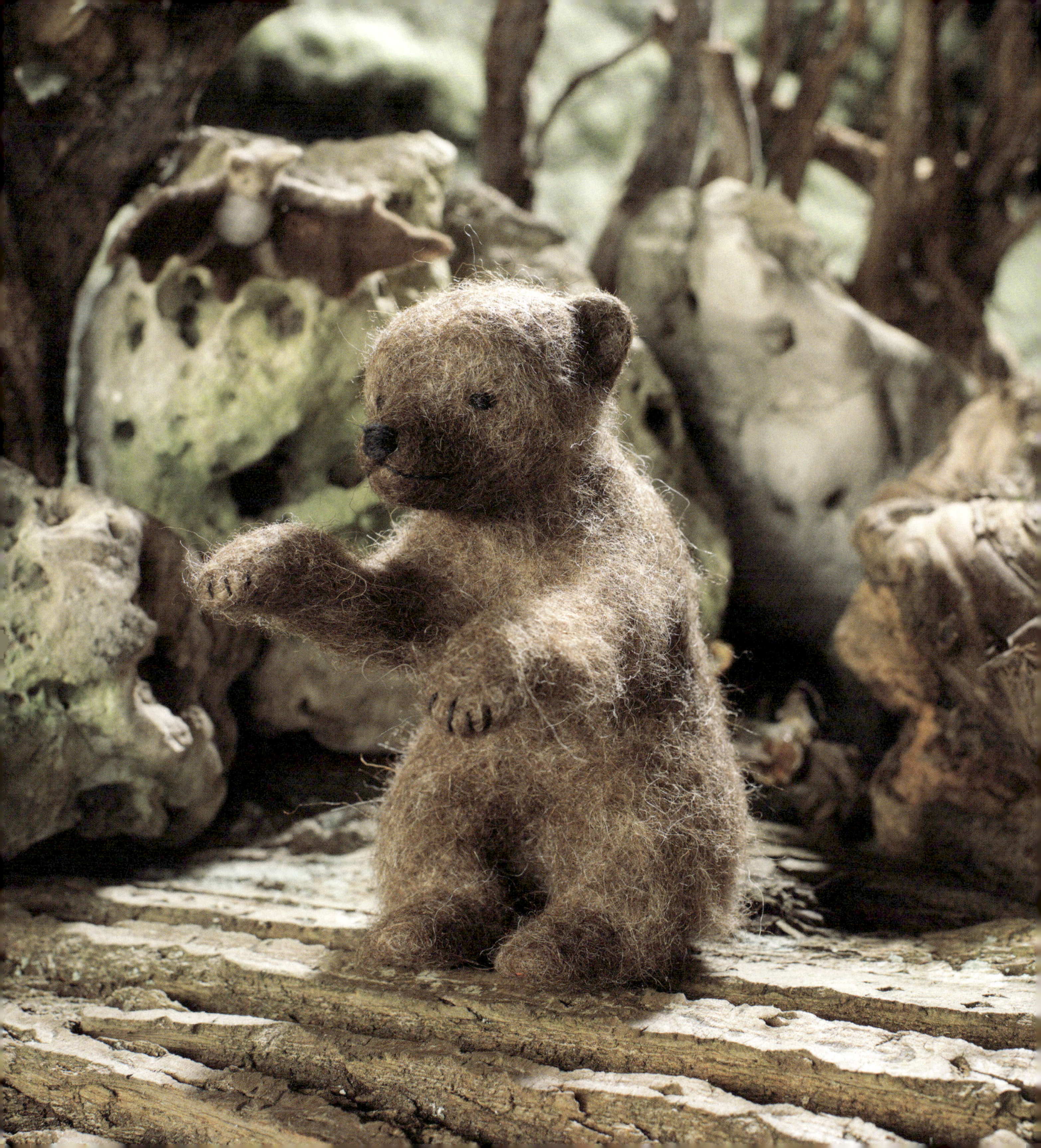

Grundkenntnisse über das plastische Filzen in Aufbautechnik

Das plastische Filzen ist eine Fortführung von Flächen- und Schablonenfilz sowie vom Kugelfilzen. Kenntnisse in diesen Grundtechniken sind daher von Vorteil.

Aufbau: Aus Schafwollvlies wird jedes Tier Stück für Stück aufgebaut, dabei **wächst** es meistens mehr, als es später beim Walken **schrumpft**. Deshalb sollte die Anfangsrolle höchstens halb so groß sein, wie das fertige Tier. Vergrößern geht immer, verkleinern ist schwierig. Jedes Tier durchläuft während des Aufbaus ein «Embryonalstadium», bis eine relativ weiche **Grundform** entsteht, die noch nicht der fertigen Tierform entspricht.
Jede Wollflocke wird **trocken** aufgelegt, mit Seifenwasser befeuchtet und angedrückt, dabei wird nicht gezogen oder gestrichen. Das Seifenwasser kann dafür am schnellsten und einfachsten mit der Hand aus einer kleinen Schüssel geschöpft werden.
In den Anleitungen werden dickere und größere Wollstücke als **Flocke** bezeichnet, dünnere und kleinere Wollstücke als **Flöckchen**.

Ansetzen: Beine, Ohren, Nase, Schwanz und Flügel werden während des Aufbaus angesetzt. Ein Wollvliesstreifen in entsprechender Größe wird in Form einer «Brücke» angesetzt. Eine Brücke bedeutet: 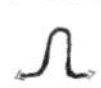 Es gibt zwei «Standbeine», die in unterschiedliche Richtungen gehen. Sie stellen die Verbindungen zum Kopf, zum Körper oder zum Hinterteil in zwei Richtungen her. Die beiden Ansätze werden gut befeuchtet. Die «Bein- oder Ohrbrücke» wird meistens zweigeteilt und jeweils mit einer schmalen Flocke von hinten nach vorne um den Ansatz herum verbunden. Ohren werden noch mit einer zweiten Flocke von vorne nach hinten verbunden. Damit sind auch die Seiten des Ansatzstücks gut verbunden. Je nach Größe des Objekts kommen im Laufe des Aufbaus noch mehr Verbindungsflocken dazu, vor allem bei den Beinen. Beim Befeuchten der Beine, Ohren, Nase, des Schwanzes oder der Flügel werden diese in die gewünschte Form gedrückt. Schlappohren oder seitlich am Kopf sitzende Ohren werden einzeln angesetzt. Ohren schrumpfen während des Filzens stärker als der Körper, daher dürfen sie im Verhältnis recht groß sein.
Die **Grundform** ist fertig, wenn die Grundproportionen des Körpers stimmen und das Tier wie aufgedunsen wirkt. Lieber einige Flocken zu viel als zu wenig aufbauen. Aus Mehr kann man mehr machen.

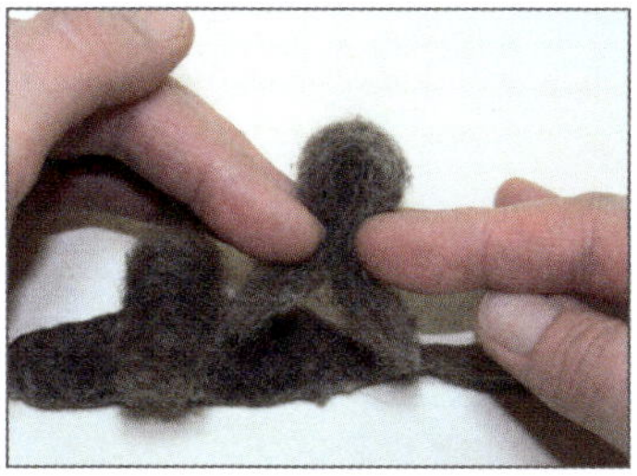 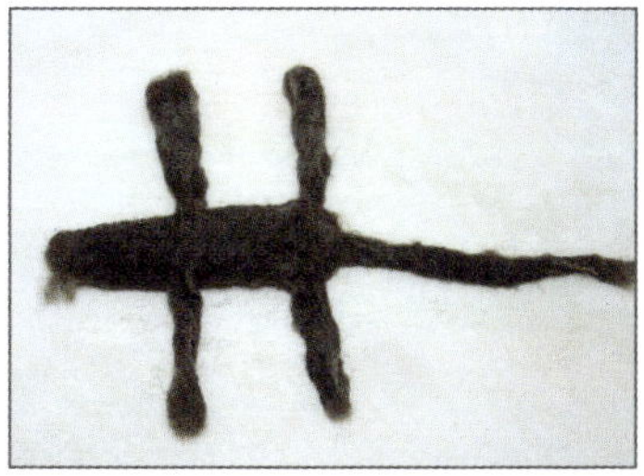 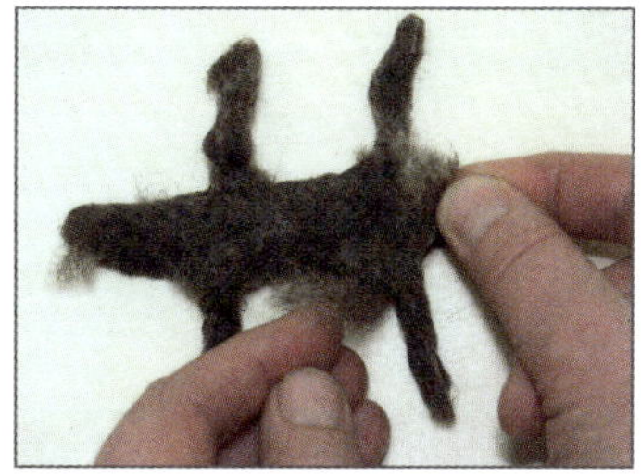

Ansetzen der Beine

Farbzeichnung: Nun kommt die Farb-, Fell- oder Flügelzeichnung an die Reihe. Große Flächen werden großflächig belegt, Ohren und Beine mit kleinen Stücken. Streifen, Flecken, Tupfen, Ohr- und Brustfärbung werden aufgelegt, befeuchtet, Streifen mit der Filznadel befestigt. Erst eine Seite belegen, sofort anfilzen, dann drehen und die zweite Seite belegen.

Anfilzen: Mit den flachen Händen wird die Grundform angefilzt – ein ruhiges «Auf-der-Stelle-Vibrieren» ohne Druck. Für Ungeduldige und bei feinen Filzoberflächen empfiehlt es sich, eine dünne Plastikfolie zu verwenden. Die Form des Filztieres ist dabei vorerst unwichtig. Die gesamte Oberfläche soll sich schließen und mit der Wolle darunter verbinden. Dabei wird möglichst mit der ganzen Handfläche gearbeitet. Kleine Tiere können in den Händen gefilzt werden, größere Tiere in Seitenlage auf der Arbeitsfläche. Während des gesamten Filzprozesses vierbeinige Tiere nicht hinstellen, sonst verkürzen sich die Beine. Ist die Oberfläche geschlossen, kann mit leichtem Druck in die Tiefe gearbeitet werden.

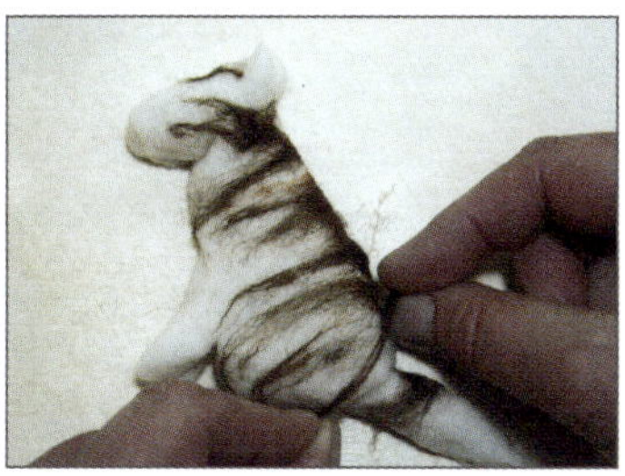

Typische Farbzeichnung

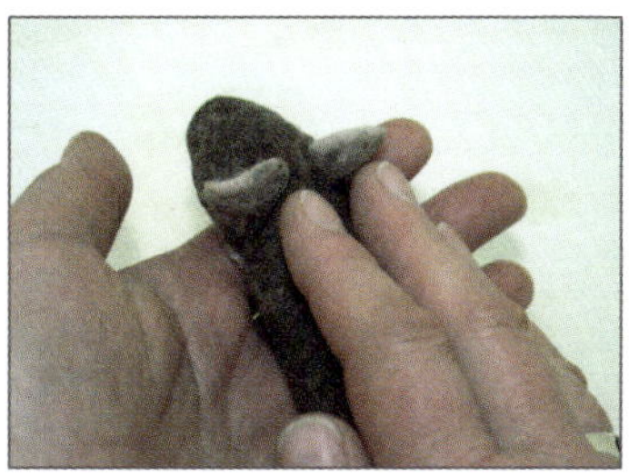

Anfilzen

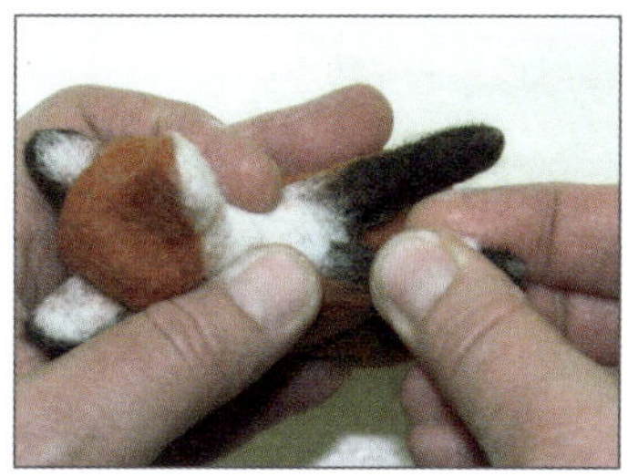

Walken

Walken: Die eigentliche Form entsteht erst beim Walken gegen Ende des Filzprozesses, durch wiederholtes Formen und Festigen im Wechsel. Walken heißt: mit Druck reiben, rollen, rubbeln und immer wieder alles Richtung Mitte schieben. Dadurch wird das Tier kleiner, jedoch auch dünner und schmaler oder kürzer und dicker – je nach Richtung des Drucks. Die Stelle, an der das Tier festgehalten wird, schrumpft durch den Druck ebenso. Die Feinheiten der Körper- und Kopfform werden modelliert. Der typische Ausdruck des Tieres entsteht und mit ihm das Gefühl, ein «Lebewesen» geschaffen zu haben. Die Schrumpfung kann ein Drittel bis zur Hälfte betragen, je nach Wolle und Druck beim Filzen. Die Filztiere sind gut gefilzt, wenn sich aus der Oberfläche keine «Haut» hochzupfen lässt. Nach dem Trocknen dürfen sie bei Bewegung und Druck nicht aus der Form geraten. Ist dies der Fall, kann jederzeit nachgefilzt werden. Vögel oder niedliche Tiere nicht zu fest walken, damit der weiche, lebendige Ausdruck erhalten bleibt. Wird ein Tier zum Kinderspielzeug, darf es sehr stark gewalkt werden; dabei geht Stabilität vor Form. Spieltiere können jederzeit von Hand gewaschen werden. Nach dem Filzen muss die Seife immer gut ausgespült werden (siehe S. 200). Wie Augen, Schnauze, Maul und Nüstern entstehen können, wird auf S. 201ff. beschrieben.

Filzunterbrechung: Das Filzen kann jederzeit unterbrochen und zu einem späteren Zeitpunkt fortgesetzt werden. Wird während des Aufbaus unterbrochen, das Tier einfach offen auf ein Handtuch legen. Bei einer Unterbrechung nach dem Anfilzen kann das Tier kurz ausgespült werden und kommt auch auf ein Handtuch zum Trocknen. Sobald wie möglich weiterarbeiten, damit die Seife nicht zu lange mit der Wolle Kontakt hat.

Kleine Hilfen

- Wollstücke nicht nass auf dem Objekt ziehen.
- Kreisende oder reibende Bewegungen verschieben beim Anfilzen die oberflächlichen Wollschichten.
- Ohren schrumpfen grundsätzlich mehr im Verhältnis zum Körper.
- Sind bei einem Tier die Ohren viel zu breit oder lang geraten, werden sie nach dem Anfilzen einfach zurechtgeschnitten. Das kann man auch mit den Beinen oder Flügeln tun, wenn diese zu lang oder zu dick geworden sind.

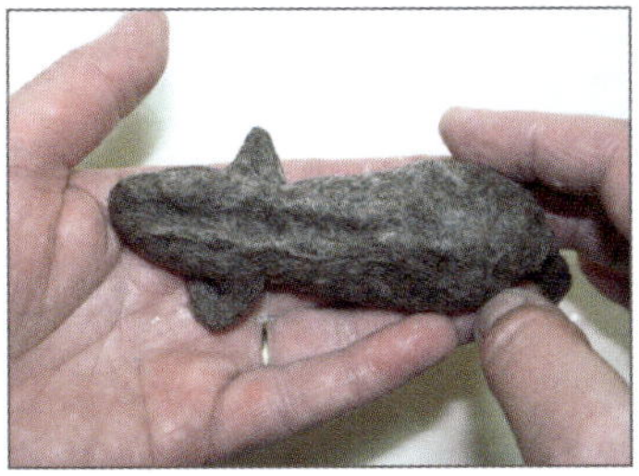

• Eine Furche bildet sich, wenn die Wollstücke immer nur von oben aufgelegt werden.

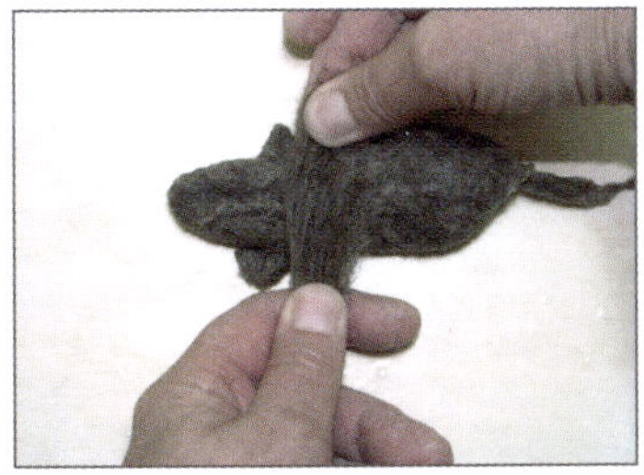

Mit 2-3 straff aufgelegten Querflocken lässt sich diese wieder schließen.

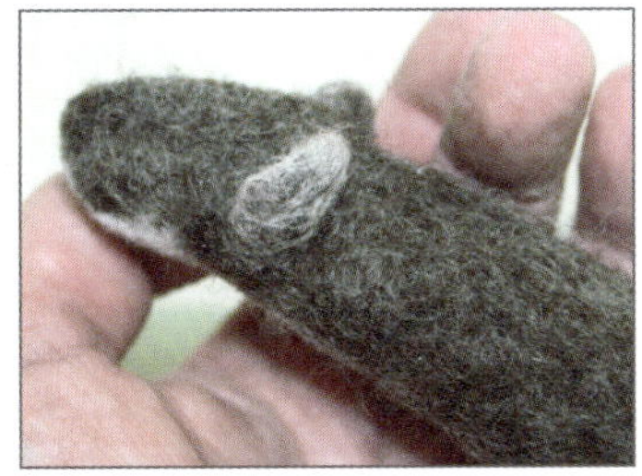

• Fühlt sich das Tier trocken an und die Haare stehen ab, wird Seife in die Hände oder Seifenwasser auf das Tier gegeben.

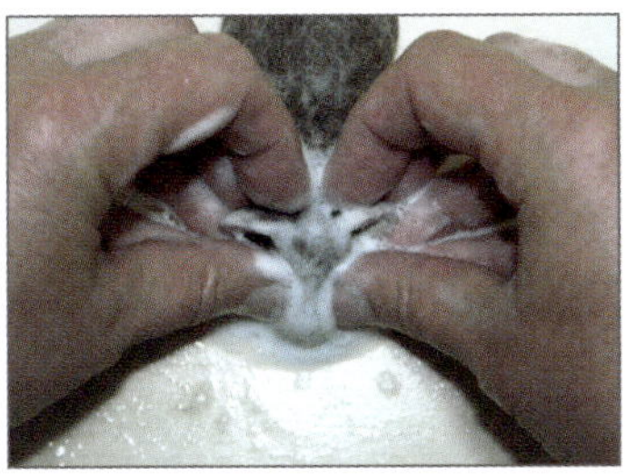

• Schäumt es wie Schlagsahne, muss die Seife im Tier mit etwas heißem Wasser verdünnt werden (Wäschesprenger).

Wasser und Seife

Für das Aufbaufilzen ist es sinnvoll, eine warme Seifenlauge herzustellen. Grundsätzlich kann fast jede Seife zum Filzen verwendet werden (Kernseife, Olivenseife, flüssige Seife, Flockenseife, pastöse Seife). Ich verwende Goldschmierseife, die es schon früher in fast jedem Haushalt gab. Sie lässt sich gut portionieren und im Wasser auflösen. Die Konsistenz im Wasser ist ideal, und sie lässt sich gut ausspülen. Leider ist die Goldschmierseife nur noch in wenigen Drogeriemärkten erhältlich.

Ein gestrichener Esslöffel Goldschmierseife in einem Liter ca. 50 °C heißen Wasser auflösen. Das ist die Grundkonsistenz für hartes Wasser. Bei weichem Wasser wird weniger Seife benötigt, bei noch härterem Wasser mehr. Fetthaltige und grobe Wolle braucht auch mehr Seife.

Kleine Wollkunde

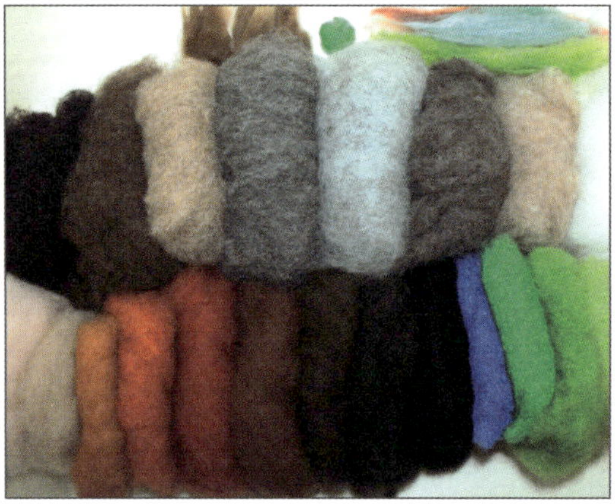

Ungefärbte und chemisch gefärbte Vlieswolle

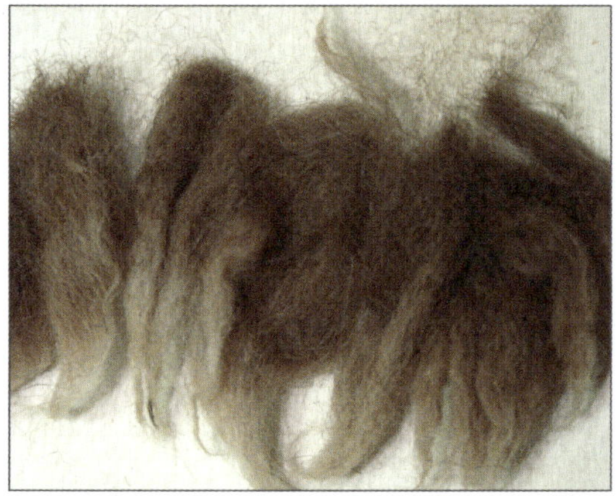

Stapelwolle

Für plastische Objekte wird immer **Vlieswolle** (Kardwolle) genommen. Für den Aufbau ungefärbte Vlieswolle (weiß, beige, hellbraun, braun, grau, dunkelbraun), für die Farbgebung die entsprechend chemisch gefärbte Vlieswolle verwenden. Ungefärbte Wolle filzt wesentlich besser als gefärbte Wolle. Von grob bis fein kann jede gut filzende Wolle benutzt werden. Kapmerinowolle (kurzfaserige Lammwolle) wird beim Aufbaufilzen für Miniaturtiere verwendet, feine Merinowolle für kleine Tiere (4 bis 10 cm lang), Merinolandschaf- und Neuseelandwolle kann für etwas größere Tiere verwendet werden. Die gröbere Bergschafwolle wird für große und massive Objekte oder für Tiere, die ein zottiges Fell haben, verwendet. Maschinell gewaschene, ungekämmte Flockenwolle eignet sich für besondere Felleffekte oder als «Baumrinde».

Ungewaschene Fasern, die noch in ihrer ursprünglichen Form sind und von Hand gewaschen werden müssen, bezeichnet man als **Stapelwolle.** Sie kann gut als Federzeichnung und für lange Körper- oder Schwanzhaare verwendet werden.

Farbiger **Wolle-Seide-Kammzug** oder reine Seide kann für glatte, glänzende Oberflächen verwendet werden.

Wird eine **Farbmischung** aus zwei oder mehreren Farbtönen benötigt, können dafür kleine Wollstücke miteinander verzupft werden. Dabei immer die auseinandergezupften Teile aufeinanderlegen und neu teilen. So lange wiederholen, bis die gewünschte Mischung erreicht ist.

Arbeitsmaterial

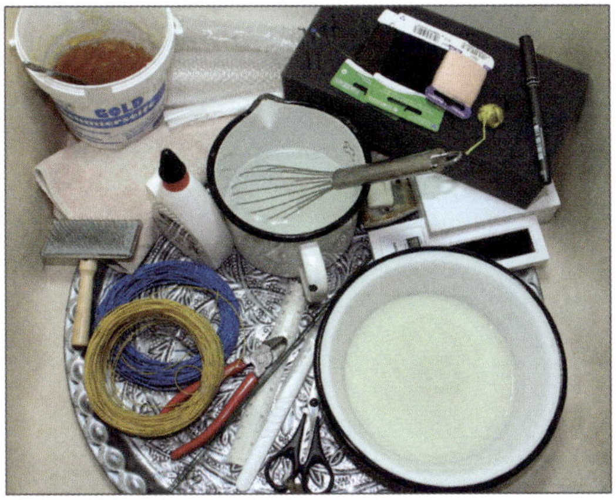

- Wolle
- Wasser
- Schmierseife
- Seife
- wasserfestes Tablett oder Backblech
- Handtücher
- kleine Schüssel
- Esslöffel
- Schneebesen
- Wäschesprenger oder Ballonbrause
- Küchenwaage
- Lineal
- Elektrodraht (rostet und bricht nicht)
- Eisendraht
- Seitenschneider
- Skalpell
- Schere
- mittlere Filznadel
- Nähnadel
- schwarze Stecknadeln
- kleine Fellbürste
- harte Noppenfolie
- weiche Noppenfolie
- kleine Kunststofftüten
- Holzleim
- Stickgarn
- schwarze Perlen
- Anschauungsmaterial

Kleine Anatomiekunde

- Bei allen Tieren, deren Hinterbeine ein ausgeprägtes Sprunggelenk («Knie») haben (Hase, Reh, Eichhörnchen, Wolf usw.), brauchen die Hinterbeine mehr Länge.
- Beim Körperaufbau eines stehenden Tieres ist es meist hilfreich, sich ein Rechteck vorzustellen. So werden Brust und Hinterteil genügend gefüllt.
- Hat ein zweibeiniges Tier eher zu lange Beine und einen zu kurzen Hals bekommen, eignet es sich für die liegende Position. Sind jedoch die Beine eher zu kurz und der Hals lang genug, kann es gut aufrecht sitzen.
- Bei der Kopfform gibt es zwei grundsätzliche Unterschiede: den eher kindlichen Kopf mit starker Stirnwölbung (wie beim Bär) und jenen, in der Nase und Stirn gerade ineinander übergehen (wie beim Reh).
- Raubtiere, wie Bären, Wölfe, Füchse und Eulen schauen uns an und haben meist leuchtende Augen. Fluchttiere wie Hasen und Rehe haben die Augen an der Seite.
- Gegen Ende des Walkens nicht vergessen, die Pofalte einzuarbeiten. Das Tier wirkt dadurch gleich lebendiger.
- Während des Walkens immer wieder nach den Proportionen schauen und die gewünschte Form zurechtdrücken. Gefällt die Form nicht, unbedingt andere Griffe ausprobieren, da sich die Form sonst so verfestigt.
- Während des Walkens filzt auch die Stelle, an der das Tier festgehalten wird. Daher gezielt dort festhalten, wo noch Schrumpfung stattfinden darf. Oft wird das Tier am Bauch festgehalten, und dieser wird dadurch immer dünner.
- Zwischen dem feinen Ausformen das ganze Tier immer mal wieder knuddeln, klopfen und drücken, damit es insgesamt fester wird. Sonst kann das Filzen schier endlos dauern.
- Ist der Körper oder die Halspartie etwas zu lang, wirkt eine Seitwärtsbewegung sehr gut. Bei Tieren, die auf Pfoten oder Sohlen stehen, werden diese durch eine Biegung nach vorne eingewalkt.
- Soll das Maul oder der Schnabel einer Figur geöffnet sein, ist es meistens sinnvoll, sie geschlossen und dick genug aufzubauen und nach dem Filzen vorsichtig aufzuschneiden. Ist das Maul oder der Schnabel zu dick geraten, werden sie durch das Öffnen proportionierter. Die Schnittkanten werden nochmals überfilzt.

Lebensräume unserer heimischen Tiere

Wald

Im Wald finden wir Ruhe, im Sommer Kühle, vor Wind und Wetter Schutz. In der Erde zwischen Wurzeln, Blättern und Farnen leben Würmer, Schnecken, Käfer und Kleingetier. In Gängen, Höhlen und Baumwurzeln haben Maus, Hase, Fuchs und Dachs ihr Zuhause. Unter breiten Fichten- und Tannenzweigen finden Reh und Wildschwein Schutz vor Kälte, Regen und Schnee. In Baumhöhlen brüten Eulen und Spechte, manch Insekt hält sich unter oder in der Rinde versteckt. Und in den Baumwipfeln verbergen sich Vogelnester, Eichhörnchenkobel und die Schlafplätze vieler Vögel.
Die Blüten mancher Bäume sind Bienenweide im Frühjahr, viele Samen und Früchte leckeres Sommerfutter für Vögel und Eichhörnchen. Im Herbst ist der Tisch reich gedeckt. Von den fallenden Früchten und Samen futtern sich viele Tiere den Winterspeck an, um gut durch die kalte Jahreszeit zu kommen.

Wasser

Wasser fällt auf die Erde, sucht sich seine Wege und Bahnen, bildet Tautropfen, sammelt sich in Pfützen, Tümpeln und Seen und fließt durch Rinnsale, Bächlein und Flüsse, die schließlich ins Meer münden.
Fische schwimmen im Wasser, Frösche und Kröten können es auch verlassen. Viele Insekten leben am Wasser. Störche holen sich ihre Nahrung in Wassernähe, und Biber bauen sich ihre «Biberburg» im Wasser.
Ohne Wasser gibt es kein Leben.

Wiese

Weite, blühende Wiesen locken Bienen, Hummeln und Schmetterlinge mit ihrem Nektar. Sie dienen Hasenkindern, dem Rehkitz und den Vögeln für ihre Nester als Versteck. Rehe, Hasen, Schnecken und Mäuse fressen sich an Gras, Samen und Wiesenblumen satt. Wildschweine suchen nach Engerlingen und Eicheln. Füchse und Katzen lauern hier den Mäusen auf. Und der Maulwurf lugt aus dem Maulwurfshügel, während Hunde über die Wiese toben und in Mauselöchern herumstöbern.
Es zirpt, brummt, summt, krabbelt und flattert überall.

- Maus
- Haselmaus
- Siebenschläfer
- Eichhörnchen
- Maulwurf
- Igel
- Hase
- Marder
- Hermelin
- Fuchs
- Dachs
- Biber
- Katze
- Wildschwein
- Wolf
- Hund
- Braunbär
- Reh

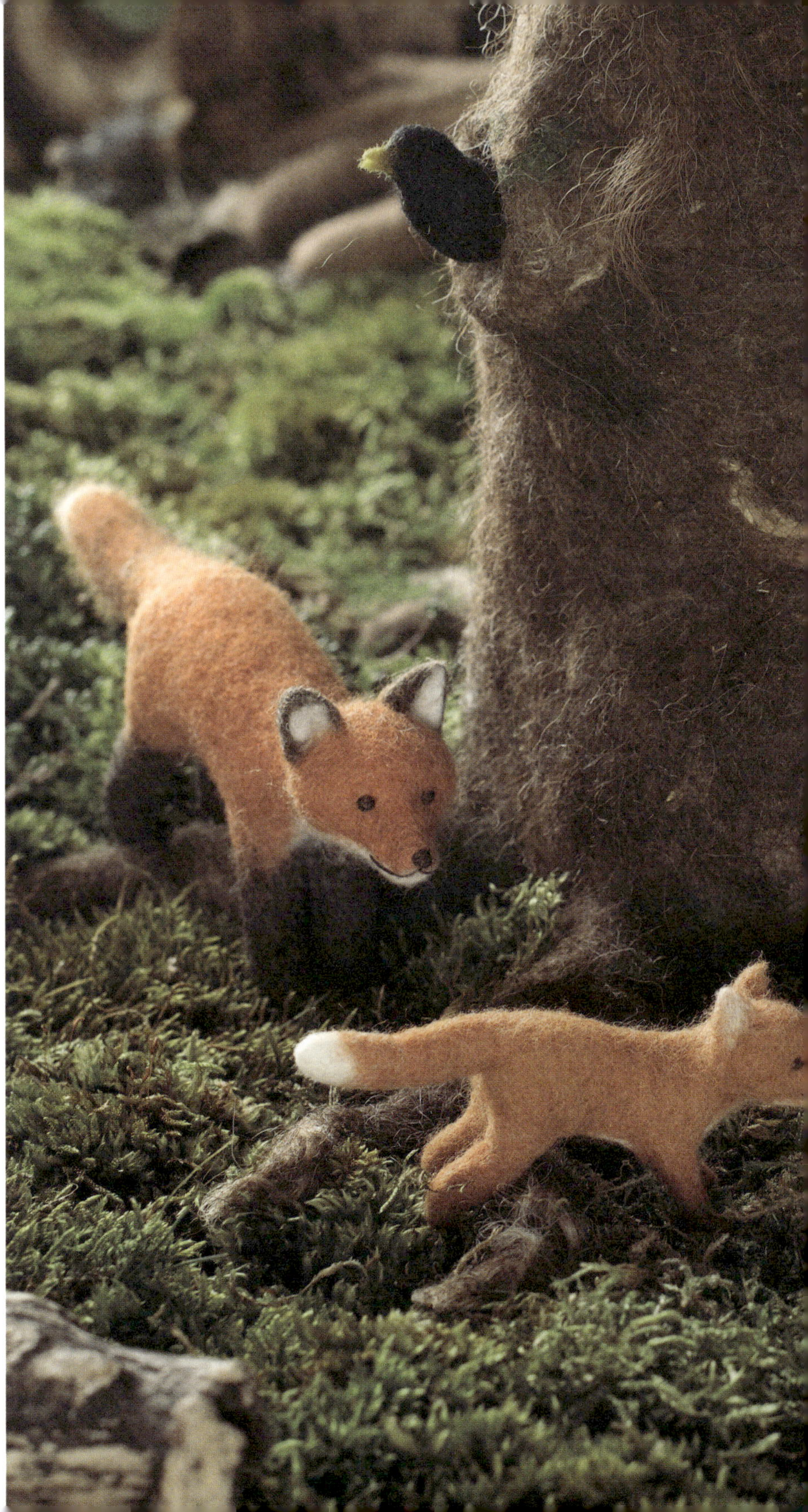

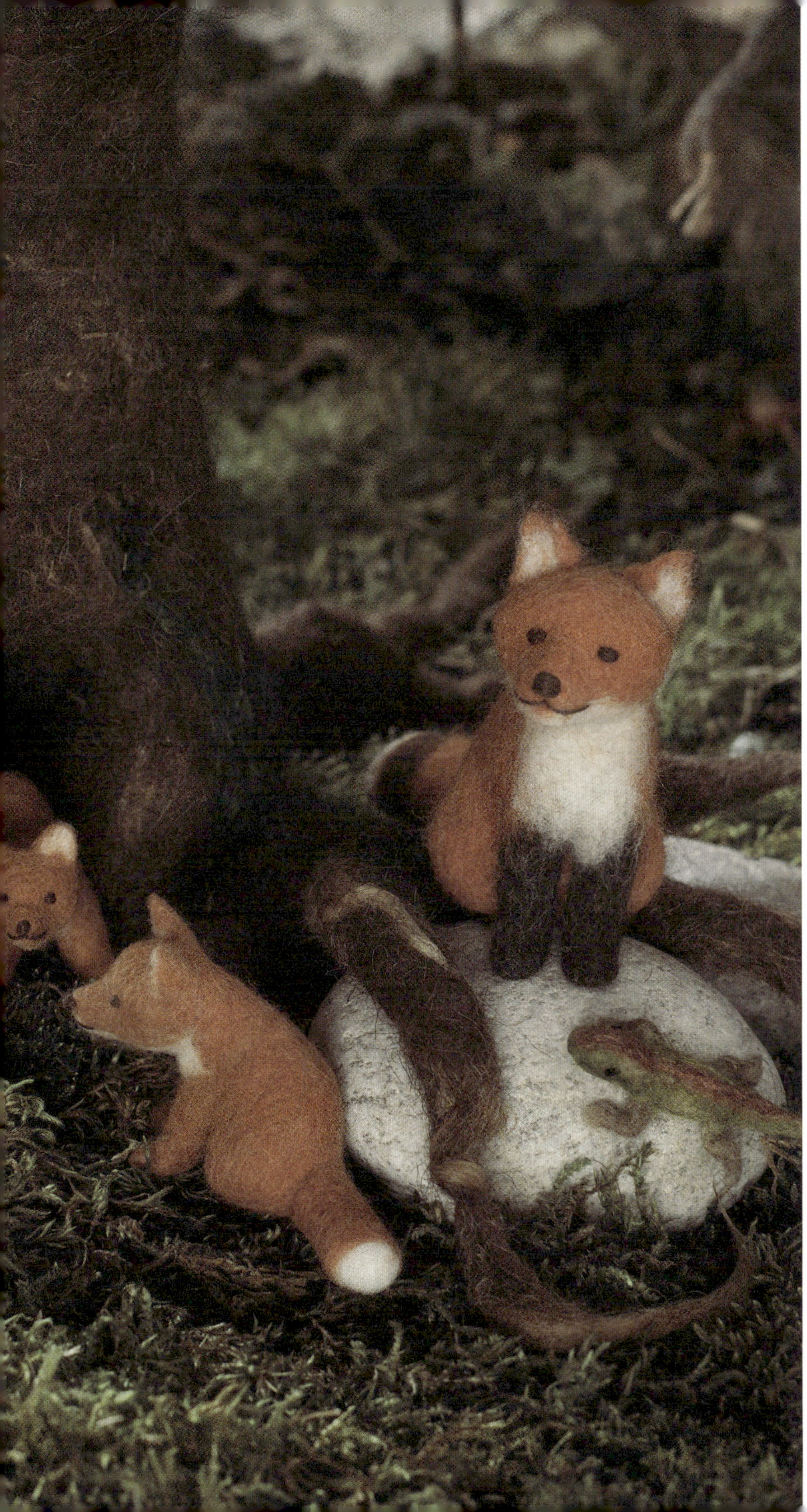

Warm und weich mit Haut und Haar

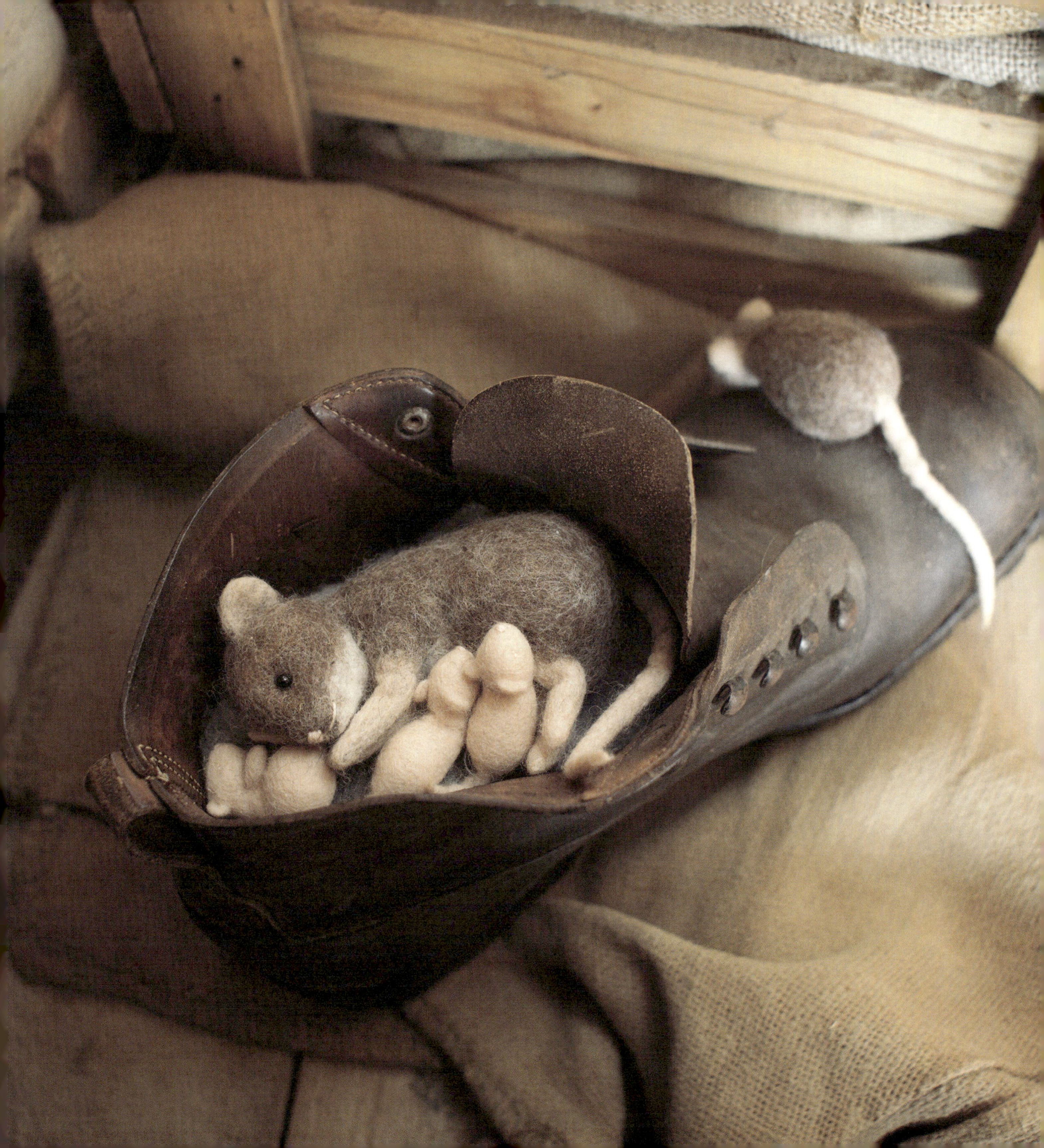

Maus, Haselmaus und Siebenschläfer

Die putzige Waldmaus mit ihren niedlichen Kulleraugen lebt im Wald, in Parks, Gärten und Äckern. Im Winter kommt sie auch in die Häuser. Sie kann sogar auf Bäume klettern, ist nachtaktiv und frisst hauptsächlich Samen sowie Insekten. Für den Winter legt sie Vorräte in ihrem Erdbau an, in dem sie auch ihre Jungen großzieht.

Die selten gewordene nachtaktive Haselmaus gehört zur Familie der mausähnlichen Bilche und lebt in unterholzreichen Laub- und Mischwäldern. Sie ist ein Kletterkünstler, dabei ist ihr behaarter Schwanz eine große Hilfe. Ihre Nahrung sind Samen, Früchte, Knospen und Insekten. Sie überwintert am Boden, unter Laub, in Erdlöchern oder ihrem Nest.

Der knopfäugige Siebenschläfer ist ähnlich groß wie ein Eichhörnchen. Sein Schwanz ist zwar nicht ganz so buschig, aber auch er kann damit wunderbar klettern und springen. Er lebt an Waldrändern und frisst bei seinen nächtlichen Ausflügen am liebsten Samen, Früchte und Nüsse. Sein Winterschlaf dauert sieben Monate, daher hat er seinen Namen. Er baut sein Nest auch in Nistkästen oder auf Dachböden.

Maus
ohne Beine••

Hauptanleitung liegendes Tier ohne Beine lebensgroß

8 g graubraune Merinolandschafwolle, hautfarbene, weiße Merinowolle

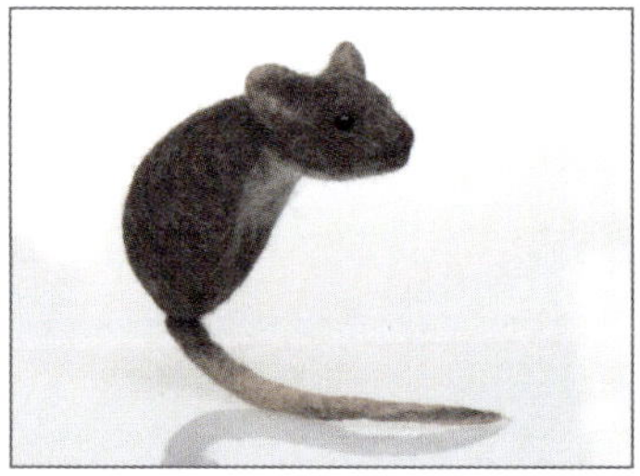

Körperstück: 6 x 12 cm
Schwanzstück: 1 x 12 cm
Ohrstück: 2 x 6 cm

1

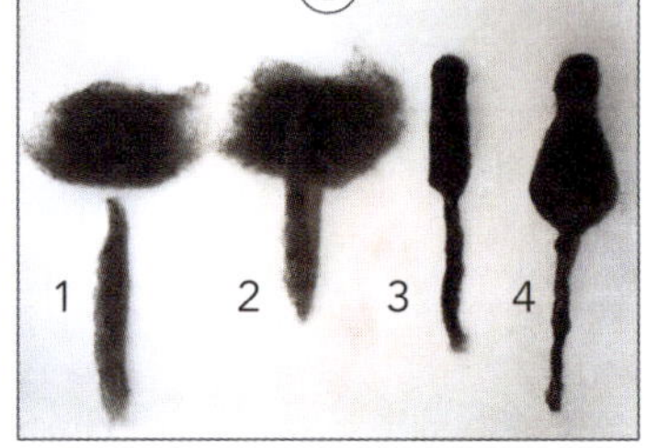

1. Körper- und Schwanzstück. 2. Den Schwanz auf den Körper legen. 3. Von der Seite aufrollen. 4. In Seifenwasser tauchen.

2

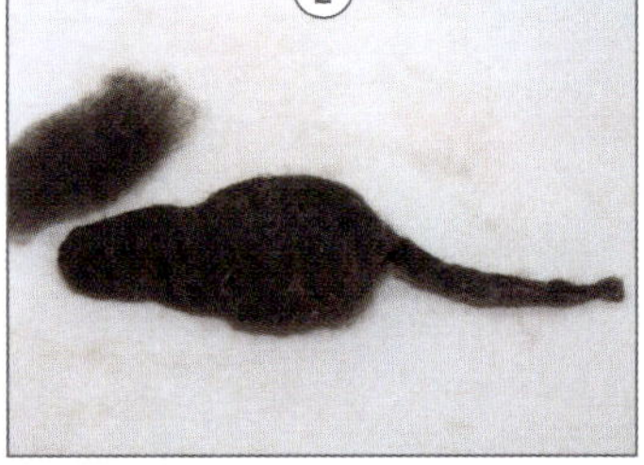

Den Körper mit 12, den Kopf mit 5 kurzen Flöckchen aufbauen, jeweils auch von unten belegen.

3

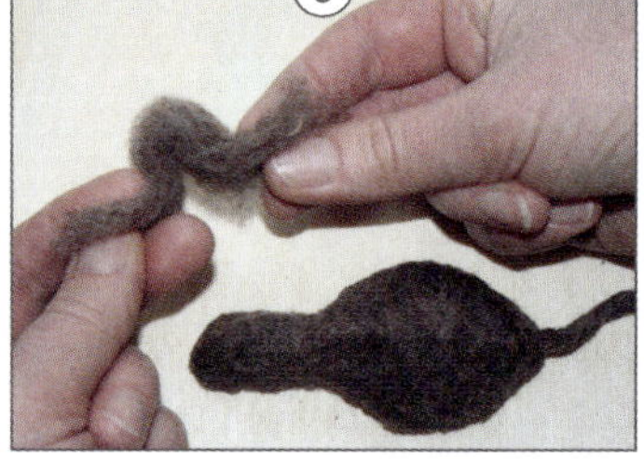

Das Ohrstück wie eine Brücke formen (siehe Hinweis auf S. 18).

4

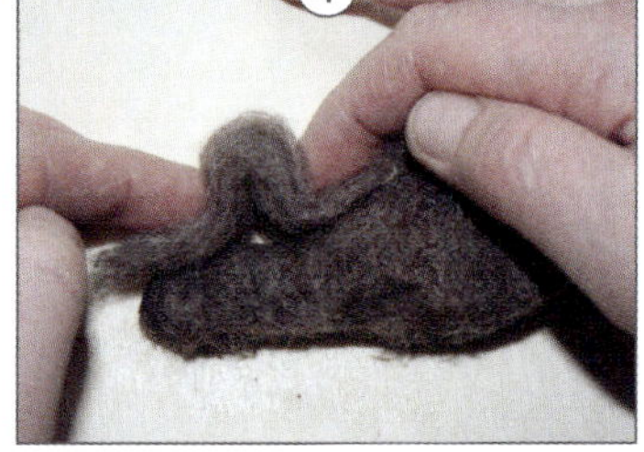

Das Ohrstück wie eine Brücke ansetzen.

5

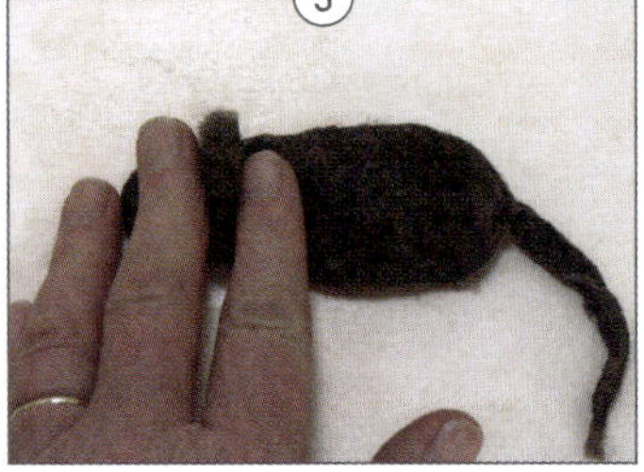

Den Ansatz mit Seifenwasser befeuchten und «ankleben».

6

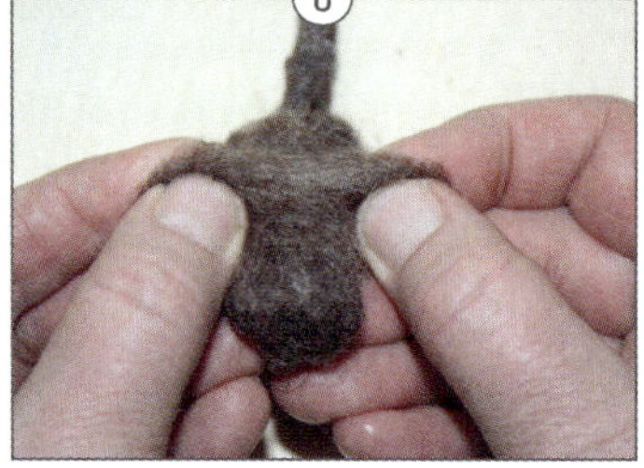

Das Ohrstück in der Mitte teilen und auseinanderziehen.

7

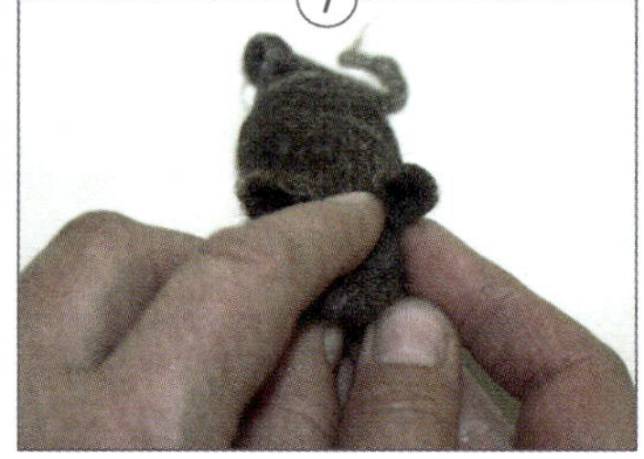

Das Ohr am Ansatz zur Ohrmuschel zusammenschieben.

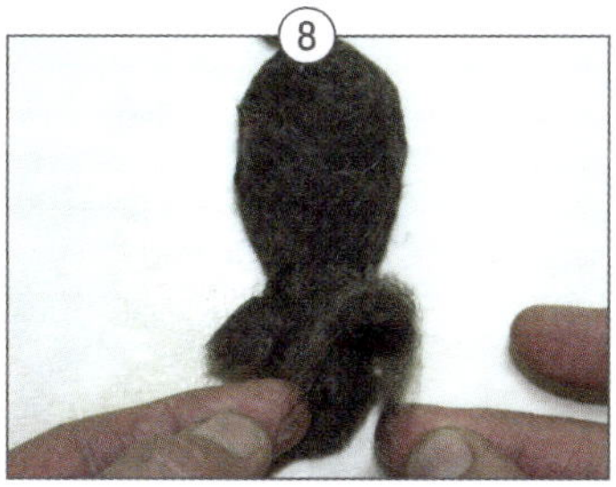

8 Von hinten mit einem kleinen Vliesstreifen belegen, der vor dem Ohr überkreuzt.

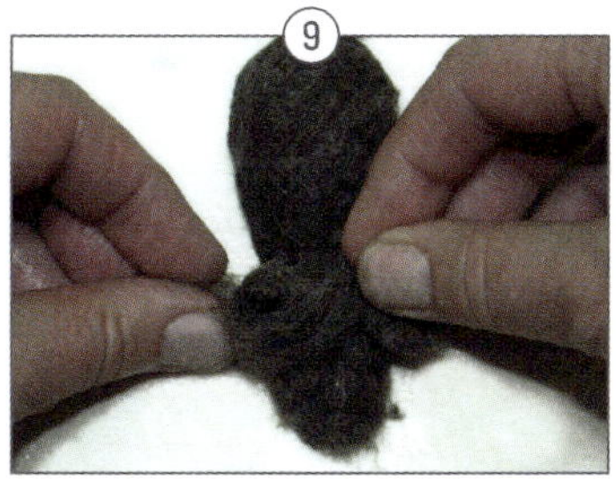

9 Mit je 1 Flöckchen von vorn und oben belegen, dabei die Wolle beim Befeuchten der Ohrform anpassen.

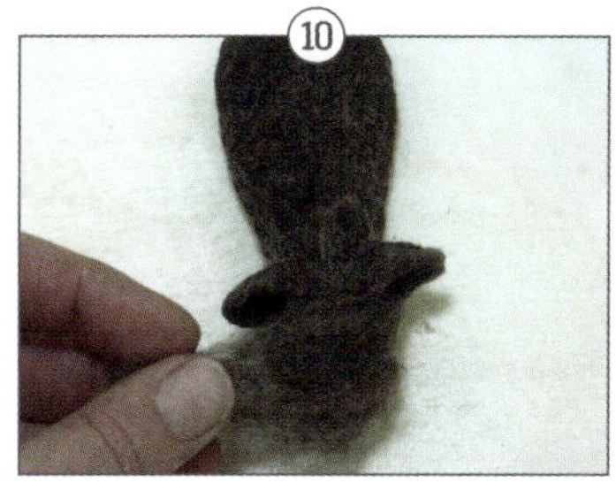

10 Den Kopf mit je 3 Flöckchen vor und unter den Ohren in Richtung Schnauze aufbauen.

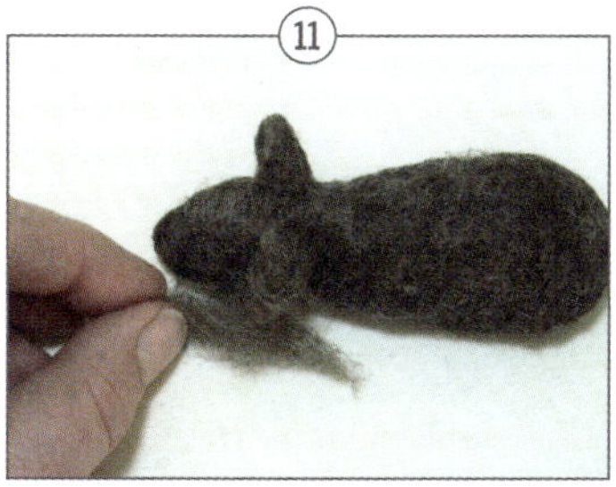

11 2 Flocken zwischen den Ohren und 2 unter den Ohren auflegen.

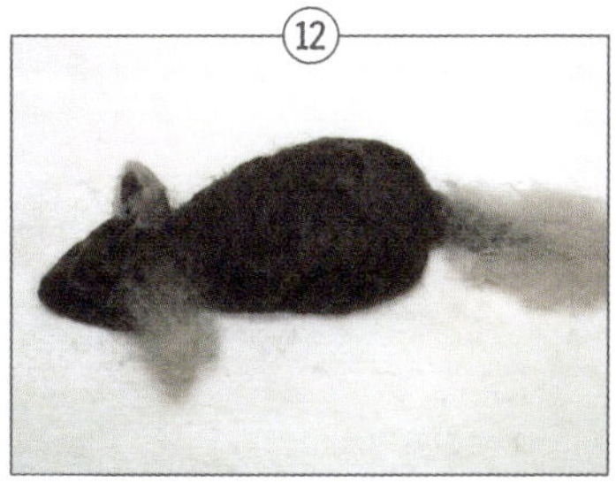

12 Den Körper nochmals mit 10 Vliesstücken belegen. Ohren und Schwanz mit sehr dünnen rosa Flöckchen belegen.

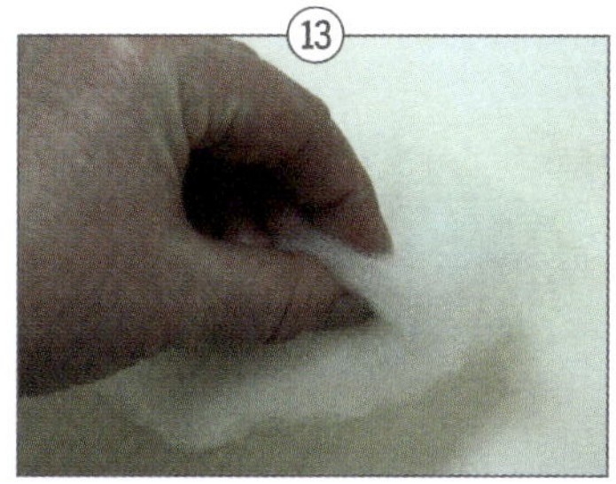

13 1 Flöckchen Weiß aus der Vliesmitte zupfen, damit eine Seite ohne lange Fasern ist.

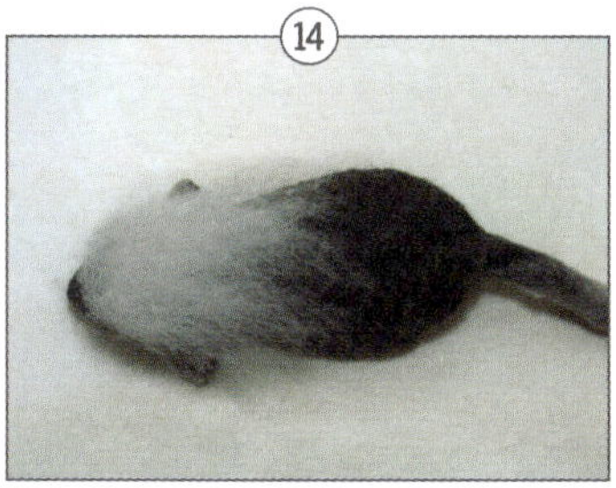

14 Kopf und Brust von unten mit Weiß belegen.

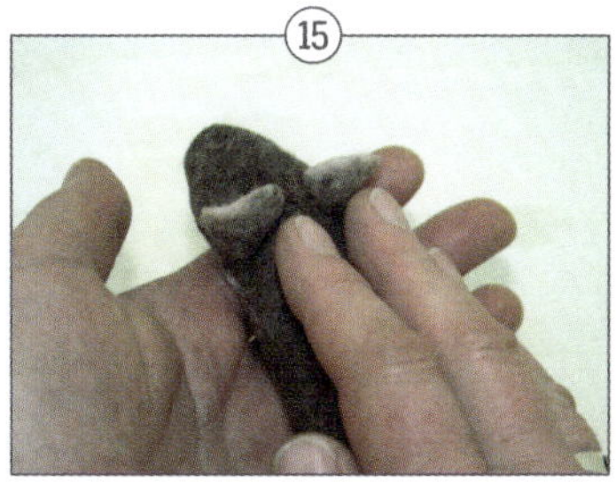

15 Mit sanftem Auf-der-Stelle-Ruckeln anfilzen.

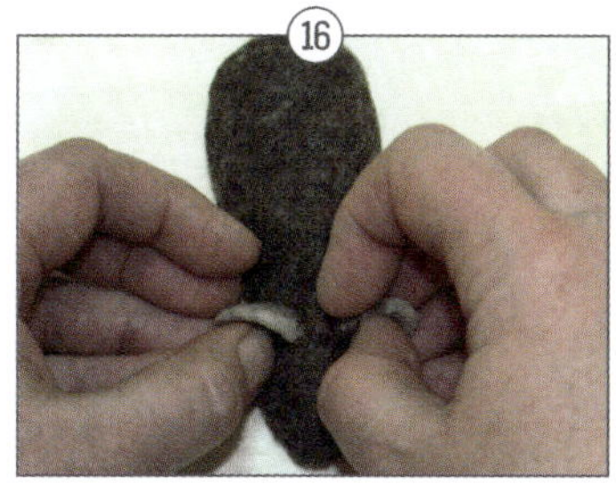

16 Die Ohren leicht in Richtung Kopf massieren.

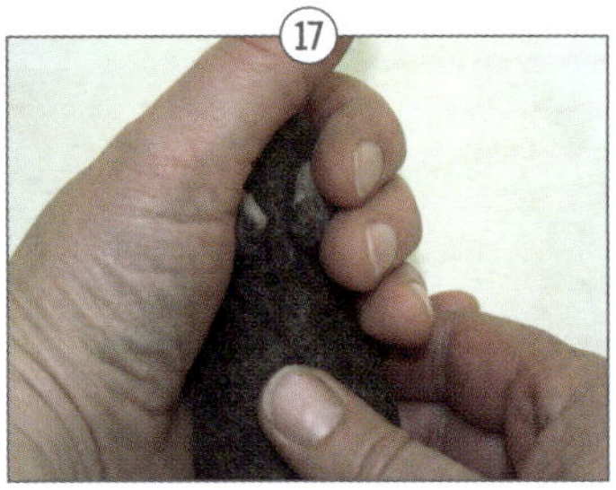

Den gesamten Kopf mit angelegten Ohren leicht massieren.

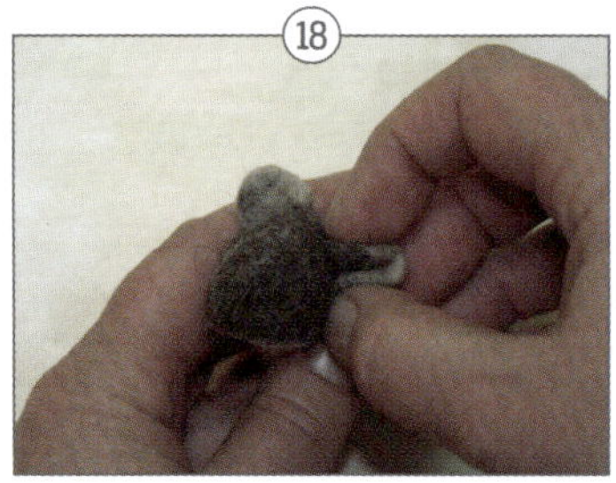

Die Ohren schmaler walken, die Ohrmuschel walken.

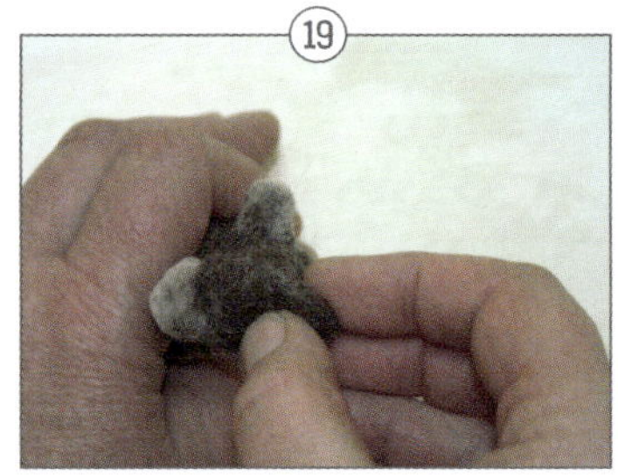

Die Schnauze schmal walken.

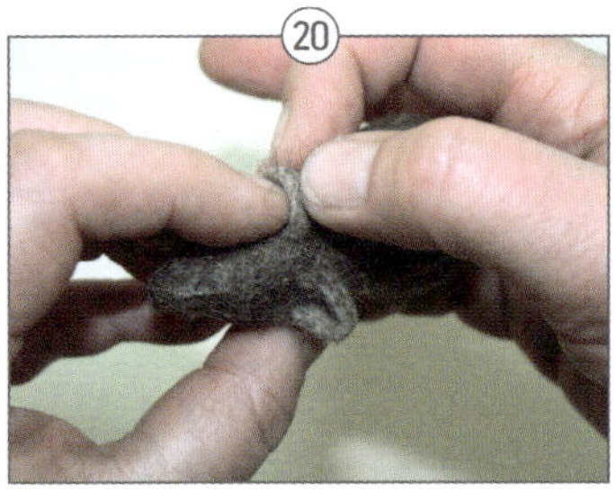

Die Ohren seitlich drehen und die Ohrmuschel einprägen.

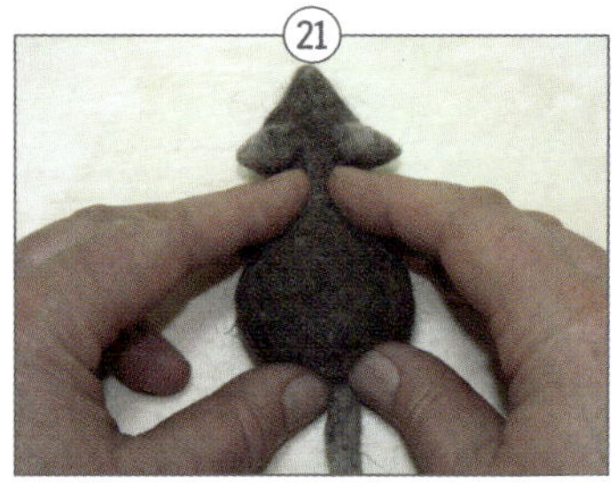

Kauerposition: den Körper kürzer und rund walken.

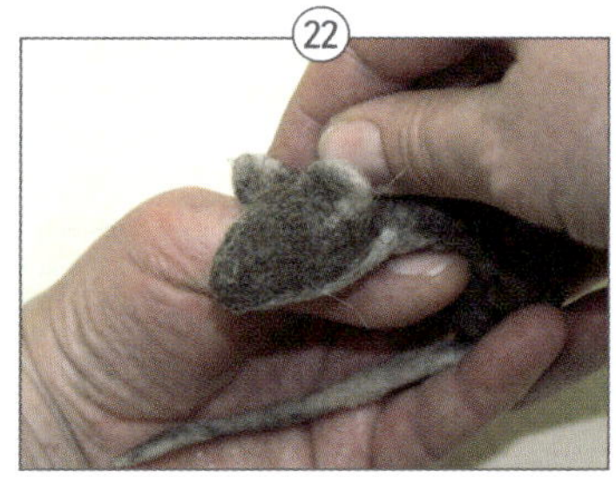

Kletterposition: den Körper schlank im Bogen und den Kopf nach unten walken.

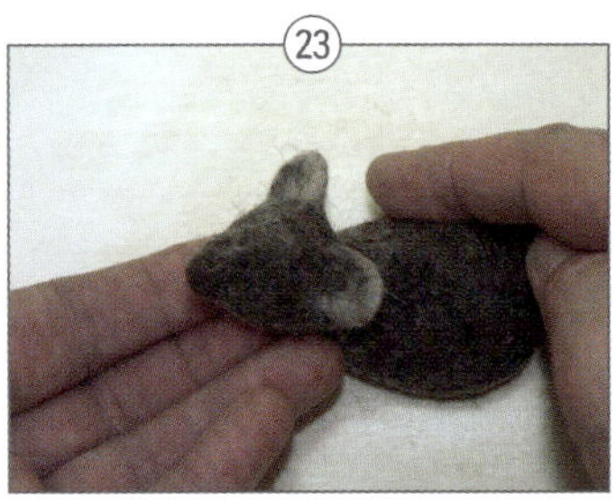

Sitzposition: den Körper kurz und rund walken, das Kinn von unten nach oben walken.

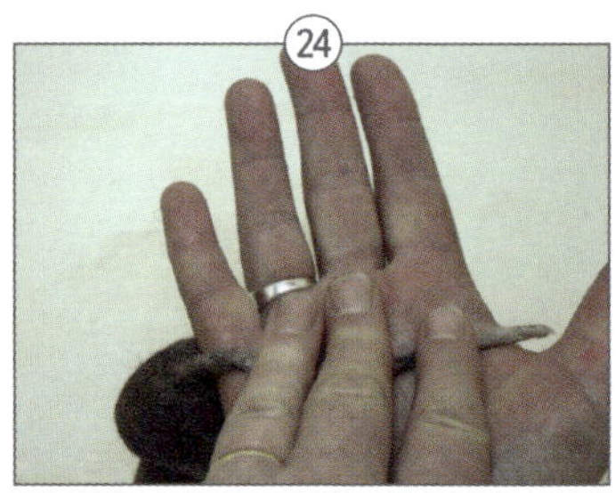

Den Schwanz zwischen den Händen fest rollen.

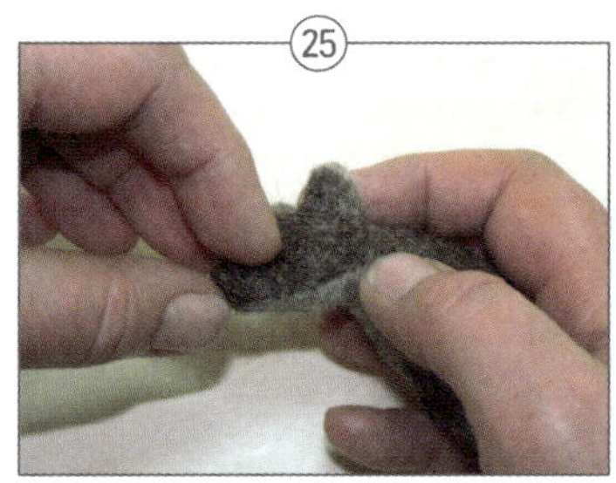

Die Schnauze leicht spitz walken, mit dem Daumen von vorne ein schmales Dreieck formen.

Hockende Maus••

Hauptanleitung
hockendes Tier ohne Beine
lebensgroß

8 g graubraunes Merinolandschafvlies, hautfarbene, weiße Merinowolle

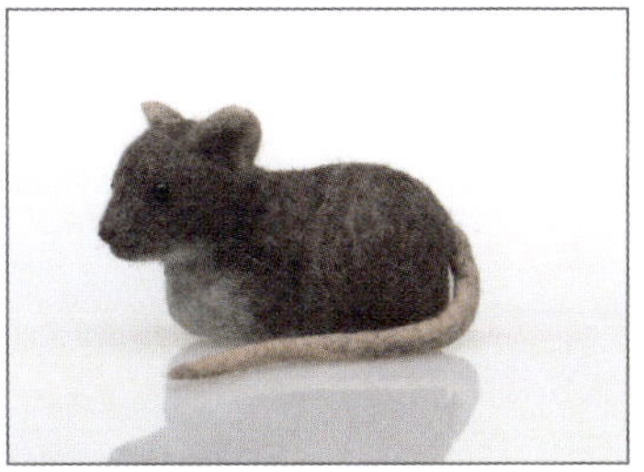

Körperstück: 7 x 24 cm
Kopfstück: 4 x 10 cm
Schwanzstück: 1 x 12 cm
Ohrstück: 2 x 6 cm

(1)

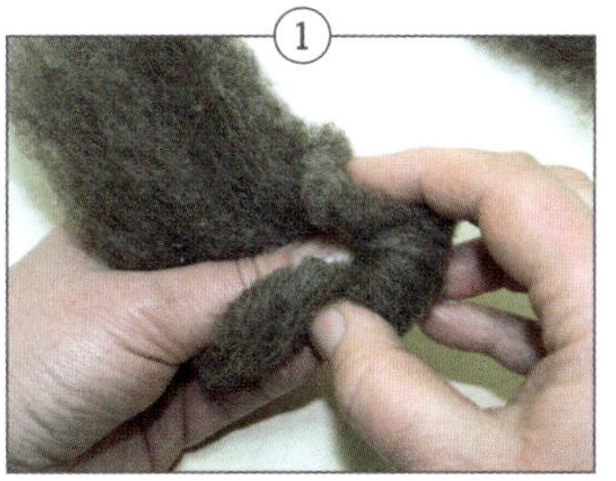

Das Körperstück fest aufrollen, dabei die Seiten immer wieder mit einschlagen.

(2)

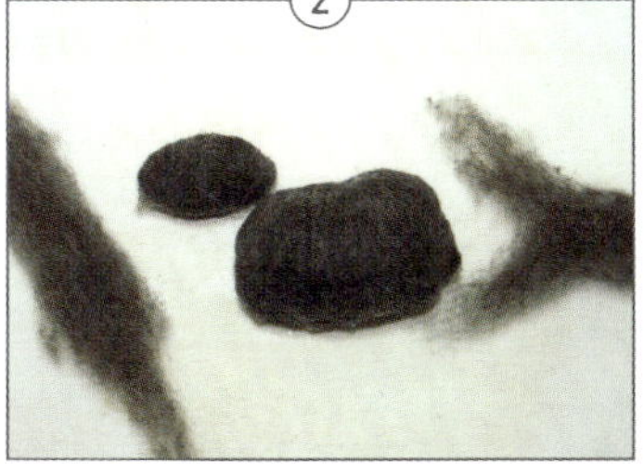

In Wasser tauchen. Das Kopfstück ebenso aufrollen.

(3)

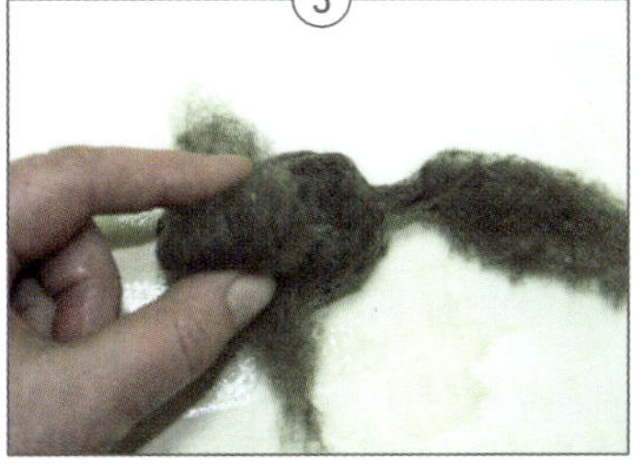

Den Kopf mit einer langen Querflocke, die bis unter den Bauch reicht, verbinden. Den Schwanz ansetzen.

(4)

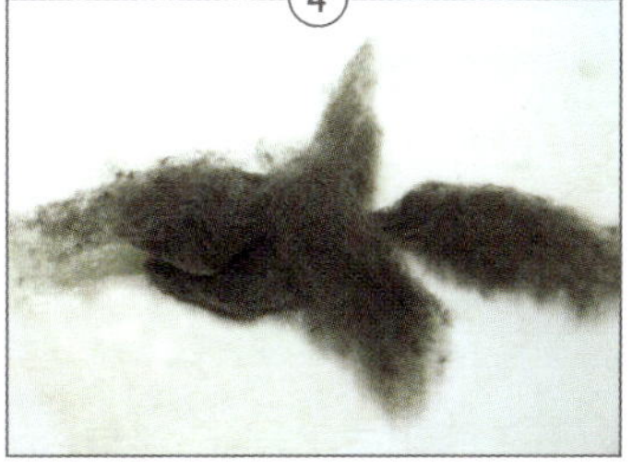

Mit 8 kleinen Flöckchen Kopf und Körper verbinden. Das Hinterteil mit 8 schräg aufgelegten Flöckchen verstärken.

(5)

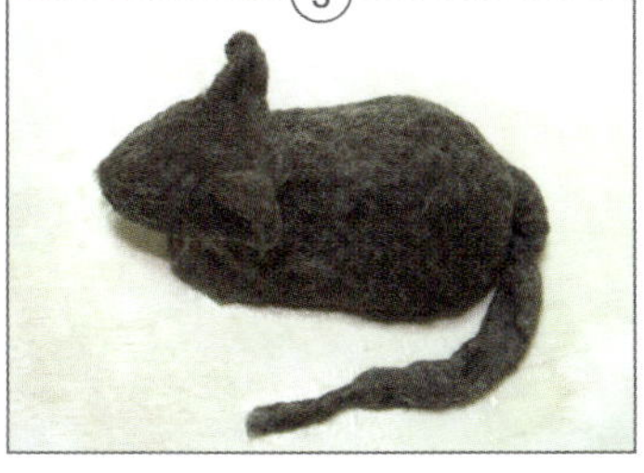

Zwischen und unter den angesetzten Ohren, im Nacken, auf Brust und Hinterteil noch je 3 Flöckchen auflegen.

(6)

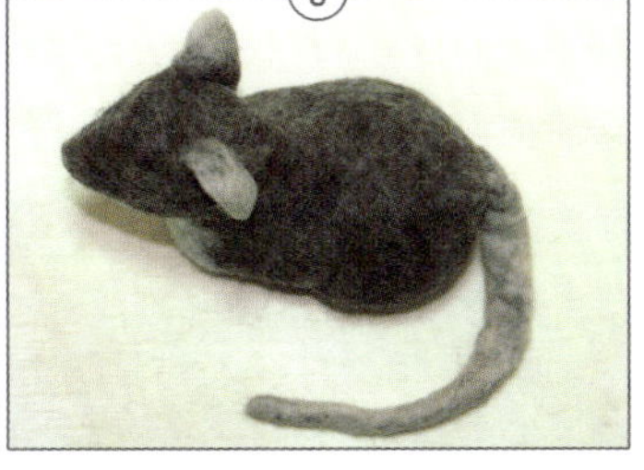

Eine dünne Schicht Rosa über Ohren und Schwanz, auf die Brust und unter den Kiefer Weiß auflegen.

(7)

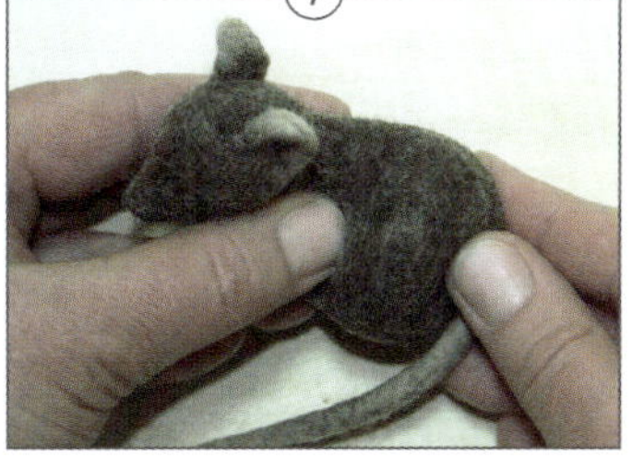

Anfilzen, walken und modellieren, die Schenkel einwalken.

Aufrecht sitzende Maus••••

Lebensgroß; detaillierte Anleitung: siehe «Eichhörnchen», S. 42f.

10 g graubraune Merinolandschafwolle, hautfarbene, weiße Merinowolle

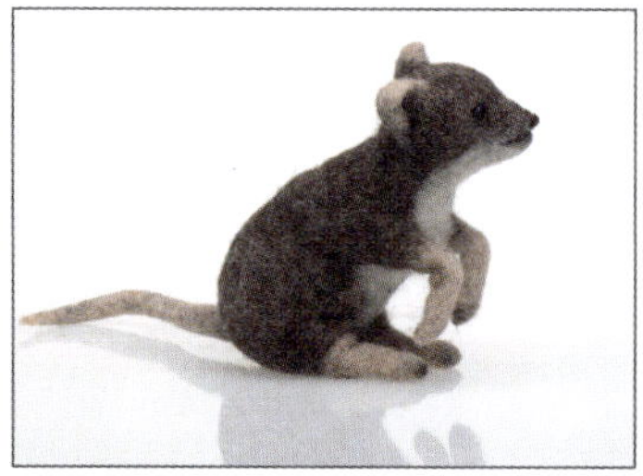

Körperstück: 6 x 12 cm
Schwanzstück: 1 x 12 cm
2 Beinstücke: 2 x 8 cm
Ohrstück: 2 x 6 cm

1

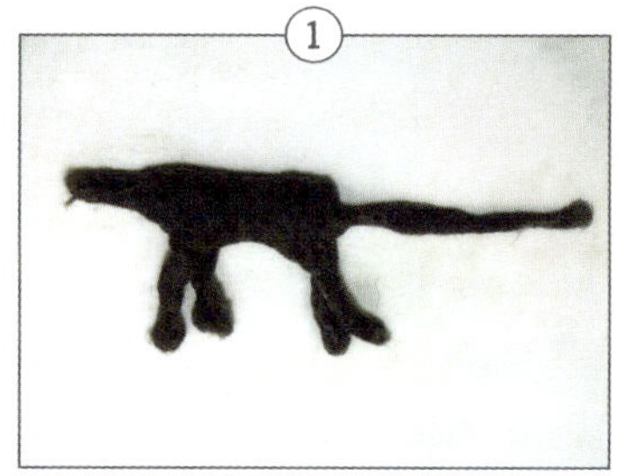

Die Hinterbeine dürfen während des Aufbaus teilweise in den Schenkeln verschwinden.

2

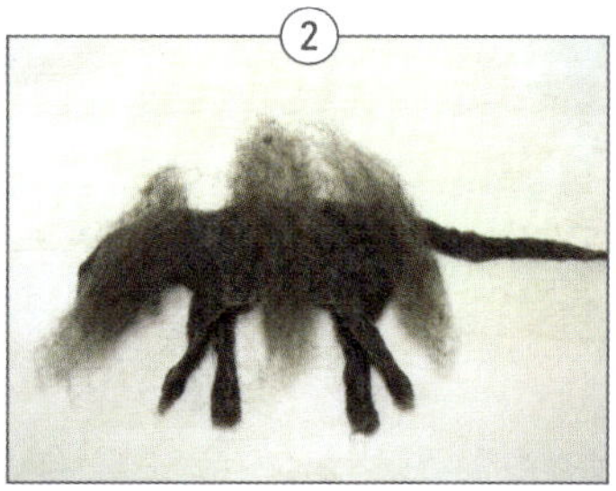

Den Hals etwas ziehen, den Kopf nach vorne biegen. Kopf, Seite und Po mit je 3 Flöckchen aufbauen.

3

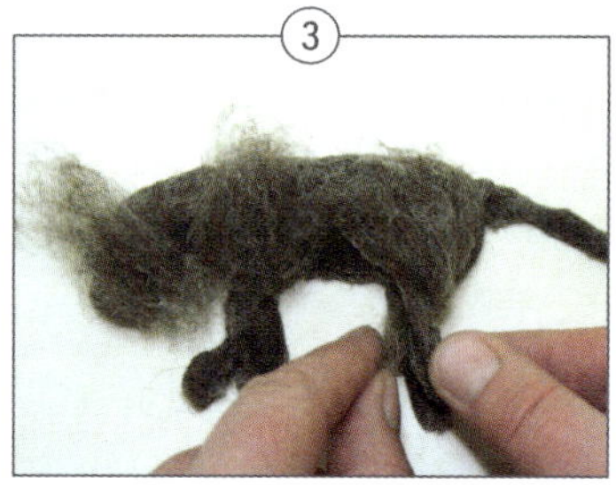

Links und rechts am Kopf 4, auf Brust und Hals 3, auf den Körper 10, den Rücken 8, den Hinterkopf 2 Flöckchen auflegen.

4

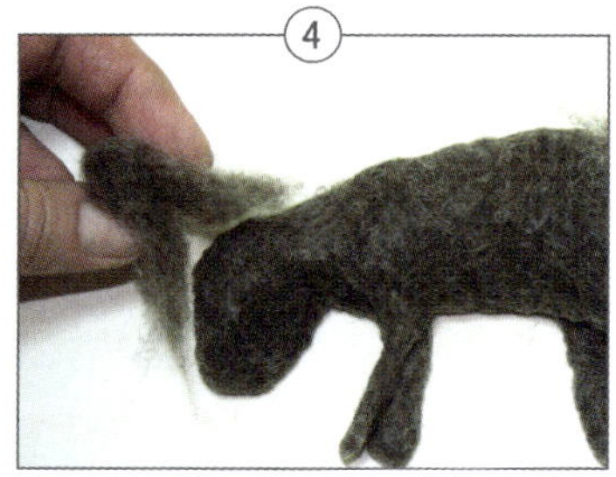

Die Ohren in Brückenform ansetzen, teilen und mit je 2 Flöckchen verbinden.

5

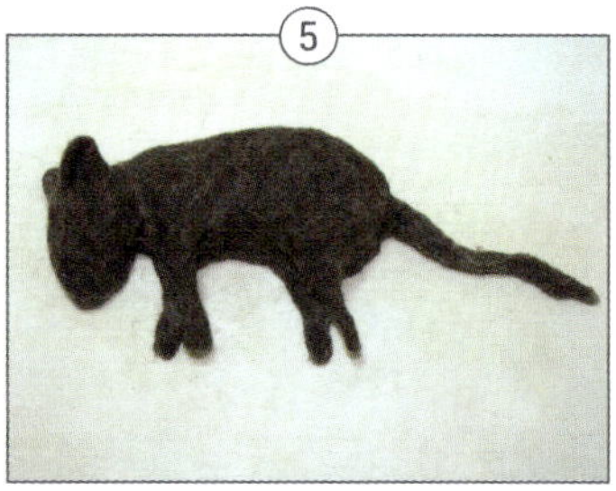

Die Beinansätze mit 2-3 Flöckchen belegen. Körper, Rücken und Kopf mit je 3 Flöckchen rundlich aufbauen.

6

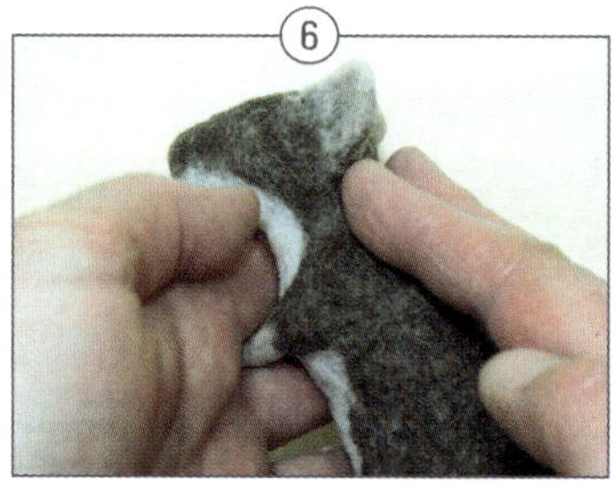

Die Beine zwischen die Finger stecken und sacht anfilzen, den Rücken rund walken.

7

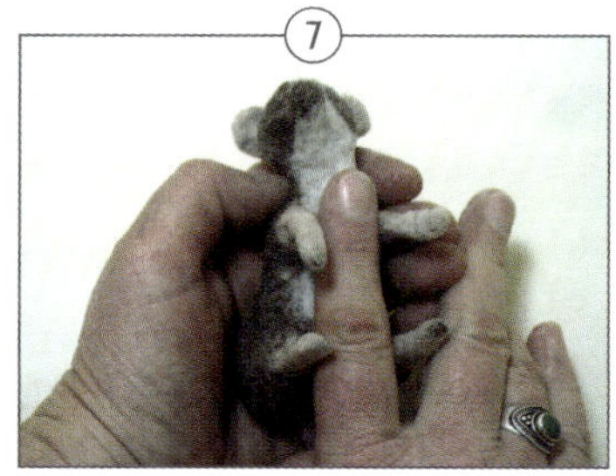

Die Brust breit reiben.

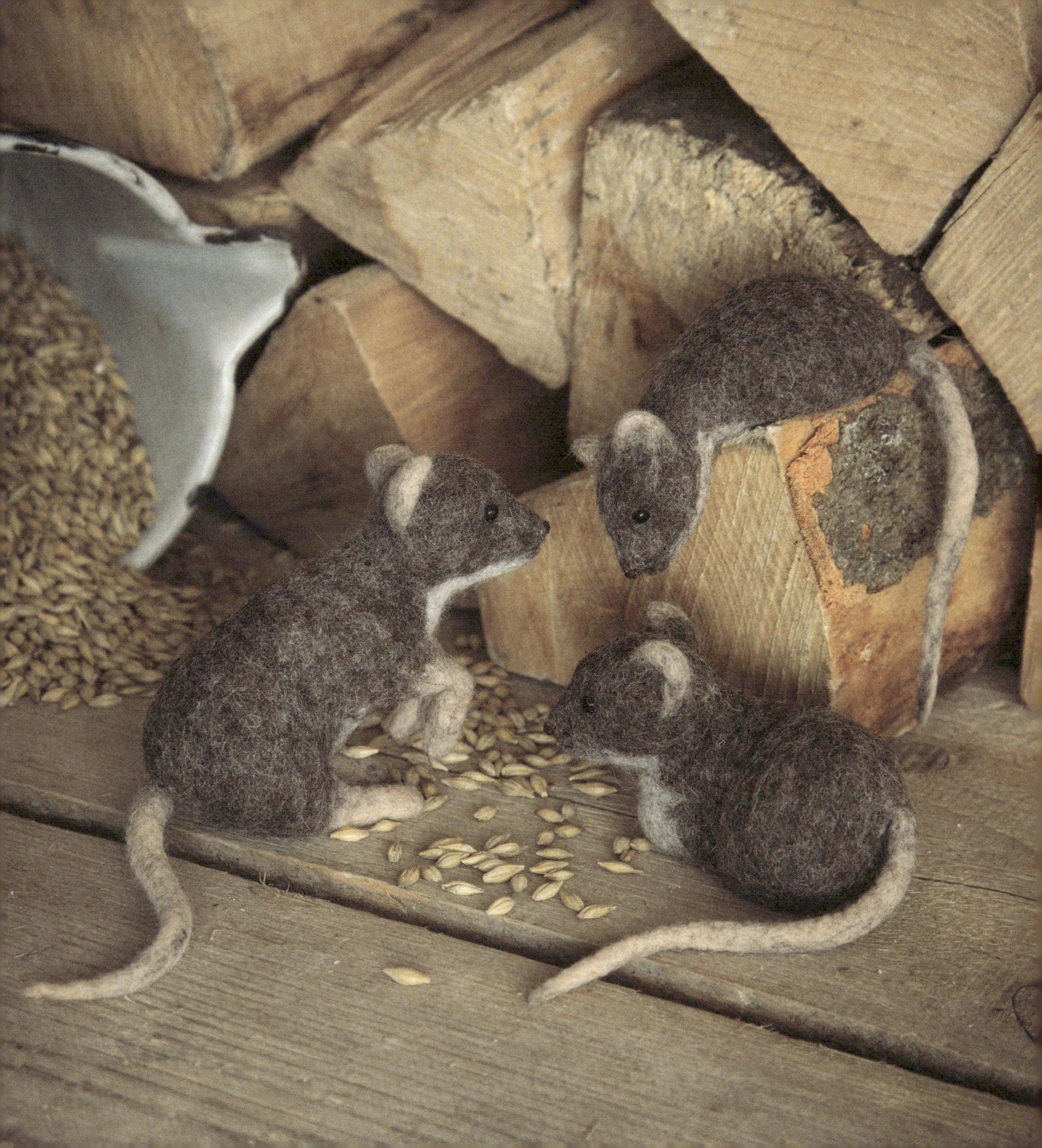

Springende oder säugende Maus••••

Lebensgroß; detaillierte Anleitung: siehe «Stehender Fuchs», S. 72ff.

10 g graubraune Merinolandschafwolle,
hautfarbene, weiße Merinowolle

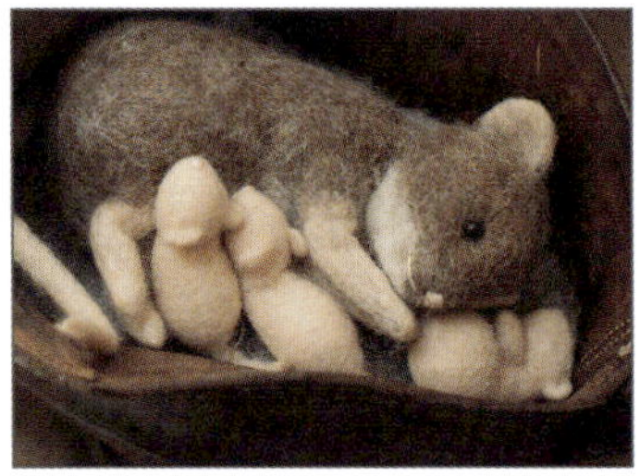

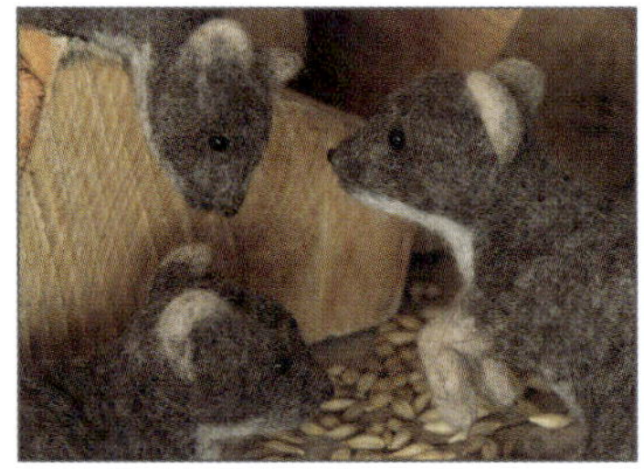

Körperstück: 6 x 12 cm
Hinterbeine: 2 x 10 cm
Vorderbeine: 2 x 8 cm
Ohrstück: 2 x 6 cm

Das Hinterteil eher nach oben und seitlich aufbauen, damit die Beinlänge erhalten bleibt, gegebenenfalls etwas an den Beinen ziehen und diese nochmals verstärken.

Babymaus••

Detaillierte Anleitung: siehe «Maus ohne Beine», S. 30ff.

1 g hautfarbene Merinowolle

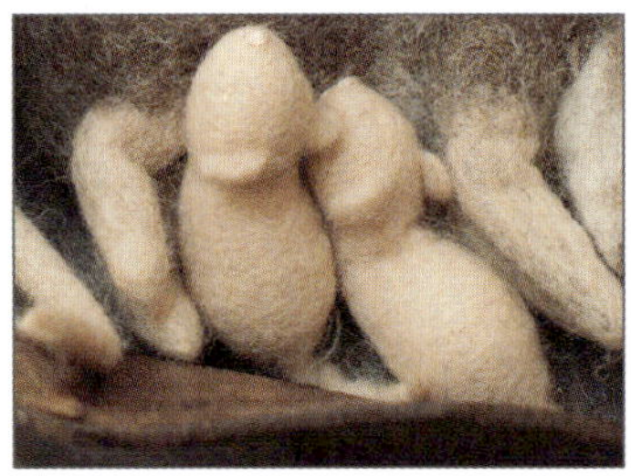

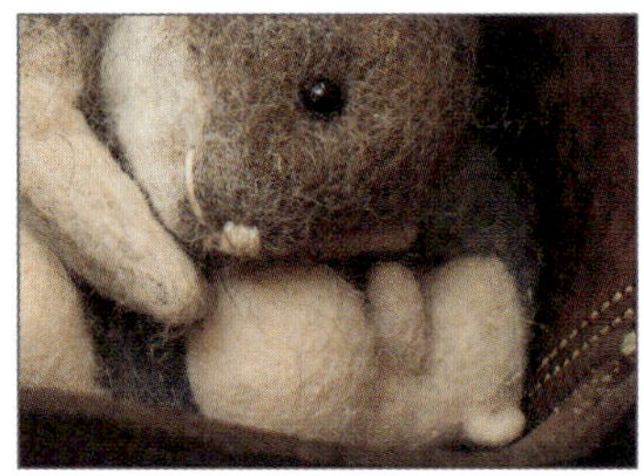

Körperstück: 1 x 3 cm
Schwanzstück: 0,5 x 3,5 cm
Ohrstück: 1 x 2 cm

Mit 2 schmalen Streifen den Kopf, mit 3 den Körper umwickeln. Die Ohren mit einem Hauch von Wolle verbinden, unter den Ohren und auf den Körper 2 Flöckchen auflegen.

Die Anleitung für die Miniatur-Maus befindet sich auf S. 178.

Haselmaus••

Lebensgroß, detaillierte Anleitung: siehe «Maus ohne Beine», S. 30ff.

4 g beige Merinolandschafwolle, weiße, cognacfarbene, braune Merinowolle.
Die Farbnuancen mischen.

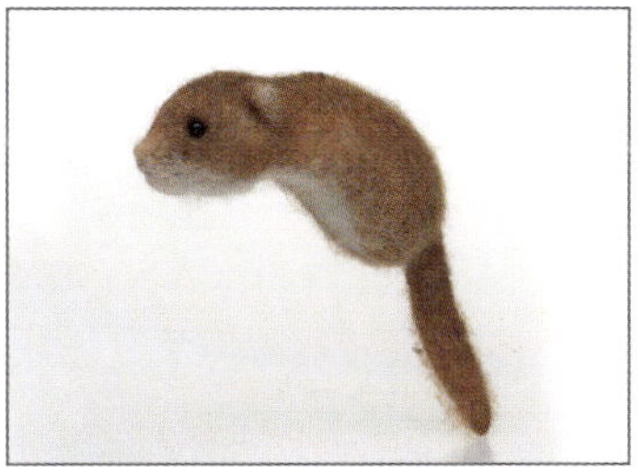

Körperstück: 4 x 8 cm
Schwanzstück: 1 x 5 cm
Ohrstück: 1,5 x 4 cm

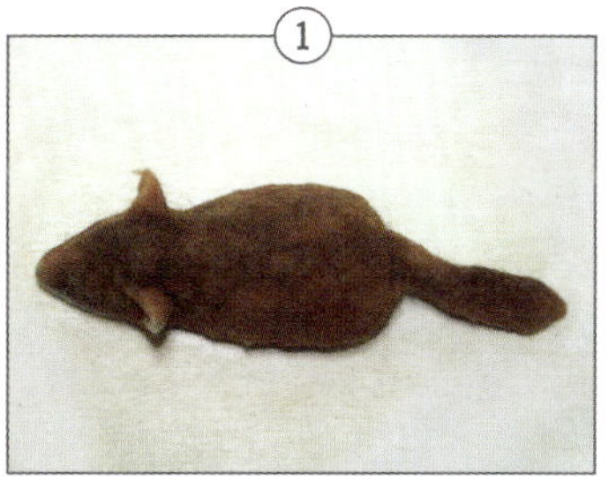

Behaarter breiter Schwanz. Körper und dreieckiger Kopf ineinander übergehend, die Ohren klein und tief sitzend.

Siebenschläfer••••

Lebensgroß, detaillierte Anleitung: siehe «Stehender Fuchs», S. 72ff.

32 g mittelgraue Merinolandschafwolle, hautfarbene, dunkelgraue, weiße Merinowolle

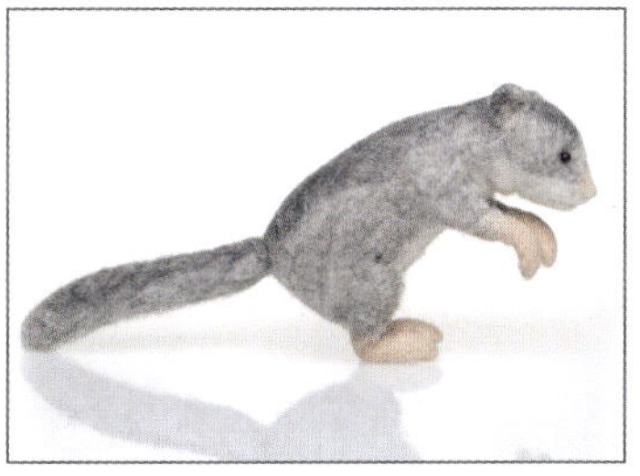

Körperstück: 10 x 12 cm
Schwanzstück: 3 x 15 cm
2 Beinstücke: 1,5 x 8 cm
Ohrstück: 2,5 x 6 cm

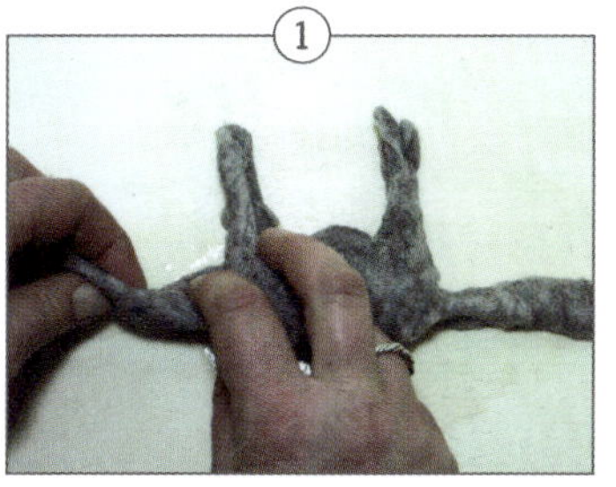

Die Beine ansetzen, den Körper zur Seite drehen, den Kopf herausziehen.

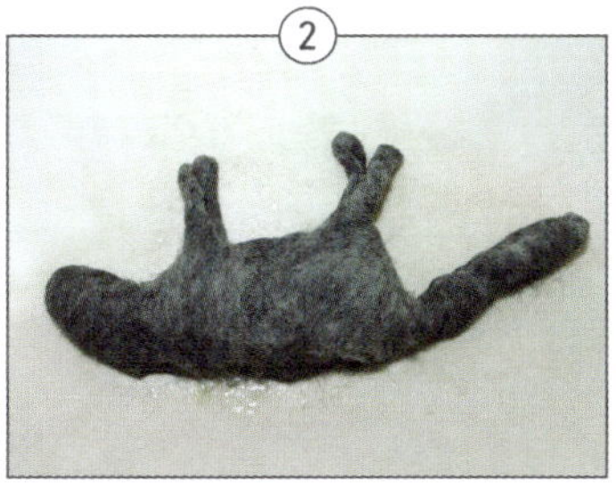

Das Tier weiter aufbauen, ab und zu den Brustraum auseinanderziehen. Einen dicken Schwanz aufbauen.

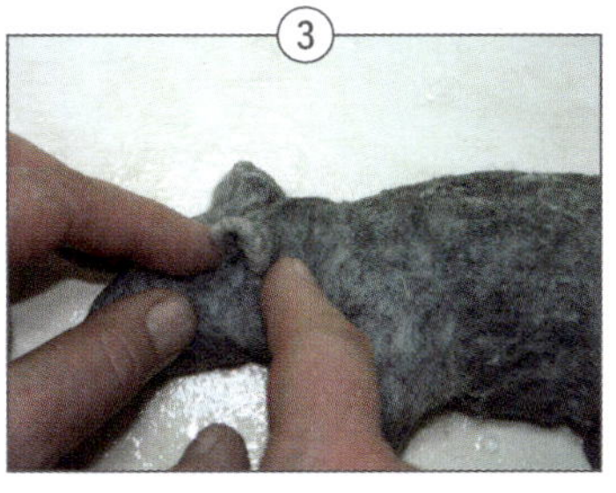

Die seitlich sitzenden Ohren formen.

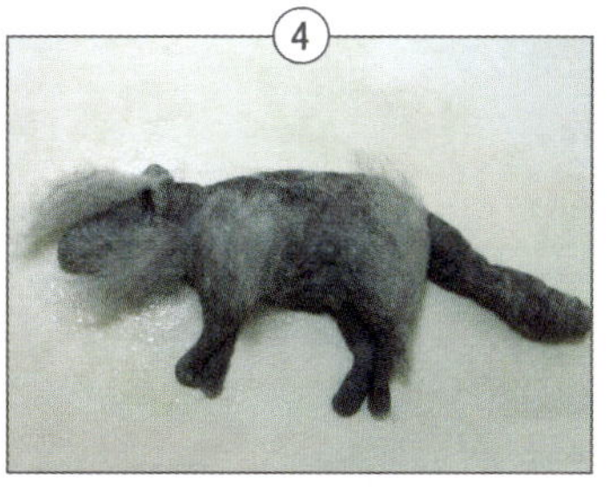

Mit 12 Flöckchen auf den Kopf, 3 auf die Ohren, 6 auf den Hals, 14 auf den Körper, 10 auf die Beinansätze und 4 Streifen auf den Schwanz aufbauen.

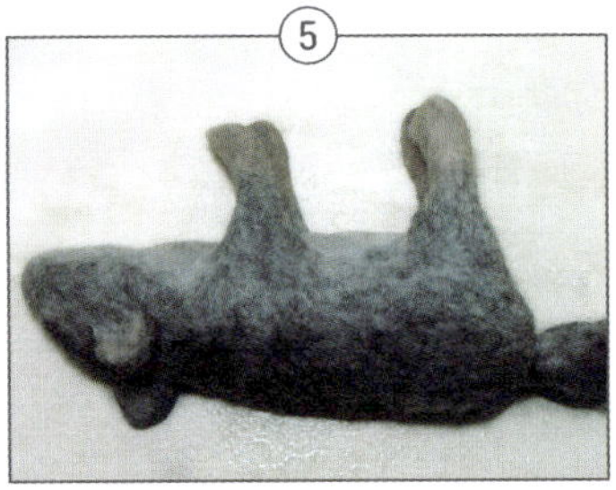

Die Beine hautfarben, den Bauch und die Brust mit Weiß belegen. Die Beinansätze wieder mit Grau abdecken. Den Rücken etwas dunkler färben.

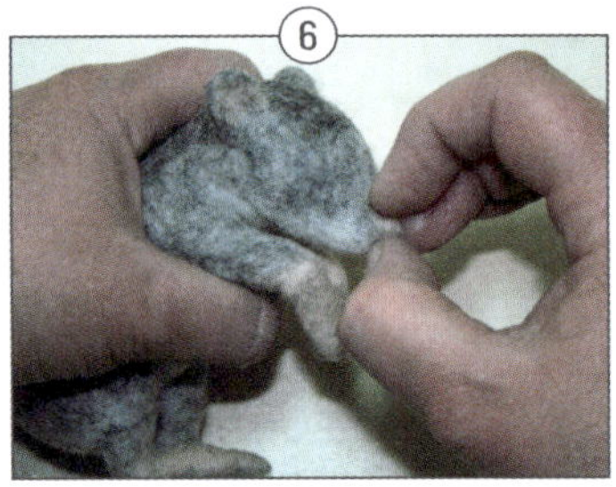

Das Schnäuzchen formen. Den Kopf dreieckig formen.

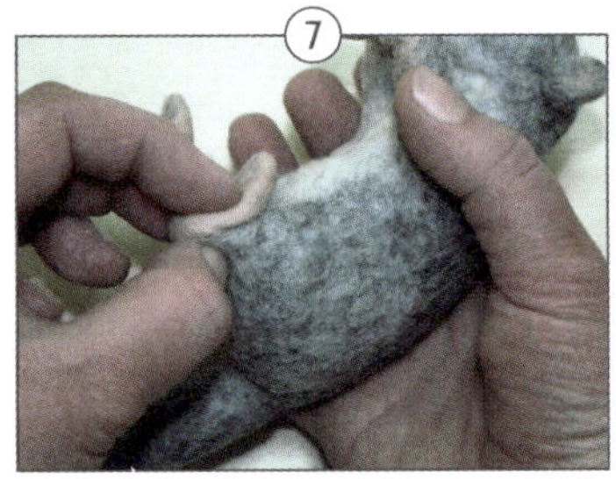

Die Hinterbeine formen.

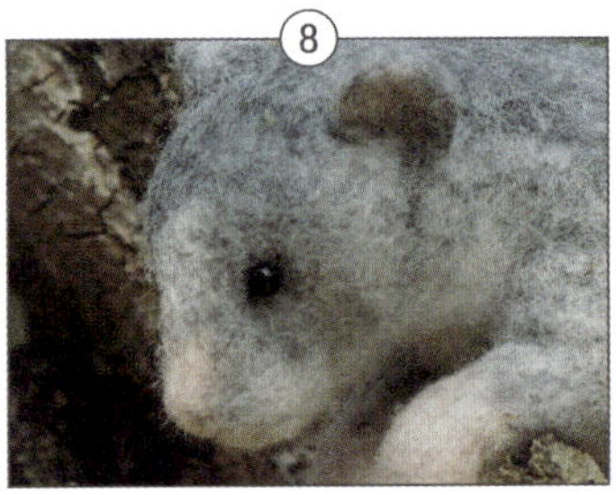

Augen aus Perlen annähen.

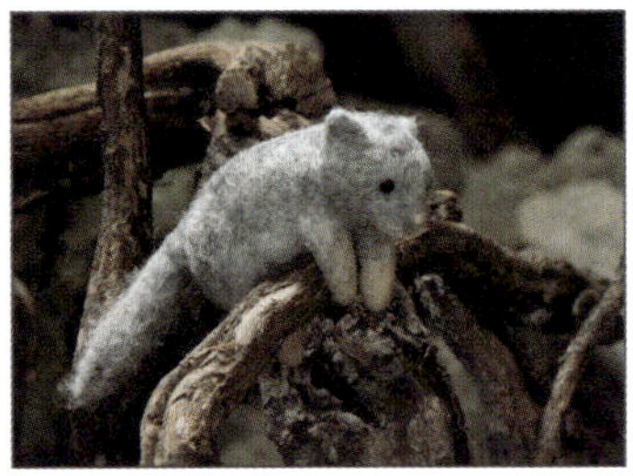

Fertiges Tier

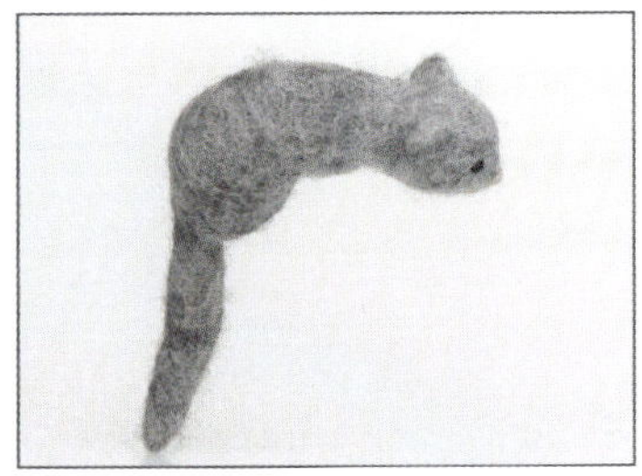

Die Anleitung für einen Siebenschläfer im Miniaturformat befindet sich auf S. 178.

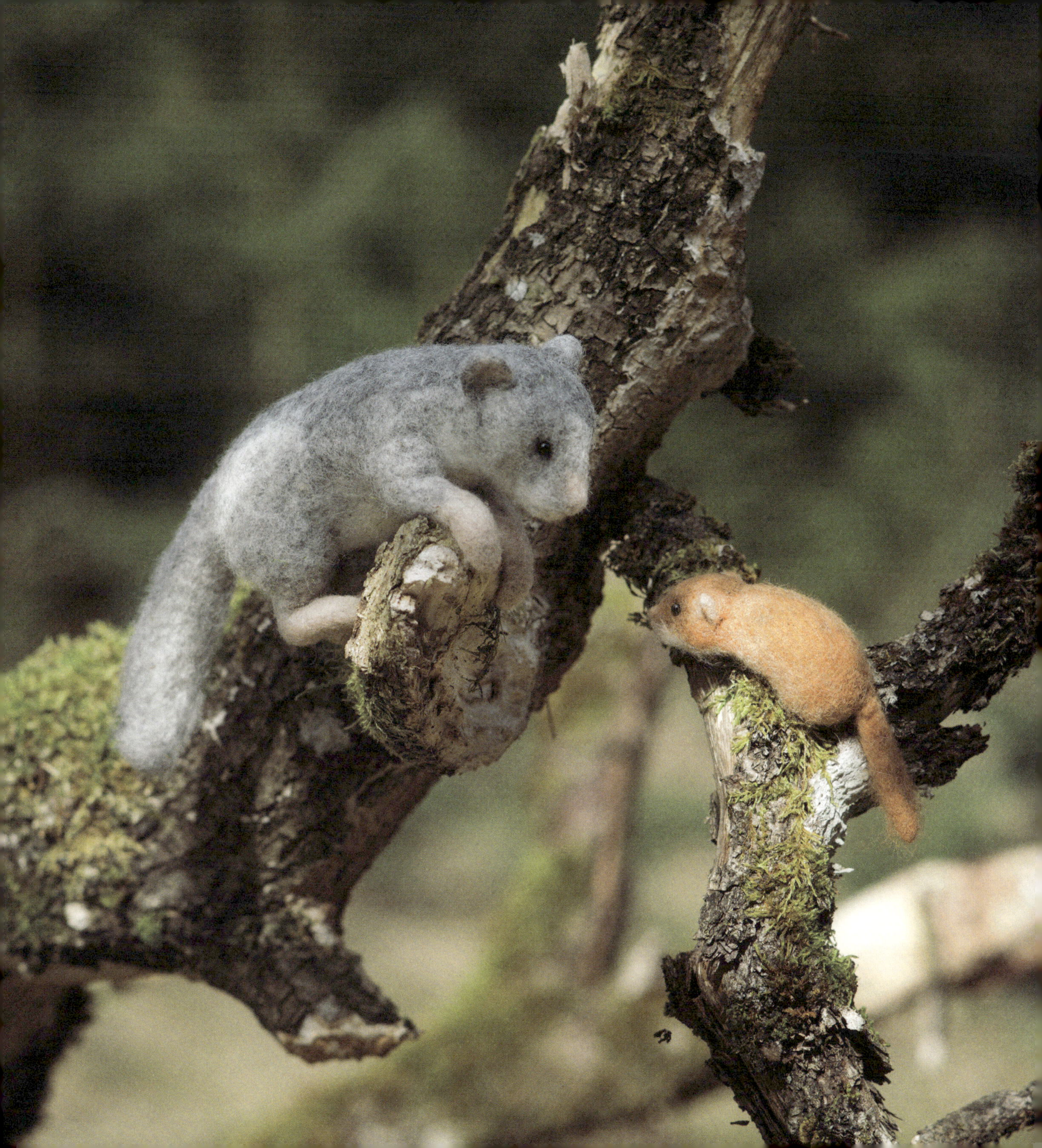

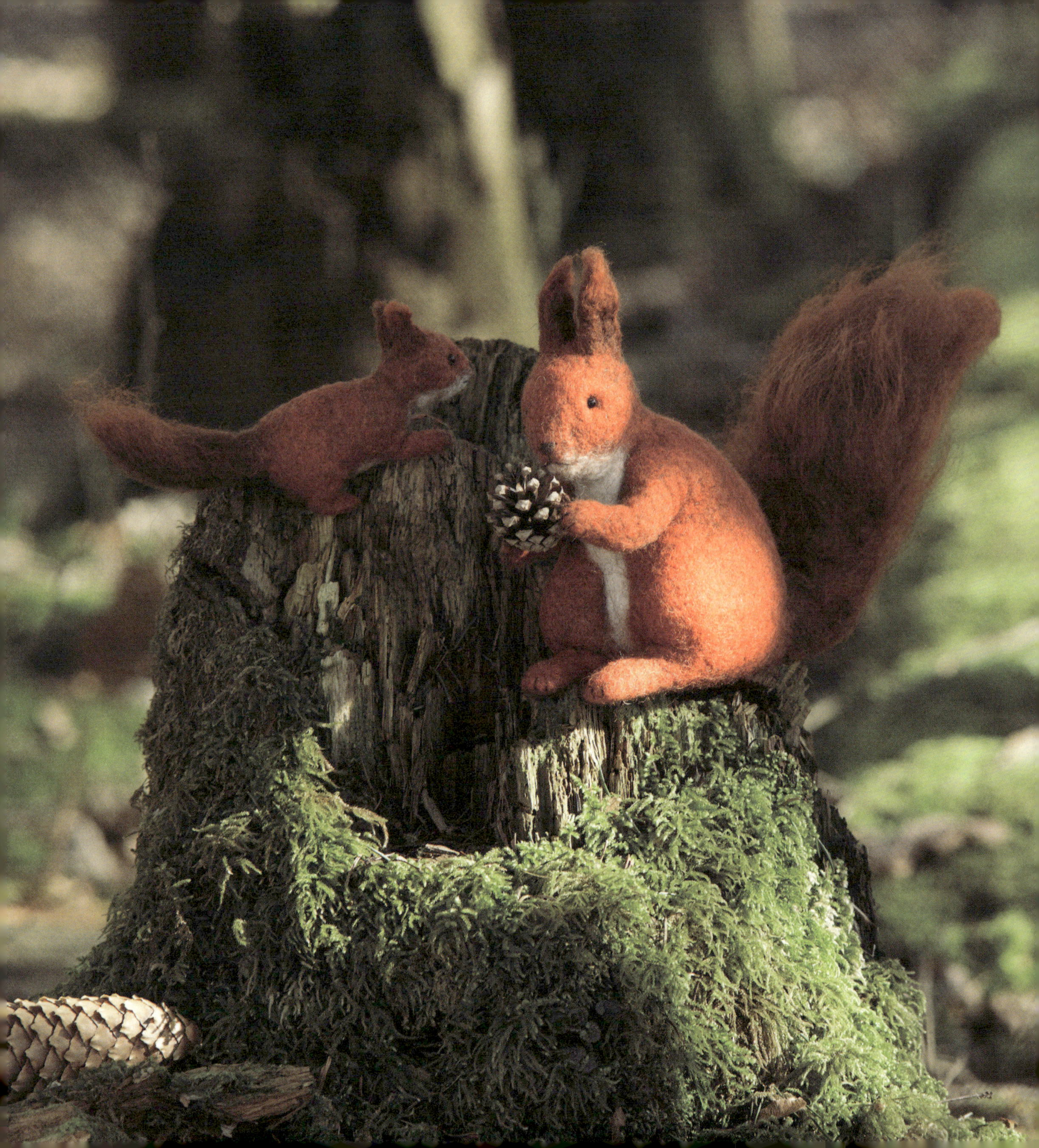

Eichhörnchen

Das flinke Eichhörnchen beeindruckt mit seinen tollen «Flugkünsten». Bei den weiten Sprüngen von Ast zu Ast benutzt es seinen Schwanz wie ein Segel. In Wäldern, Parks und Gärten ist es hauptsächlich in den Baumkronen unterwegs. Das Eichhörnchen ist bei Tag aktiv und frisst Haselnüsse, Walnüsse, Zapfensamen, Bucheckern, Obst und Kleintiere. Was übrig ist, wird vergraben und versteckt. Später, im Winter, findet es die Vorräte hauptsächlich durch seinen guten Geruchssinn.

Mit seinen Pfoten kann das Eichhörnchen eine Nuss richtig gut festhalten, drehen und wenden. Possierlich hockend, den Schwanz zum Kringel geschlagen, sitzt es da und öffnet eine Nuss nach der anderen mit seinen scharfen Schneidezähnen. Diese wachsen einfach immer wieder nach.

In den Baumkronen baut sich das Eichhörnchen ein kugelförmiges Nest, den Kobel. Dort bringt es seine Jungen zur Welt, und im Winter dient er häufig als Schlaflager. Der buschige Schwanz hält den Körper bei der Winterruhe schön warm.

Sitzendes Eichhörnchen••••

Hauptanleitung aufrecht sitzendes vierbeiniges Tier

lebensgroß

100 g braune Bergschafwolle, rotbraune, weiße Merinowolle, rostfarbene Stapelwolle

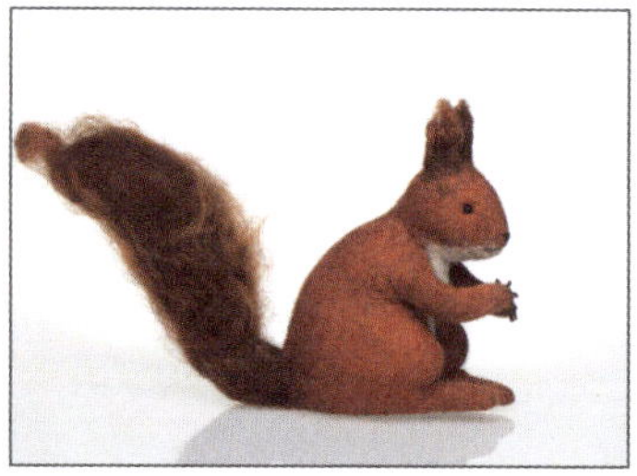

Körperstück: 10 x 7 cm
Schwanzstück: 19 x 7 cm
2 Vorderbeinstücke: 18 x 2 cm
2 Hinterbeinstücke: 10 x 3 cm
2 Schenkelstücke: 8 x 8 cm
2 Ohrstücke: 8 x 2 cm

(1)

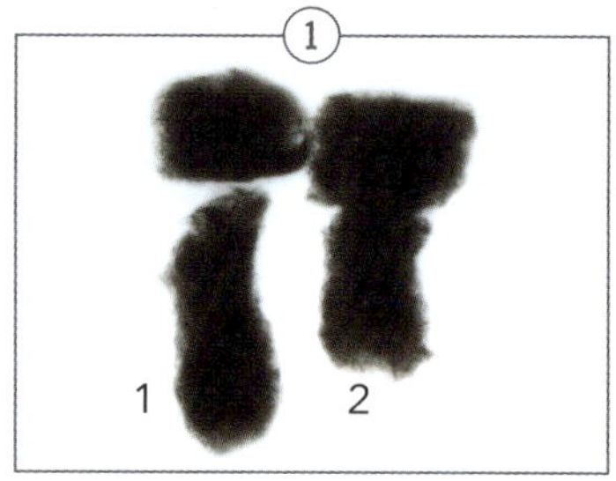

1. Körper- und Schwanzstück. 2. Schwanzstück auf Körperstück legen.

(2)

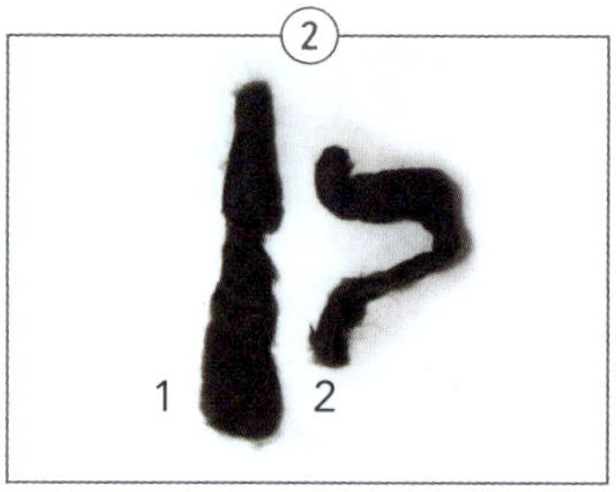

1. Den Körper mit eingelegtem Schwanz aufrollen und befeuchten. 2. Den Kopf nach vorne ziehen, seitlich in die Körperhaltung legen.

(3)

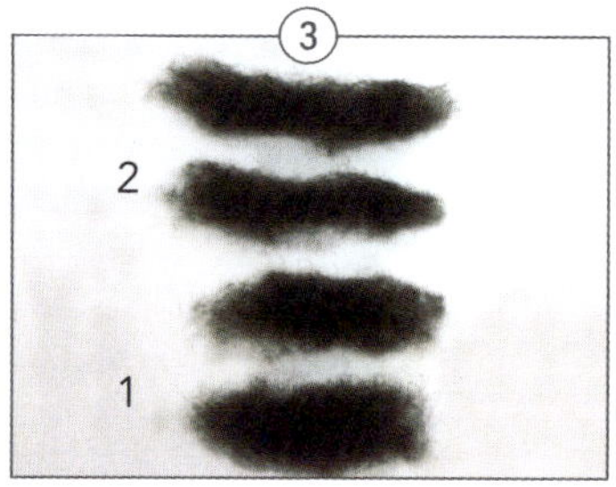

1. Hinter- und 2. Vorderbeinstücke.

(4)

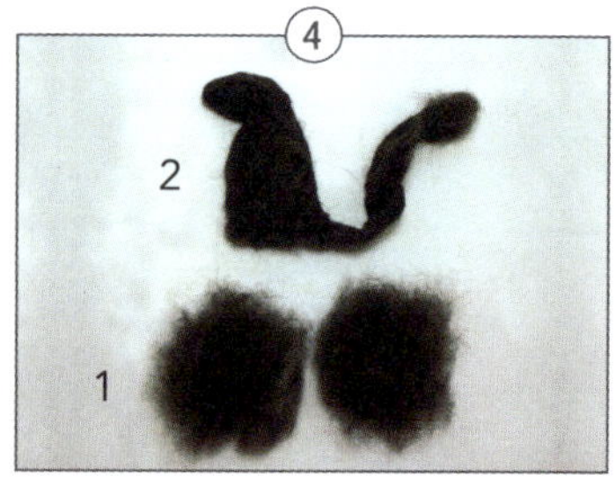

1. Schenkelstücke. 2. Den Kopf und den Körper mit je 3 Flocken aufbauen.

(5)

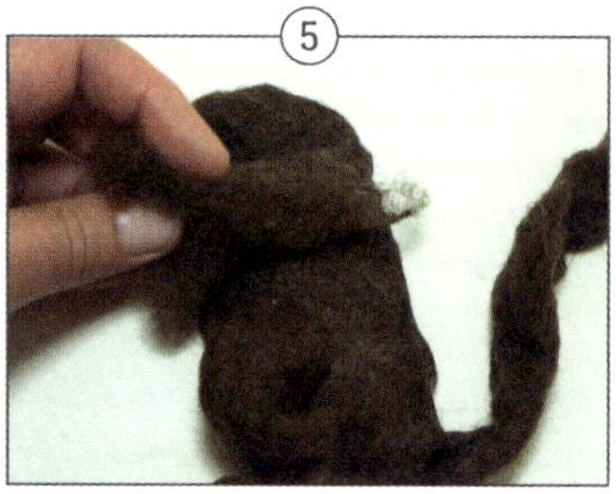

Den Kopf mit 3, den Körper mit 6 Flocken aufbauen. Die Vorderbeine und Schenkel ansetzen, darunter die Hinterbeine. Alles mit je 3 Flocken verbinden.

(6)

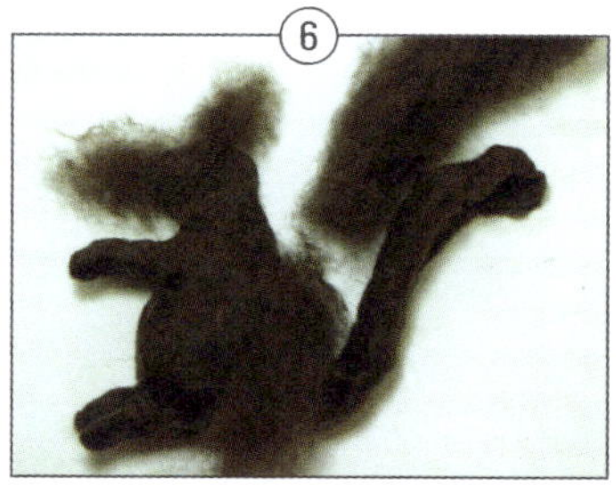

Die Brust mit 2, den Schwanz und den Kopf mit je 6 Flocken aufbauen. Den Schwanz immer wieder in der Länge anpassen.

(7)

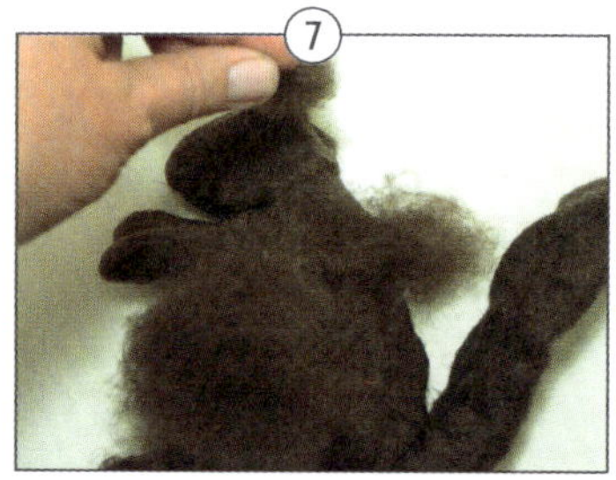

Rücken und Schenkel mit 8, den Schwanz mit 6 Flocken belegen. Das Ohrstück ansetzen, mit 1 Flöckchen verbinden, darunter die Wange mit 2 verstärken.

8

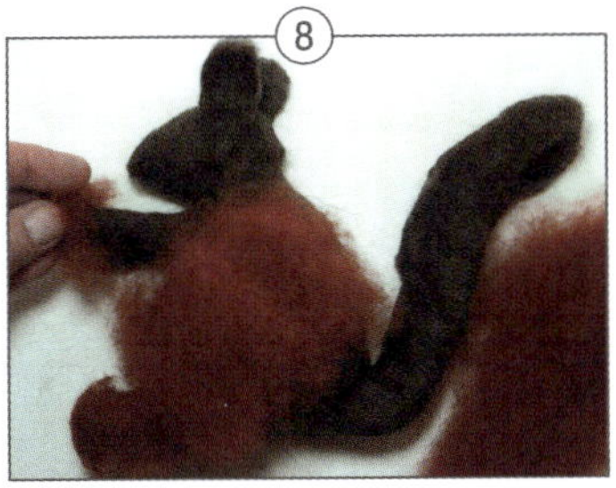

Großflächig mit Farbe belegen. Ein kurzes Flöckchen auf die Pfoten, ein längeres quer straff um jedes Bein wickeln.

9

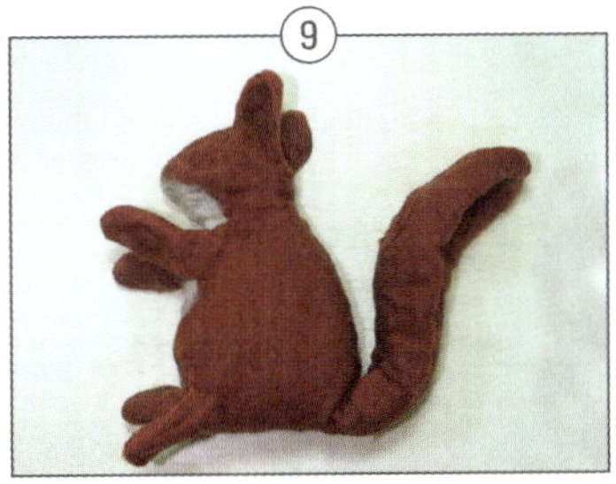

Alles mit rostfarbener Wolle belegen, die Brust dick weiß belegen. Der Schwanz bleibt ungefärbt, wenn Stapelwolle vorhanden ist.

10

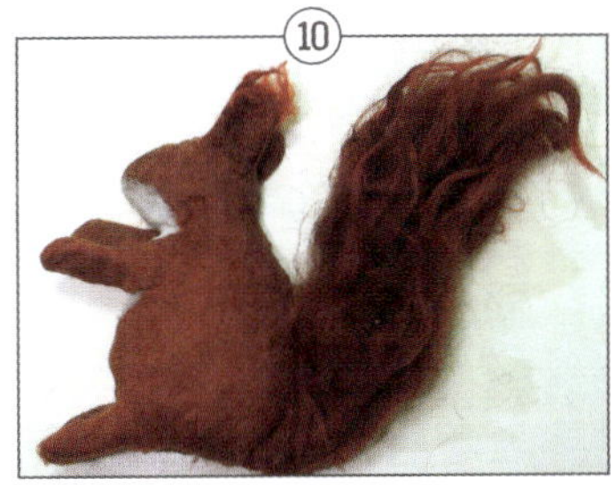

Kurze Stapelwolle dünn um die Ohren legen. Lange Stapelwolle von der Spitze her dachziegelartig auflegen.

11

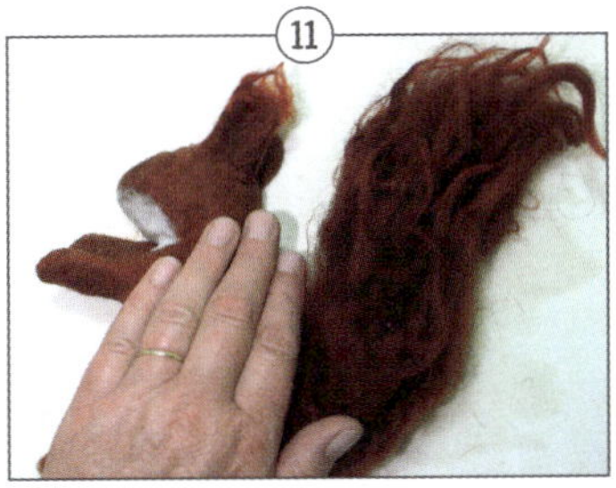

Mit der flachen Hand anfilzen.

12

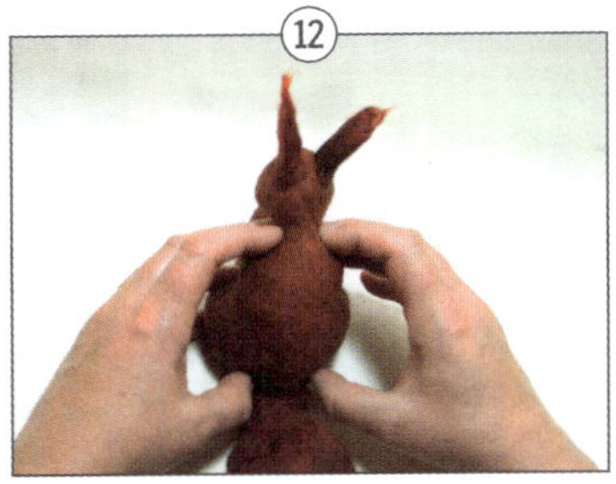

Immer wieder den runden Rücken ausformen.

13

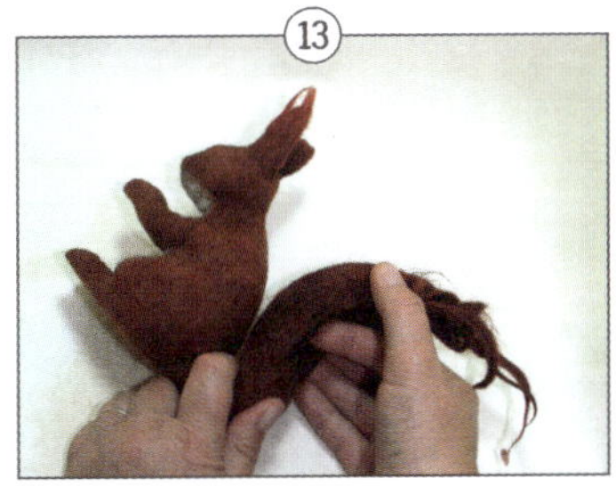

Den Schwanz in eine S-Form walken, mit etwas Abstand zum Rücken, dann steht er besser.

14

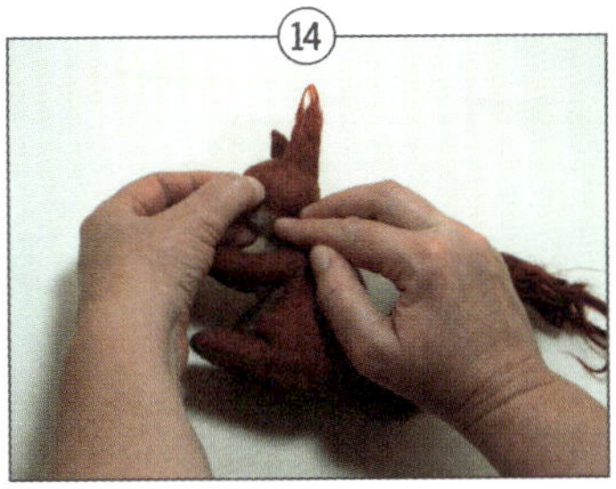

Hals und Schnauze einwalken.

15

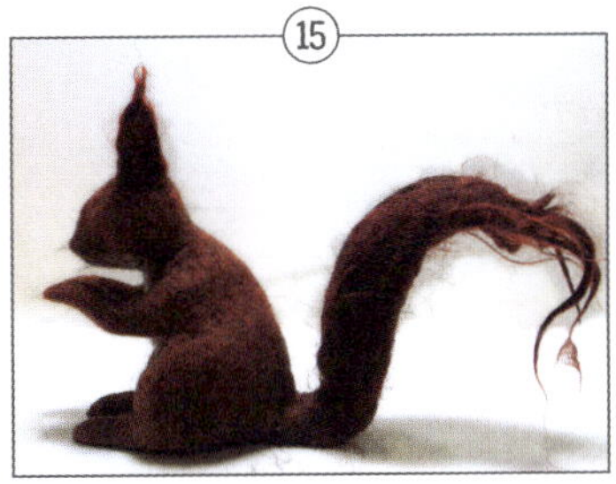

Das Tier fertig walken.

16

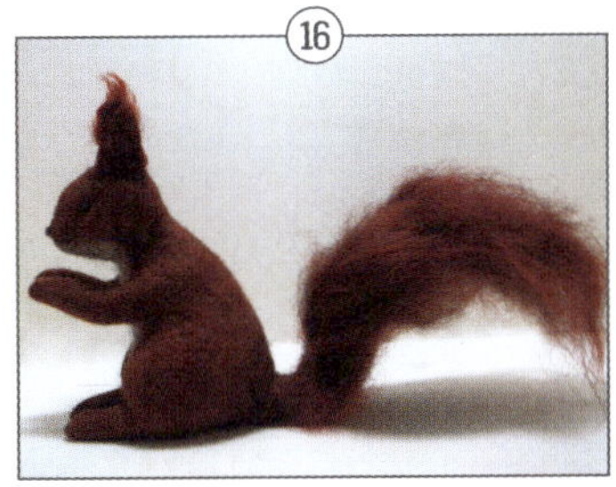

Den Schwanz aufbürsten und Krallen sticken.

Springendes junges Eichhörnchen••••

Lebensgroß, detaillierte Anleitung: siehe «Stehender Fuchs», S. 72ff.

12 g braune Bergschafwolle, rotbraune, weiße Merinowolle, rostfarbene Stapelwolle

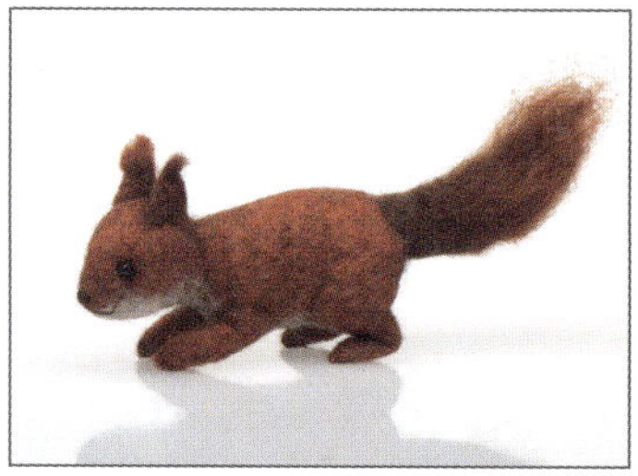

Körperstück: 3 x 9 cm
Schwanzstück: 3 x 11 cm
Vorderbeinstück: 1,5 x 10 cm
Hinterbeinstück: 1,5 x 12 cm

1

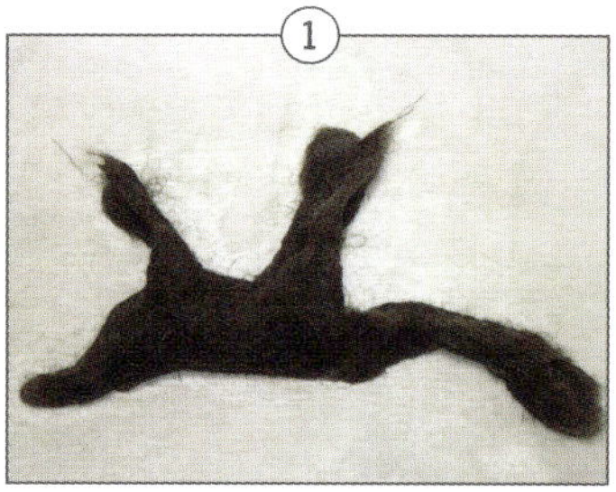

Die Beine auf der Körperrolle anbringen, die Hinterbeine deutlich länger als die Vorderbeine. Den Kopfansatz in die Länge ziehen.

2

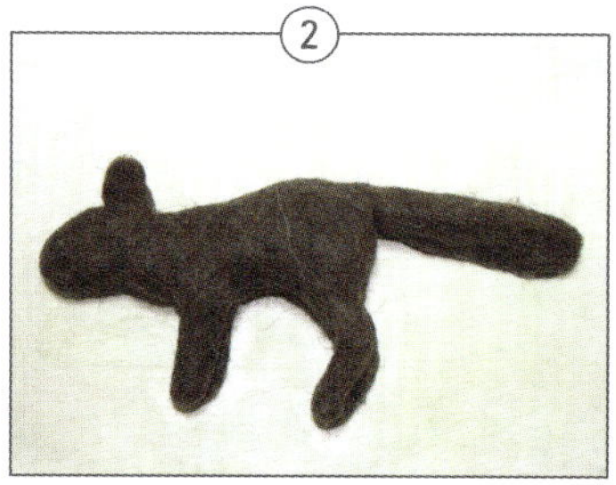

Mit je 4 Flöckchen auf Kopf, Brust, Bauch, Rücken, Oberschenkeln, Vorderschenkeln, Hinterteil und Schwanz aufbauen. Beine mit 3 Flöckchen belegen.

3

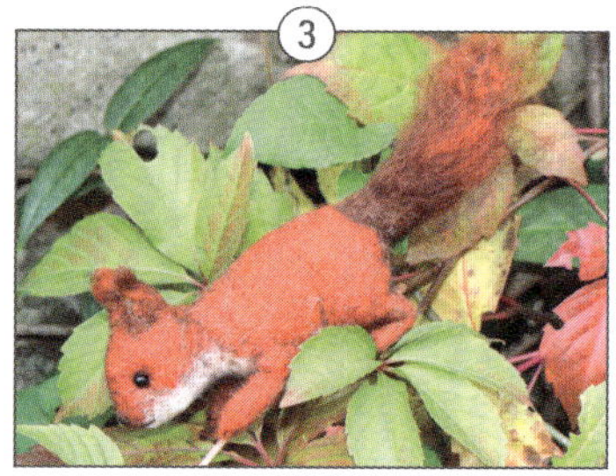

Die Ohren mit brauner Wolle ansetzen und mit Stapelwolle belegen, ebenso den Schwanz.

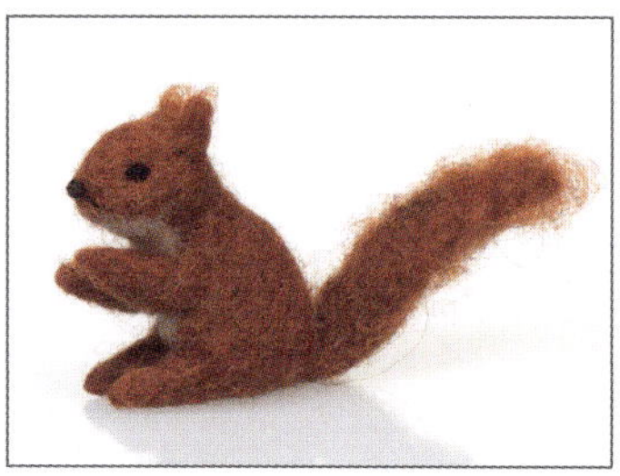

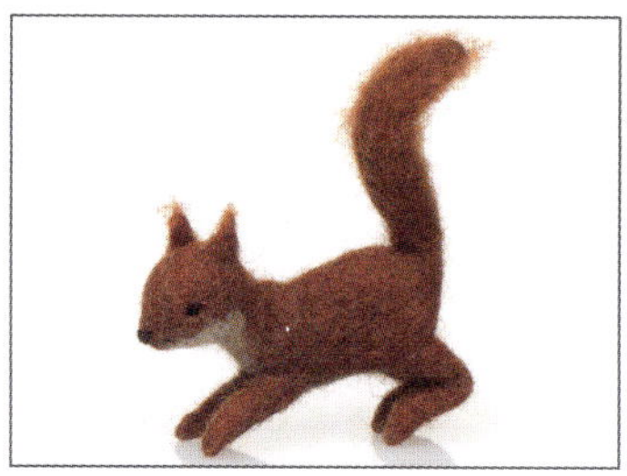

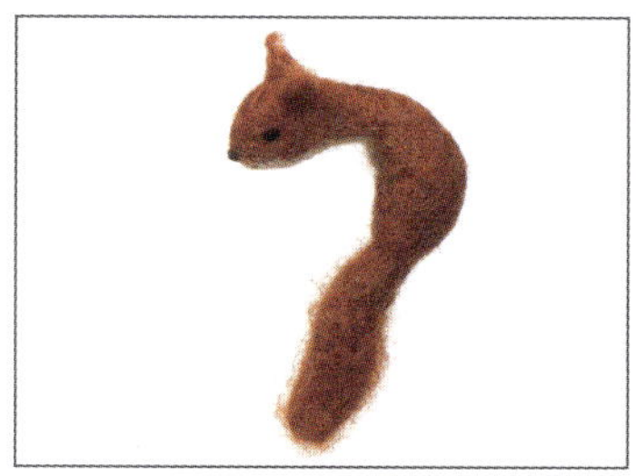

Auf S. 179 finden sich die Angaben für drei verschiedene Mini-Eichhörnchen.

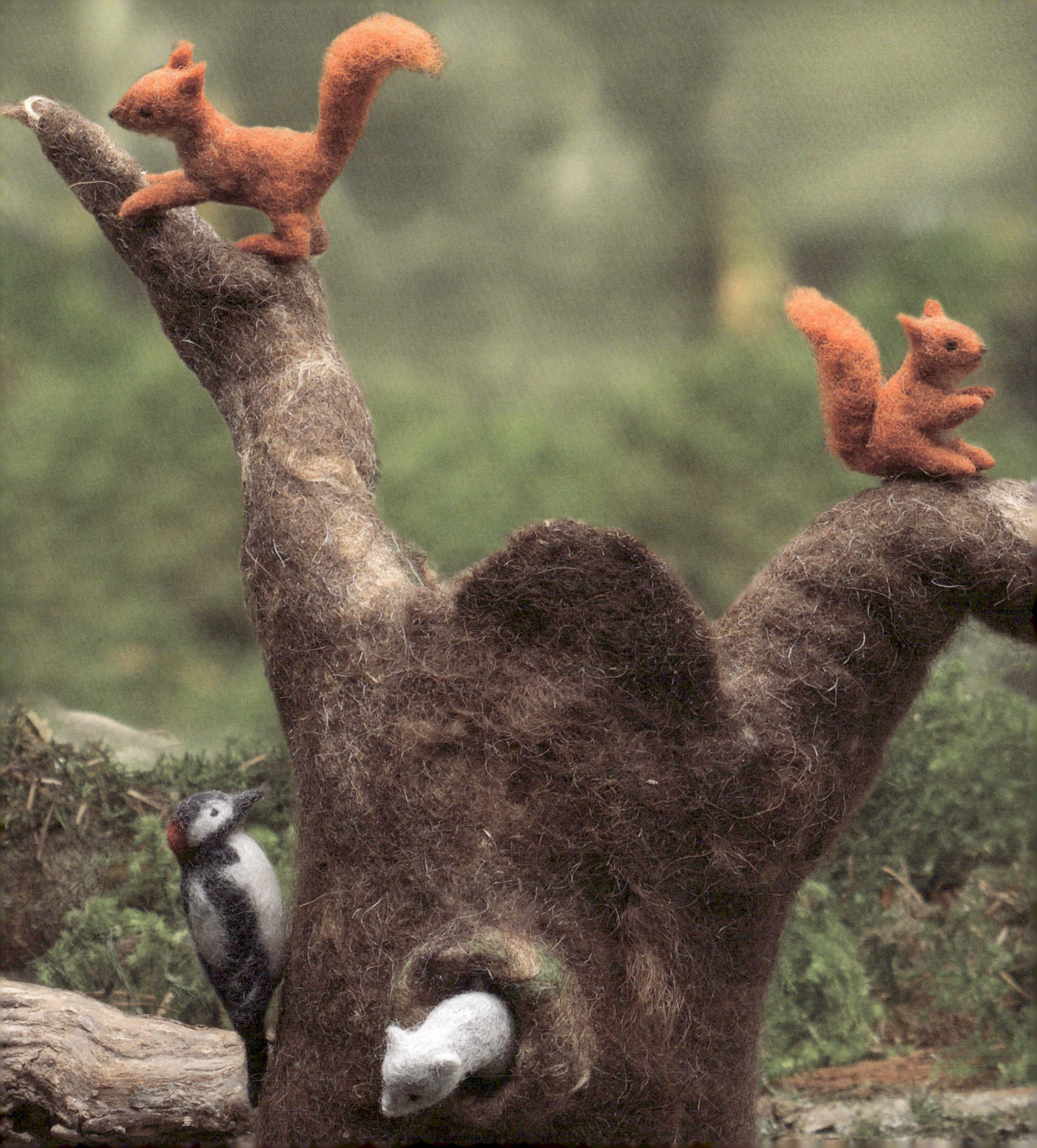

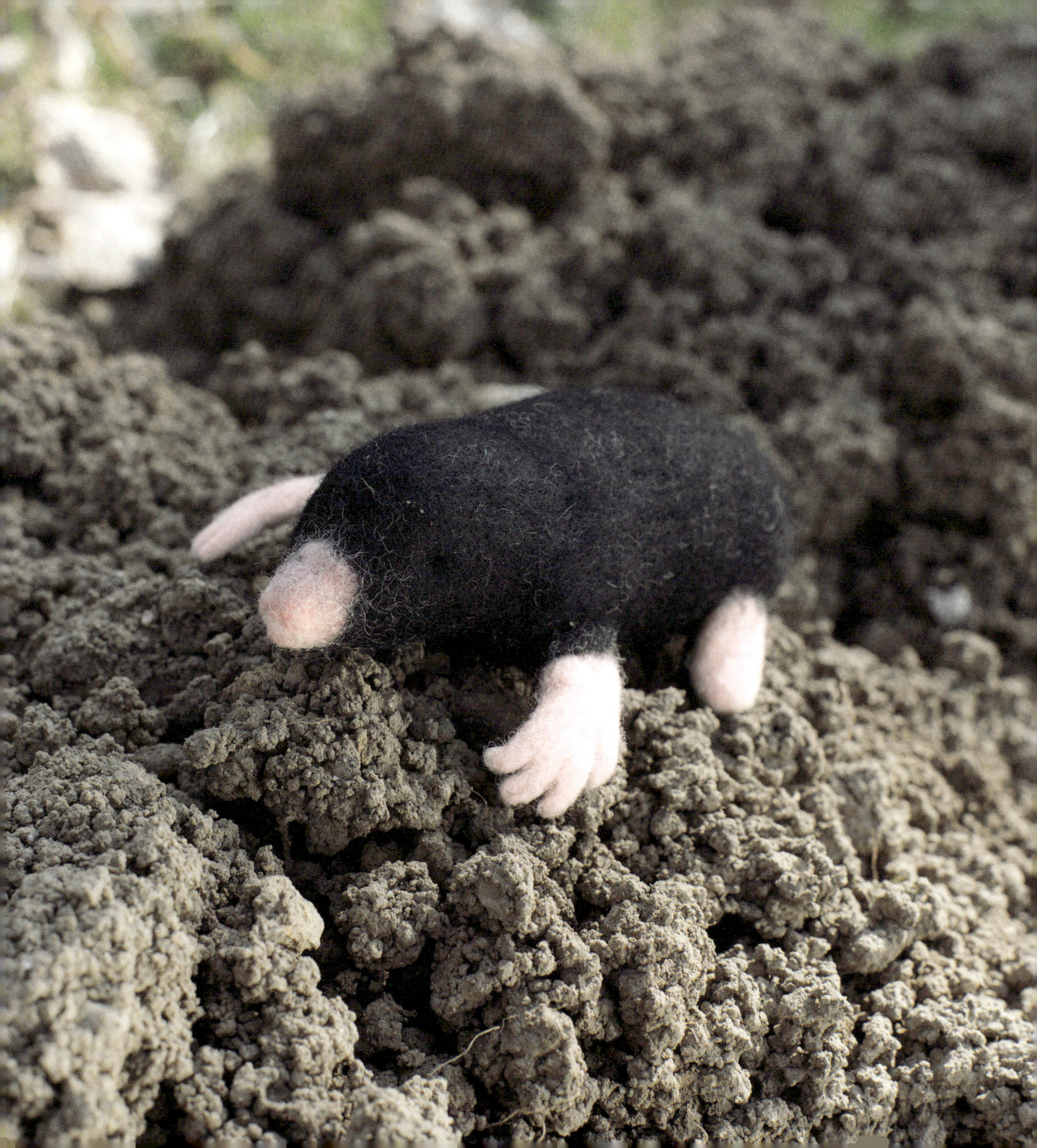

Maulwurf und Igel

Der fast blinde Maulwurf lebt unter der Erde. Mit seinen Vorderbeinen, den Grabschaufeln, gräbt er sich unterirdische Gänge. Den Aushub sehen wir als Maulwurfshügel. Der Maulwurf hat einen guten Geruchs- und Tastsinn und findet damit Würmer, Insekten und Schnecken, die er mit seinen 44 Zähnen verspeist. Er hat ein feines, weiches, schwarzes Fell, das kein Wasser durchlässt und ihn unter der Erde gut schützt.

Der Igel, auch «Swinegel» oder Schweineigel genannt, ist in Gärten, Parks, Wäldern und Wiesen verbreitet. Mit der Fähigkeit, sich zu einer stacheligen Kugel zusammenzurollen, kann er sich gut vor Feinden schützen – leider nicht vor Autos. Er wühlt ähnlich wie ein Schwein in der Erde nach Nahrung und frisst sich mit Insekten und Schnecken den Winterspeck an. Damit kann er den Winterschlaf in seiner Blätterhöhle gut überstehen.

Maulwurf•••

Lebensgroß

12 g weiße, schwarze, rosa, altrosa Merinowolle

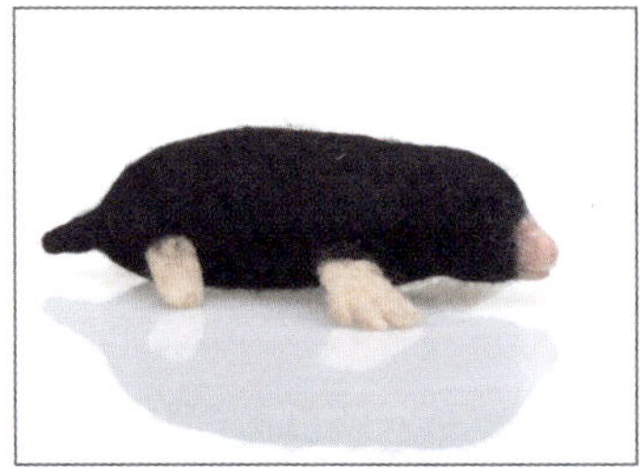

Körperstück: 9 x 14 cm
Vorderbeinstück: 2 x 20 cm
Hinterbeinstück: 2 x 14 cm

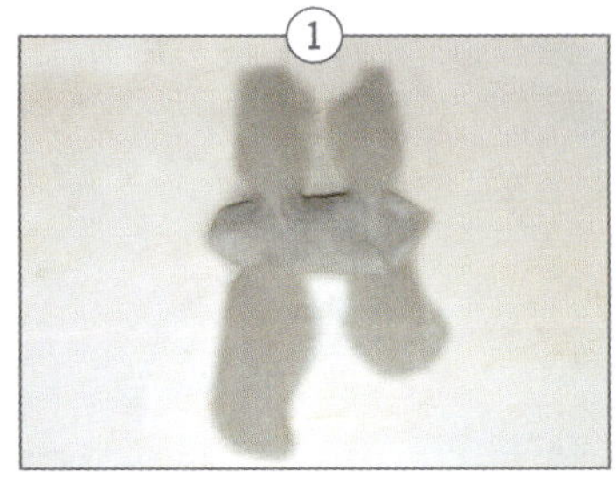

1

Den Körper aufrollen. Die Beinstreifen mittig auf den Rücken des Körpers legen.

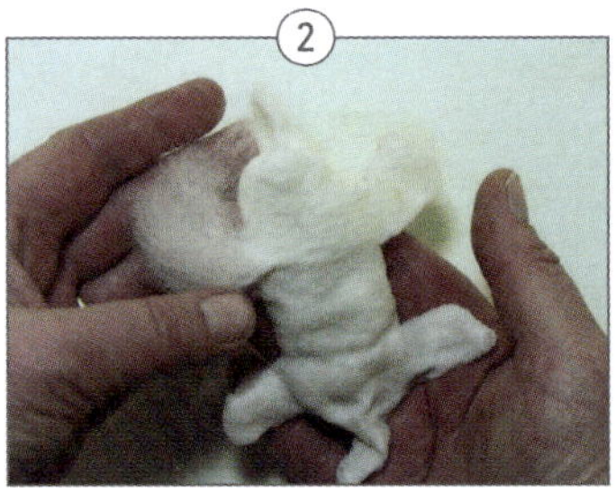

2

Die Enden jeweils unter den Bauch legen. Schwanz und Maul aus der Körperrolle herausziehen.

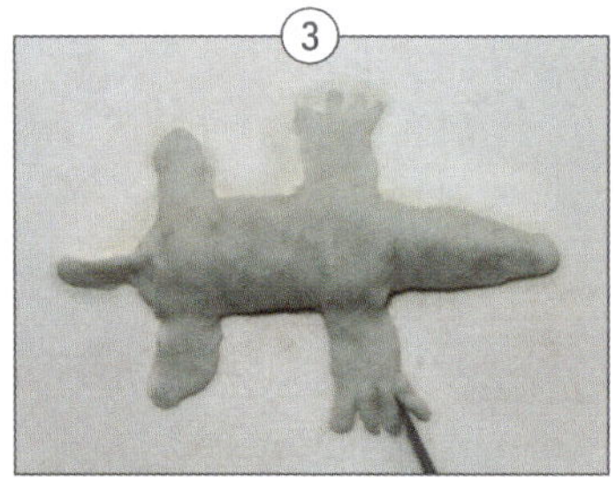

3

Den Kopf mit 2 Flocken umwickeln. Die Vorderbeine 3 x 1 cm einschneiden.

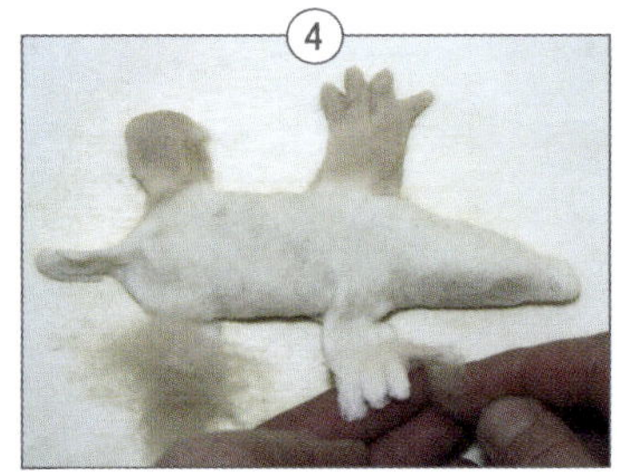

4

Die Hinterbeine mit 2 rosa Flöckchen über Kreuz belegen. Jede Kralle mit 1 rosa Miniflöckchen schräg umwickeln. Das Bein rosa färben.

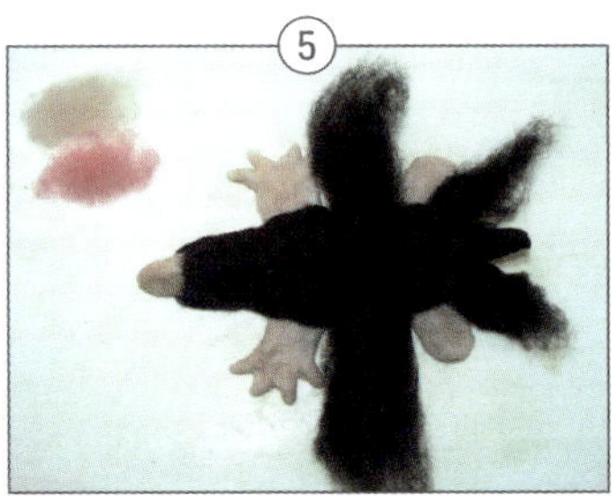

5

Den Kopf mit 3, den Körper mit 10, die Unterseite mit 2, den Schwanz mit 1 und den Po mit 4 schrägen schwarzen Streifen belegen.

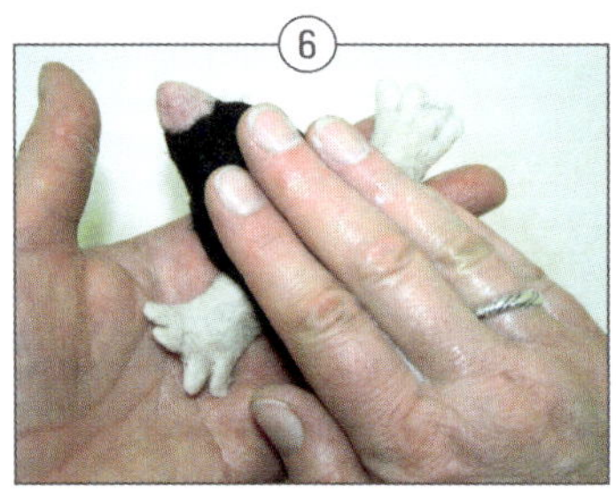

6

Das Maul mit Dunkelrosa, den Vorderbeinansatz mit Schwarz belegen. Den Körper anfilzen.

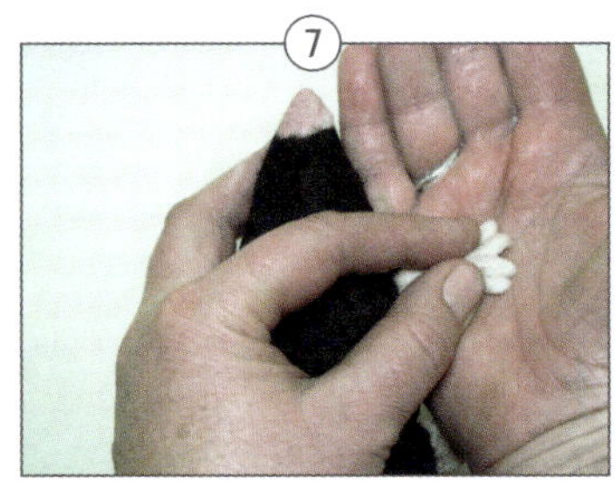

7

Schwarze und rosa Partien getrennt filzen, alles auch kürzer walken. Die Vorderbeine leicht gebogen nach außen walken.

Igel ohne Beine•

3 g hellbraune, dunkelbraune, beige Bergschafwolle (je 1 g Wolle für Igelkinder 4 x 10 cm oder 3 x 8 cm)

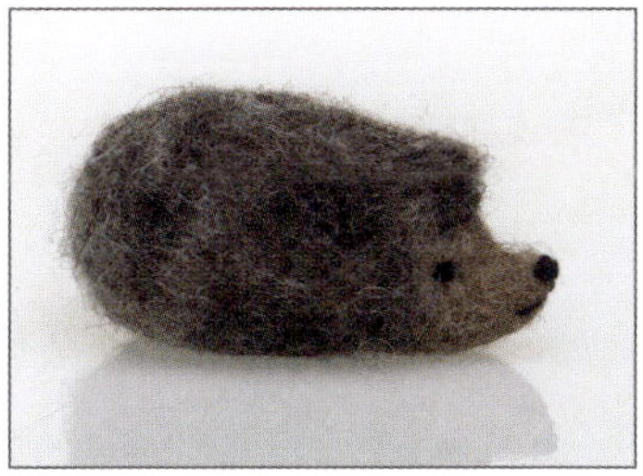

Körperstück: 7 x 13 cm

1

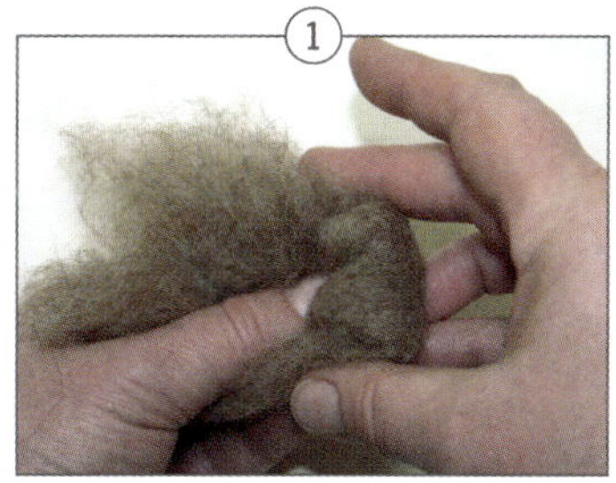

Das Körperstück aufrollen, die Seiten jeweils mit einschlagen.

2

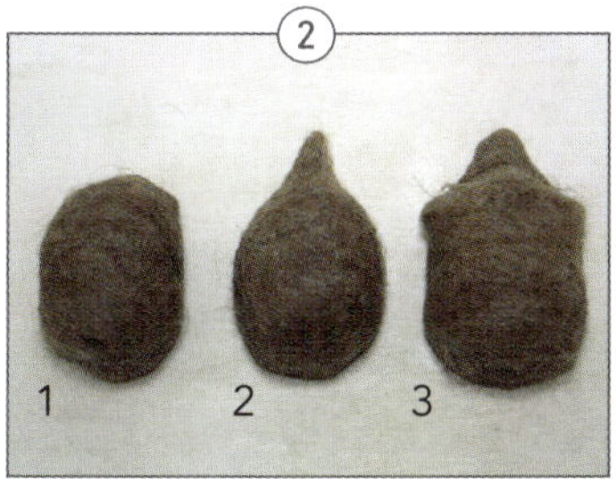

1. Anfangsrolle. 2. Die Schnauze herausziehen. 3. Den Kopf mit 3, den Körper von hinten mit 4 Flocken über Kreuz verstärken.

3

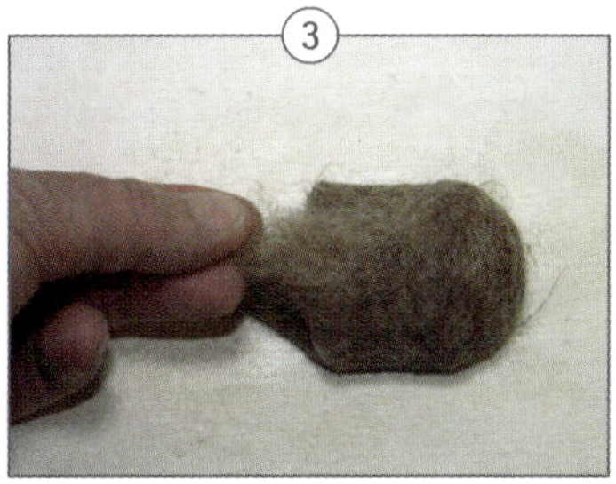

2 kleine Flocken in die Stirn legen.

4

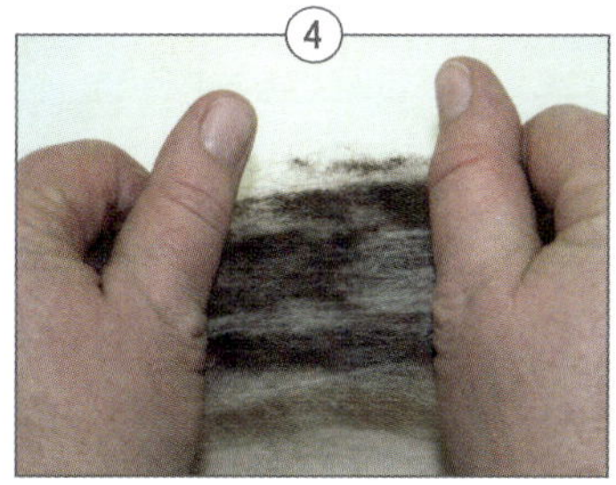

Dunkelgrau und Beige mischen.

5

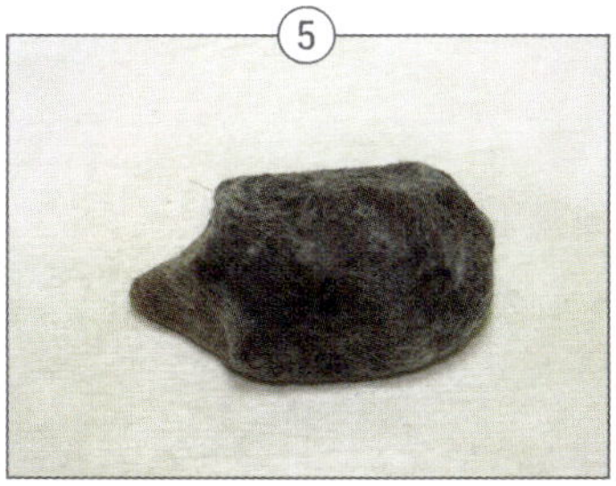

Den Körper mit «Stachelmischung» belegen und anfilzen.

6

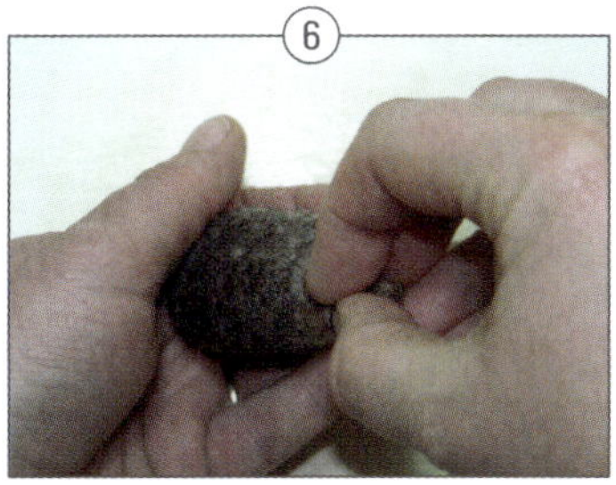

Gegen Ende des Filzens die Schnauze spitz nach oben gebogen formen.

7

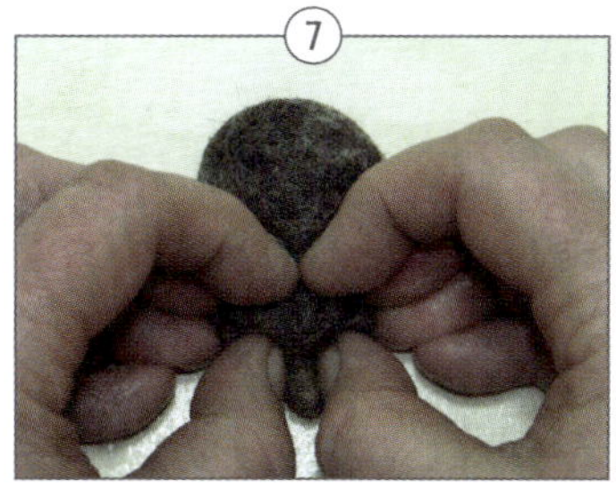

Die typische «Stirn» einwalken. Stacheln aufzupfen oder aufbürsten.

Igel mit Beinen und Stacheln•••

Detaillierte Anleitung: siehe «Stehender Fuchs», S. 72ff.

18 g hellbraune Bergschafwolle, Bergschafstapelwolle

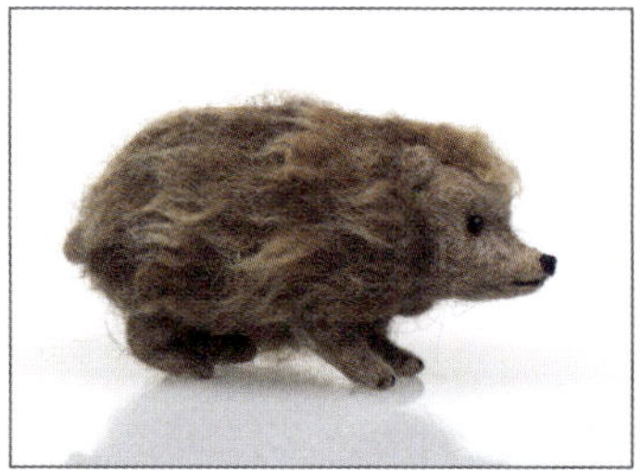

Körperstück: 7 x 13 cm
2 Beinstücke: 1 x 5 cm
2 Ohrstücke: 4 x 1 cm

1

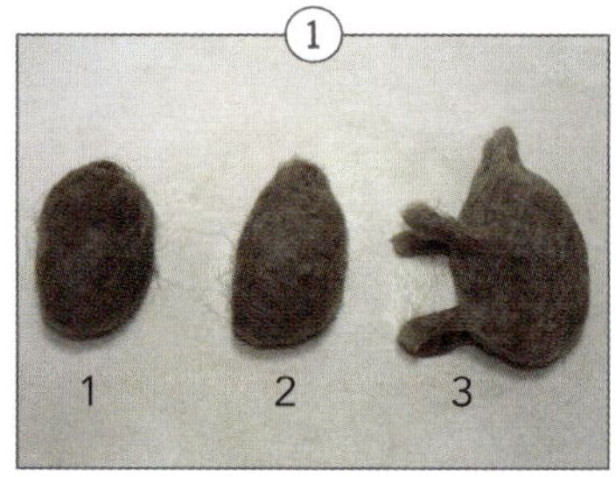

1. Eine Anfangsrolle formen.
2. Die Schnauze herauszupfen.
3. Die Beine ansetzen.

2

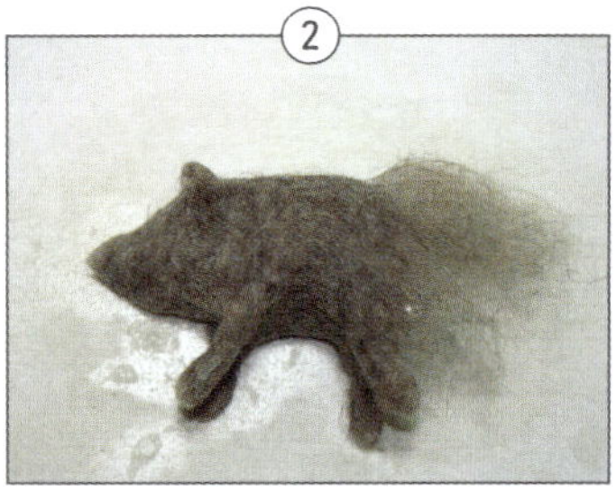

3 Flöckchen auf die Schnauze, 4 auf den Körper und die Oberschenkel legen, die Ohren ansetzen.

3

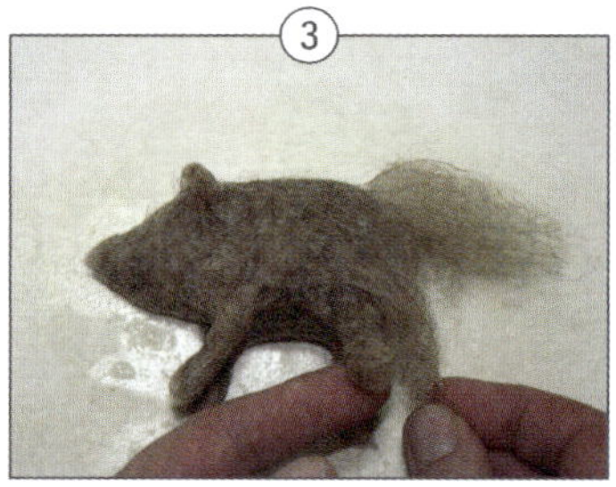

Den Kopf mit 2, den Po mit 4 Flocken verstärken. Je 1 Streifen über das gesamte Bein legen.

4

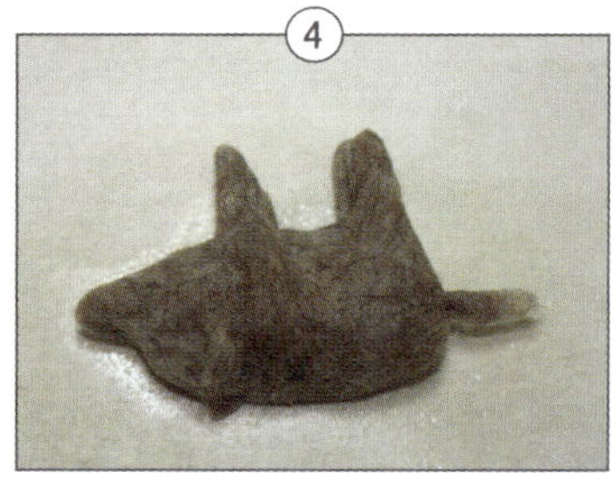

Den Körper und die Schenkel nochmals mit 6 kleinen Flöckchen aufbauen. Den Schwanz herausziehen und verstärken.

5

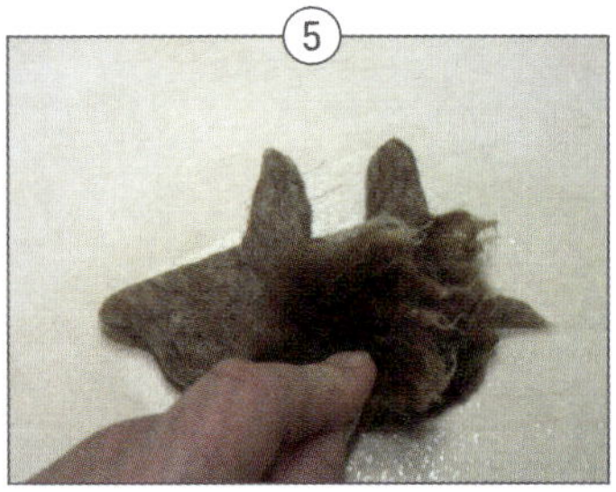

Die «Stacheln» dachziegelartig von hinten her auflegen, zwischen den Ohren «Stacheln» in Richtung Schnauze auflegen oder den Igel «nackt» filzen.

6

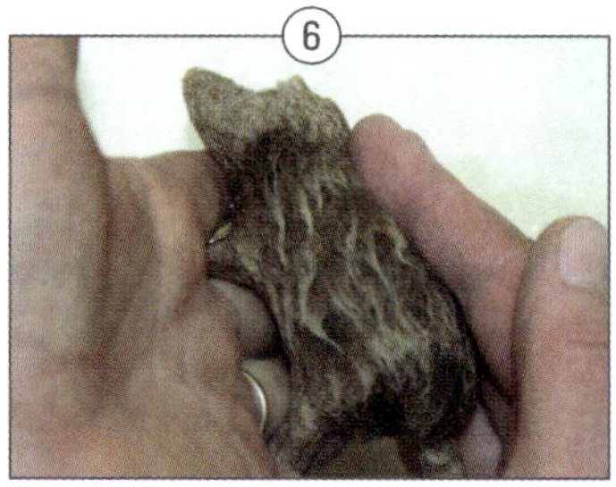

Anfilzen, danach das Gesicht formen.

7

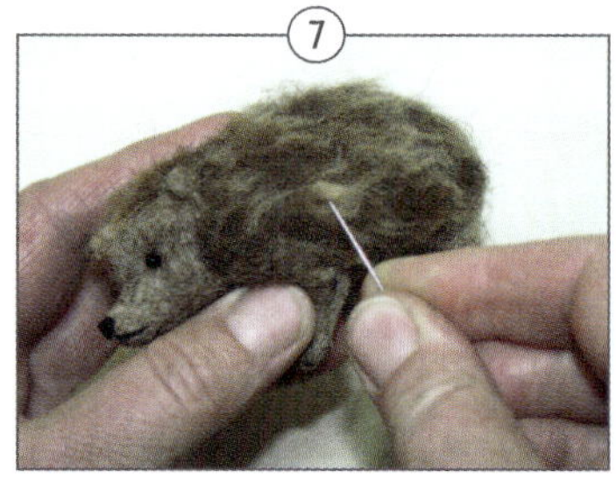

Nach dem Trocknen die Stacheln mit einer Stopfnadel aufzupfen oder erst jetzt einzeln mit der Filznadel einnadeln.

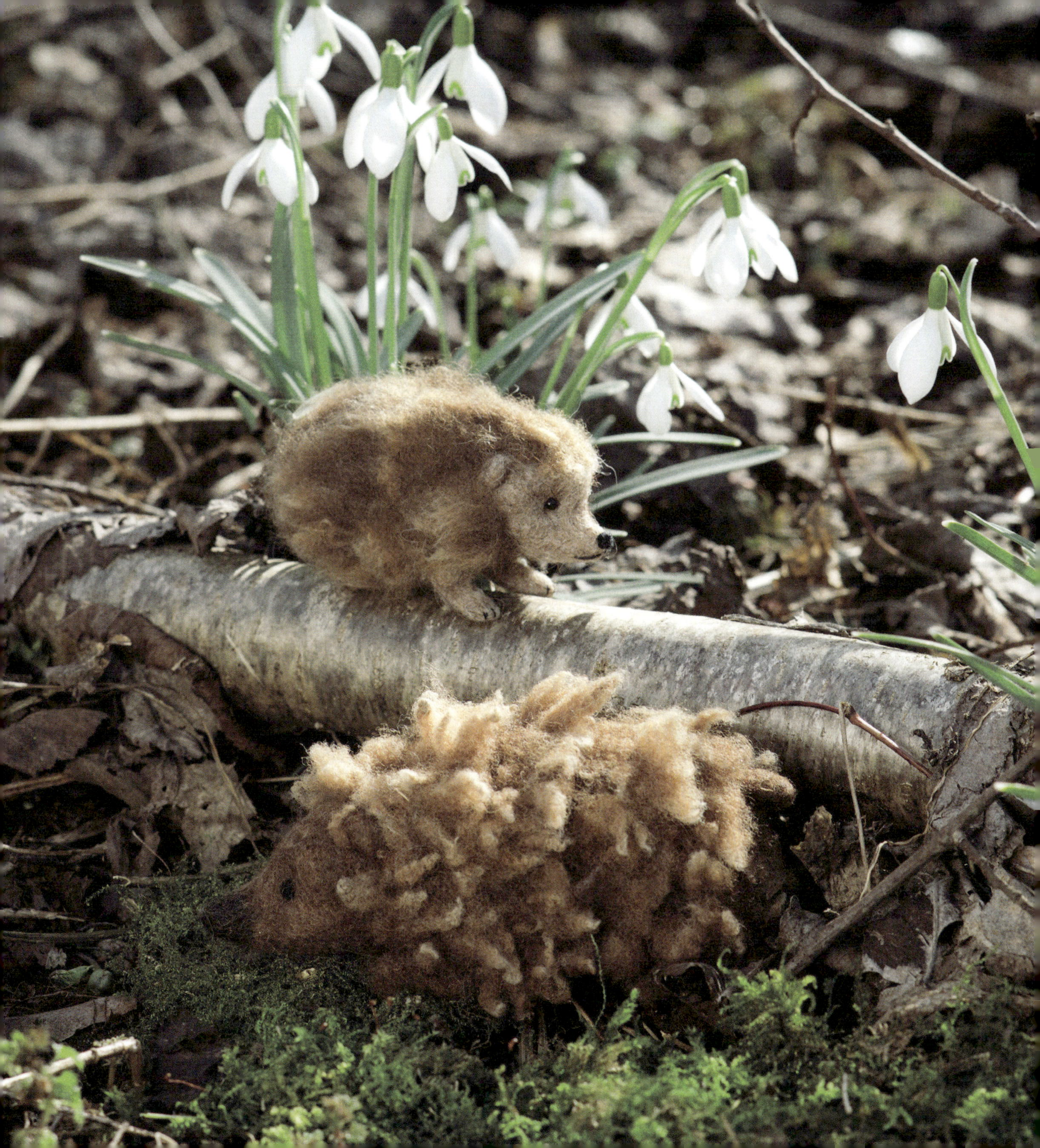

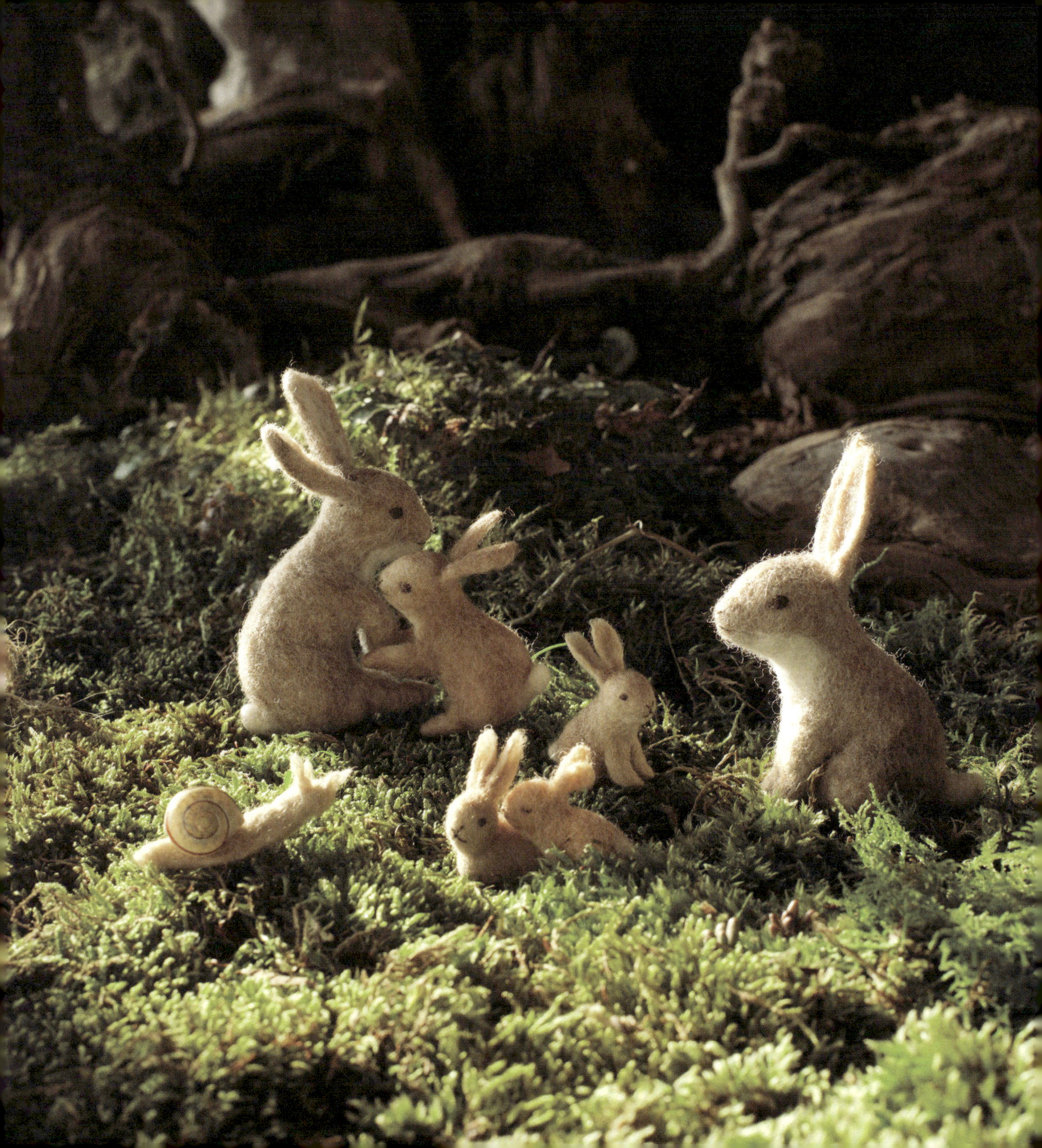

Hase

Der große Feldhase ist selten geworden. Er braucht eine offene Kulturlandschaft mit Äckern, Wiesen und Buschwerk, die wir hierzulande leider nicht mehr so oft antreffen. Der Hase ist dämmerungs- und nachtaktiv und sucht sich leckere Kräuter, Gräser, Knospen und Zweige. In Monokulturen findet er kaum etwas Brauchbares zu fressen.

In der Paarungszeit kann der scheue Hase am ehesten beobachtet werden, weil er dann recht unvorsichtig wird. Die Jungen werden in einer Mulde geboren, haben bereits Haare, geöffnete Augen und Zähne. Sie sind schon bald in der Lage, das Nest zu verlassen. Eine Häsin kann mehrmals im Jahr Junge bekommen, oft schon im März wird der erste Wurf geboren, die sogenannten Märzhasen.

Mit ihren großen Löffeln können die Hasen sehr gut hören und auch orten, woher die Geräusche kommen. Beim Springen leuchtet ihr weißer Schwanz immer wieder auf. Um ihre Verfolger abzuschütteln, können sie Haken schlagen, so wechseln sie ständig die Richtung.

Liegender Hase••

Detaillierte Anleitung: siehe «Maus ohne Beine», S. 30ff.

2 g hellbraune Merinolandschafwolle, weiße und braune Merinowolle

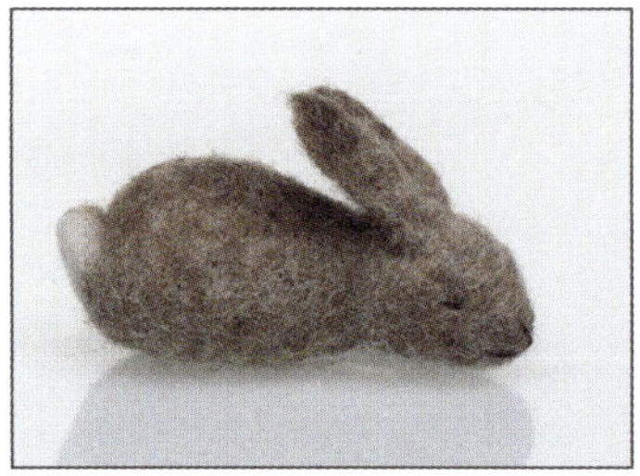

Körperstück: 5 x 8 cm
Ohrstück: 1,5 x 6 cm

(1)

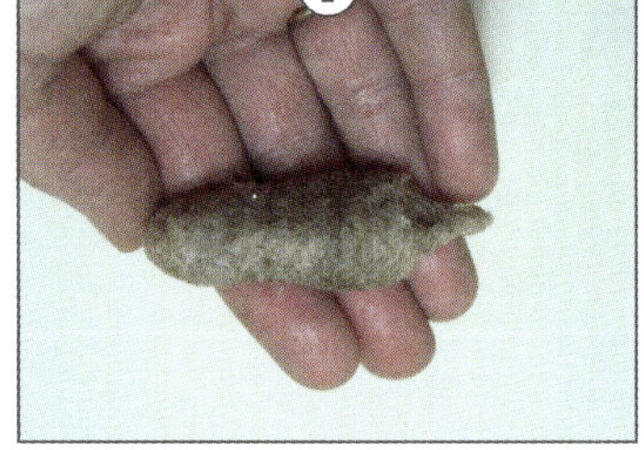

2 Flöckchen über Kreuz auf den Kopf legen. 2 schmale Streifen um den Körper wickeln. Den Schwanz herausziehen.

(2)

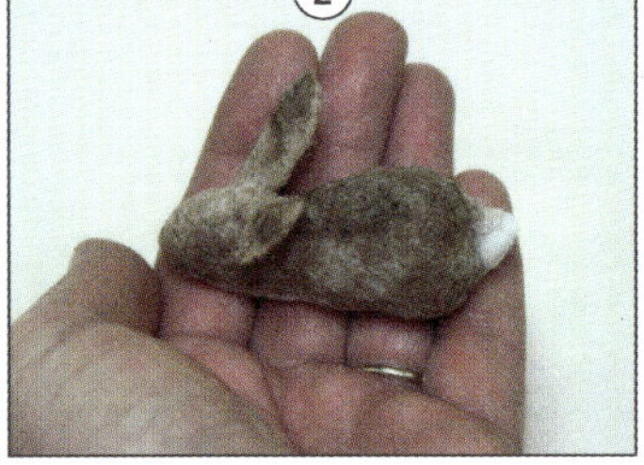

Die Ohren ansetzen. Mit je 4 Flöckchen den Körper links und rechts vom Schwanz, vor und unter den Ohren verstärken.

(3)

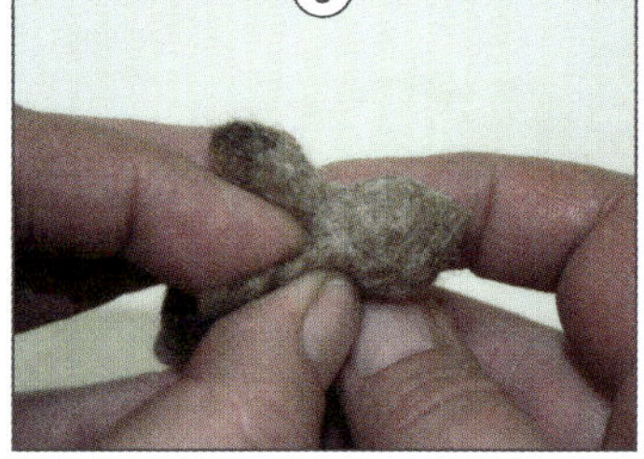

Die Ohren schmaler walken, sie sind nach hinten angelegt.

(4)

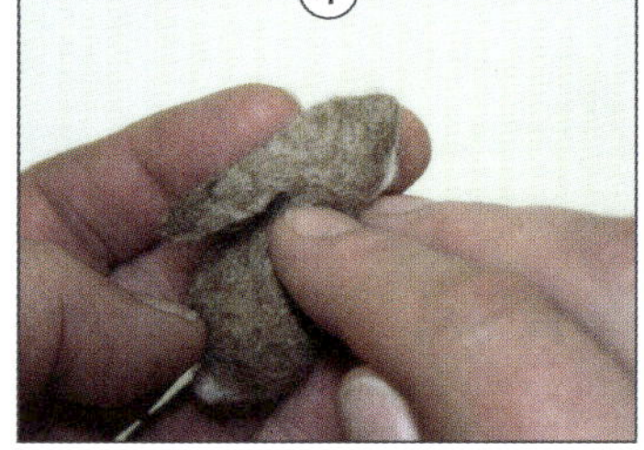

Den Hals walken.

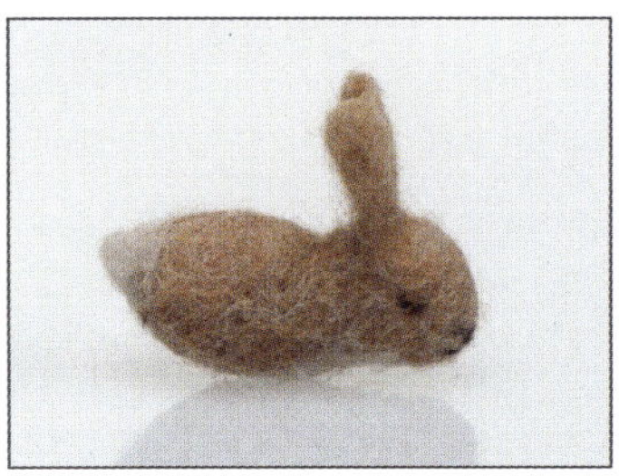

Liegendes Hasenkind

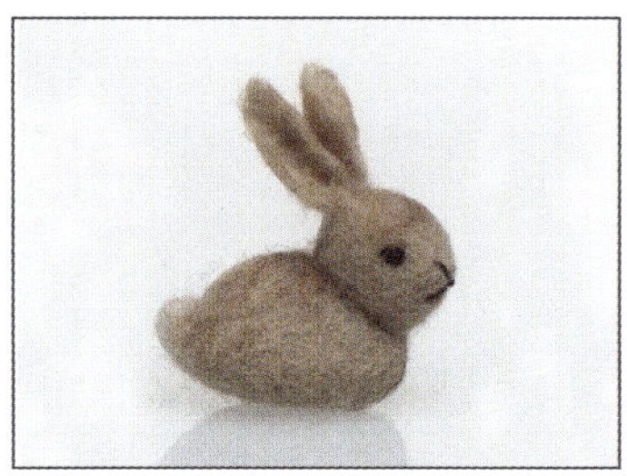

Hockendes Hasenkind

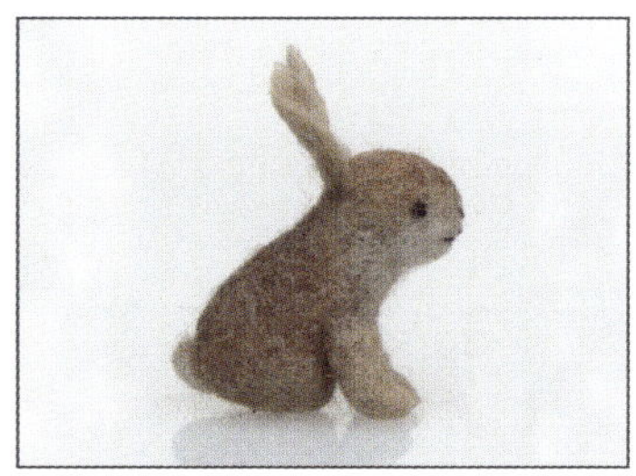

Sitzendes Hasenkind

Hockender Hase••

Detaillierte Anleitung: siehe «Hockende Maus», S. 33

3 g braune Merinolandschafwolle, weiße, braune Merinowolle

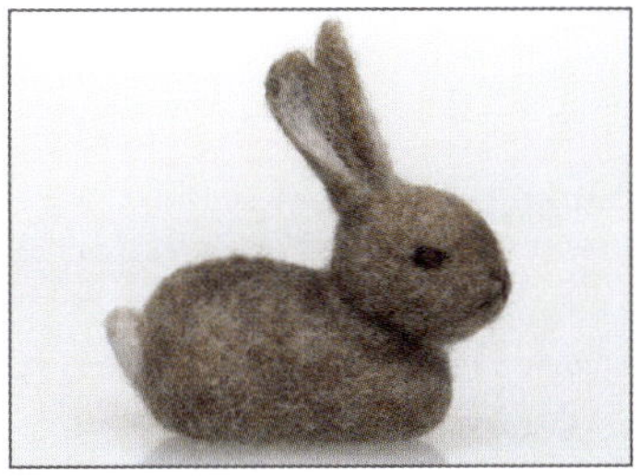

Körperstück: 7 x 7 cm
Kopfstück: 3 x 5 cm
Ohrstück: 1,5 x 6 cm

(1)

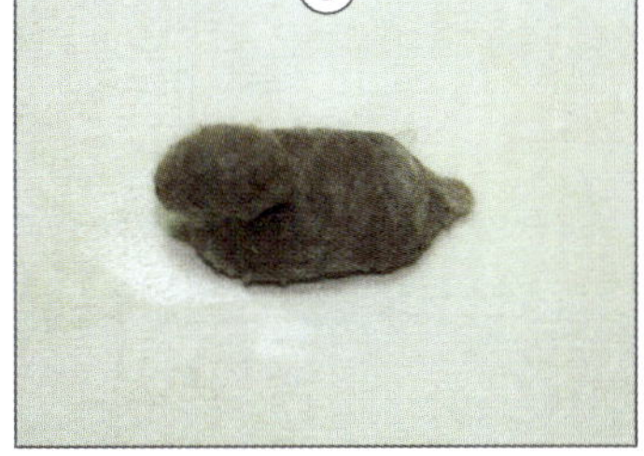

Eine Kopf- und Körperrolle mit 4 Flocken verbinden. Den Schwanz herausziehen. Den Körper mit 10, den Kopf mit 3 Flöckchen belegen.

(2)

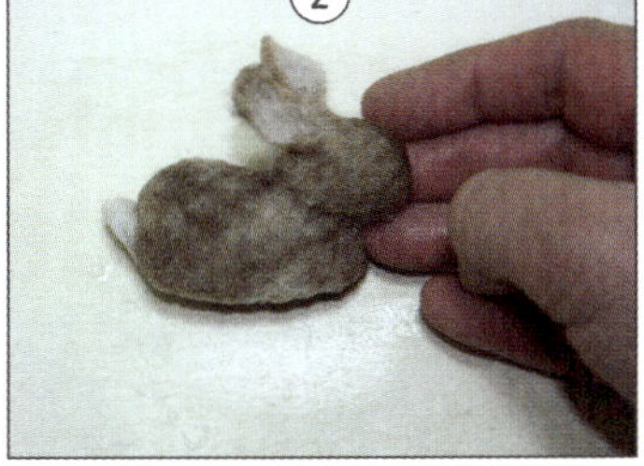

Die Ohren ansetzen. Kopf und Körper noch mal mit je 3 Flocken verstärken, Farbnuancen auflegen.

(3)

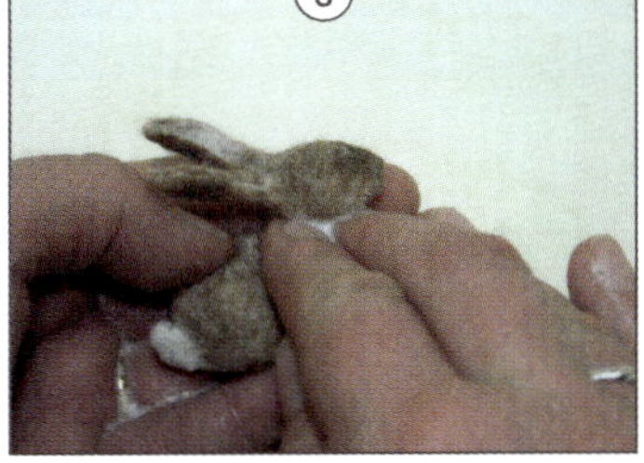

Den Hals einwalken.

(4)

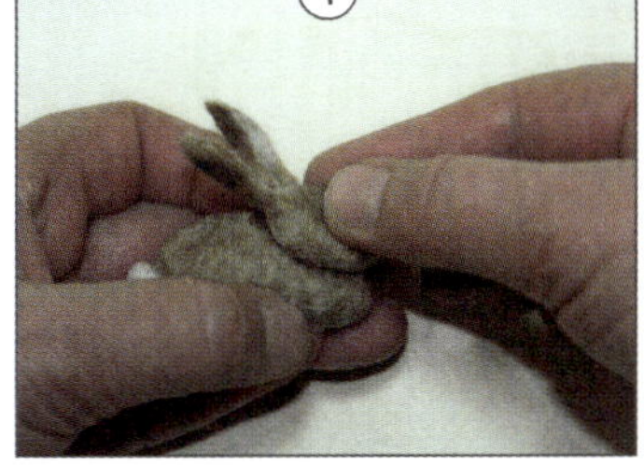

Den Kopf zu einer geduckten Haltung drücken.

Hockendes Hasenkind••

1 g braune, weiße Kapmerinowolle

Körperstück: 1 x 3 cm
Kopfstück: 0,5 x 2 cm
1 Ohrstück: 0,5 x 3 cm

(1)

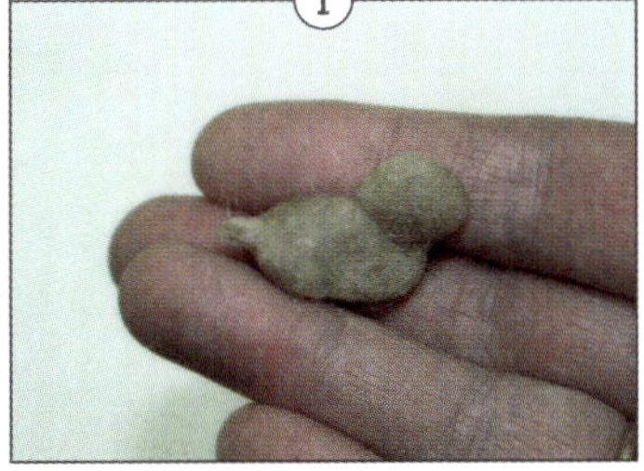

Mit 2 Flöckchen den Kopf verbinden. Den Schwanz herausziehen. Das Hinterteil mit 3 Flocken verstärken. Den Hasen nochmals mit 3-4 Flöckchen belegen.

(2)

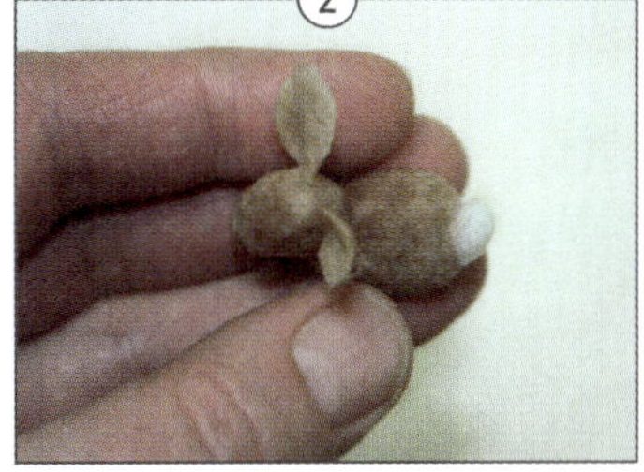

Die Ohren ansetzen und mit Weiß und Braun belegen.

Sitzender Hase•••

Detaillierte Anleitung: siehe «Sitzender Fuchs», S. 67ff.

4 g hellbraune, braune, weiße Merinowolle

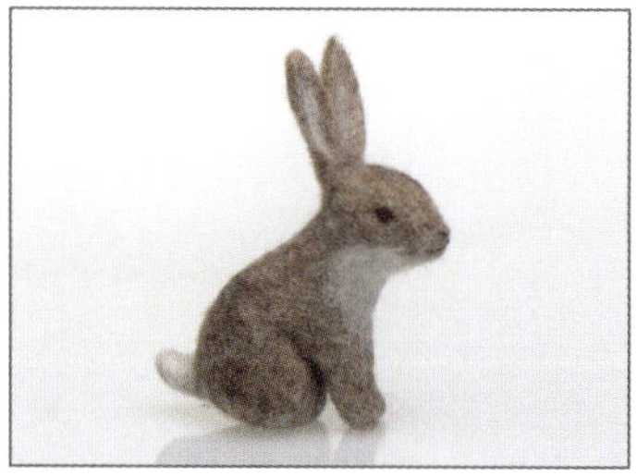

Körperstück: 3 x 6 cm
Beinstück: 2 x 6 cm
Ohrstück: 1,5 x 6 cm

1

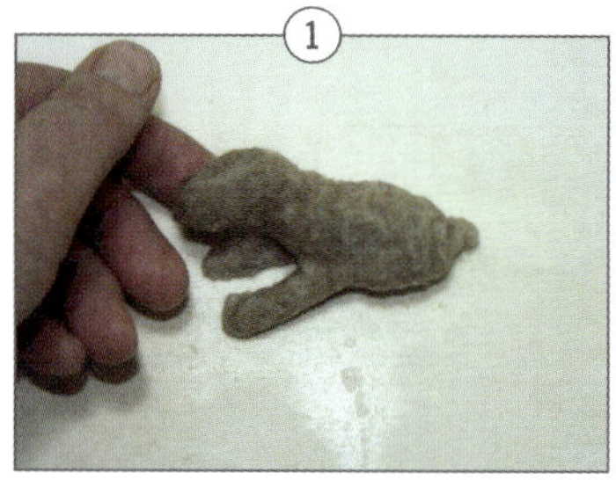

Den Hasen mit je 2 Flöckchen auf dem Rücken, von unten, neben dem Schwanz, auf der Brust, den Beinen und mit 4 Flöckchen auf dem Kopf aufbauen.

2

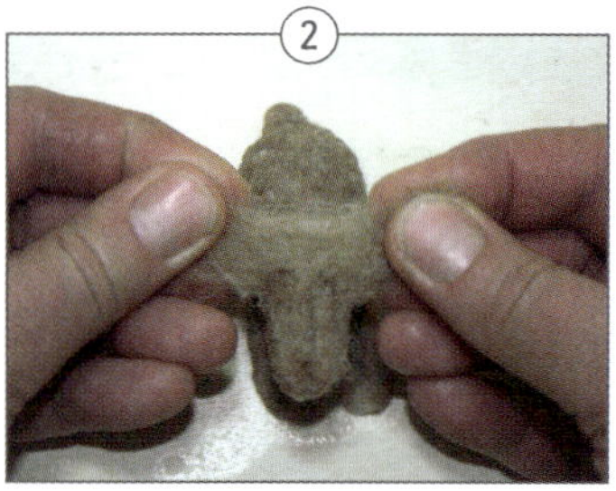

Die Ohren ansetzen und teilen.

3

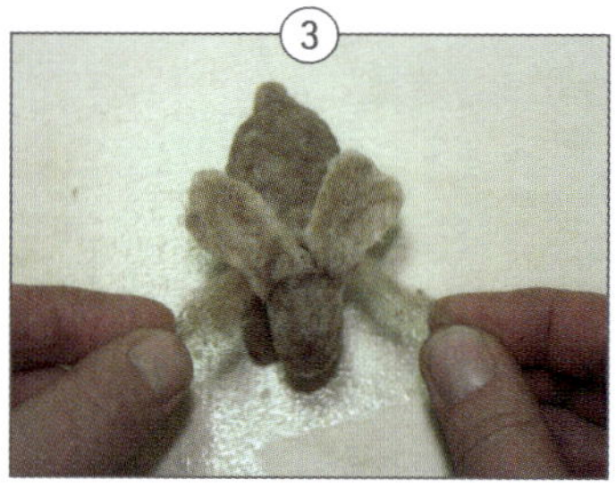

Von hinten und vorne mit einem «Schalflöckchen» verbinden.

4

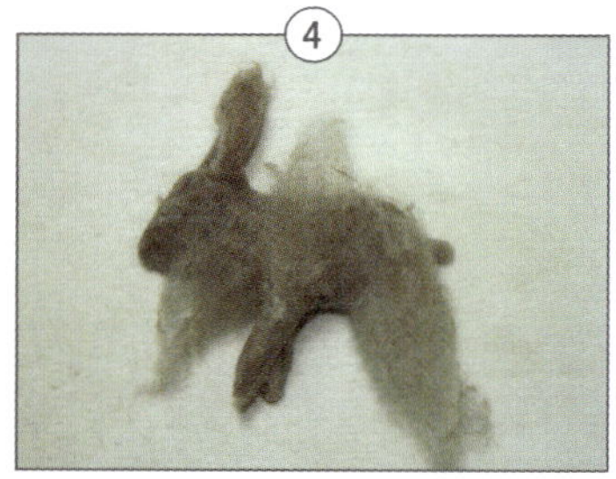

Die Brust, den Kopf, Beinansatz und Nacken mit je 3 Flocken, den Körper seitlich mit 8 Flocken, die Beine mit 1 Streifen fertig aufbauen.

5

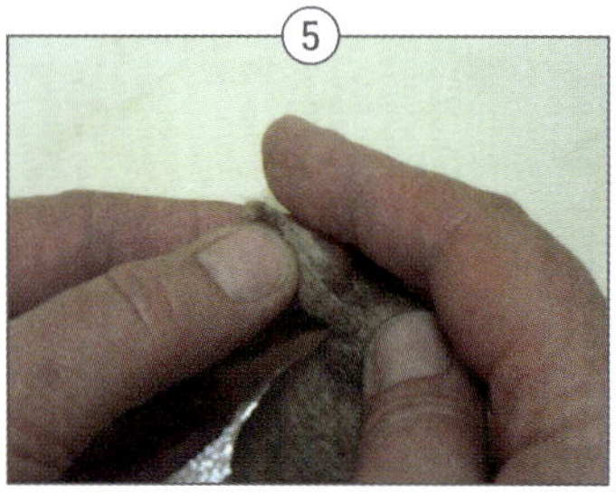

Die Ohrspitze walken.

6

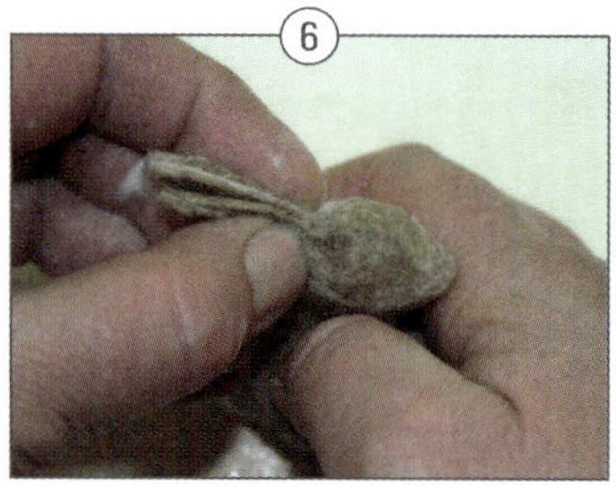

Den Ohransatz walken.

7

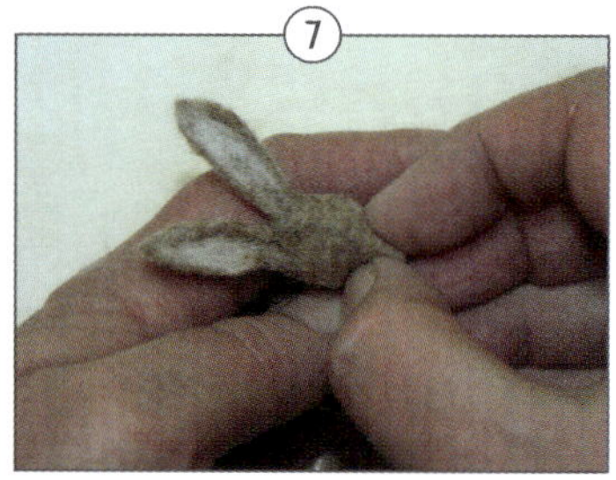

Das Maul schmal walken.

Aufrecht sitzender Hase••••

Detaillierte Anleitung: siehe «Eichhörnchen», S. 42f.

4 g hellbraune, braune, weiße Merinowolle

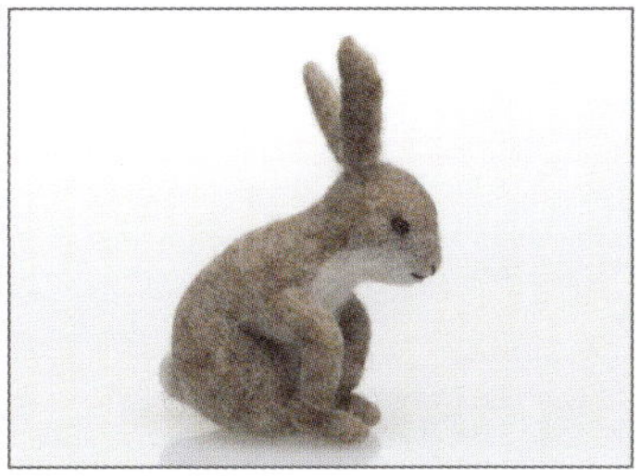

Körperstück: 3 x 6 cm
2 Beinstücke: 2 x 6 cm
Ohrstück: 1,5 x 6 cm

1

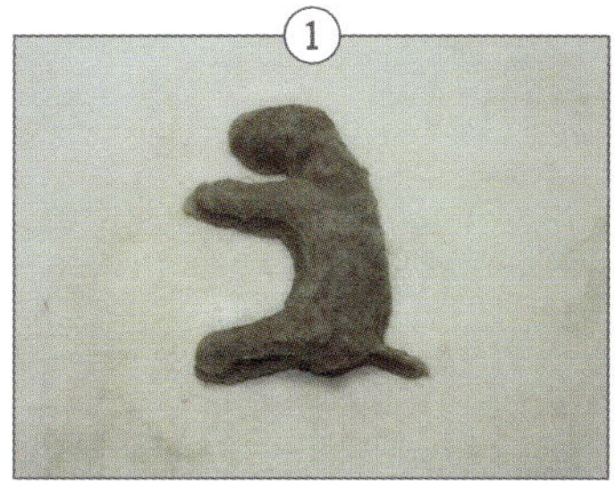

Den Kopf mit 4, die Brust mit 3, die Beinansätze mit 2 Flöckchen belegen, die Beine mit je 1 Wollstreifen aufbauen.

2

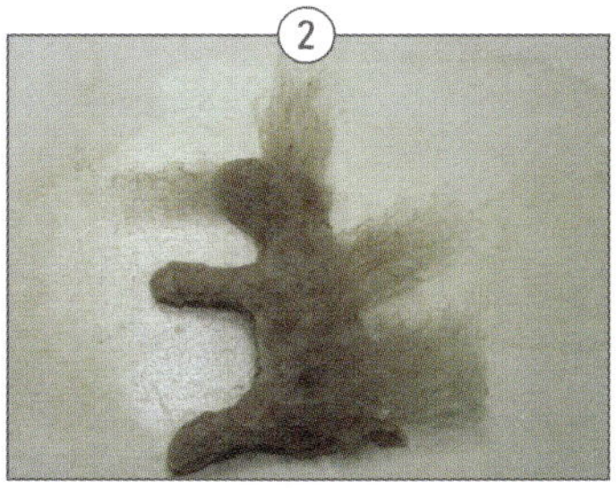

Den Rücken und die Schenkel mit 8 Flocken aufbauen, den Kopf mit 4 Flocken belegen.

3

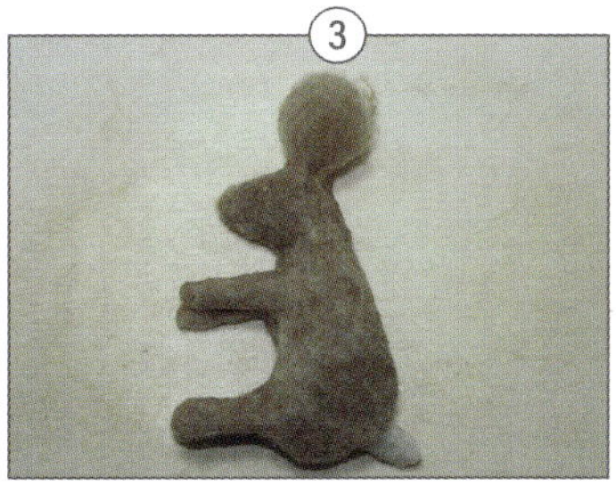

Die Ohren ansetzen, den Kopf seitlich mit je 3, den Körper nochmals mit 3-6 Flöckchen aufbauen.

4

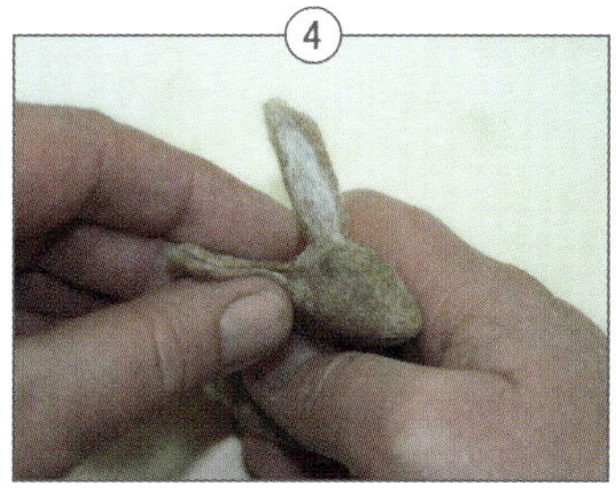

Das Ohr schmaler walken.

Aufrecht sitzendes Hasenkind••••

2 g braune, weiße Kapmerinowolle

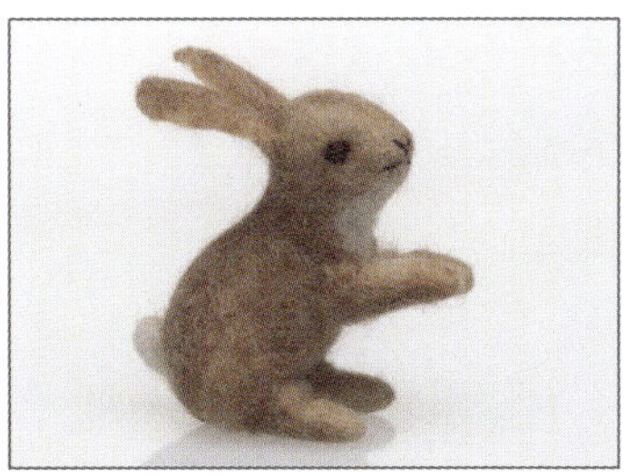

Körperstück: 2 x 4 cm
2 Beinstücke: 4 x 1 cm
Ohrstück: 1 x 5 cm

1

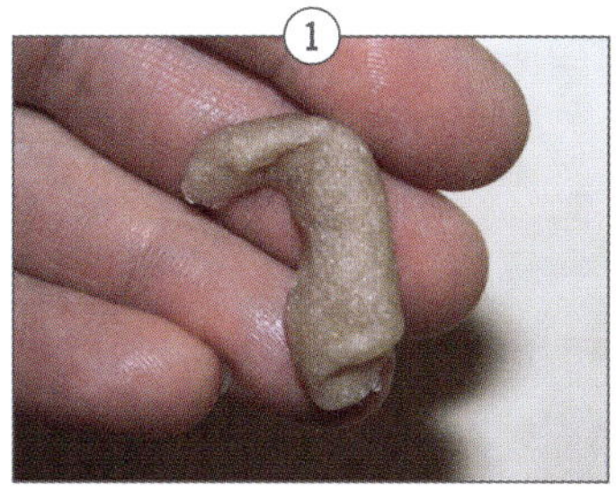

Mit je 4 kleinen Flöckchen den Kopf, den Körper und die Schenkel aufbauen. Die Beine mit je 1 Flöckchen verstärken.

Springender Hase••••

Detaillierte Anleitung: siehe «Stehender Fuchs», S. 72ff.

4 g hellbraune, braune, weiße Merinowolle

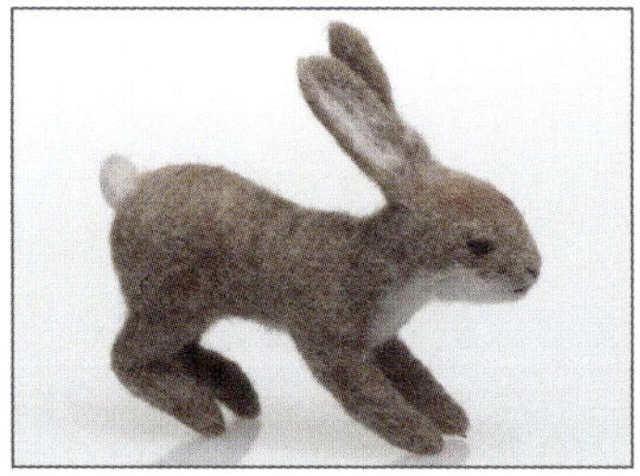

Körperstück: 3 x 6 cm
Vorderbeinstück: 2 x 6 cm
Hinterbeinstück: 2 x 8 cm
Ohrstück: 1,5 x 6 cm

1

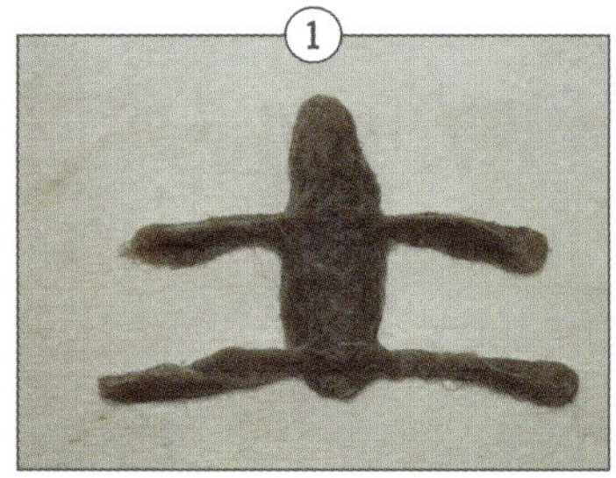

Die Beine ansetzen, die Hinterbeine sind wesentlich länger als die Vorderbeine. Während des Aufbaus ggf. langziehen.

2

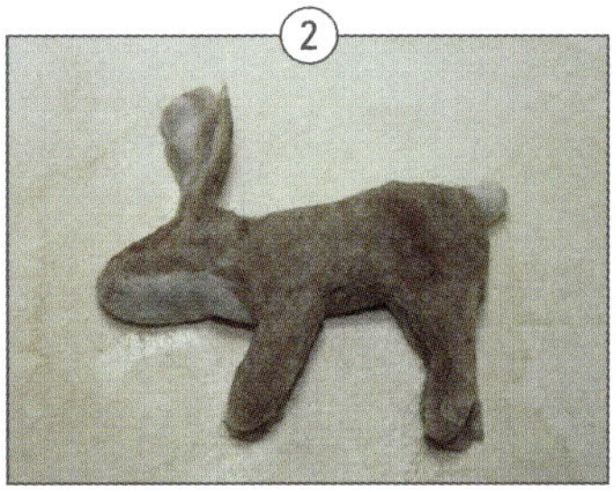

Den Kopf mit 8, Brust und Körper mit 14, die Vorderbeine mit je 2, die Hinterbeine mit 4 Flöckchen aufbauen.

3

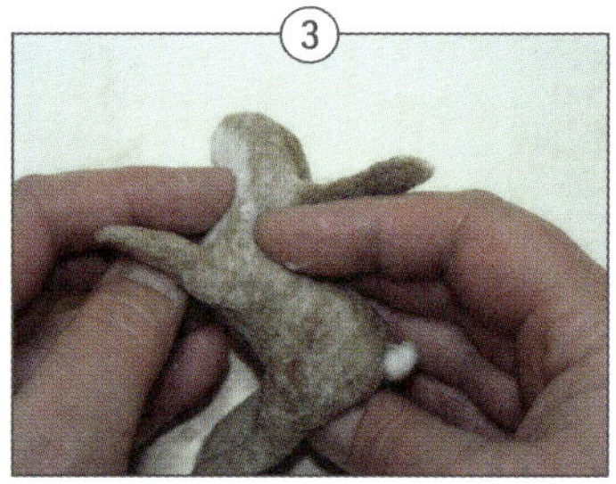

Den Kopf nach oben walken, die Vorderbeine nach vorne.

4

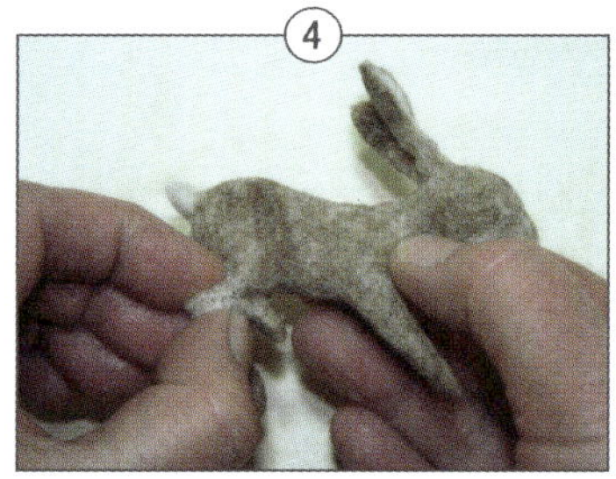

Das Sprunggelenk einmodellieren.

Sitzendes Hasenkind•••

(Foto siehe S. 54 unten)

1 g hellbraune, weiße Kapmerinowolle

Körperstück: 1 x 3 cm
Beinstück: 0,5 x 2,5 cm
Ohrstück: 0,5 x 2,5 cm

1

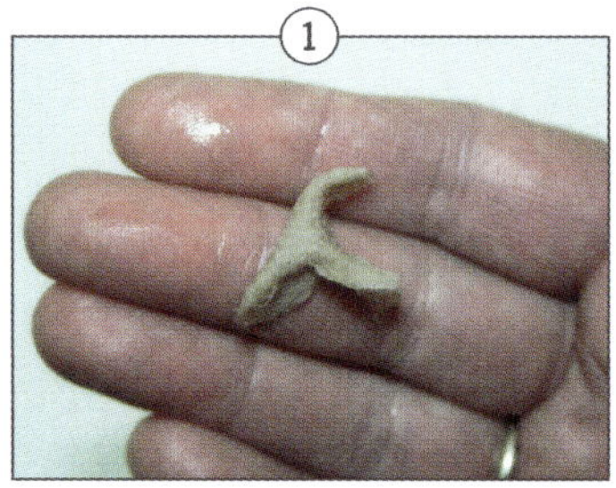

Die Beine an der Körperrolle ansetzen.

2

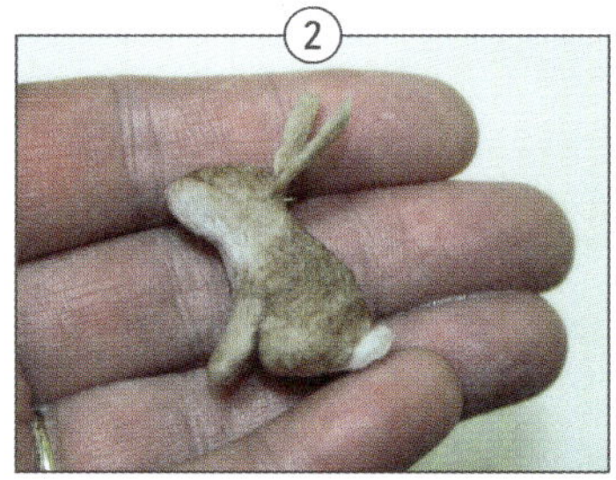

Den Kopf mit 4 hauchdünnen Flöckchen, die Brust und die Beine mit 2, den Körper – auch von unten – mit 6 Flöckchen belegen.

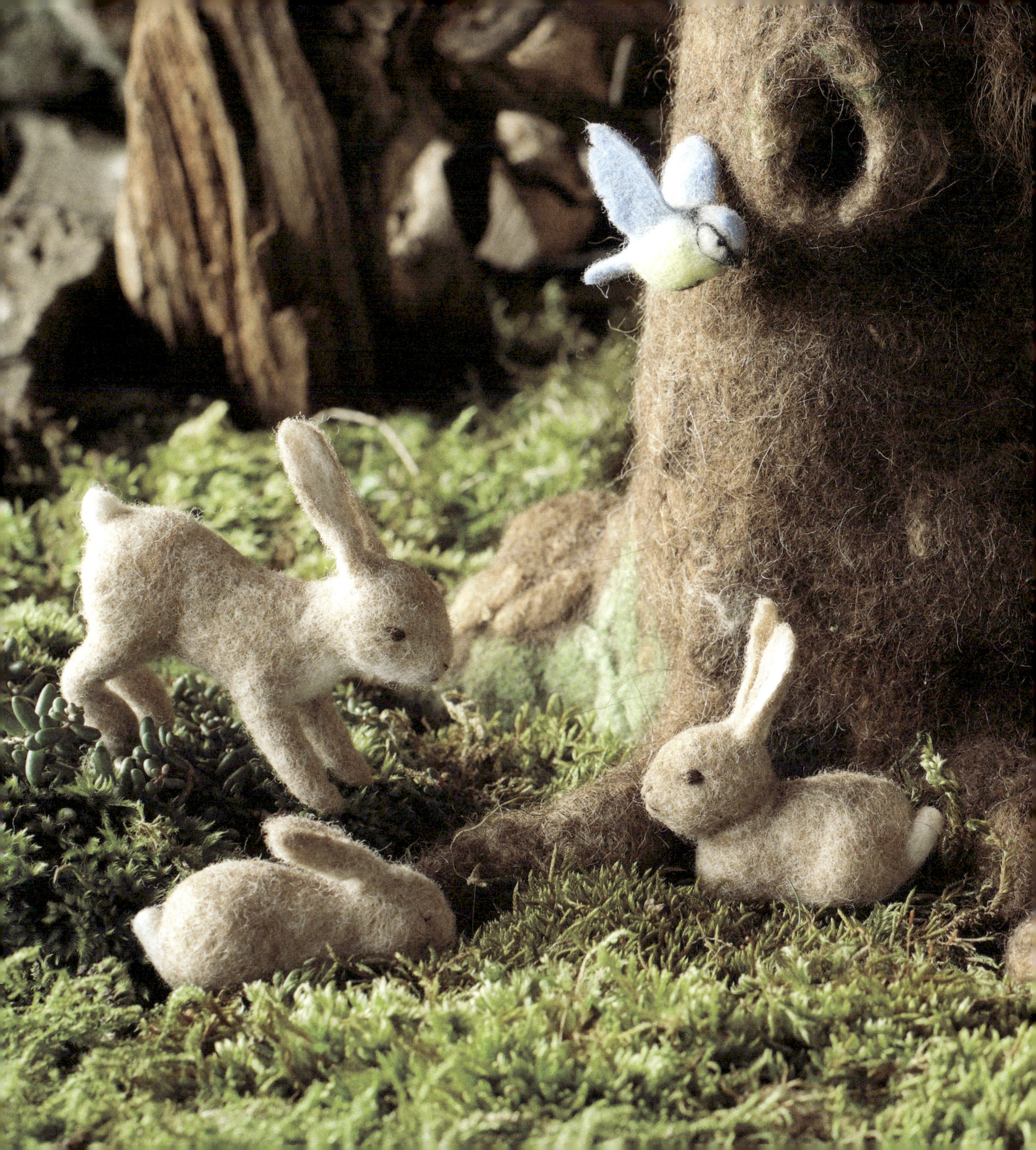

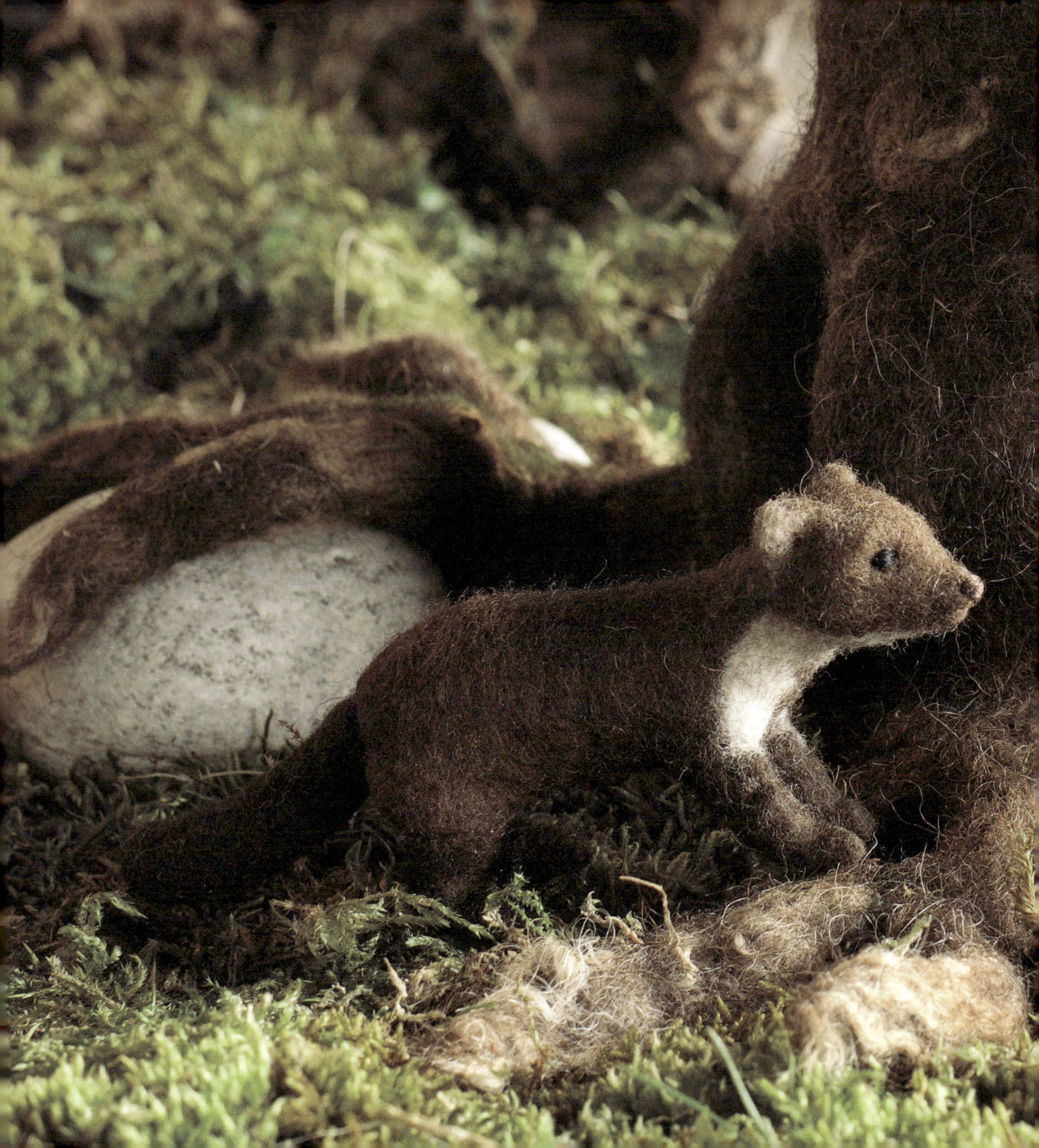

Marder und Hermelin

Der Marder ist etwa katzengroß, aber schlanker. Aufgrund seiner Anpassungsfähigkeit ist er fast überall zu Hause. Gerne findet er Unterschlupf auf Dachböden und ist ein wahrer «Poltergeist». Durch seine Vorliebe, in Motorräume von Autos einzudringen, sind viele Autobesitzer nicht so gut auf ihn zu sprechen. Der Marder ernährt sich von kleinen Nagetieren, Vögeln, Eiern, Obst, Insekten und Regenwürmern.

Das Hermelin gehört zur Marderfamilie, ist jedoch sehr schlank und nur etwa rattengroß. Im Winter hat es ein weißes Fell mit schwarzer Schwanzspitze. In alten Zeiten wurden die Pelzkrägen der Königsmäntel aus vielen kleinen Hermelinpelzchen genäht. Im Sommer ist es eher tagaktiv, im Winter eher nachtaktiv. Mäuse, Ratten, Maulwürfe und sogar Kaninchen stehen auf seinem Speiseplan. Als Wohnraum braucht es Wiesen, Hecken und Feldgehölze, bevorzugt in der Nähe von Gewässern.

Marder••••

Detaillierte Anleitung: siehe «Stehender Fuchs», S. 72ff.

3 g braune, dunkelbraune, weiße, rosa Merinowolle

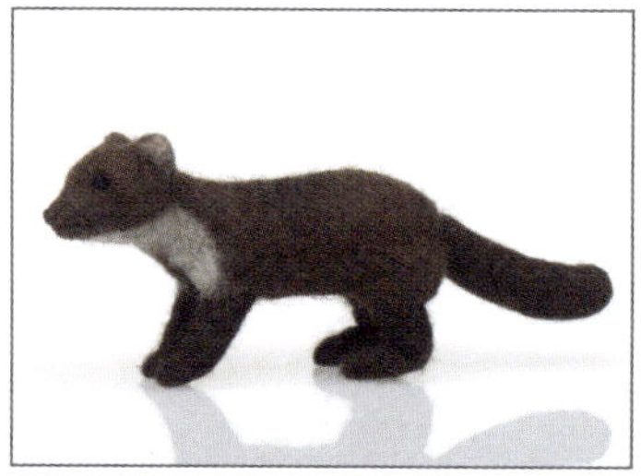

Körperstück: 2 x 3 cm
Schwanzstück: 1 x 3 cm
2 Beinstücke: 1 x 4 cm
2 Ohrstücke: 0,8 x 2 cm

1

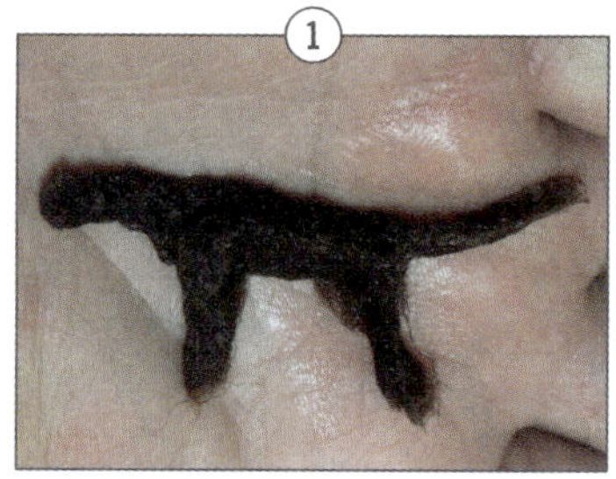

Die Beine am Körper ansetzen, den Kopf herausziehen. Je 4 Flöckchen über die Beine und den Schwanz legen. Die Ohren ansetzen.

2

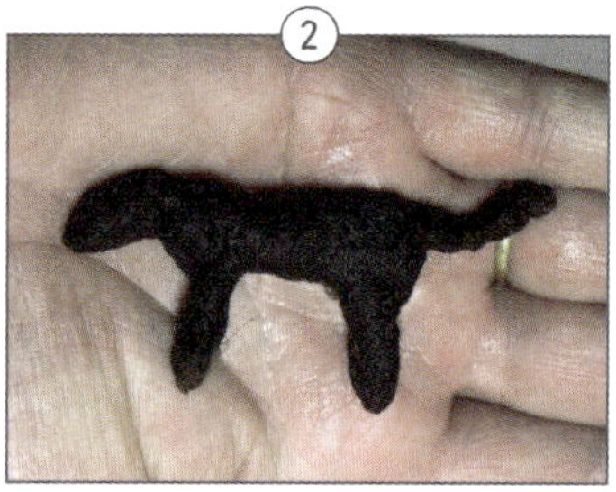

8 Flöckchen auf den Kopf, 6 auf die Brust, 16 auf den Körper legen. Die Beine dunkelbraun, Körper und Kopf braun belegen.

3

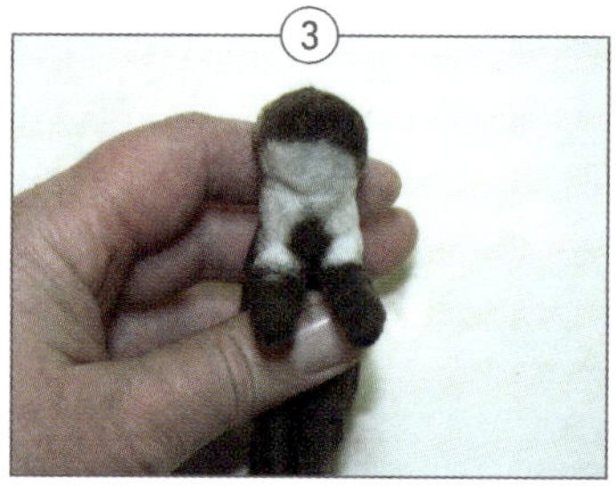

Die Brust verläuft weiß gegabelt in die Beine.

4

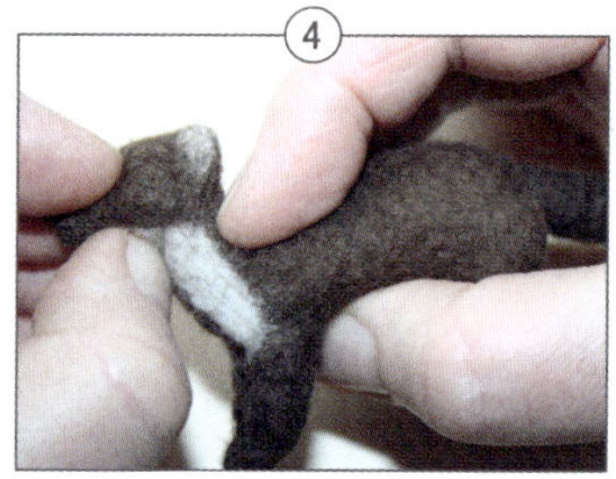

Den Hals lang, den Nacken gebogen und den Kopf als Dreieck formen.

Hermelin••••

Detaillierte Anleitung: siehe «Stehender Fuchs», S. 72ff.

1 g braune Kapmerinowolle, rotbraune, weiße, schwarze Merinowolle

Körperstück: 1 x 3 cm
Schwanzstück: 0,5 cm
2 Beinstücke: 0,5 x 3 cm
2 Ohrstücke: 0,8 x 2 cm

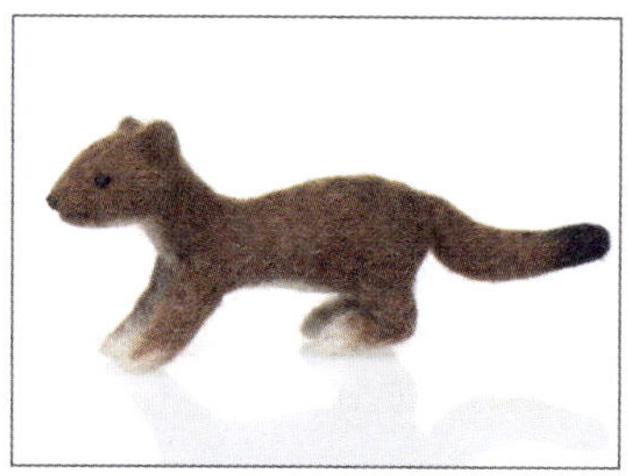

Der Körper und der Hals des Hermelins sind lang und schmal.

1

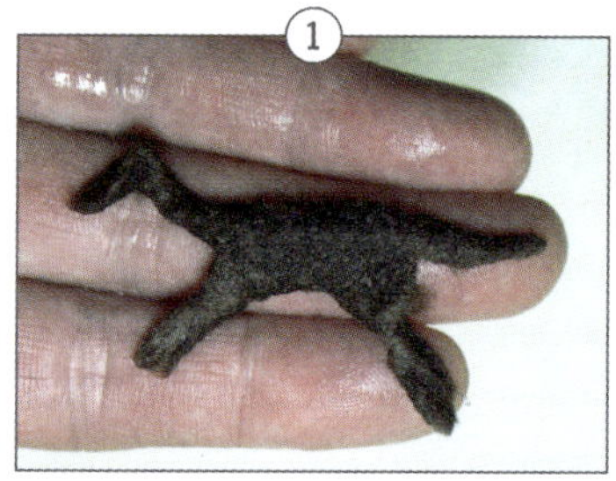

Die Beine an der Anfangsrolle ansetzen. Den Hals langziehen.

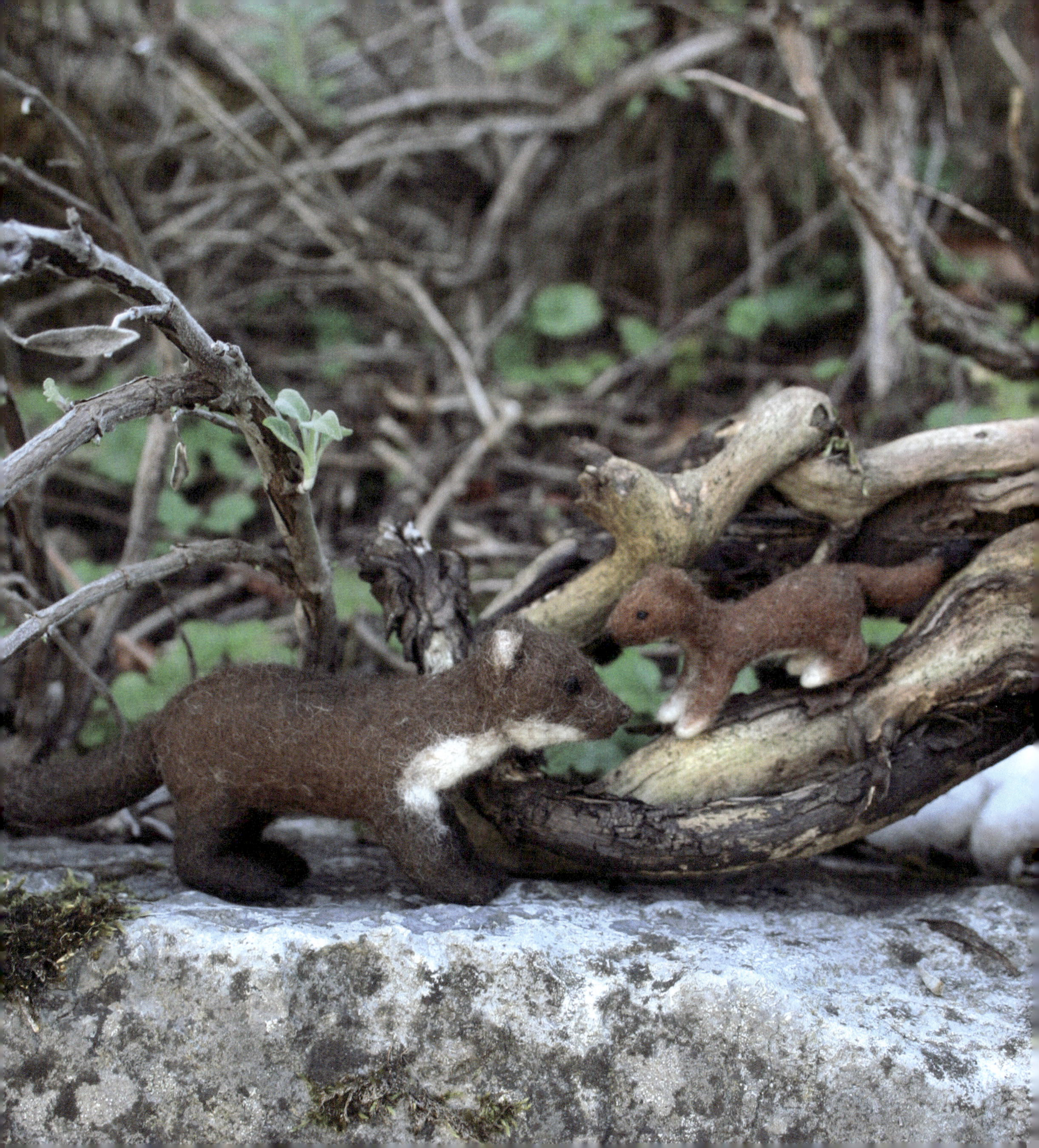

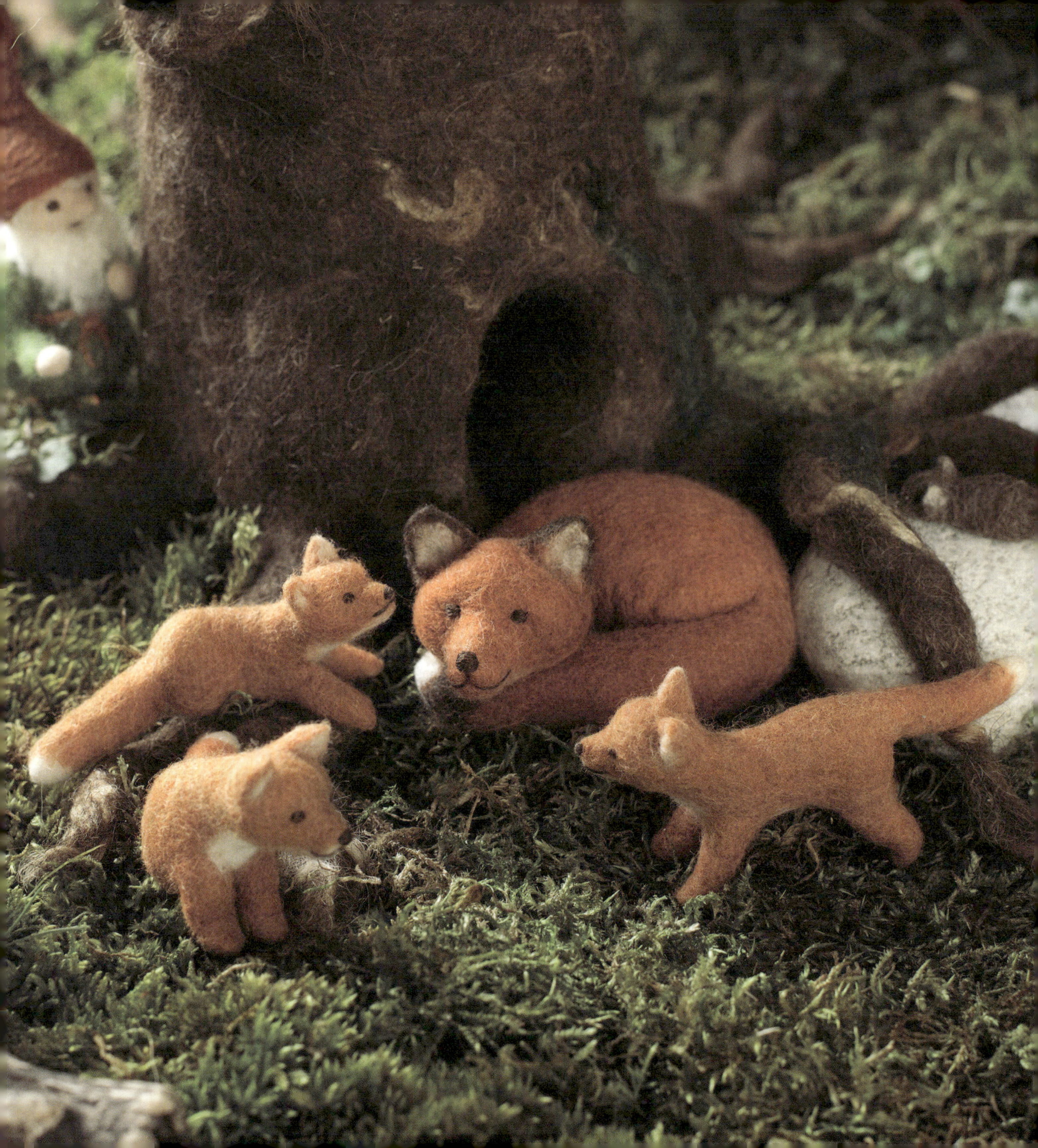

Fuchs

Der schlaue Fuchs mit seinem leuchtend rotbraunen Fell nimmt in vielen Geschichten eine besondere Stellung ein. Meister Reineke ist vorwiegend nachts in Wald und Wiese unterwegs und ein Allesfresser, seine Hauptnahrung sind jedoch Mäuse.
Gerne nutzt er Höhlen von Dachs und Kaninchen als Schlafplatz. Für seine Jungen erweitert er den Fuchsbau, der meistens mehrere Zugänge hat, um eine Wurfhöhle. Dort bringt die Füchsin ihre drei bis fünf Jungen zur Welt. Der Vater unterstützt die Mutter und bringt ihr die Beute vor die Höhle. Wenn die Jungen den Bau verlassen, kümmert sich auch der Vater direkt um sie.
Durch seine Anpassungsfähigkeit dringt der Fuchs immer weiter in menschliche Siedlungsräume vor. Mancher Stadtmensch bekommt häufiger den Fuchs zu sehen als viele Landbewohner. Füchse sind sehr verspielt und verschleppen Schuhe und sonstige Gegenstände, die draußen stehen. Sie sind auch in der Lage, Türen zu entriegeln, und kommen dadurch sogar in den verschlossenen Hühnerstall.

Liegender Kringelfuchs••

Detaillierte Anleitung:
siehe «Maus ohne Beine», S. 30ff.

10 g weiße Merinowolle oder Neuseelandwolle, fuchsrote, dunkelbraune Merinowolle

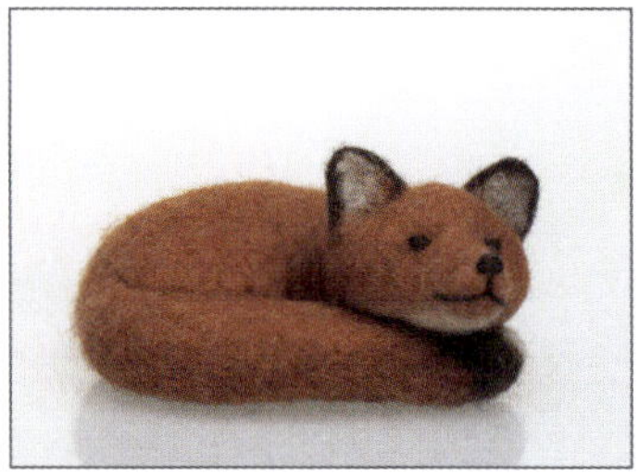

Körperstück: 5 x 8 cm
Schwanzstück: 2 x 9 cm
Ohrstück: 2 x 4 cm

1

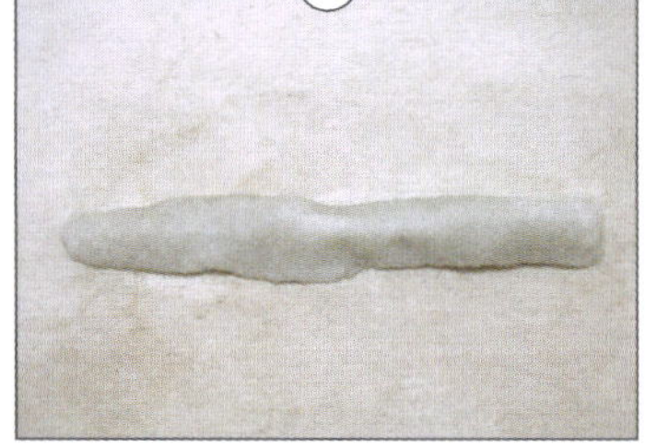

Das Schwanzstück auf das Körperstück legen und den Körper fest aufrollen.

2

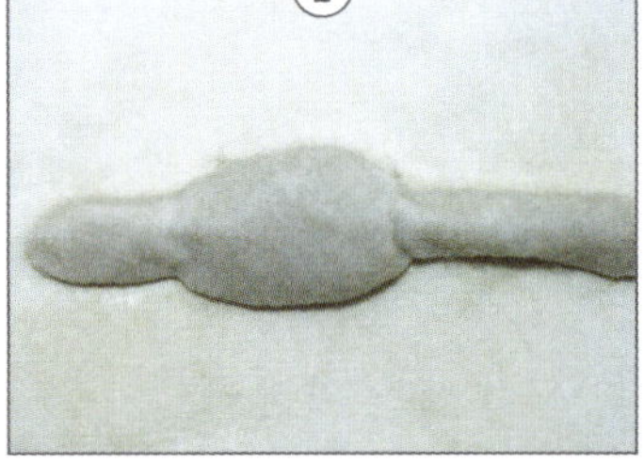

Den Kopf mit 4 Flöckchen aufbauen, die Ohren ansetzen, mit je 3 Flöckchen unter und zwischen den Ohren aufbauen.

3

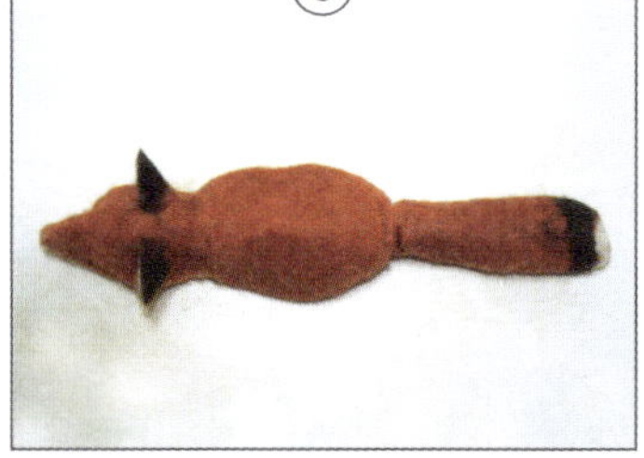

Das Fuchsrot in großen Flocken auf den Schwanz und den Körper, in kleinen Flocken um den Kopf legen.

4

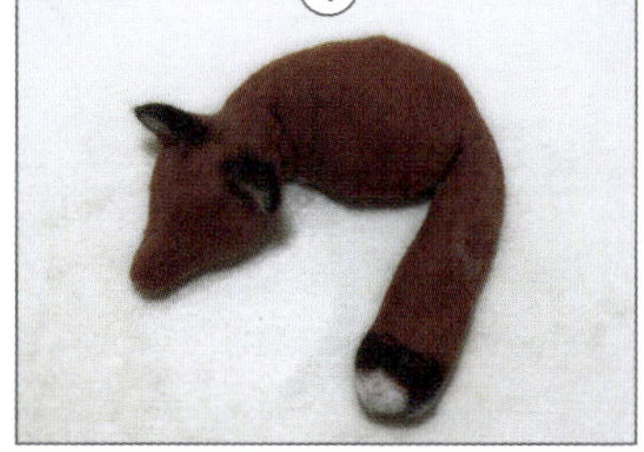

Den Körper beim Walken langsam seitlich zusammenbiegen, den Schwanz rund formen.

5

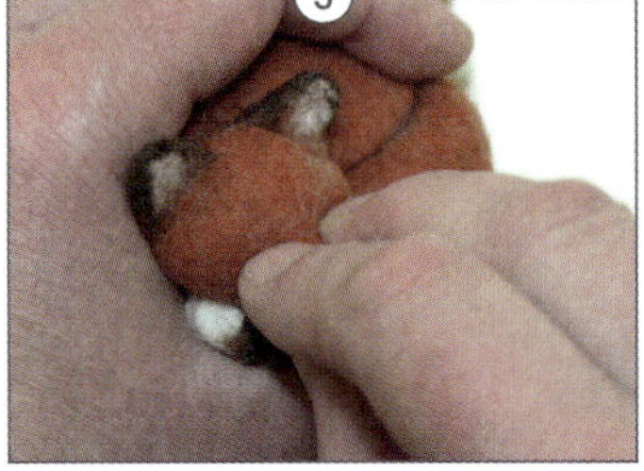

Die Schnauze schmal walken und zur Stirn schieben.

6

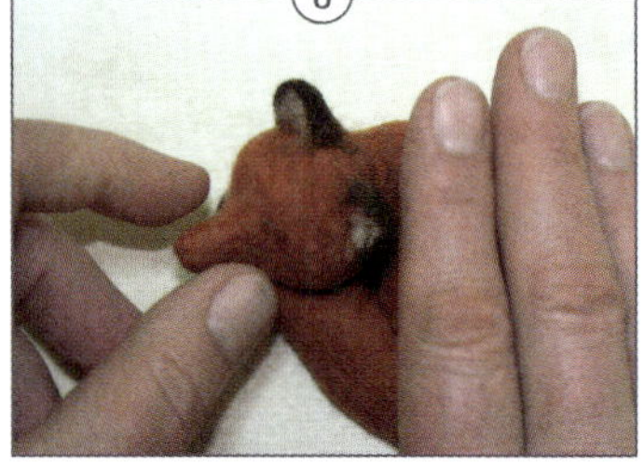

Den Körper flach filzen. Nach dem Filzen den Schwanz aufbürsten und mit wenigen Stichen am Kopf befestigen.

7

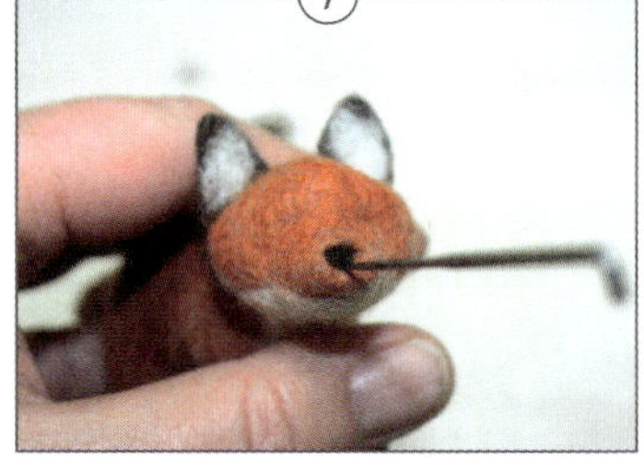

Die Augen und die Schnauze aufnadeln (siehe S. 198f.) oder aufsticken.

Sitzender Fuchs•••

Hauptanleitung sitzendes zweibeiniges Tier

10 g weiße, fuchsrote, dunkelbraune Merinowolle

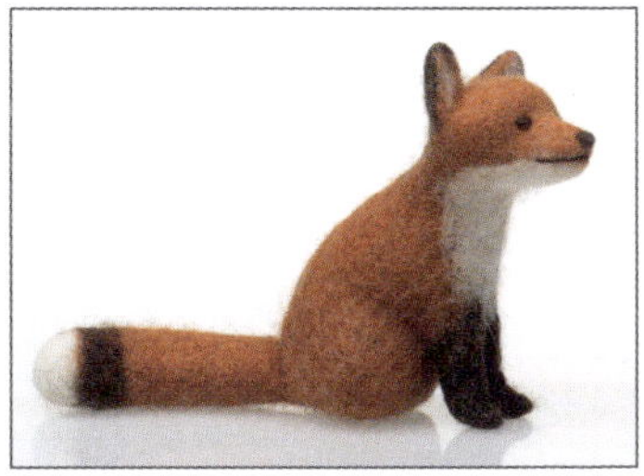

Körperstück: 5 x 8 cm
Schwanzstück: 2 x 9 cm
Beinstück: 2 x 9 cm
Ohrstück: 2 x 4 cm

1

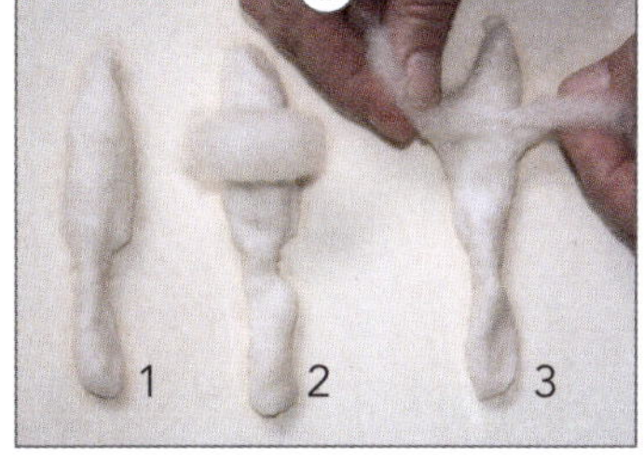

1. Das Schwanzstück auf das Körperstück legen und den Körper fest aufrollen. 2. Die Vorderbeine mittig in Brückenform ansetzen. 3. Die Brücke zweiteilen.

2

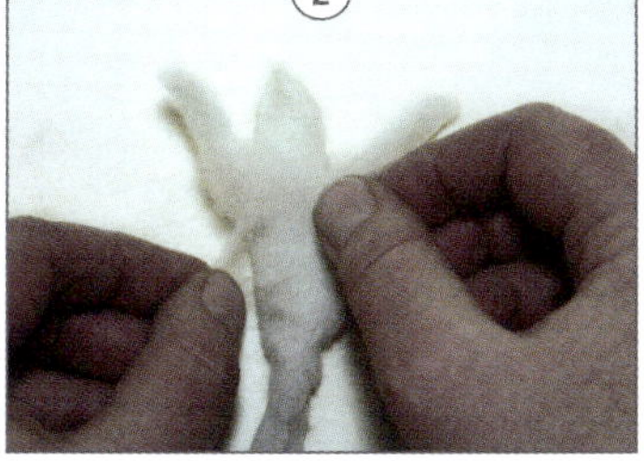

Den Beinansatz mit schmalem Flöckchen von hinten nach vorne über Kreuz verbinden.

3

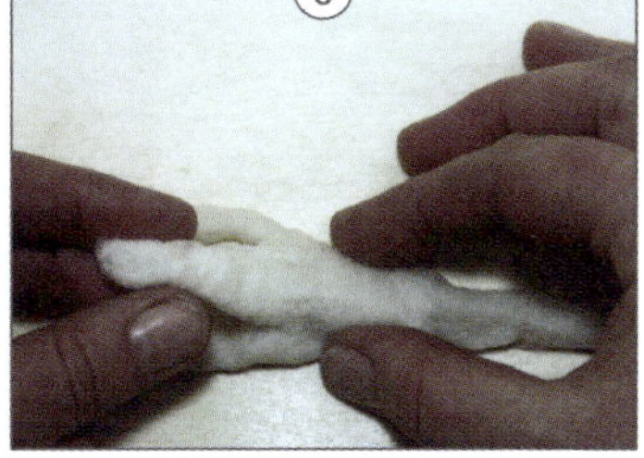

Auf den Bauch drehen. Das Vorderteil in die Länge ziehen.

4

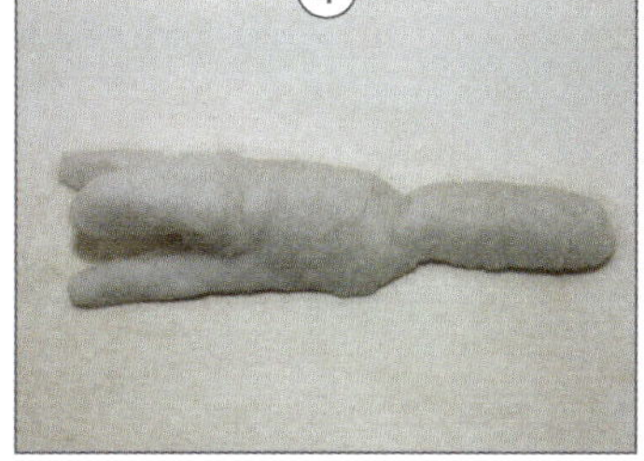

Den Schwanz mit 5, den Körper mit 6, die Brust und die Beine mit je 2, den Kopf mit 5 Flöckchen belegen.

5

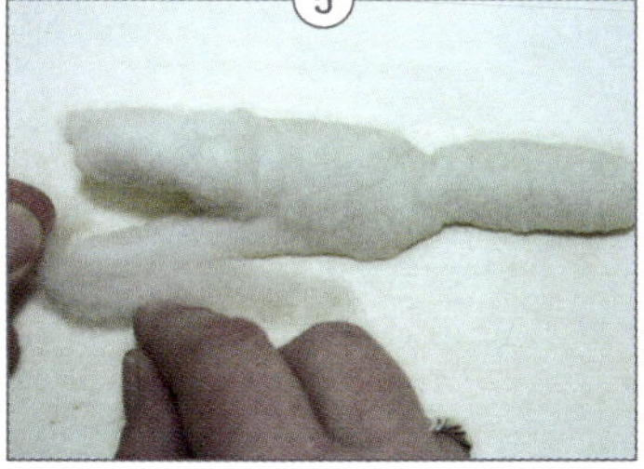

Die Beinflocken der Länge nach auflegen.

6

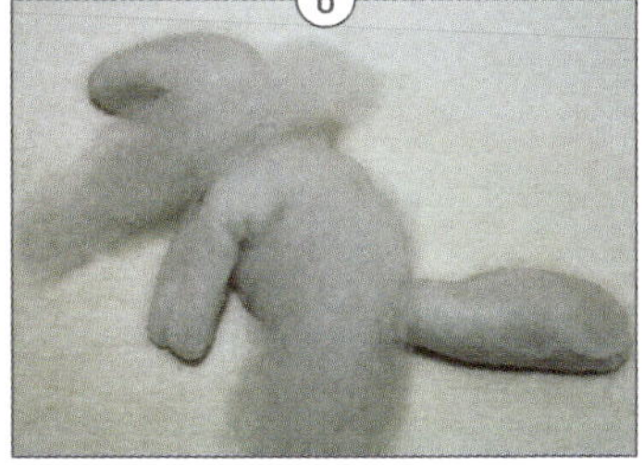

Den Körper in Sitzposition legen. Kopf, Brust und Beine mit je 3, Bauch, Rücken und Schwanz mit je 6 Flöckchen belegen.

7

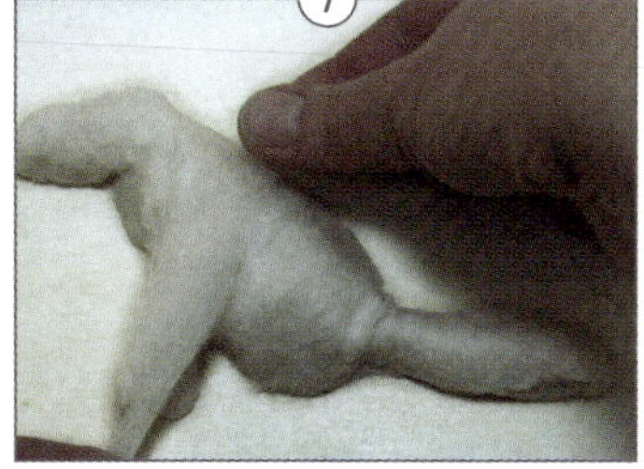

Den Beinansatz verstärken.

8

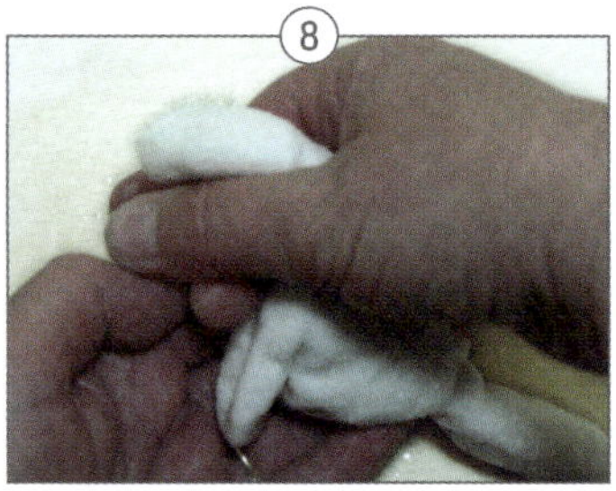

Prüfgriff: den Hals mit den Fingern umschließen – was jetzt noch oberhalb zu sehen ist, ist der Kopf.

9

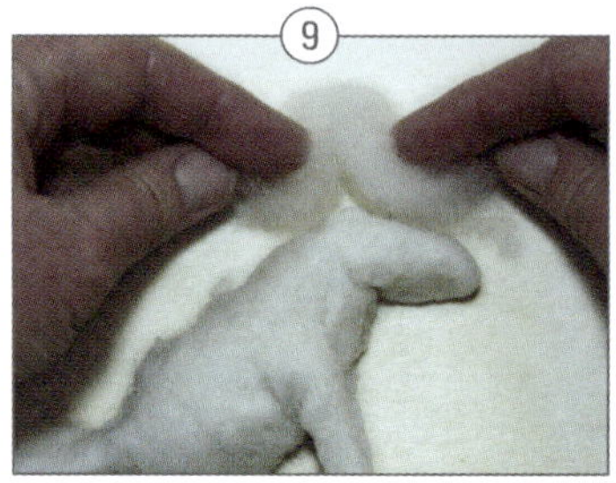

Die Ohren ansetzen.

10

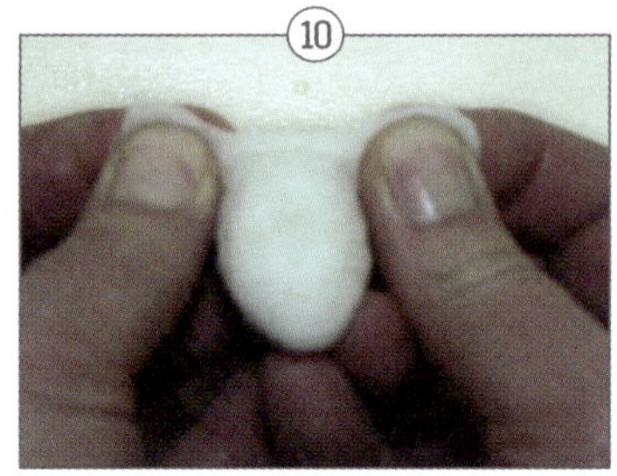

Ohren teilen.

11

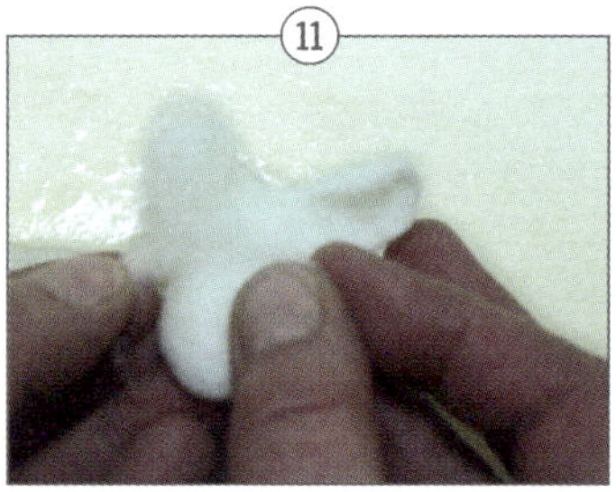

Die Ohren von hinten nach vorne einmal über Kreuz verbinden.

12

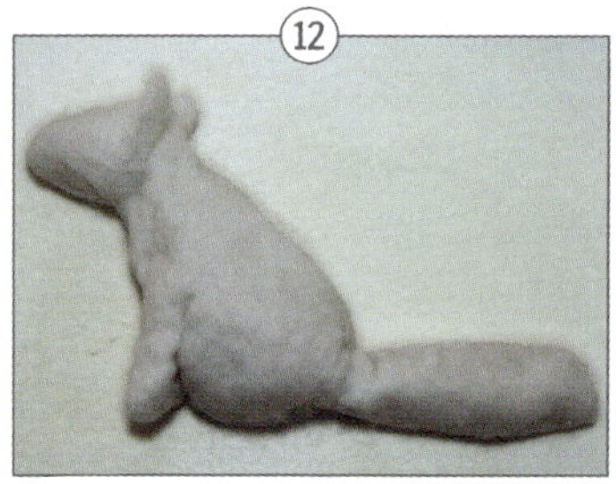

Den Kopf mit 7 Flöckchen zwischen und unter den Ohren, auf der Stirn und über dem Maul belegen.

13

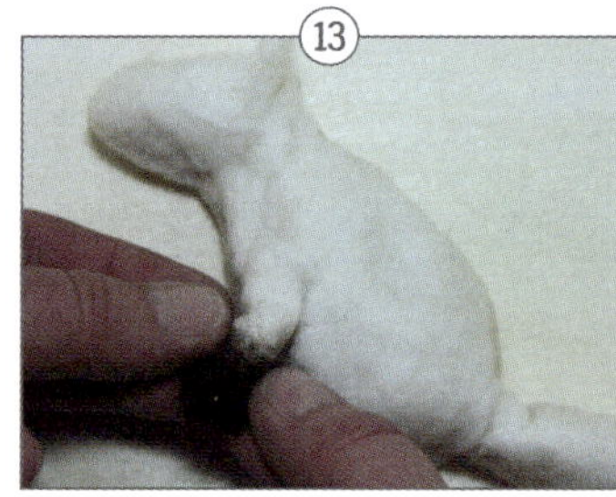

Die Pfoten von unten mit kurzer brauner Flocke belegen.

14

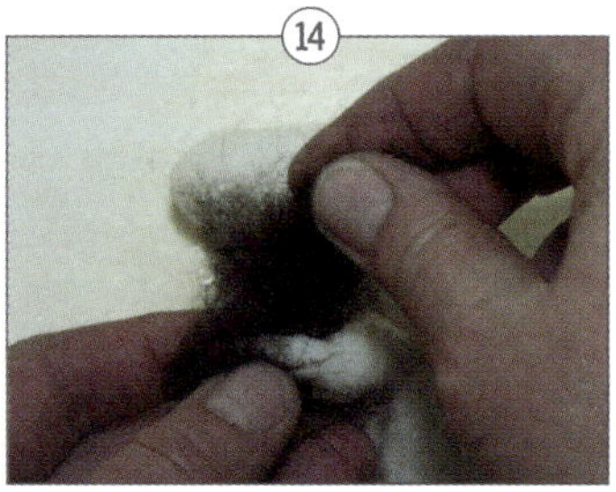

Das restliche Bein straff seitlich umwickeln.

15

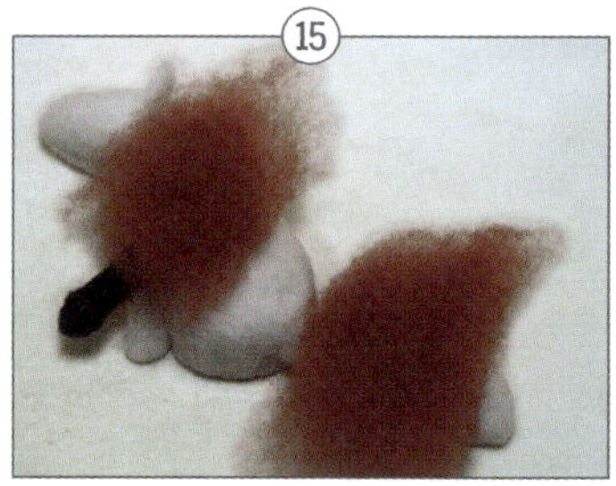

Schwanz und Oberkörper mit fuchsroten Flocken belegen, die Schwanzspitze weiß lassen.

16

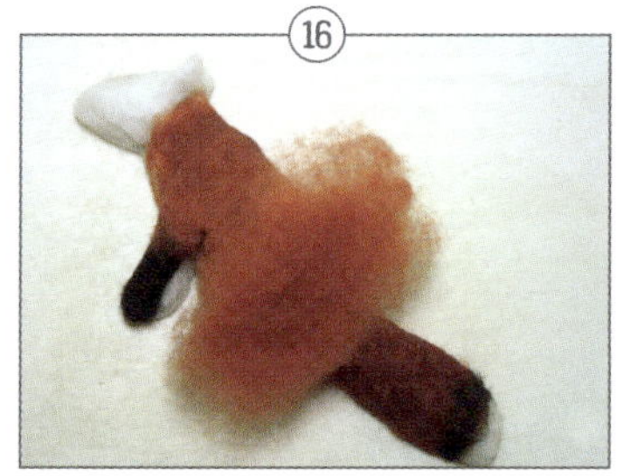

Den Körper vollends mit Fuchsrot abdecken.

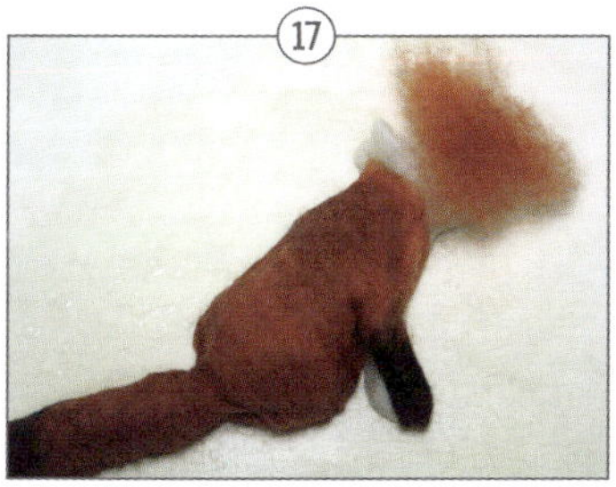

Den Kopf mit Fuchsrot belegen.

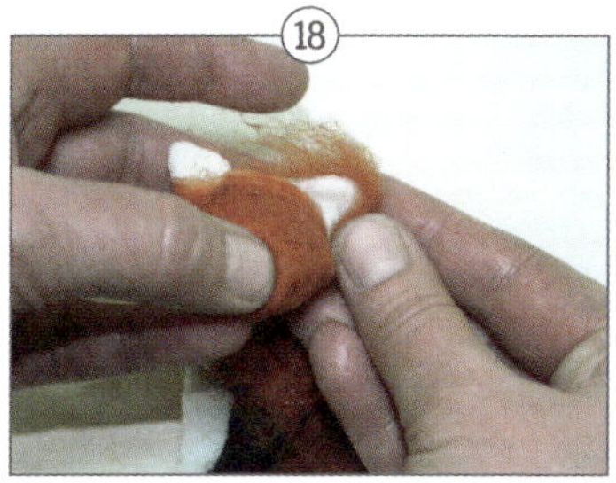

Das Ohr von hinten mit Fuchsrot oder Braun belegen.

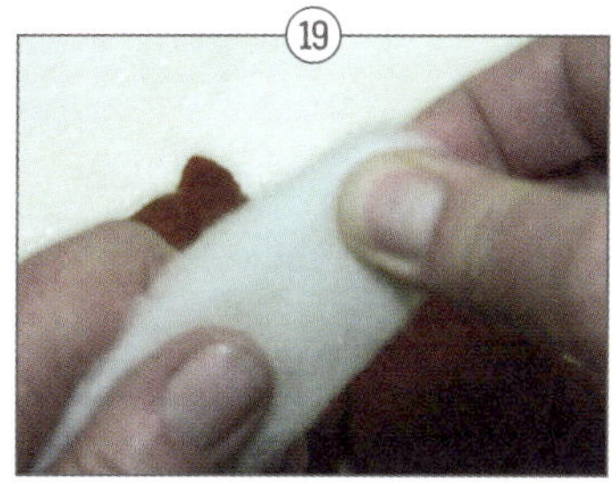

Die Brustflocke mitten aus dem weißen Wollvlies zupfen, dadurch sind 3 Seiten weniger faserig.

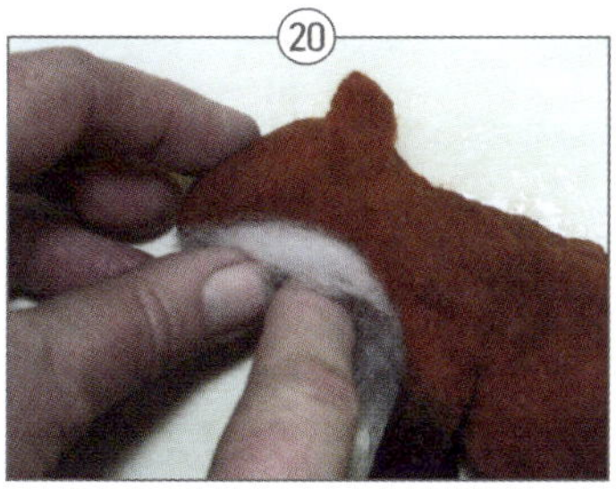

Die Brustflocke auflegen.

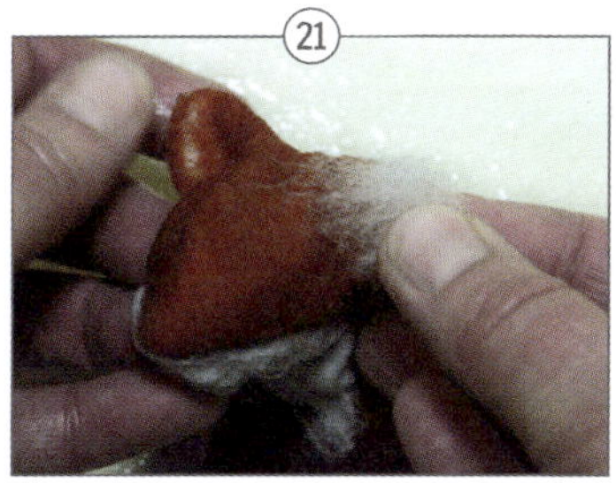

Ebenso ein weißes Flöckchen in die Innenohren legen.

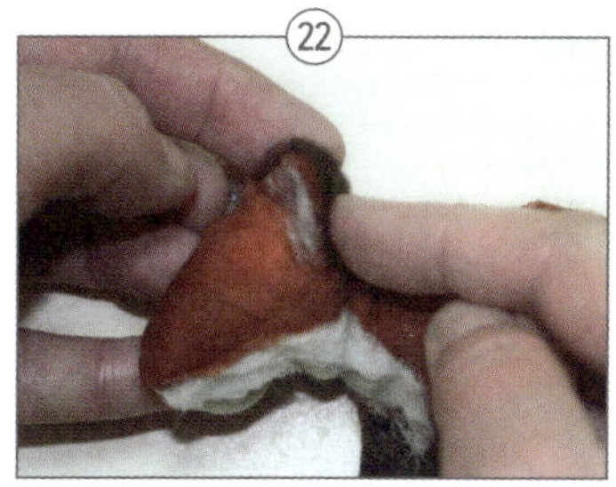

Mit etwas Braun das Außenohr belegen.

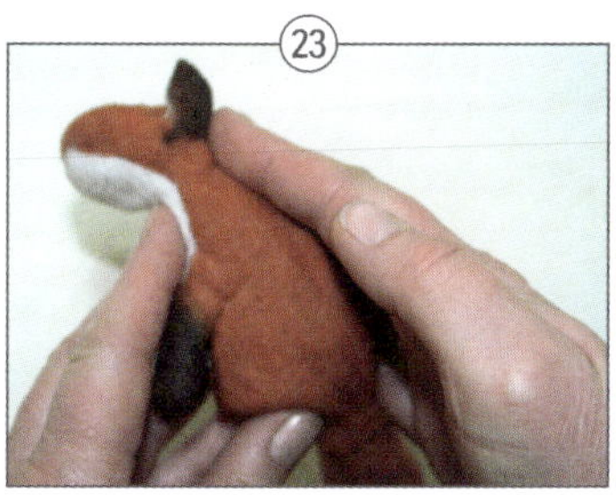

In Sitzposition vorsichtig anfilzen. Je fester die Oberfläche, desto fester darf gerieben werden.

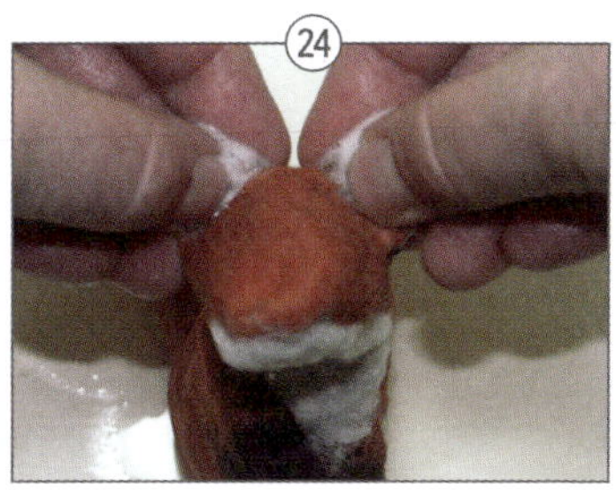

Die Ohren sachte in Richtung Kopf anfilzen.

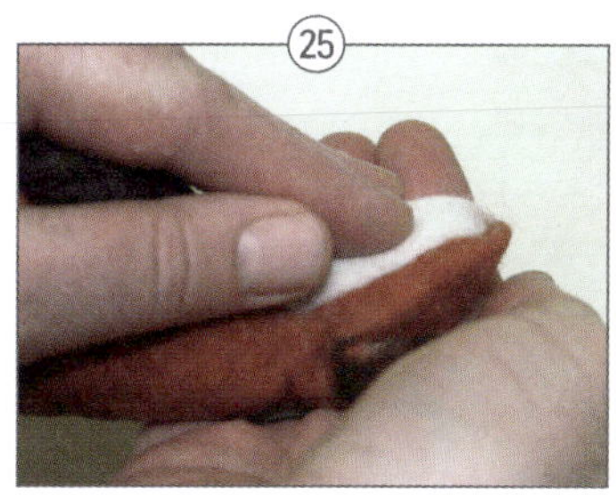

Den Kopf mit angelegten Ohren filzen.

26

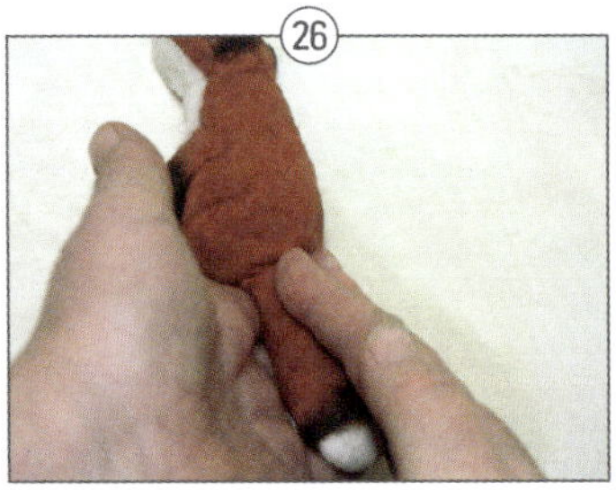

Den Schwanz rollen.

27

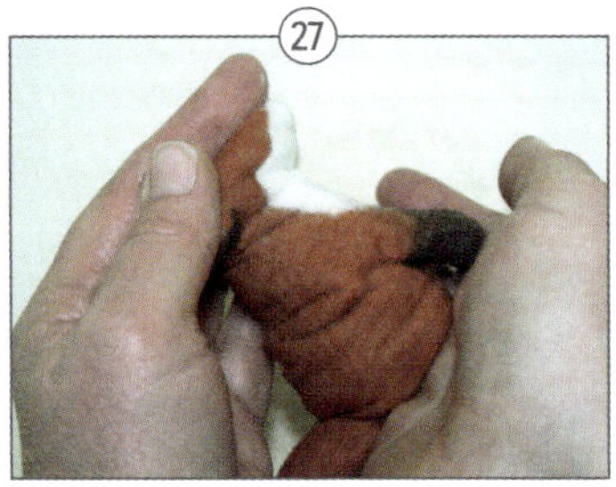

Immer wieder Kopf und Körper leicht zusammenschieben.

28

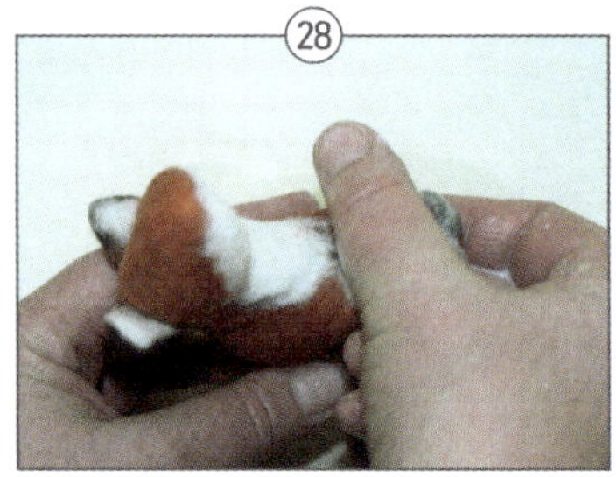

Die Beine filzen.

29

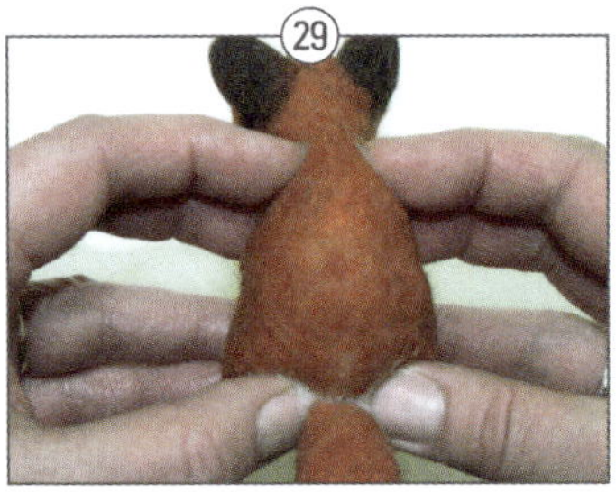

Brust und Hinterteil zusammenschieben, um die Sitzposition einzuwalken.

30

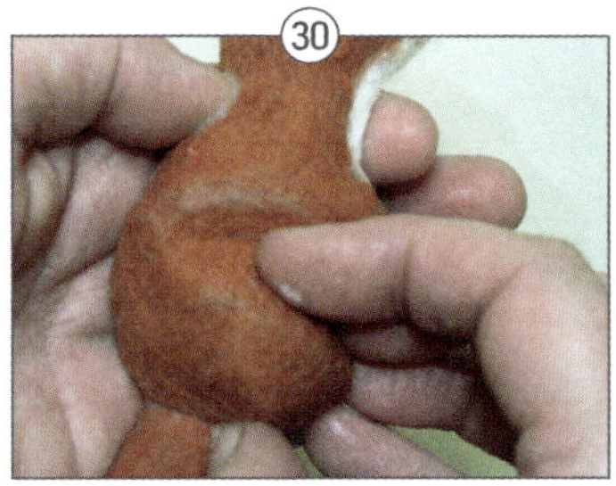

Die Schenkel einwalken.

31

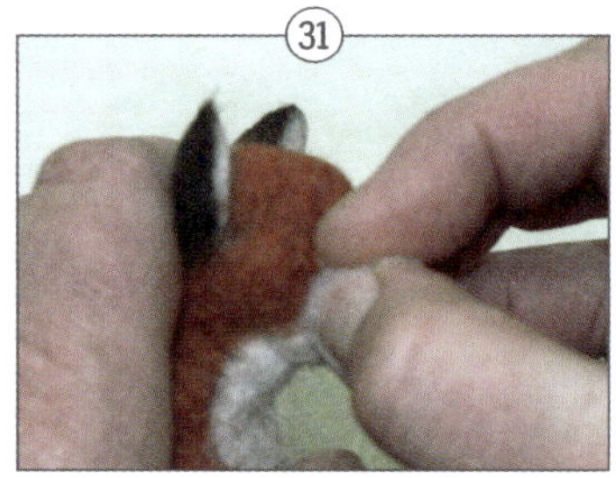

Die Schnauze durch mehrfaches Zusammendrücken in Richtung Kopf einwalken.

32

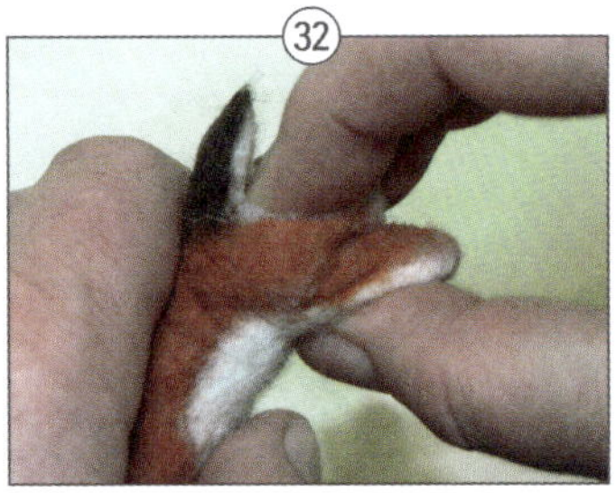

Unterkiefer und Stirn zusammenschieben, um den Kopf flacher zu formen und die Augenpartie einzuprägen.

33

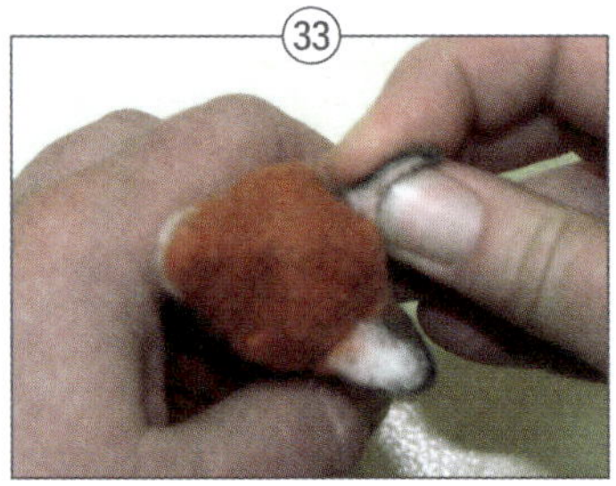

Das Ohr spitz formen.

34

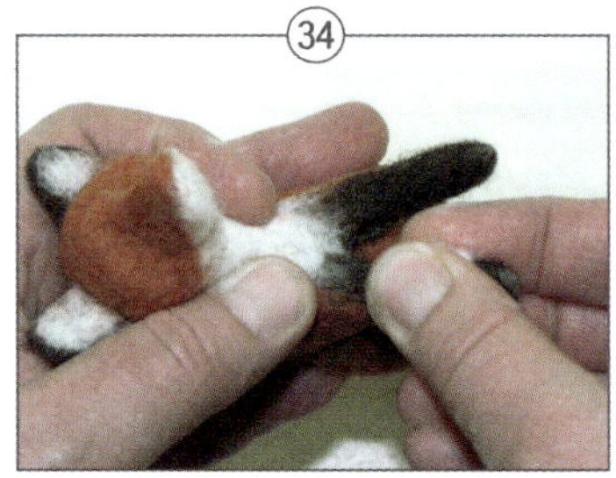

Die Beine fest walken.

35

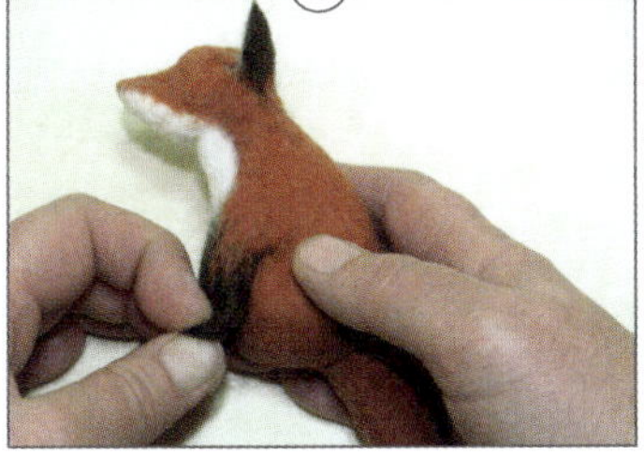

Die Pfoten einprägen.

36

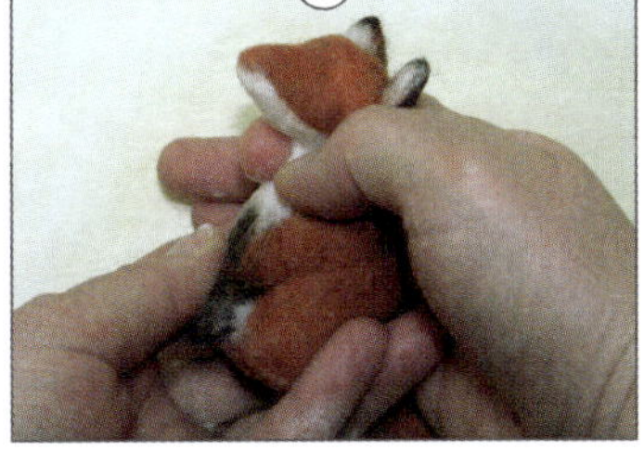

Für eine aufrechte Haltung die Brust nach hinten ziehen.

37

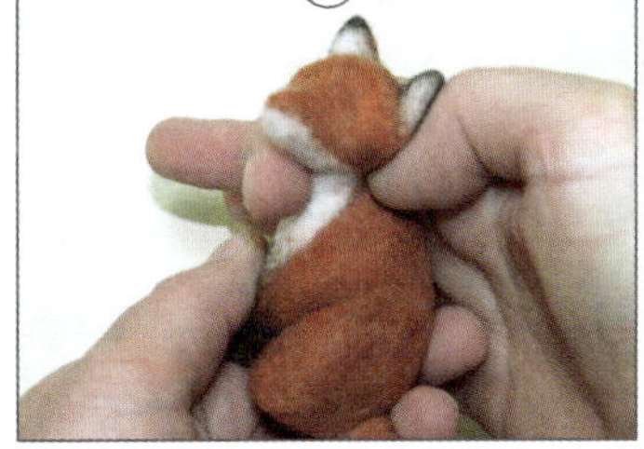

Mit mehreren sachten Seitwärtsdrehungen den Kopf zur Seite formen, nach dem Filzen den Schwanz aufbürsten.

Liegender Fuchs•••

11 g weiße, fuchsrote, dunkelbraune Merinowolle

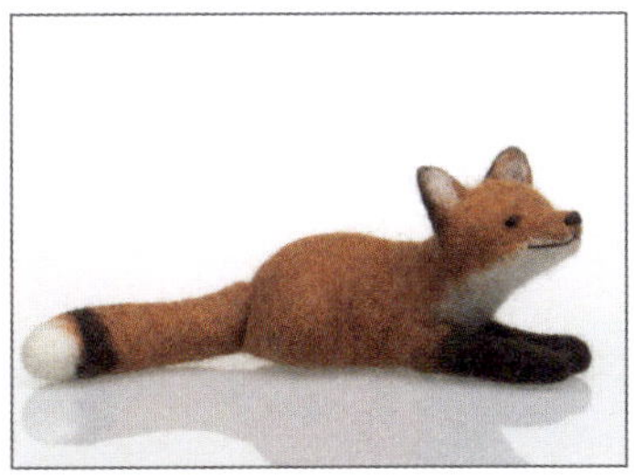

Körperstück: 5 x 8 cm
Schwanzstück: 2 x 9 cm
Beinstück: 2 x 9 cm
Ohrstück: 2 x 4 cm

1

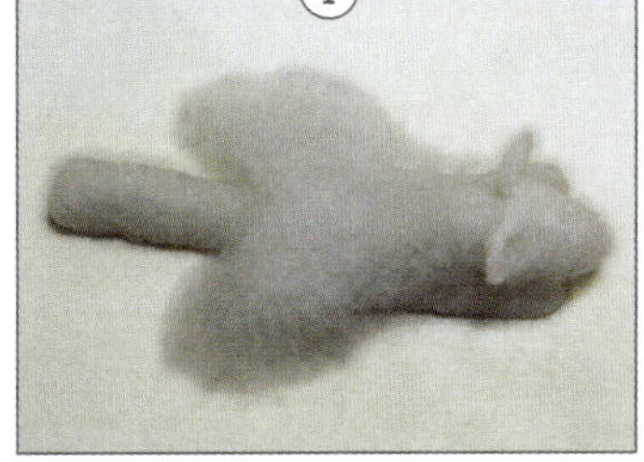

Den Körper wie beim sitzenden Fuchs aufbauen. In liegender Position fertig aufbauen.

2

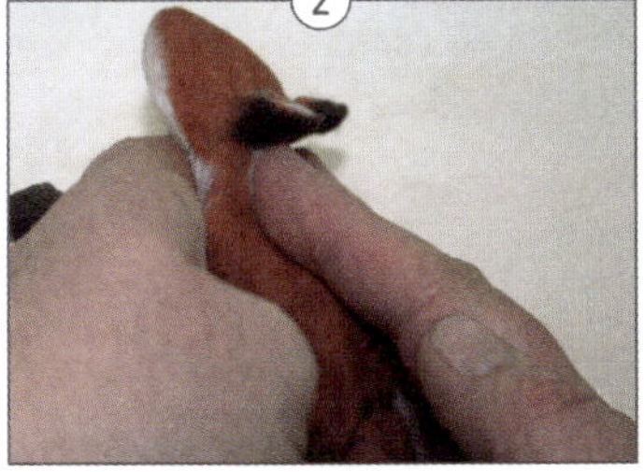

Gleich beim Anfilzen den Kopf hochdrücken, den Rücken mit leichter Senke walken.

3

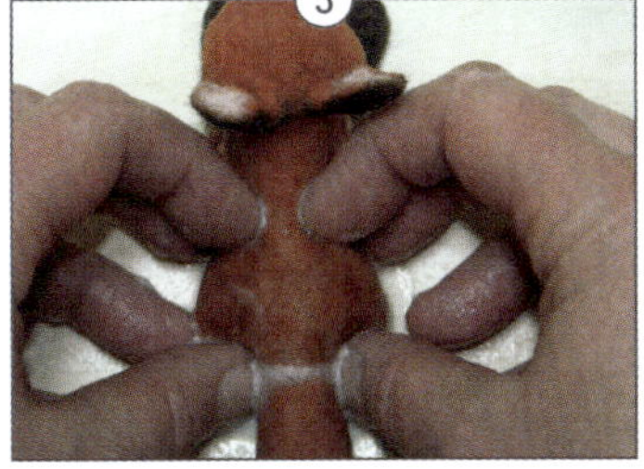

Die Oberschenkel herausmodellieren.

4

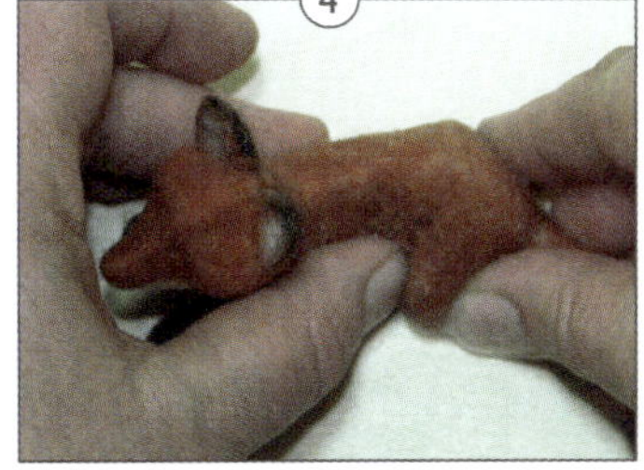

Den Körper leicht zur Seite biegen, den Kopf nach oben schauend.

Sitzender Fuchswelpe•••

3 g Kapmerinowolle weiß, Fuchsrot mit Hellbraun gemischt

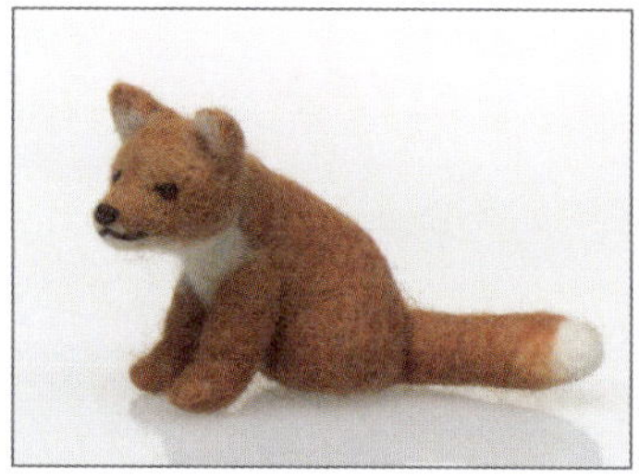

Körperstück: 4 x 2 cm
Schwanzstück: 1 x 3 cm
Beinstück: 1,5 x 3 cm
Ohrstück: 1 x 2 cm

1

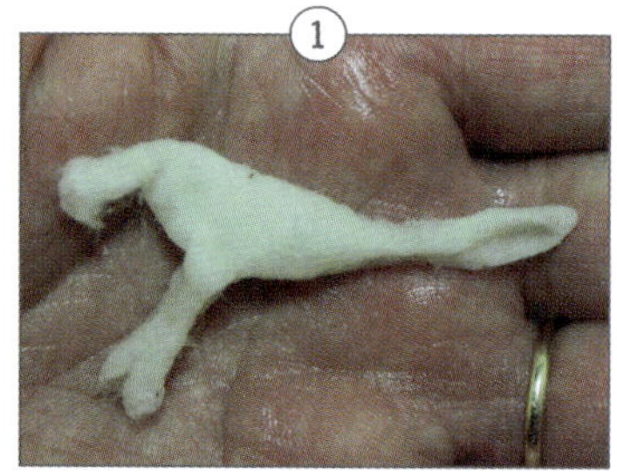

Mit je 2-3 Flöckchen die Beine, 4-6 Flocken Brust, Schwanz, Körper und Kopf aufbauen.

Stehender Fuchswelpe••••

3 g Kapmerinowolle weiß, Fuchsrot mit Hellbraun gemischt

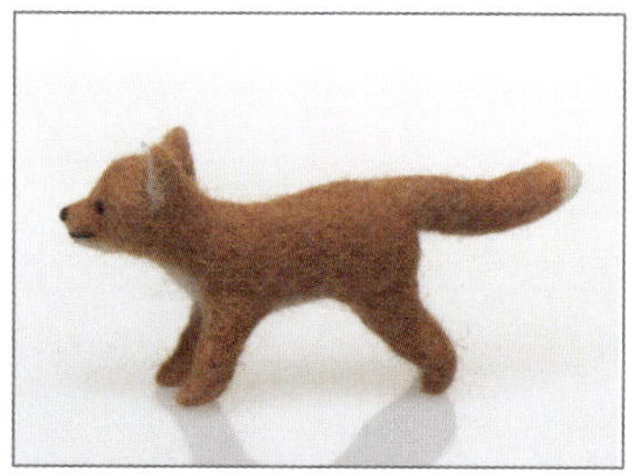

Körperstück: 4 x 2 cm
Schwanzstück: 1 x 3 cm
Vorderbeinstück: 1,5 x 3 cm
Hinterbeinstück 1,5 x 4 cm
Ohrstück: 1 x 2 cm

1

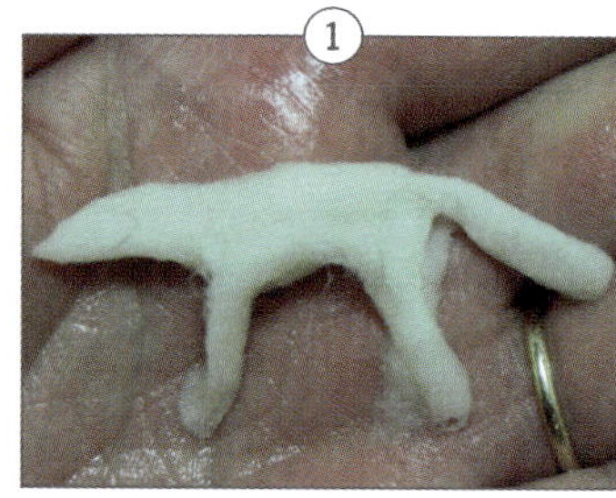

Das Tier mit je 2-3 Flöckchen über den Beinen, 4-6 Flocken auf Brust, Schwanz, Körper und Kopf aufbauen.

Stehender Fuchs••••

Hauptanleitung stehendes vierbeiniges Tier

12 g weiße, fuchsfarbene, dunkelbraune Merinowolle

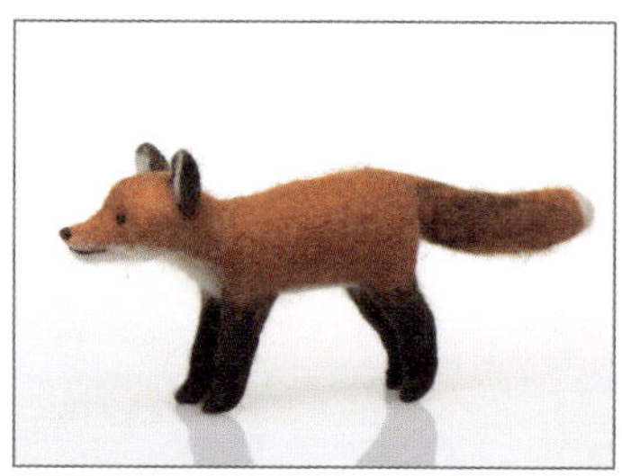

Anfangsstück: 4 x 7 cm
Schwanzstück: 3 x 7 cm
Vorderbeinstück: 2 x 7 cm
Hinterbeinstück: 2 x 8 cm
Ohrstück: 4 x 1,5 cm

1

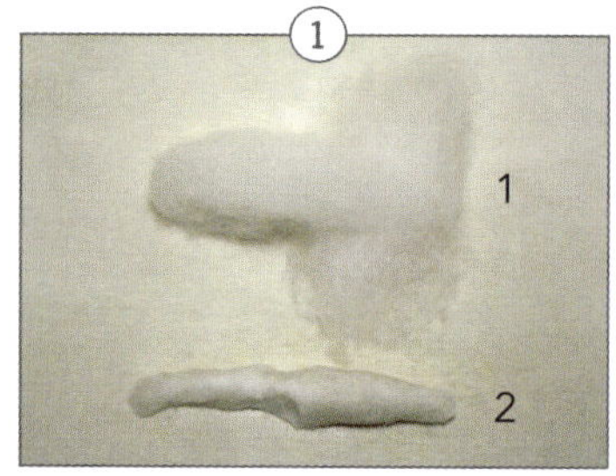

1. Das Schwanzstück auf das Körperstück legen. 2. Das Körperstück um den Schwanzansatz fest aufrollen und befeuchten.

2

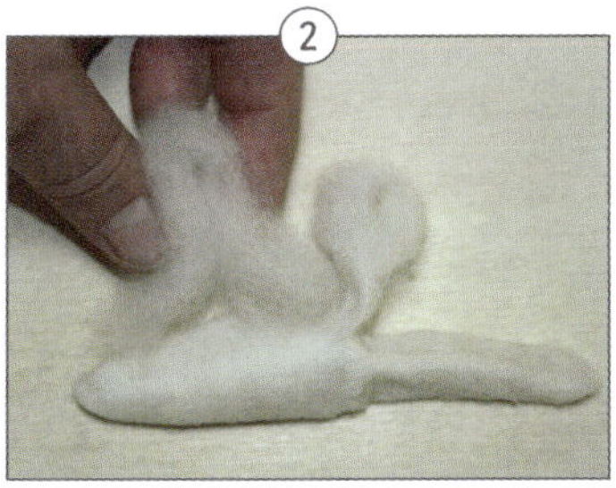

Die Beine in der Mitte und am Hinterteil des Körperstücks in Brückenform ansetzen.

3

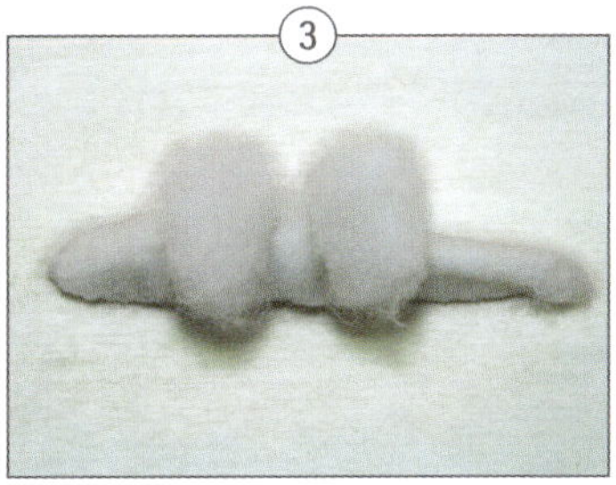

Die Ansätze am Körper gut befeuchten.

4

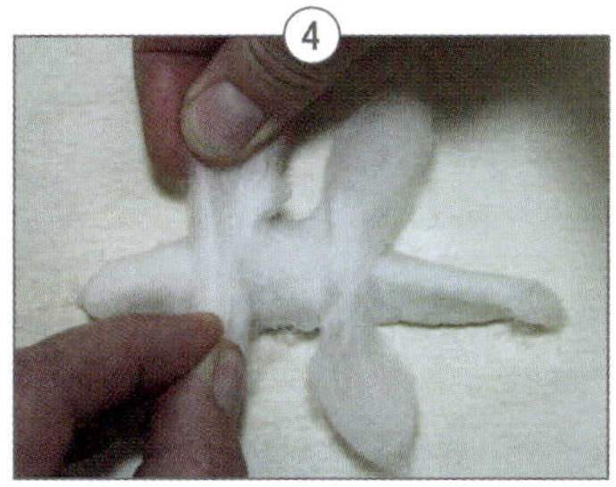

Beide «Brücken» in der Mitte zu zwei Beinen teilen.

5

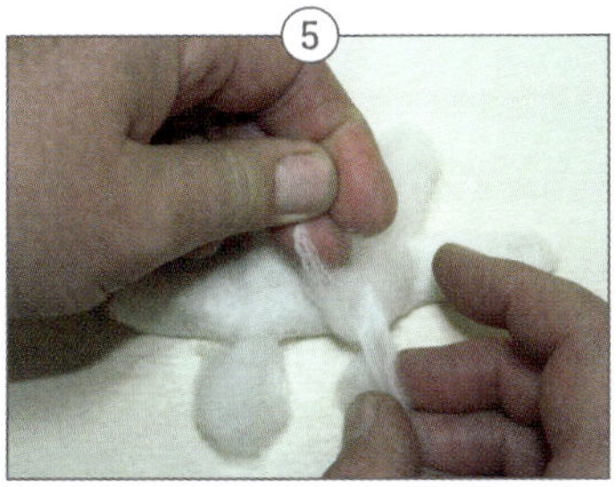

Jeden Beinansatz mit einem «Schalflöckchen» verbinden.

6

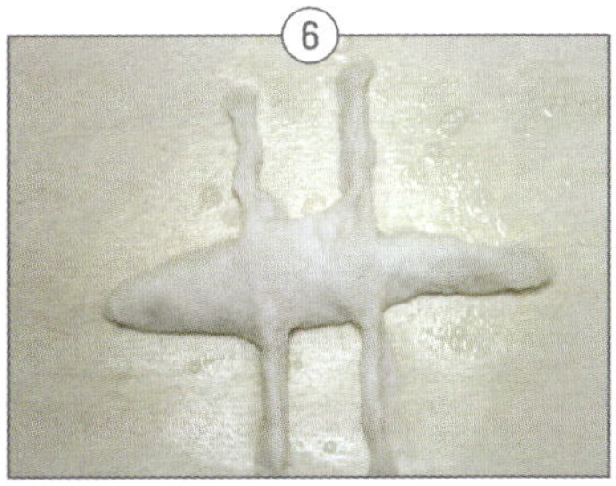

Die Beine befeuchten und nass zusammendrücken, die Hinterbeine sind gut 1 cm länger als die Vorderbeine.

7

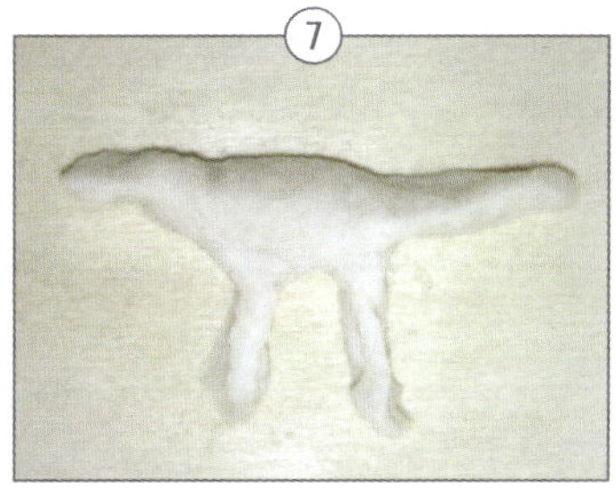

Auf die Seite legen, den Kopf etwas herausziehen.

8

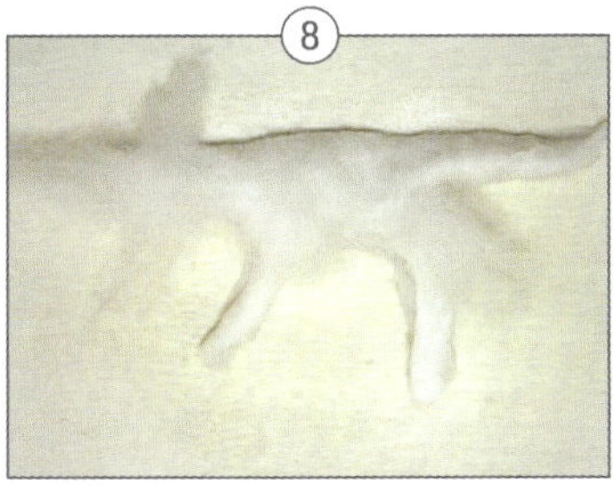

Kopf und Schwanz mit 6, Körper und Brust mit 14, Vorder- und Hinterschenkel mit je 5 Flöckchen aufbauen.

9

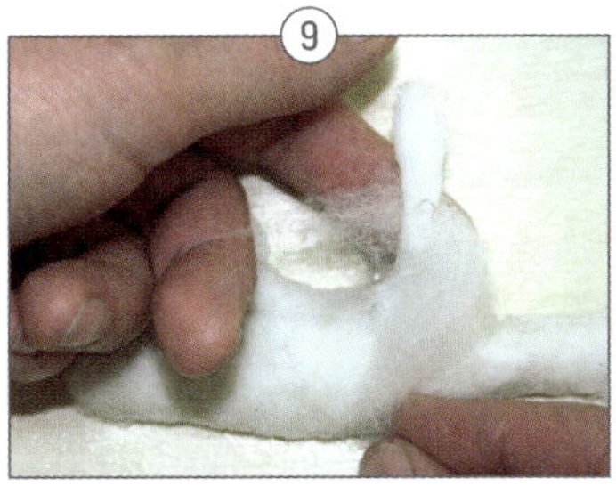

Die Flocke vom Hinterschenkel zum Bein nach unten Richtung Knie auflegen, nicht in den Schritt.

10

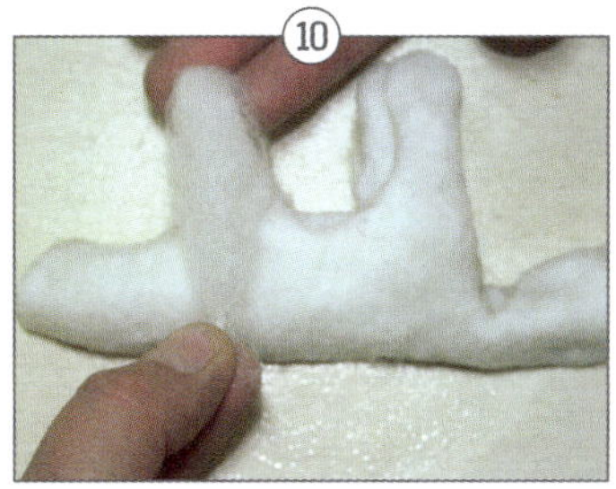

Die Beine mit 2 Streifen verstärken. Den Zwischenraum der Beine immer wieder durch Ziehen vergrößern.

11

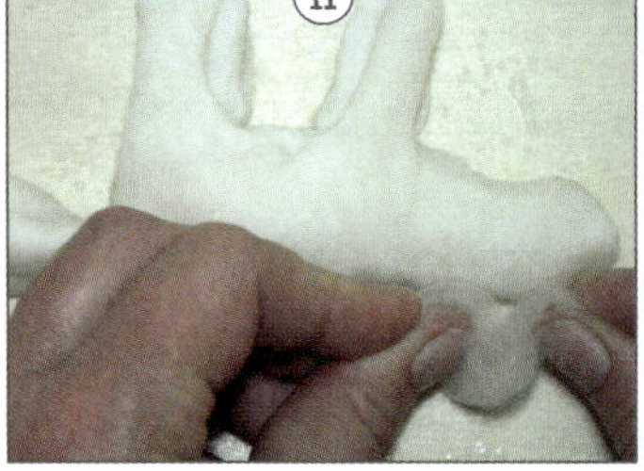

Die Ohren in Brückenform am Hinterkopf ansetzen.

12

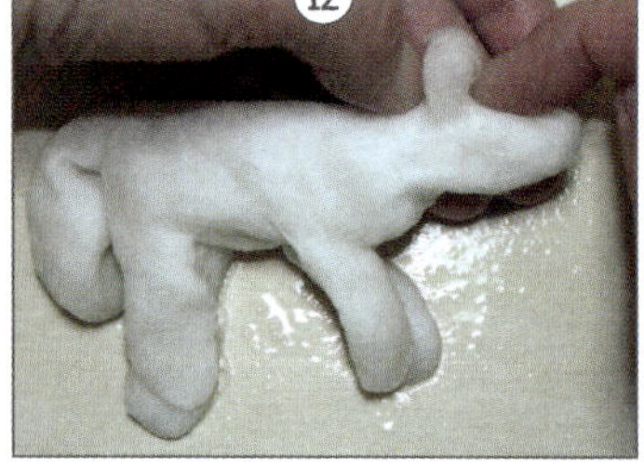

Ansätze mit Seifenwasser «ankleben».

13

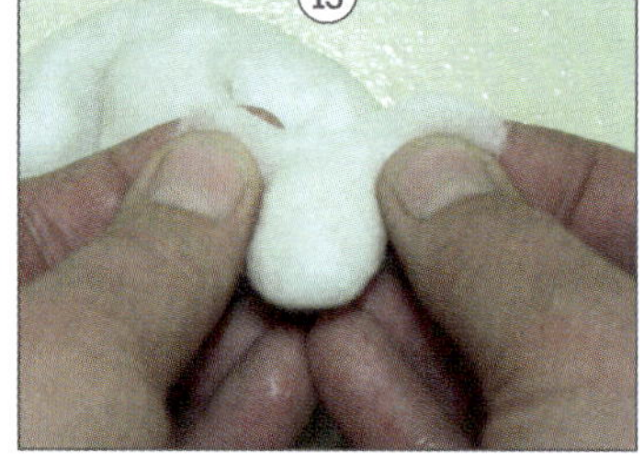

Das Ohrstück in der Mitte zu zwei Ohren auseinanderziehen.

14

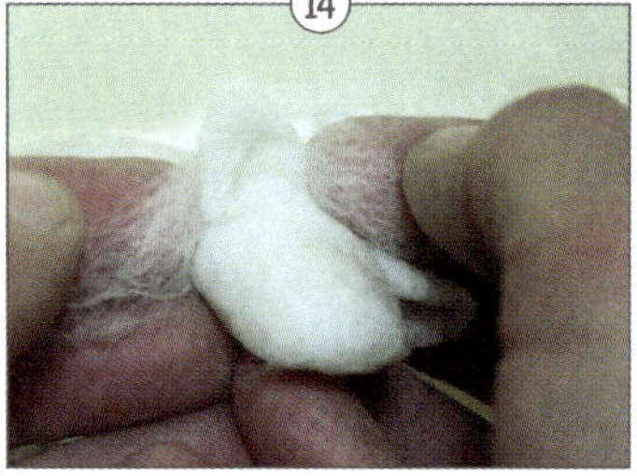

Jedes Ohr mit einem dünnen Flöckchen von hinten nach vorne verbinden.

15

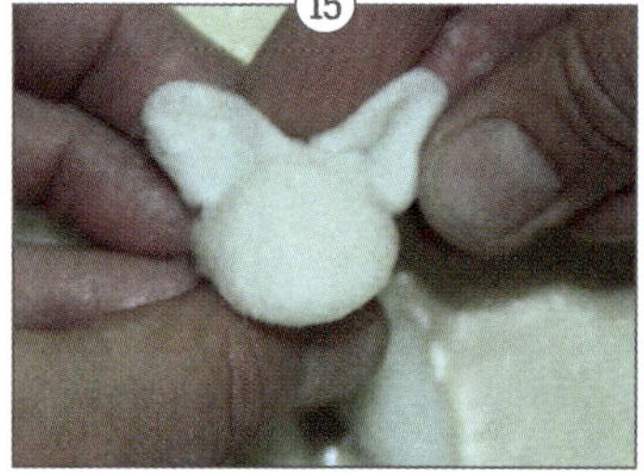

Beim Befeuchten Ohren leicht spitz in Form drücken und zur Ohrmuschel formen.

16

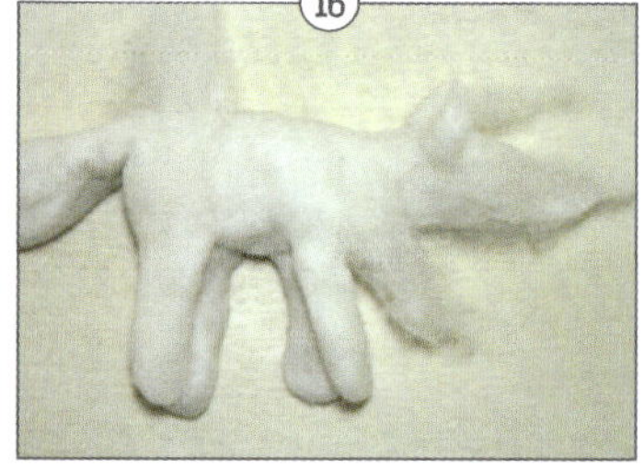

Körper und Brust mit 9, Schwanz und Hinterschenkel mit 3, Vorderschenkel mit 2 und Beine mit je 1 Flöckchen belegen.

17

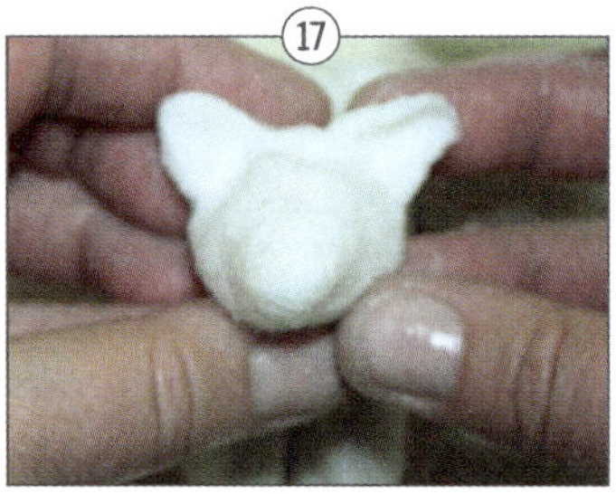

Prüfen, ob Ohren und «Wangen» gleichmäßig sind, nochmals je 3 Flöckchen zwischen und unter die Ohren legen.

18

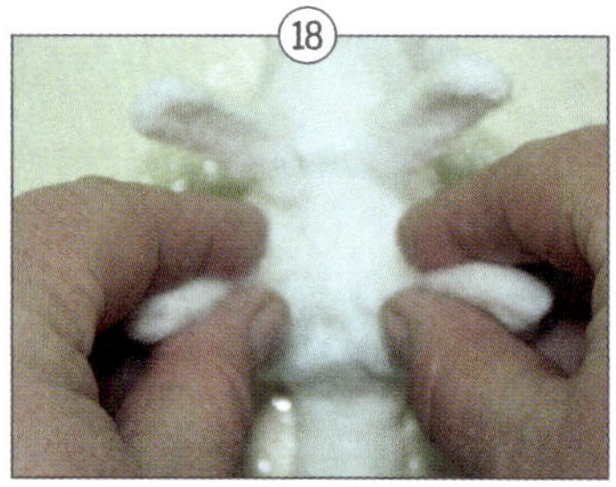

Die Beine prüfen, ob sie paarweise gleich lang und gleich dick sind. Die Hinterbeine sollen etwas länger sein.

19

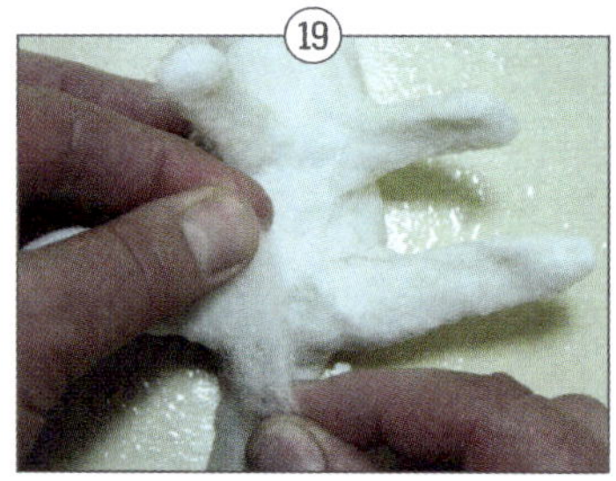

Falls nötig, noch 1-2 Flöckchen zwischen den Beinen aufbauen.

20

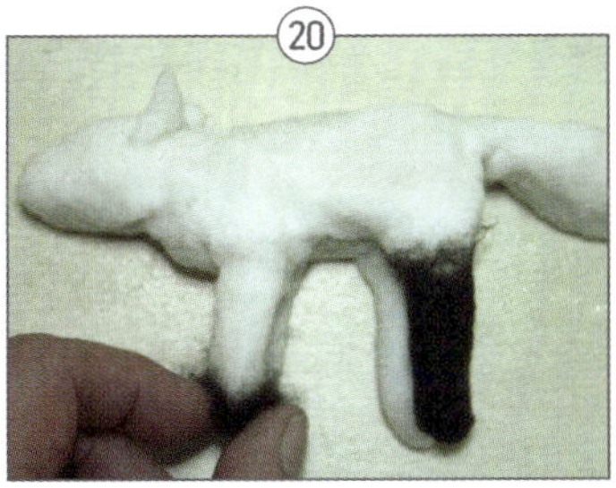

Die Pfoten von unten mit je 1 kurzen braunen Flöckchen belegen.

21

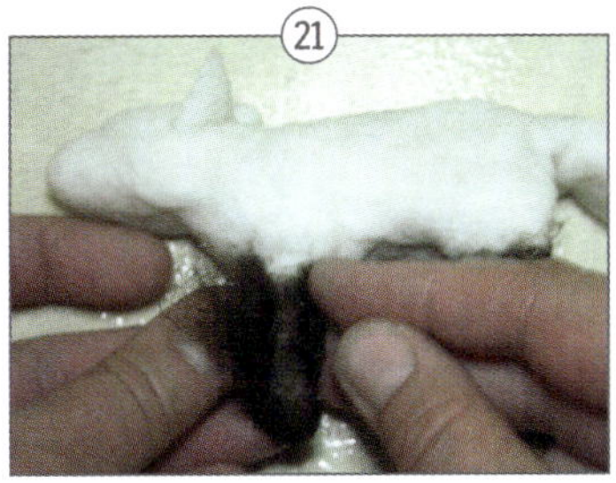

Die Beine mit 1 braunen Stück seitlich fest umwickeln.

22

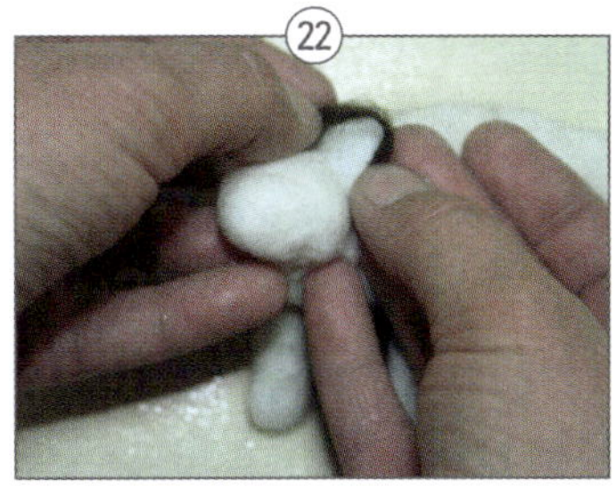

Die Ohren von hinten mit Braun belegen (oder mit Fuchsrot).

23

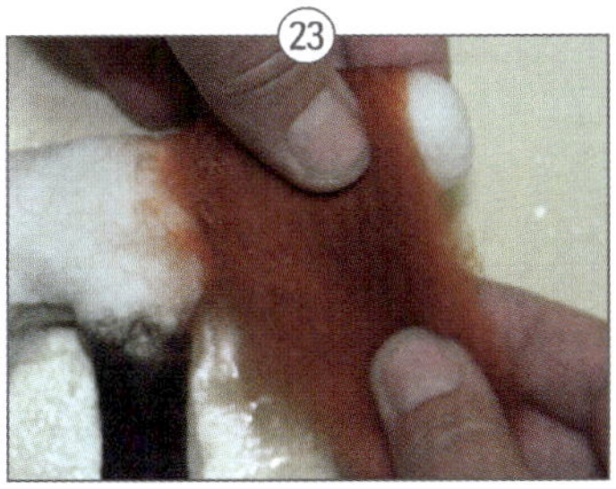

Den Schwanz mit fuchsroter Wolle komplett umwickeln, dabei die Spitze weiß lassen.

24

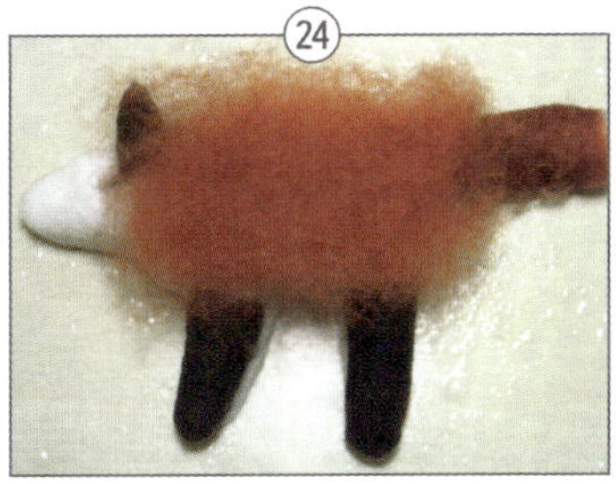

Körper und Oberschenkel mit fuchsroter Wolle abdecken.

25

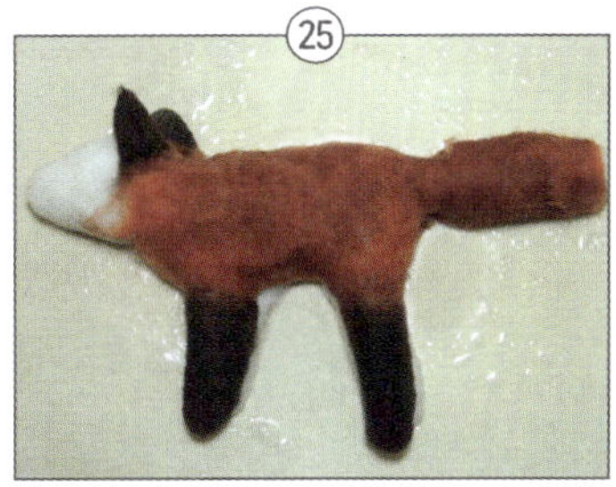

Alles gut befeuchten und anstreichen.

26

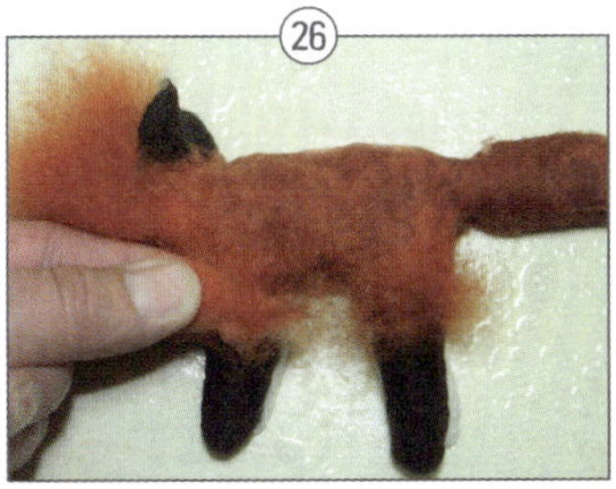

Den Kopf mit fuchsroter Wolle belegen, ebenso die Beinansätze.

27

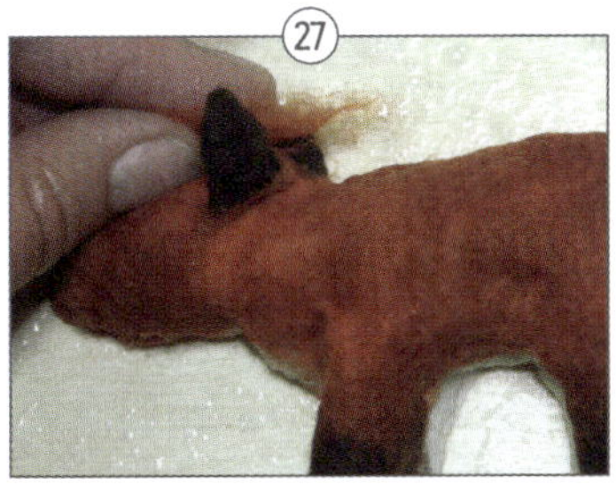

Die Partie zwischen den Ohren mit fuchsroter Wolle belegen.

28

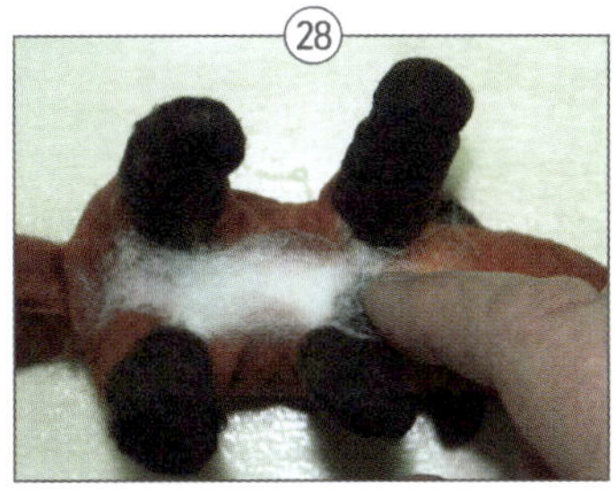

Den Bauch ganz dünn mit Weiß belegen.

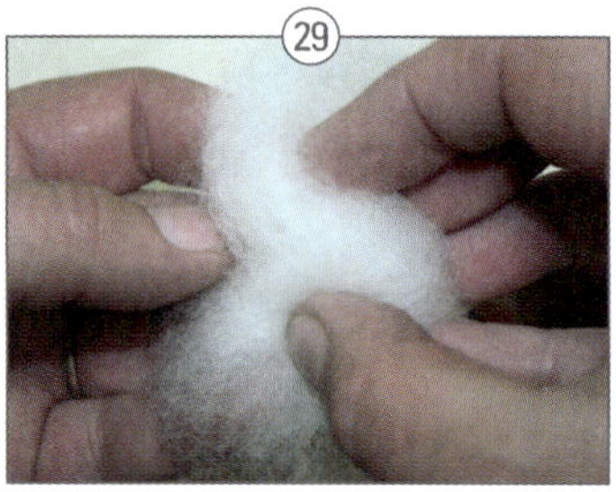

29

Eine weiße Brustflocke aus Vliesstück mittig herauszupfen, dadurch sind 3 Seiten wenig faserig.

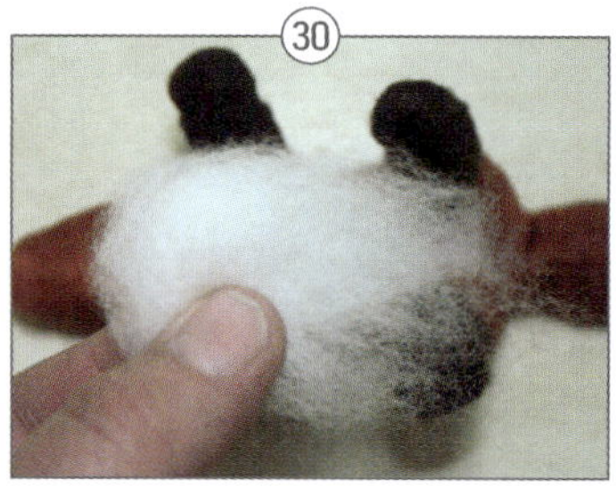

30

Die Brust bis unter die Schnauze dick mit Weiß belegen.

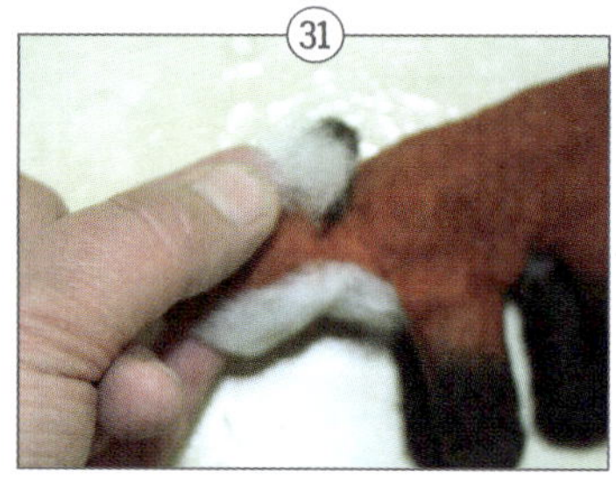

31

Die Innenohren ebenso mit Weiß belegen.

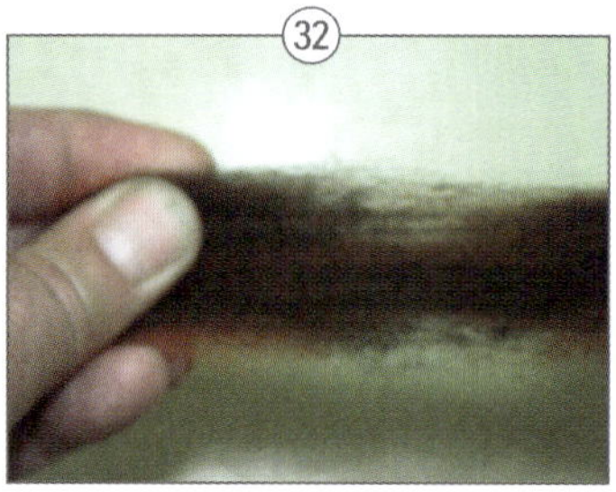

32

Etwas Fuchsrot und Braun für den Schwanz mischen.

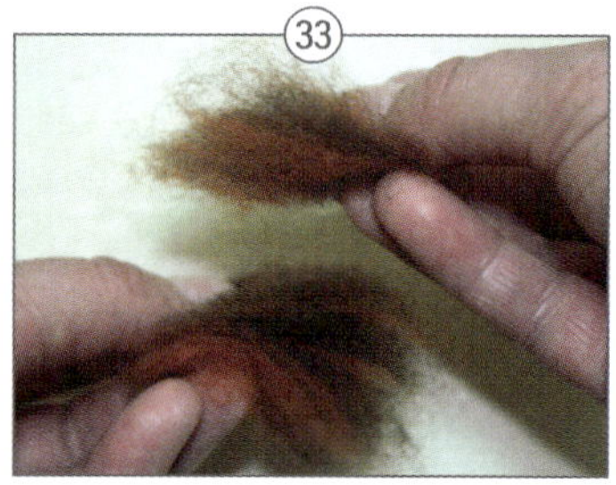

33

Immer wieder ganz auseinanderzupfen und aufeinanderlegen, bis eine einheitliche Mischung entsteht.

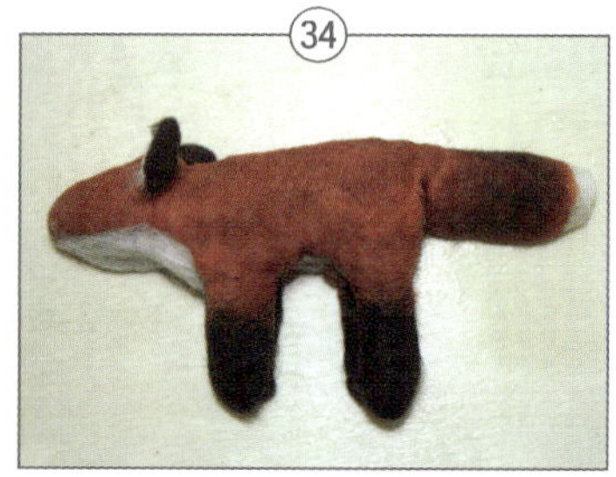

34

Dünn am Schwanzende auflegen.

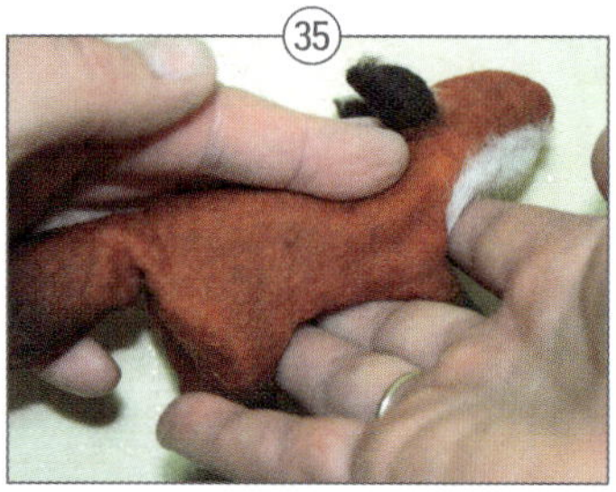

35

Sachte anfilzen: mit zwei Fingern zwischen den Beinen, einem Finger unterm Kinn, die andere Hand auf dem Rücken.

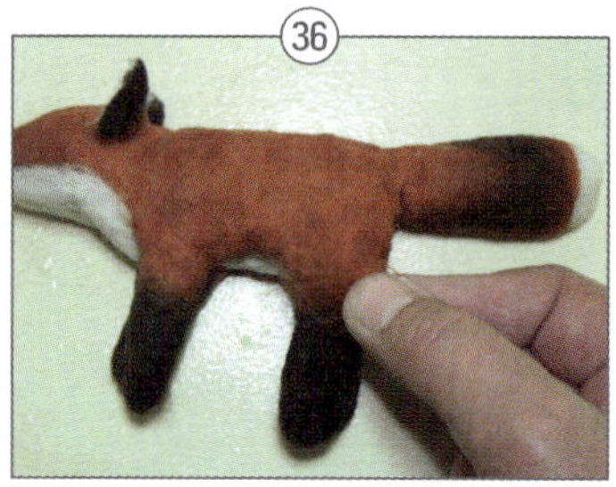

36

Nach kurzem Anfilzen kontrollieren, ggf. nachbessern. Je fester die Oberfläche wird, umso fester darf der Druck beim Filzen sein.

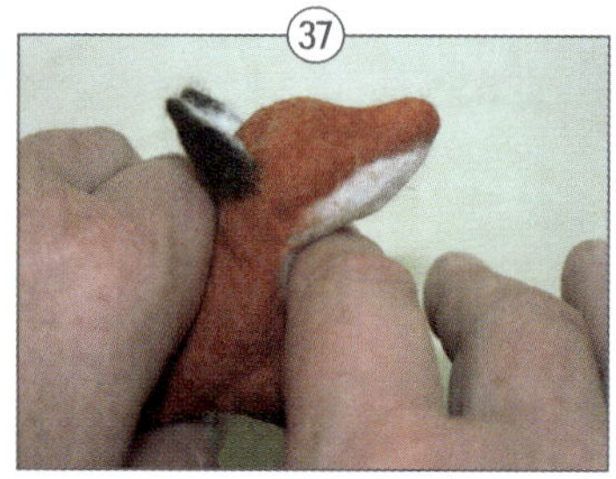

37

Den Kopf hoch und die Brust gerade walken.

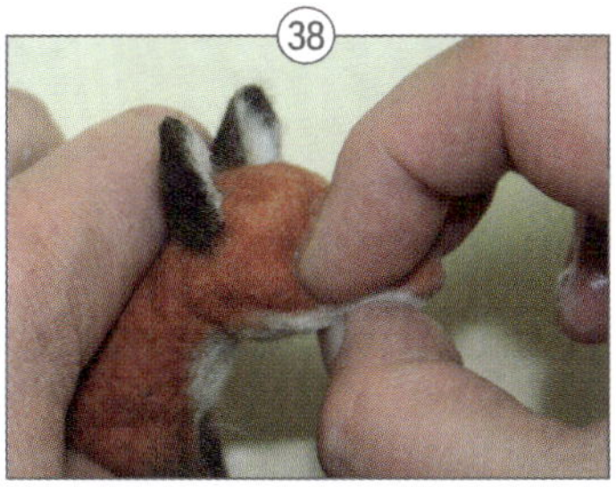

Die Schnauze schmal walken.

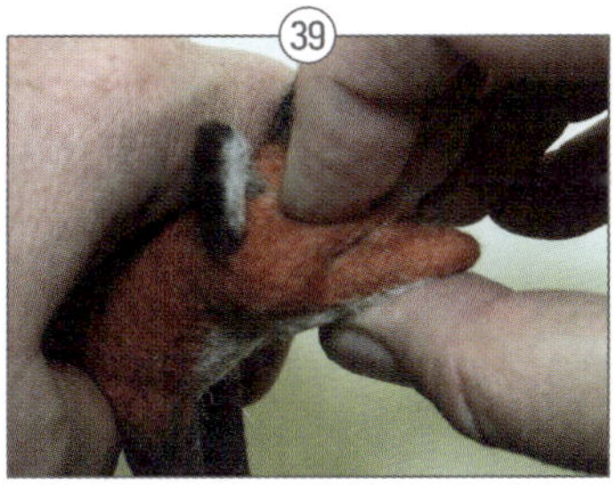

Kopf und Schnauze immer wieder zusammendrücken.

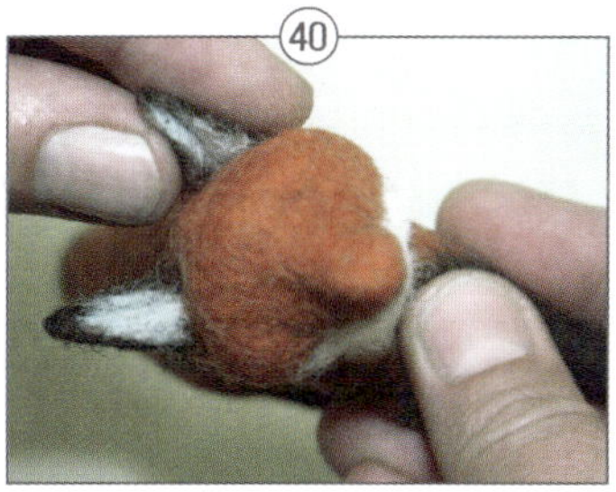

Die Ohren spitz walken und die vertiefte Ohrmuschel einwalken.

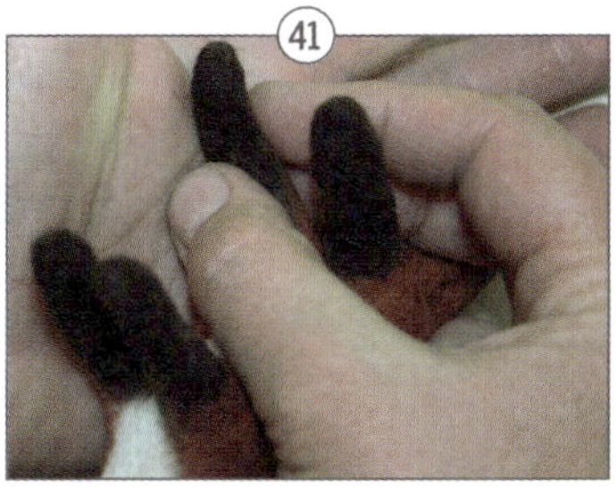

Die Beine durch seitliches Reiben auf der Handfläche festigen.

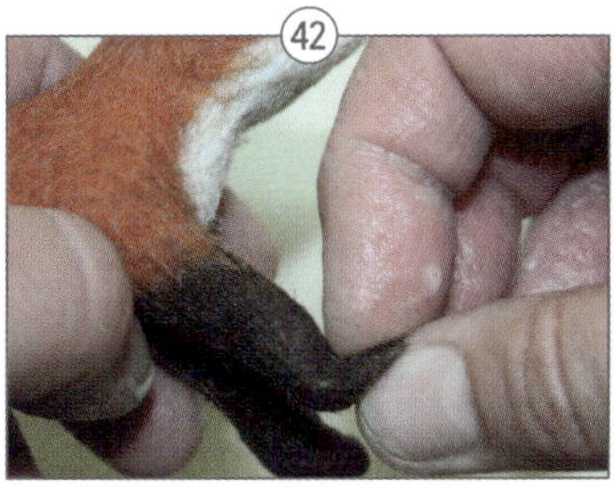

Die Pfoten einwalken.

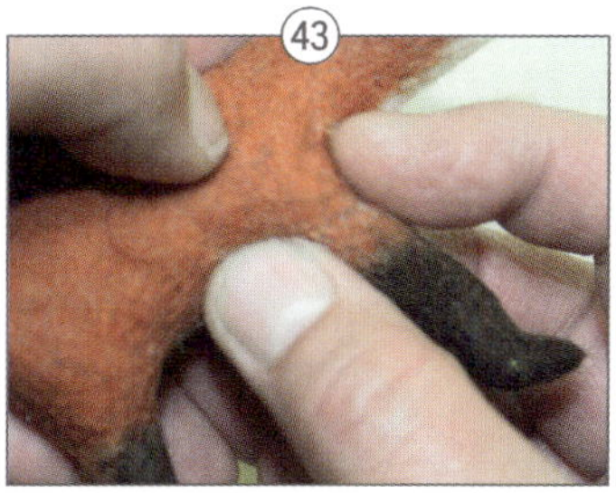

Die Vorderschenkel einwalken.

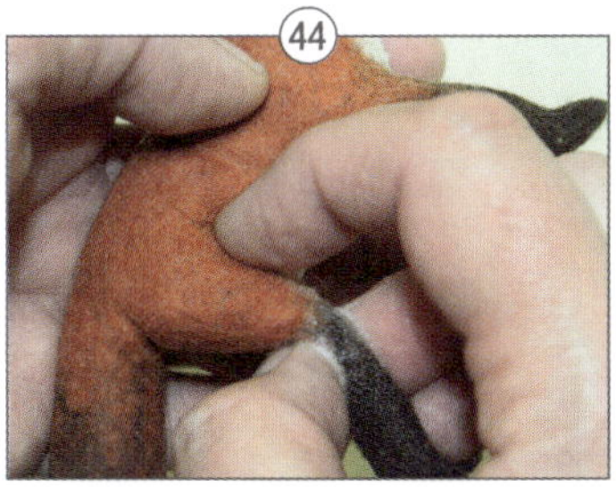

Die Hinterschenkel einwalken.

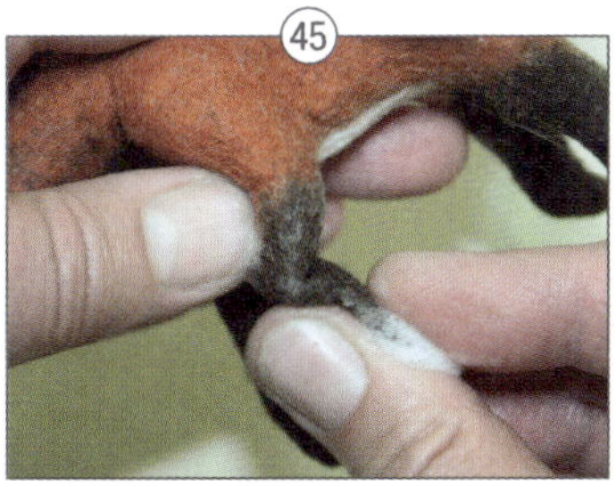

Das Sprunggelenk einprägen.

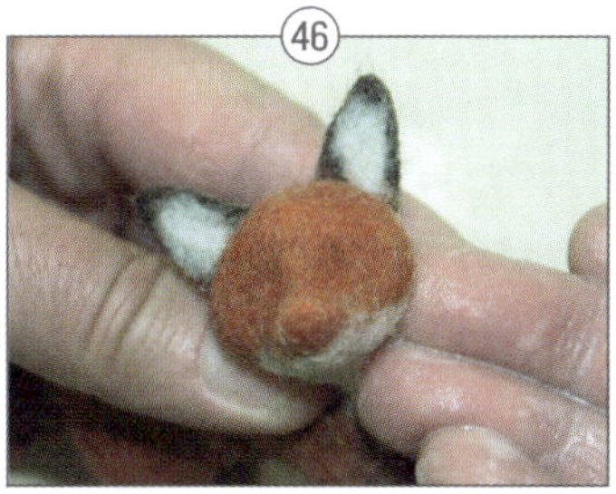

Den Hals seitlich schieben, um den Kopf zu drehen. Nach dem Filzen den Schwanz aufbürsten.

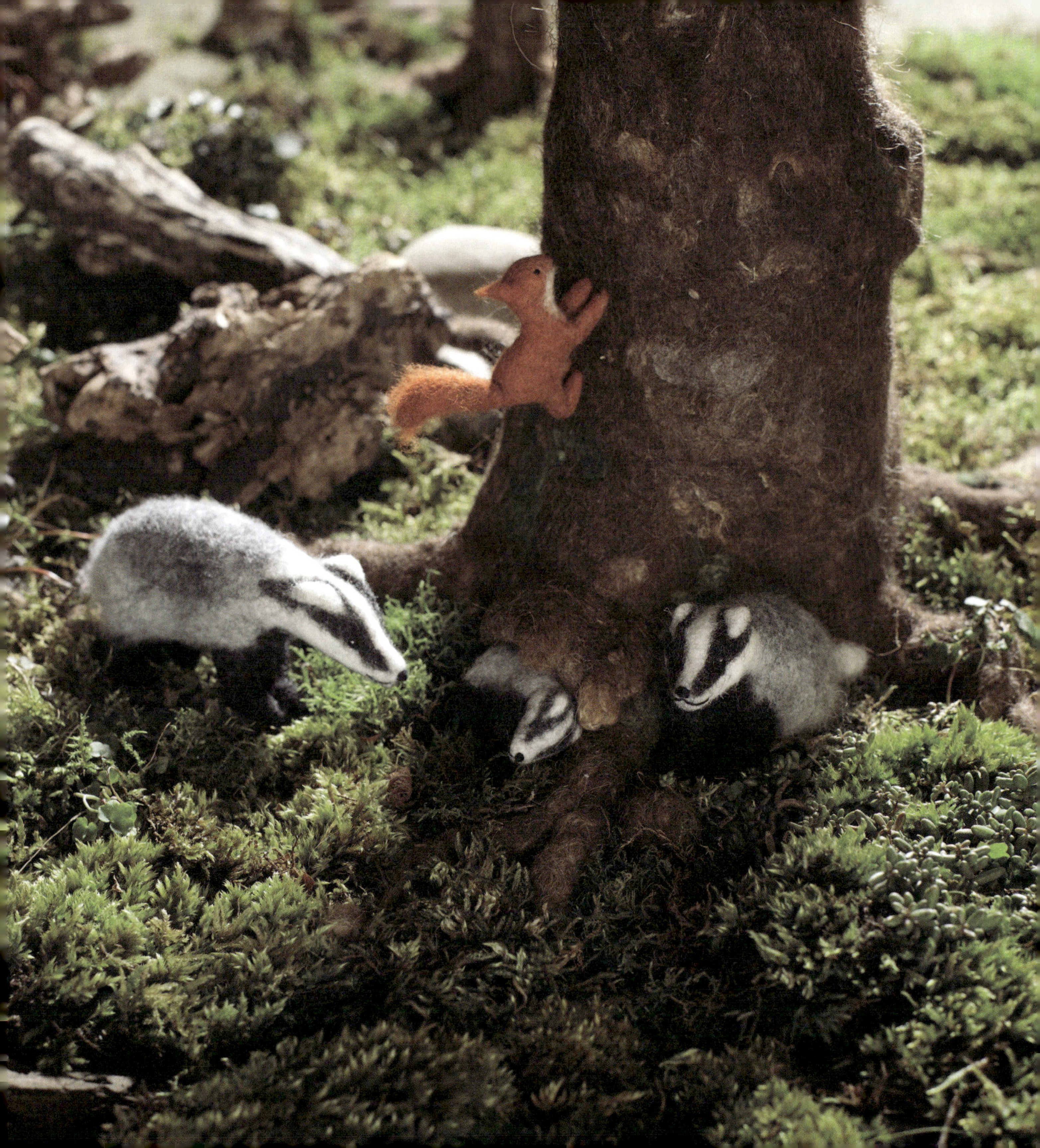

Dachs und Biber

Der scheue Dachs lebt im Wald oder in großen Parkanlagen. Der Allesfresser ist hauptsächlich nachts unterwegs und sucht sich je nach Jahreszeit Regenwürmer, Larven, Schnecken, Mäuse und auch Aas. Er ist wie der Bär ein Sohlengänger und läuft mit ähnlichem «Tiefgang». «Herr Grimbart» – wie er in Fabeln und Märchen genannt wird – gräbt sich unterirdisch weit verzweigte Höhlen, den Dachsbau. Dort werden auch die bis zu fünf Jungen geboren. Im Herbst futtert er sich viel Winterspeck an, damit er zumindest zeitweise eine Winterruhe halten kann.

Der kleinohrige Biber bewohnt Flussauen und ist dämmerungs- und nachtaktiv. Er lebt in Familien und gestaltet seinen Lebensraum aktiv. Seine Burgen und Erdbauten haben ihre Eingänge immer unter Wasser. Das regelt der Biber mit dem Fällen von Bäumen und staut damit Gewässer. Er frisst im Sommer grüne Pflanzen und im Winter Rinde. Seine großen gelben Nagezähne können selbst hartes Holz klein kriegen und werden dadurch natürlich schnell abgenutzt, deshalb wachsen sie immer wieder nach. Der Biber ist dem Leben im Wasser sehr gut angepasst: von der spindelförmigen Körperform über die lederartige Haut und die Schwimmhäute an den Pfoten bis zum unbehaarten breiten Schwanz, auch «Kelle» genannt. Der Schwanz dient als Steuer, zur Temperaturregelung und als Fettspeicher.

Sitzender Dachs•••

Detaillierte Anleitung: siehe «Sitzender Fuchs», S. 67ff.

6 g hellgrau melierte, schwarze, weiße, dunkelgrau melierte Merinowolle

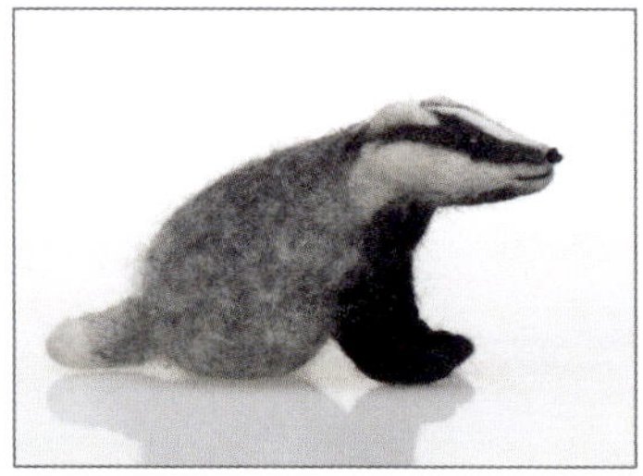

Körperstück: 3 x 6 cm
Beinstück: 1,5 x 5 cm
Schwanzstück: 1 x 4 cm
2 Ohrstücke: 0,7 x 3 cm

1

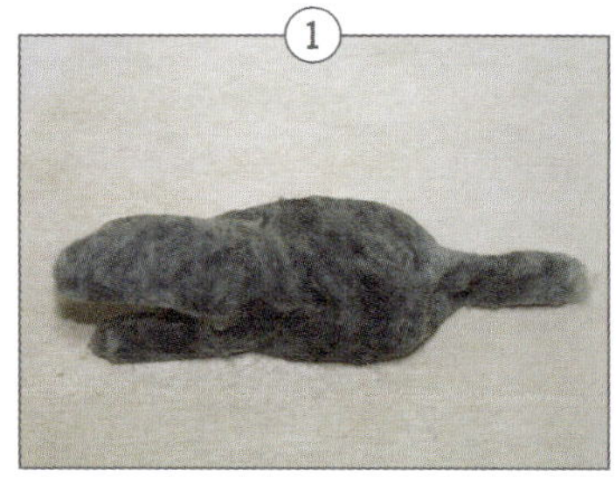

Den Schwanz und die Beine mit je 1 Flöckchen, die Brust mit 4, den Rücken und das Hinterteil mit 12 Flocken belegen.

2

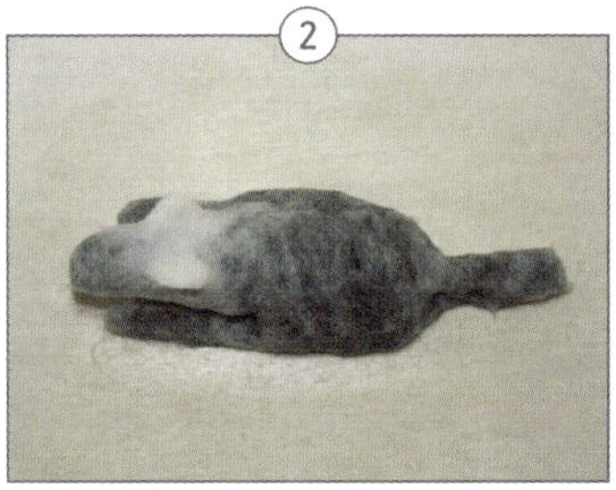

Die Ohren seitlich gleich mit Weiß ansetzen.

3

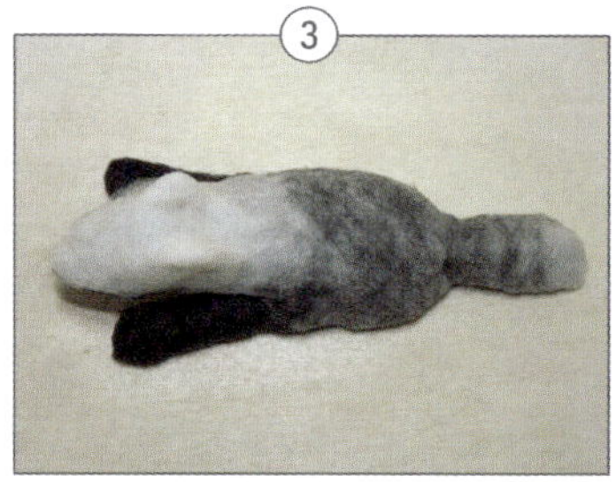

Kopf, Nacken und Schwanzspitze gut mit Weiß abdecken. Beine, Brust und Unterkiefer mit Schwarz abdecken.

4

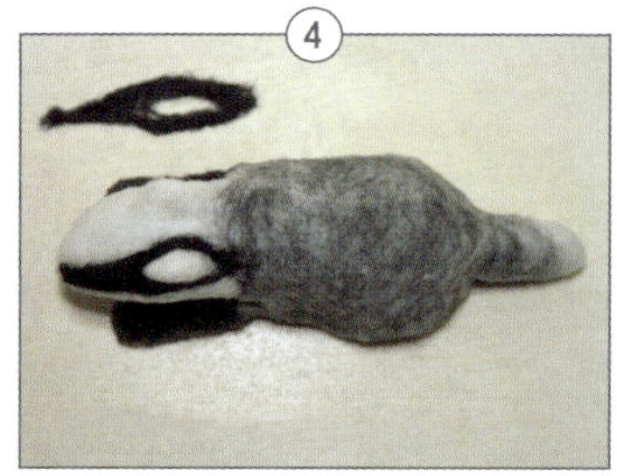

Mit 2 schwarzen Streifen den Kopf und 14 grauen Flöckchen den Körper aufbauen. Den Rücken und den Schwanz dunkelgrau abdecken.

5

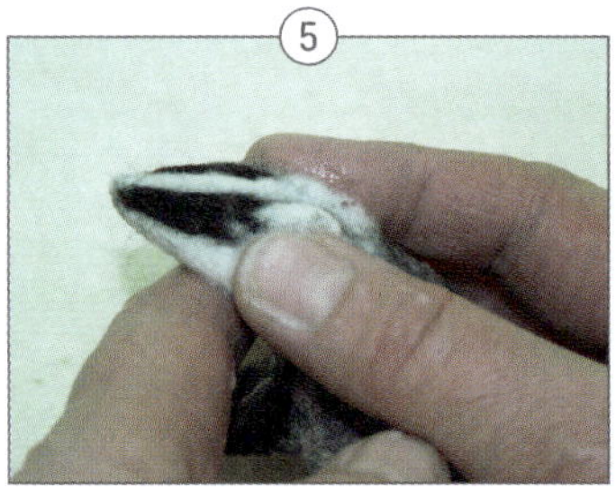

Den Kopf nach dem Anfilzen mit heruntergeklappten Ohren schmal walken, ebenso das lange Maul.

6

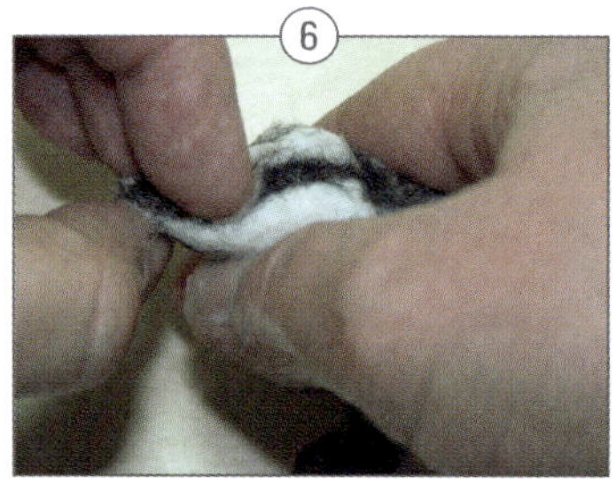

Von der Stirn einen leichten Bogen zum Maul einwalken.

7

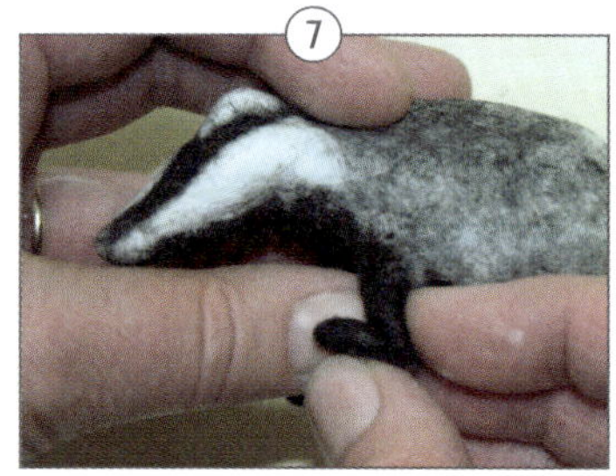

Richtige «Füße» einwalken. Nach dem Filzen den Körper aufbürsten.

Stehender Dachs••••

Detaillierte Anleitung: siehe «Stehender Fuchs», S. 72ff.

12 g hellgrau melierte, schwarze, weiße, dunkelgrau melierte Merinowolle

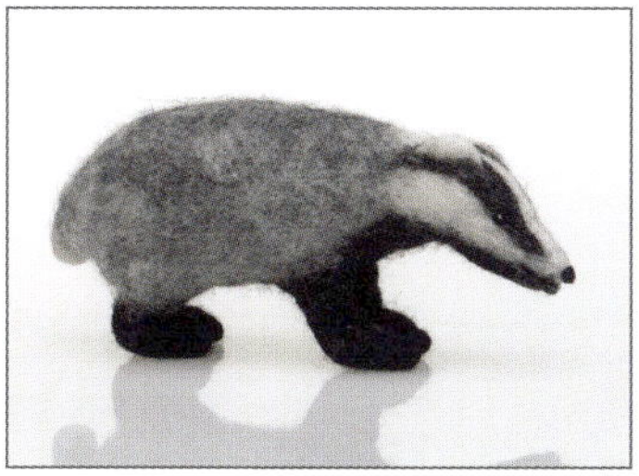

Körperstück: 3 x 6 cm
Vorderbeinstück: 1,5 x 5 cm
Hinterbeinstück: 1,5 x 6 cm
Schwanzstück: 1 x 4 cm
2 Ohrstücke: 0,7 x 3 cm

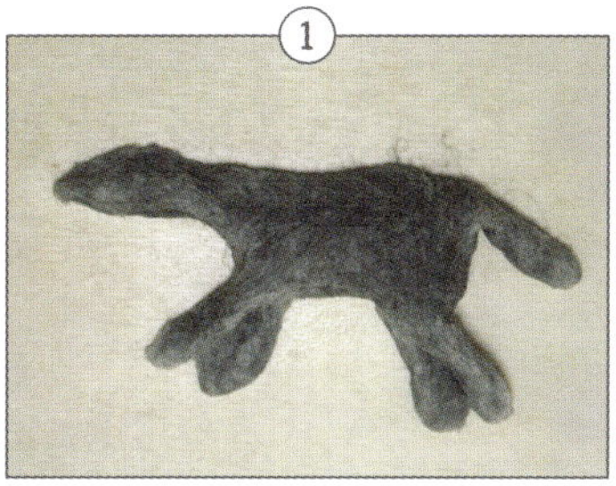

Die Beine mit je 3 Flöckchen, den Kopf mit 10, Körper und Po mit 40, davon einige von oben, den Schwanz mit 3 Flöckchen belegen.

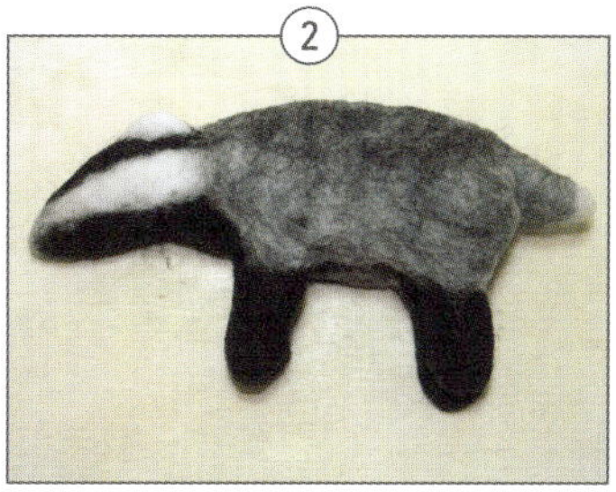

Beine, Unterseite und Kopfzeichnung schwarz, Ohren, Schwanzspitze und Kopfoberseite weiß, den Rücken dunkelgrau belegen.

Dachswelpe••••

2 g graumelierte Merinowolle, schwarze, weiße Kapmerinowolle

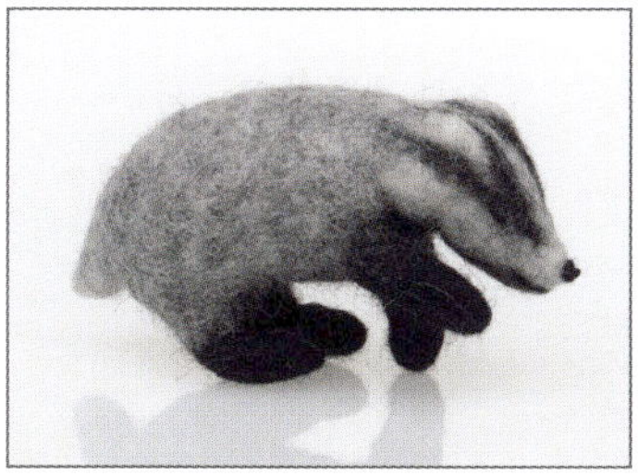

Körperstück: 1,5 x 3 cm
Schwanzstück: 1,5 x 2 cm
2 Beinstücke: 1,5 x 2 cm
2 Ohrstücke: 0,5 x 1 cm

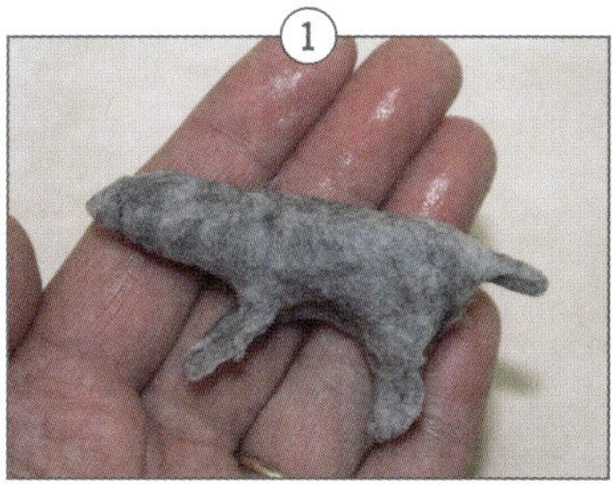

Mit ca. 15 Miniflöckchen den Kopf und den Körper aufbauen.

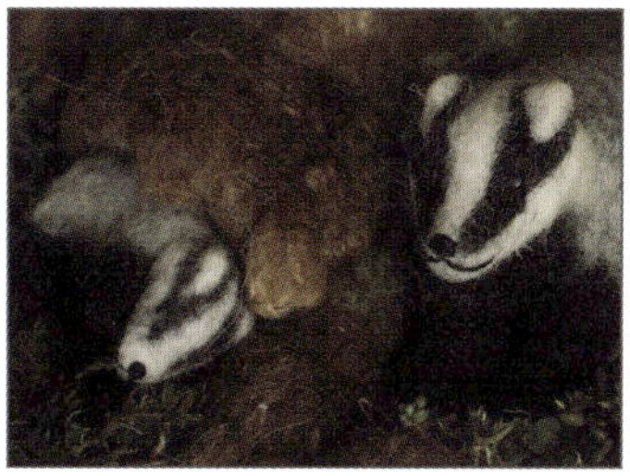

Schlafender Welpe mit Dachsmutter.

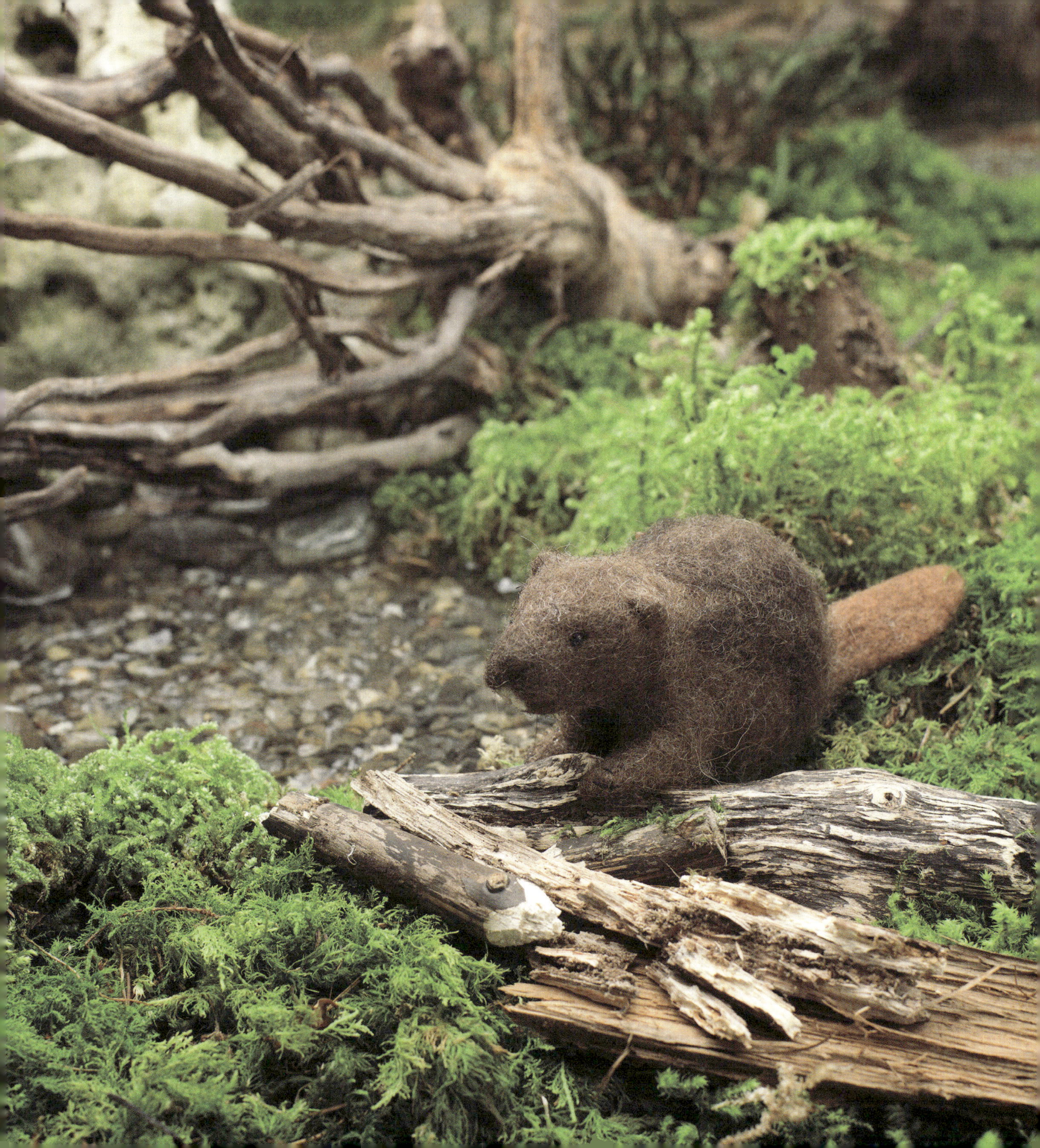

Biber•••

Detaillierte Anleitung: siehe «Sitzender Fuchs», S. 67ff.

16 g braune Bergschafwolle, braune, hellbraune Merinowolle

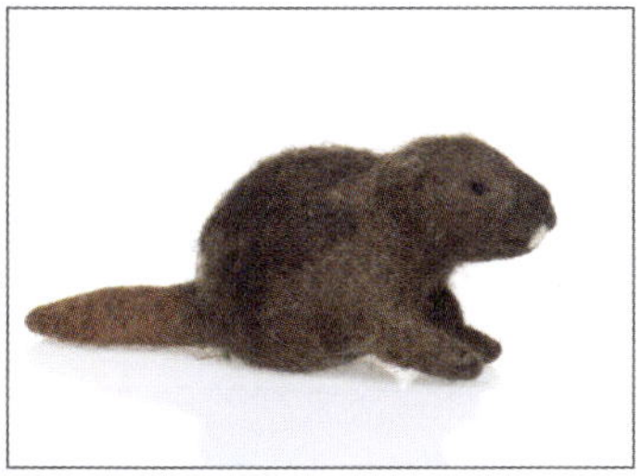

Körperstück: 5 x 5 cm
Beinstück: 2 x 8 cm
Schwanzstück: 3 x 8 cm

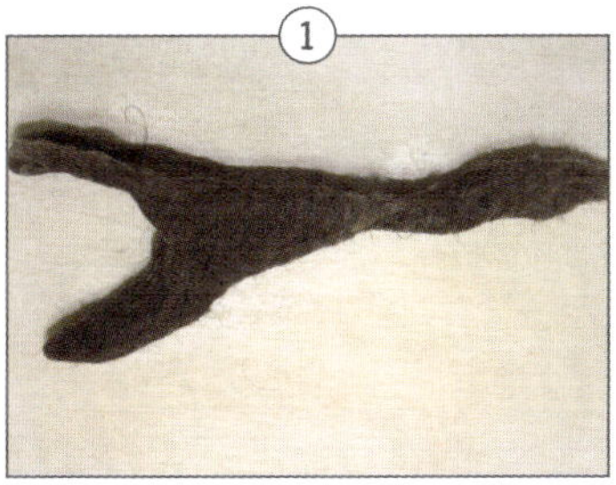

(1) Die Beine am Körper ansetzen. Den Kopf herausziehen.

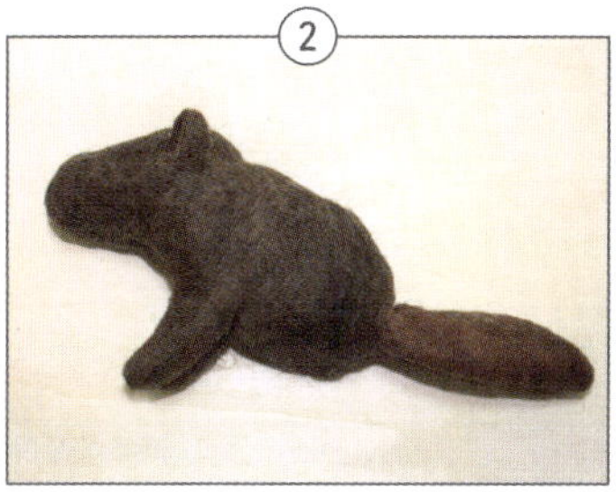

(2) Beine und Schwanz mit je 4 Flocken, den Körper mit 14, die Seiten und die Brust mit 12 Flöckchen aufbauen. Die Ohren ansetzen.

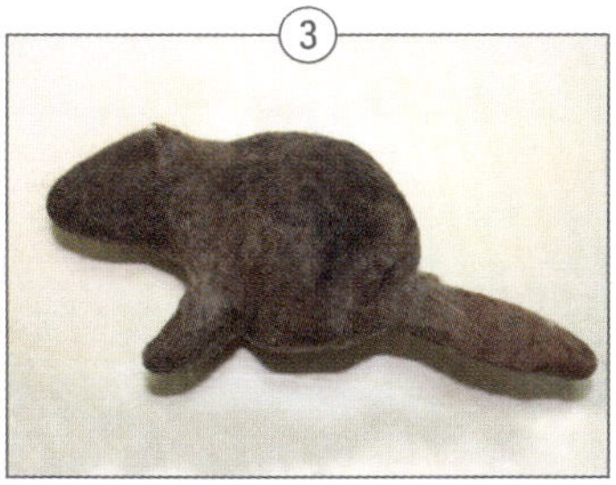

(3) Je 4 Flocken auf die Wangen und zwischen die Ohren legen. Körper und Rücken nochmals mit 10 dicken Flocken aufbauen.

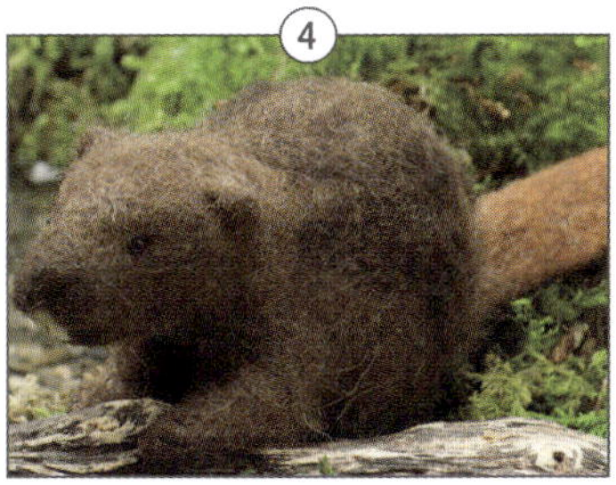

(4) Die Schnauze mit brauner, den Schwanz mit hellbrauner Merinowolle belegen. Den Körper nach dem Filzen aufbürsten.

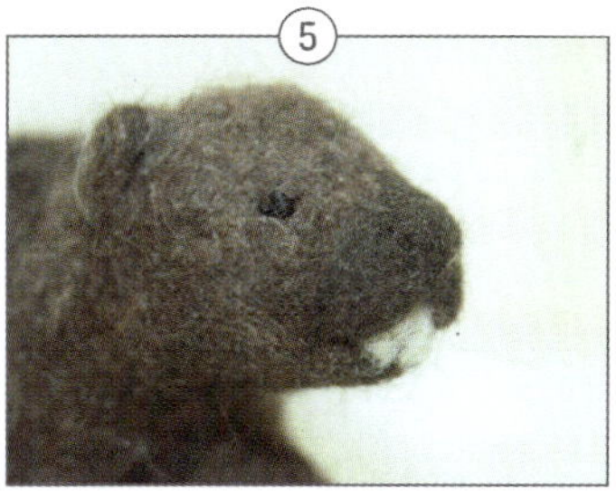

(5) Die Maullinien und die Nasenlinien einnadeln und die zwei Vorderzähne aufnadeln, diese gut überfilzen (siehe S. 199).

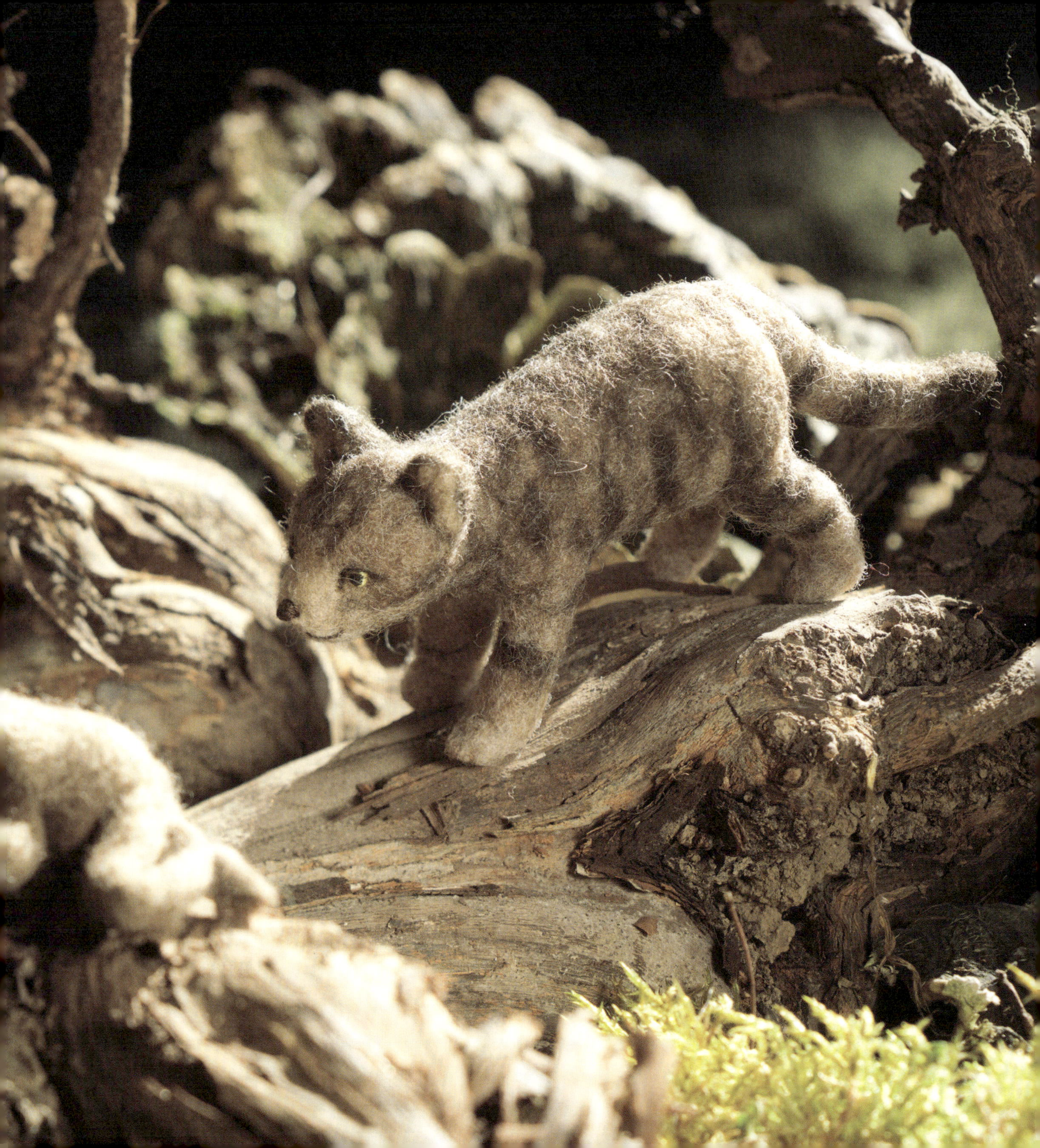

Wildkatze und Hauskatze

Die sehr selten gewordene Wildkatze lebt in ausgedehnten Wäldern, die nicht forstwirtschaftlich genutzt werden. Auf den ersten Blick ist sie mit einer Hauskatze zu verwechseln. Sie unterscheidet sich vor allem durch ihren buschigen Schwanz, der breit und rund endet; er hat häufig drei schwarze Fellkringel. Das dichte Fell hat meistens ein auffälliges Streifenmuster. Ihre Streifzüge unternimmt die Einzelgängerin vorwiegend nachts und erbeutet dabei Mäuse, Vögel und Kaninchen.

Die Hauskatze gibt es in vielen Farbvarianten; auch Körperbau und Felllänge sind je nach Rasse sehr unterschiedlich. Sie ist das einzige Haustier, das meistens frei umherstreifen darf. Im Haus, im Garten, auf Wiesen und Äckern lauert die Hauskatze den Mäusen auf und fängt auch manchen Vogel.

Wildkatze••••

Detaillierte Anleitung: siehe «Stehender Fuchs», S. 72ff.

6 g beige Merinolandschafwolle, dunkelbraune, weiße Merinowolle

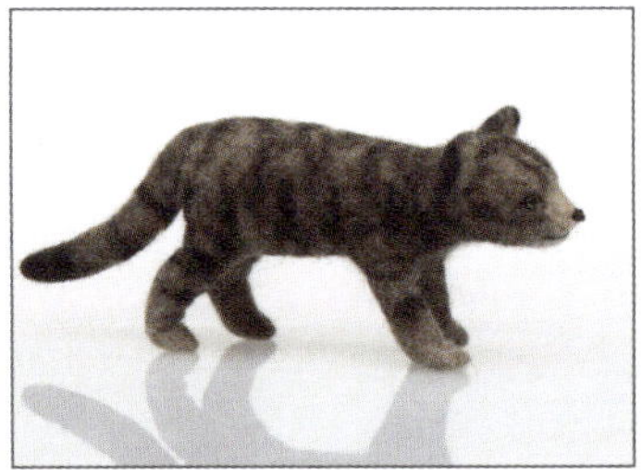

Körperstück: 6 x 3 cm
Schwanzstück: 6 x 1 cm
2 Beinstücke: 1,5 x 6 cm
Ohrstück: 1,5 x 4 cm

1

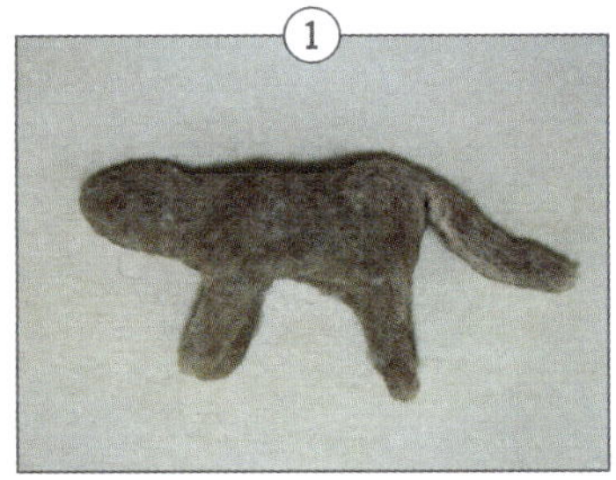

Mit 4 Flöckchen auf Brust und Schwanz, mit 8 auf Kopf und Körper, mit 2 Flöckchen je Bein und Schenkel aufbauen.

2

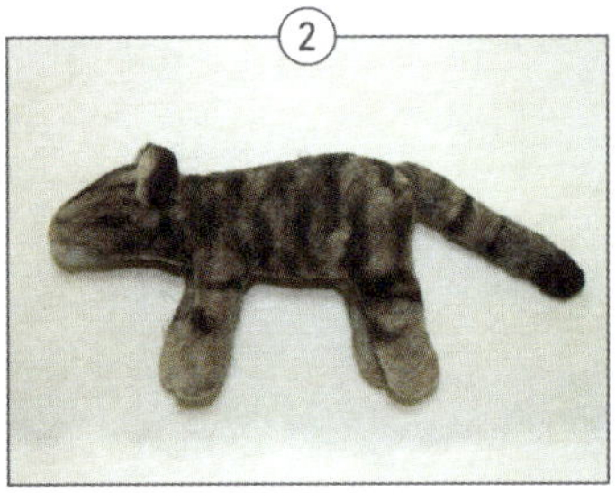

Mit je 3 Flöckchen Beine, Schenkel, Körper und Schwanz, mit 8 Flöckchen zwischen und unter den Ohren den Kopf aufbauen.

3

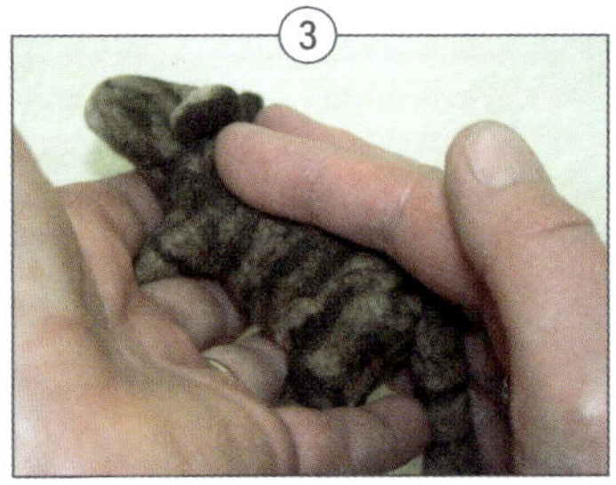

Anfilzen, dabei den Kopf nach oben drücken und die Beine auseinanderschieben.

4

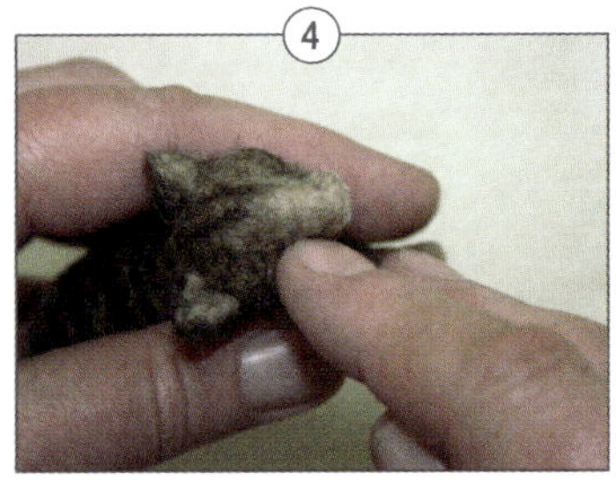

Die Schnauze umkreisen und seitlich der Schnauze eine gerade Linie von den Augen nach unten einprägen.

Sitzende Katze•••

Detaillierte Anleitung: siehe «Sitzender Fuchs», S. 67ff.

5 g weiße, rotbraune, rostfarbene, braunschwarze, rosa Merinowolle

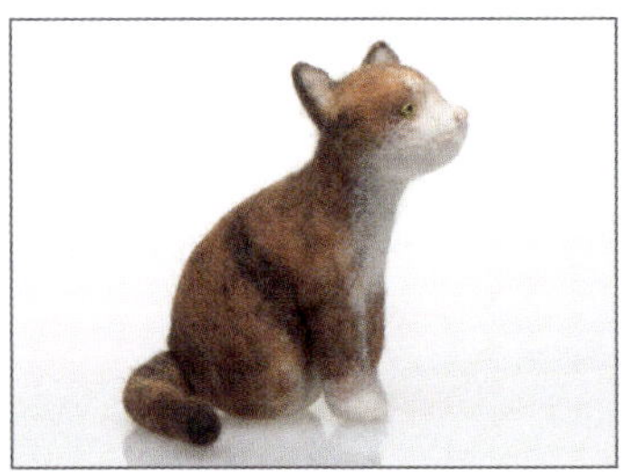

Körperstück: 3 x 7 cm
Schwanzstück: 1 x 7 cm
Beinstück: 2 x 8 cm
Ohrstück: 1,5 x 5 cm

1

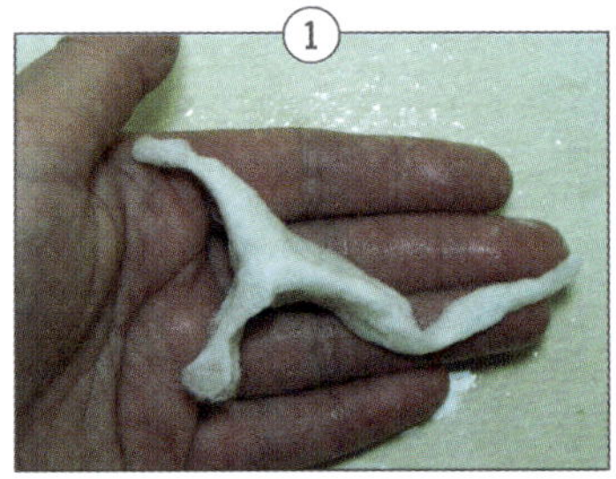

Die Beine an der Anfangsrolle ansetzen. Den Kopf in die Länge ziehen.

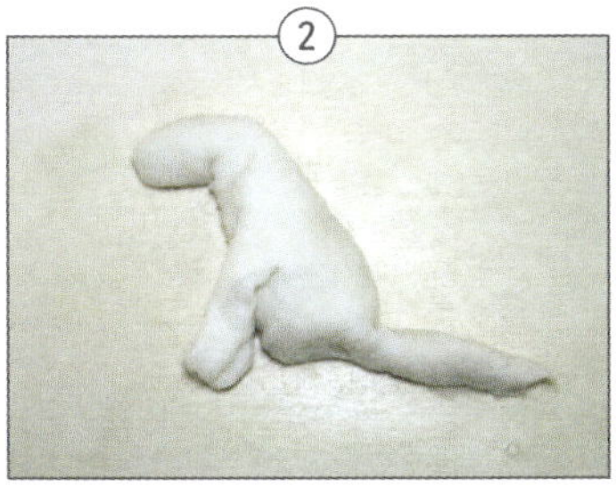

Mit je 6 Flocken Kopf, Körper und Brust, mit je 3 Flocken Beine und Schultern, mit 2 Flocken den Schwanz aufbauen.

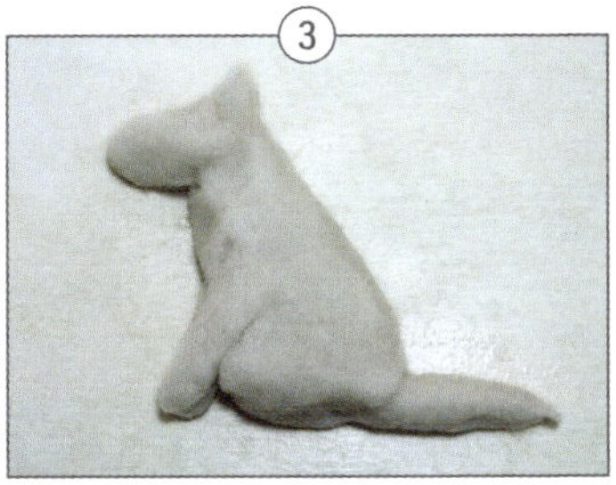

Mit 5 Flöckchen den Kopf, mit je 1 den Nacken und die Beine, mit 14 Rücken, Bauch, Schenkel und Po aufbauen. Die Ohren ansetzen.

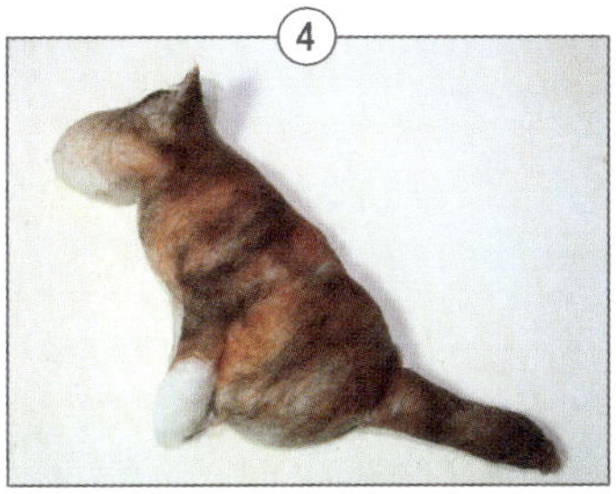

Die Fellzeichnung auflegen.

Liegende Katze••

Detaillierte Anleitung: siehe «Maus ohne Beine», S. 30ff.

3 g weiße, schwarze, rosa Merinowolle

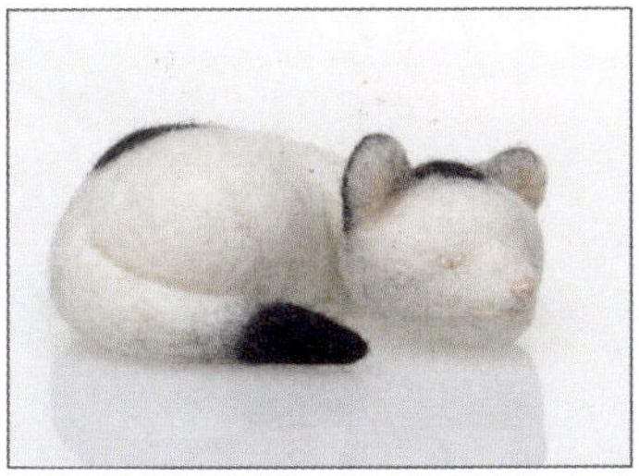

Körperstück: 6 x 3 cm
Schwanzstück: 6 x 1 cm
Ohrstück: 1,5 x 4 cm

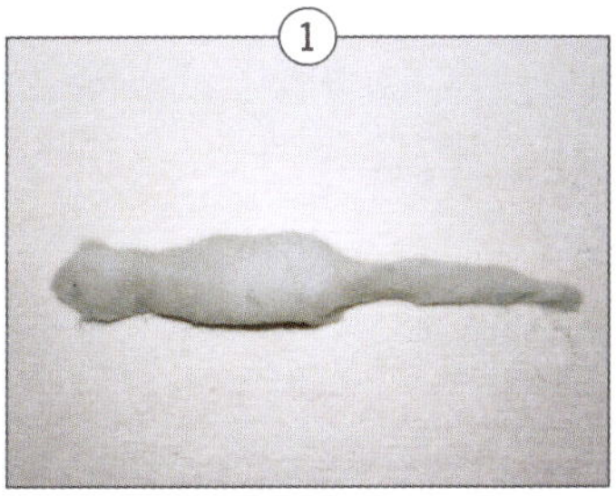

Eine Anfangsrolle mit eingerolltem Schwanz formen. Je 2 Streifen um Kopf und Körper wickeln.

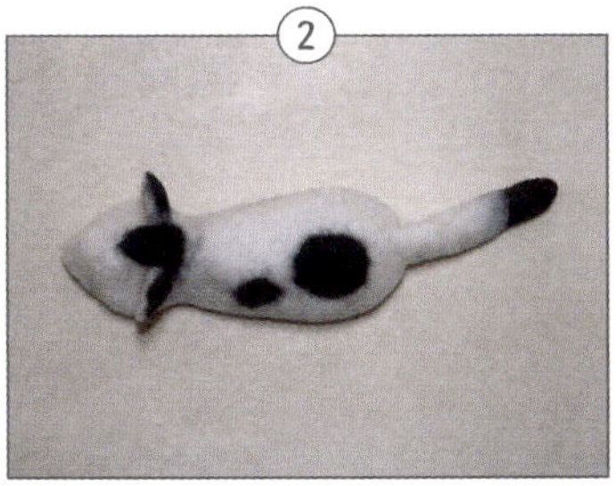

Den Kopf mit 10, den Körper mit 14, den Schwanz mit 3 Flöckchen aufbauen.

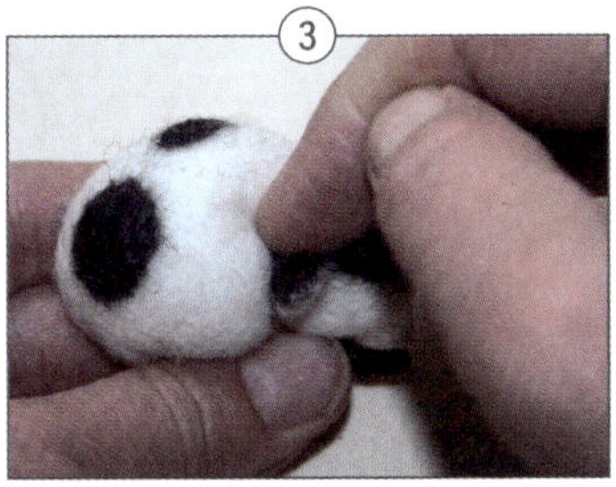

Typisch zusammengerollte Haltung einwalken.

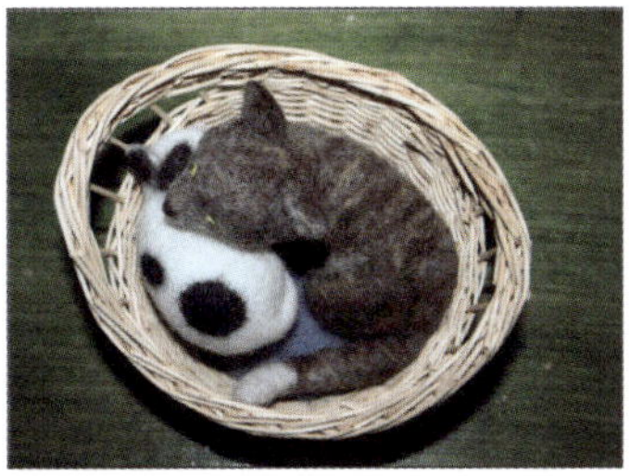

Bei der Fellzeichnung gibt es viele verschiedene Variationsmöglichkeiten.

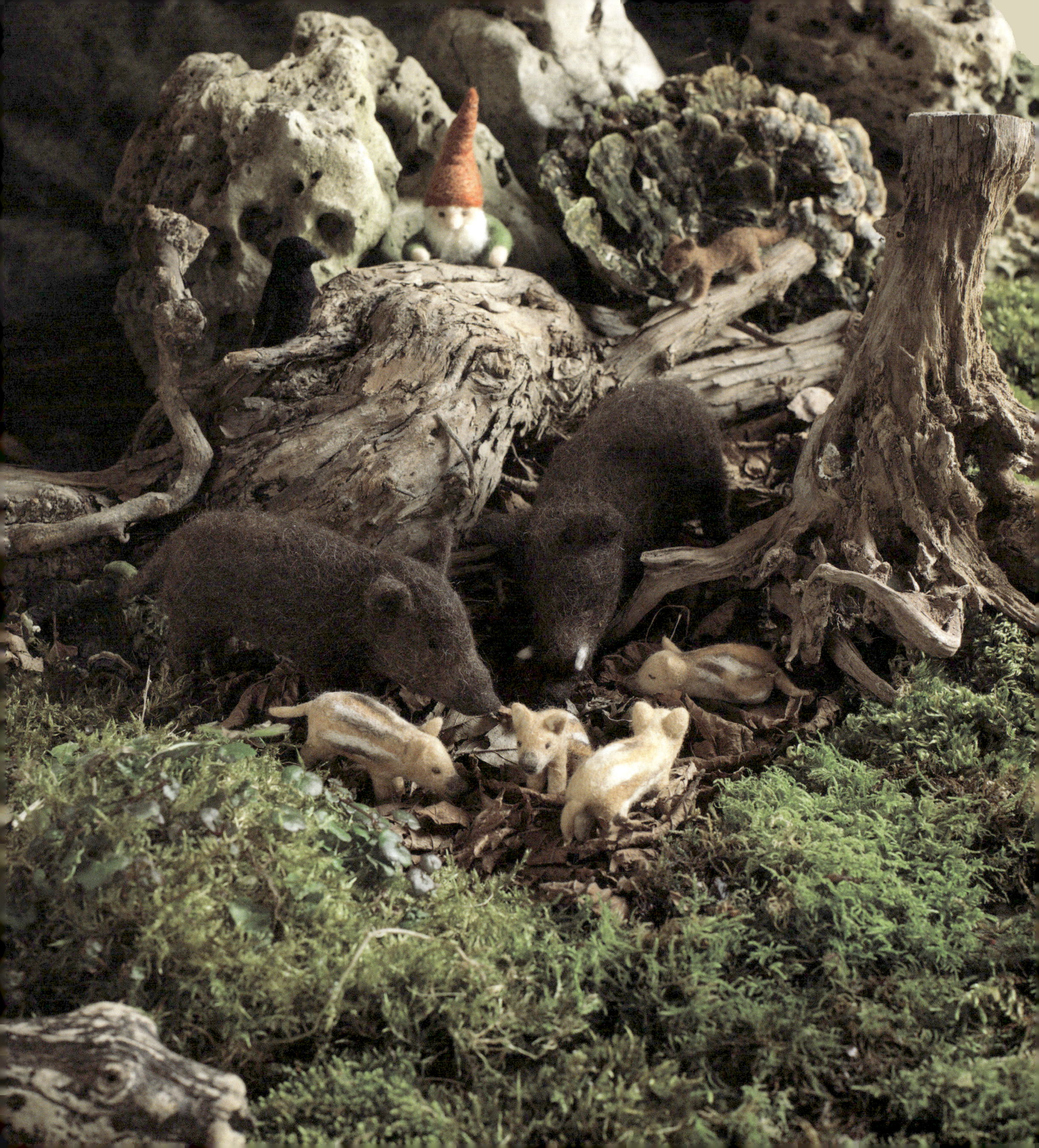

Wildschwein

Das kluge Wildschwein lebt in Rotten gut verborgen im Wald. Es ist ein Allesfresser, unter anderem wühlt es vorwiegend nachts im Waldboden und in Wiesen nach Eicheln, Bucheckern und Engerlingen. Mit seinen 44 Zähnen kann es ordentlich zubeißen. Die Eckzähne der Eber sind lediglich zum Imponieren da. Mit seinem massigen Körperbau und dem wuchtigen Kopf kann das Wildschwein dem Menschen und anderen Tieren gefährlich werden. Im Winter hat es eine dunkelgraue bis braunschwarze Färbung mit langen, borstigen Deckhaaren, das Sommerfell ist weicher und heller gefärbt. Die Frischlinge kommen im Frühjahr zur Welt und haben ein schön gestreiftes und geflecktes Fell. Es können sieben Geschwister und mehr sein. Bis zu eineinhalb Jahren besteht eine Bindung zur Mutter.

Immer öfter kommt das Wildschwein auf die Felder, um beispielsweise leckeren Mais zu holen, dabei kann es große Schäden in der Landwirtschaft anrichten. Selbst in Städten sucht es nach Nahrung, das Angebot dort ist groß. Da es so intelligent ist, kann es durch die Jäger nur schwer dezimiert werden.

Liegender Frischling••

Detaillierte Anleitung: siehe «Maus ohne Beine», S. 30ff.

2 g beige, rotbeige Merinowolle, weiße, braune Kapmerinowolle

Anfangsstück: 5 x 3 cm
Schwanzstück: 0,5 x 4 cm
2 Ohrstücke: 0,8 x 2,5 cm

1

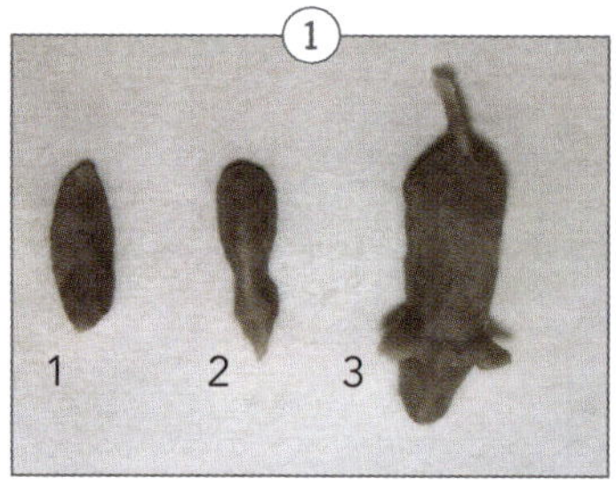

1. Eine Anfangsrolle formen. 2. Den Kopf etwas herausziehen. 3. Den Frischling mit 20 Miniflöckchen aufbauen, Ohren und Schwanz ansetzen.

2

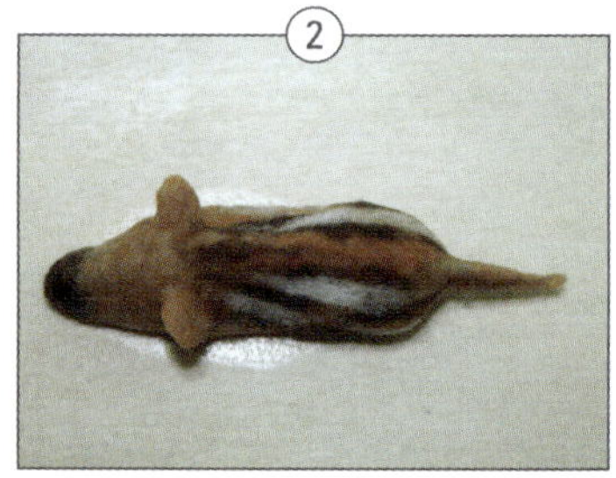

Rotbeige auf die Ohren und den Kopf legen. Dunkelbraune und weiße Streifen auflegen. Den Rüssel dunkelbraun belegen.

Sitzender Frischling•••

Detaillierte Anleitung: siehe «Sitzender Fuchs», S. 67ff.

2 g beige, rotbeige Merinowolle, weiße, braune Kapmerinowolle

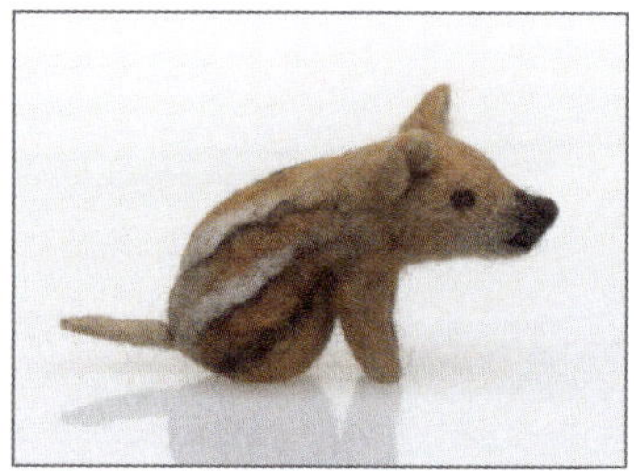

Beinstück: 1 x 4 cm

1

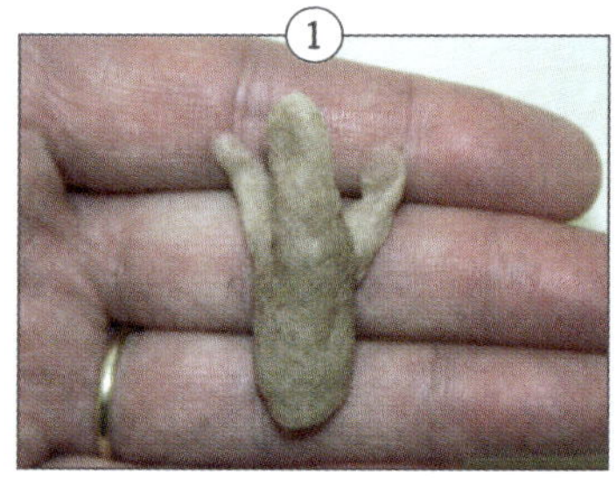

Die Vorderbeine an der Körperrolle ansetzen.

Stehender Frischling••••

Detaillierte Anleitung: siehe «Stehender Fuchs», S. 72ff.

2 g beige, rotbeige Merinowolle, weiße, braune Kapmerinowolle

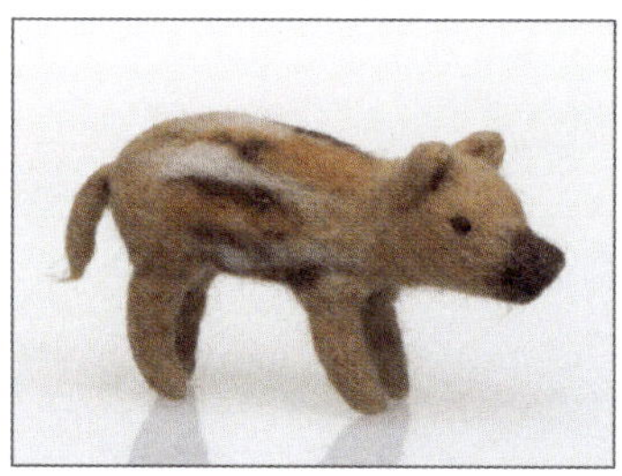

Vorderbeinstück: 1 x 4 cm
Hinterbeinstück: 1 x 5 cm

1

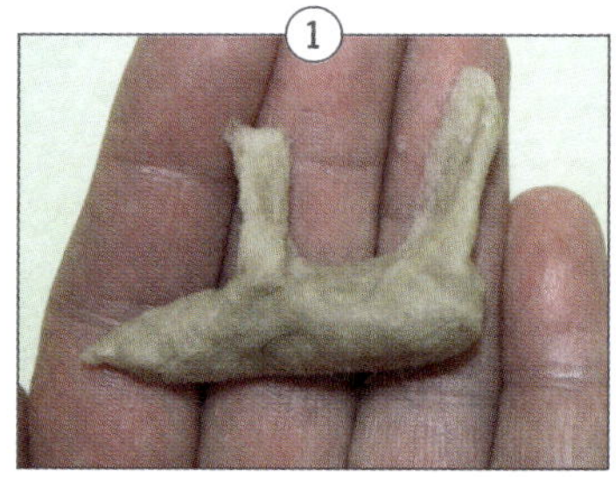

Die Vorder- und Hinterbeine an der Körperrolle ansetzen.

Bache••••

Detaillierte Anleitung: siehe «Stehender Fuchs», S. 72ff.

20 g braune, dunkelbraune Bergschafwolle, dunkelbraune Merinowolle

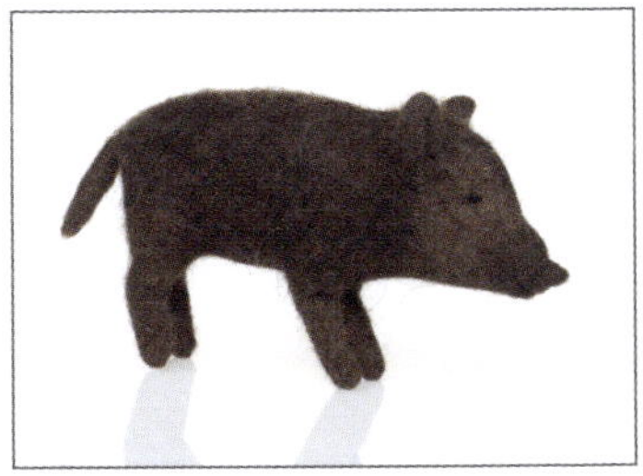

Körperstück: 7 x 9 cm
Schwanzstück: 10 x 1 cm
Vorderbeinstück: 2,5 x 8 cm
Hinterbeinstück: 2,5 x 9 cm
2 Ohrstücke: 1 x 6 cm

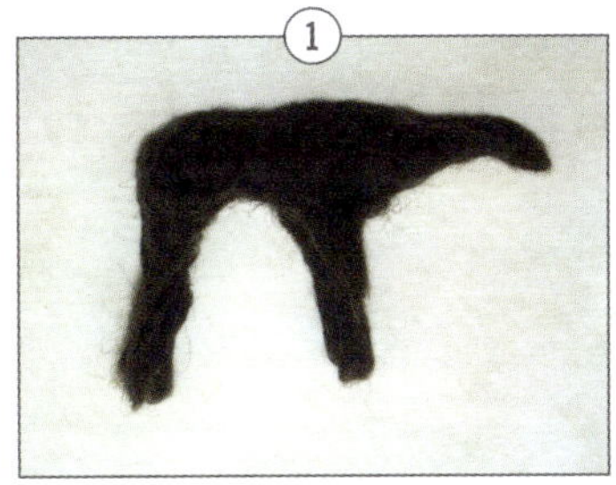

Die Beine an der Körperrolle ansetzen. Den Kopf herausziehen.

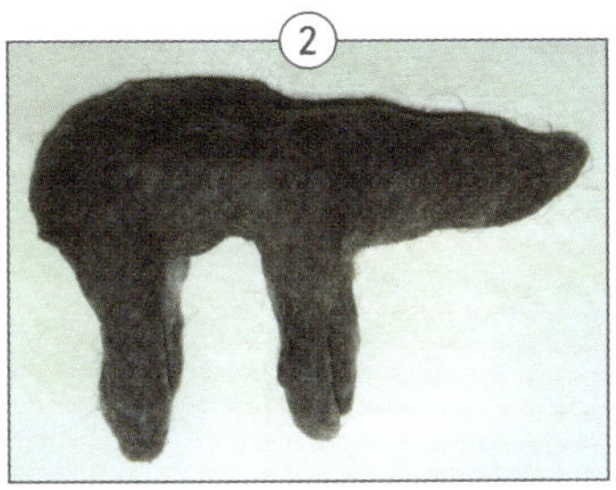

Den Kopf und den Körper mit 20 Flocken, die Beine mit je 2 Längsstreifen aufbauen.

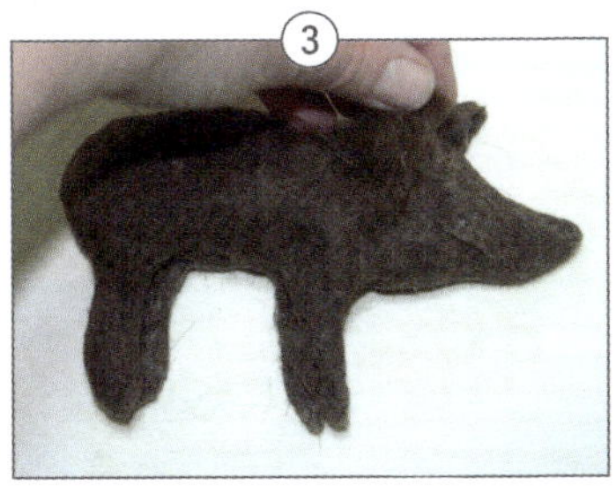

Die Ohren seitlich tief am Kopf ansetzen, mit 3 dünnen Schichten verbinden.

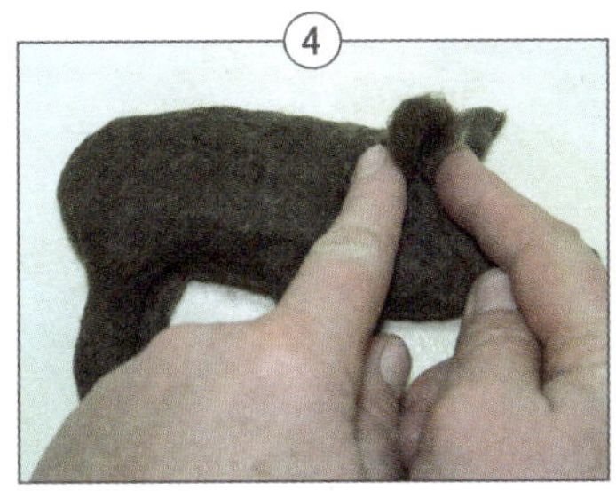

Die Ohrmuschel formen. Den Körper mit 20 Flocken weiter aufbauen.

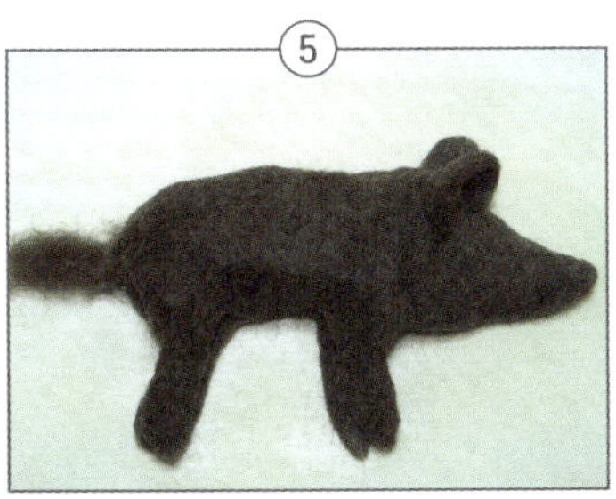

Einen schmalen Streifen links und rechts vom Po für den Schwanz ansetzen.

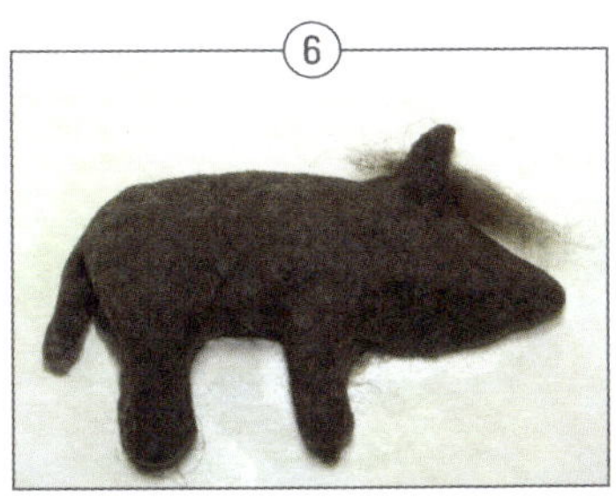

4 Flöckchen zwischen die Ohren, 1 über die Beine, 2 auf die Oberschenkel, 5 um den Bauch, 3 auf den Unterkiefer, 4 auf die Schultern legen.

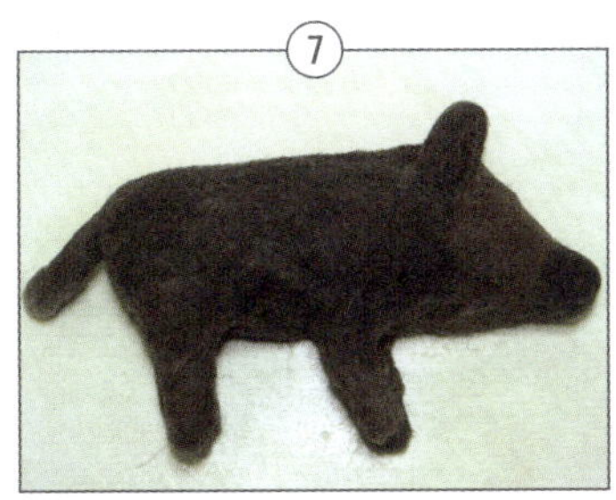

Dunkelbraune Wolle auf den Rücken und die Seite legen. Feine dunkelbraune Wolle auf den Rüssel legen.

8

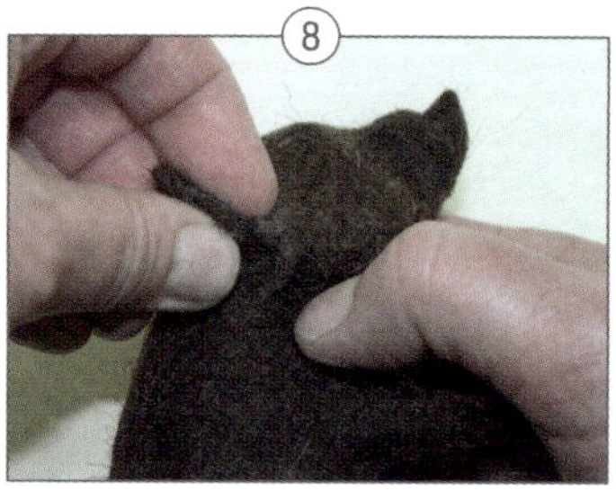

Die Ohren leicht schräg formen.

9

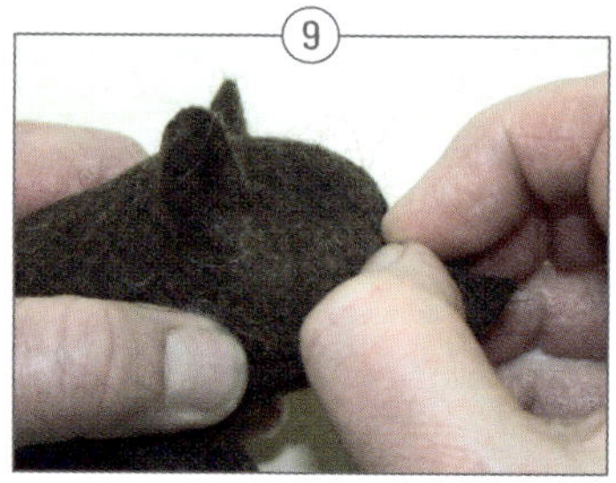

Den Rüssel von oben einwalken.

10

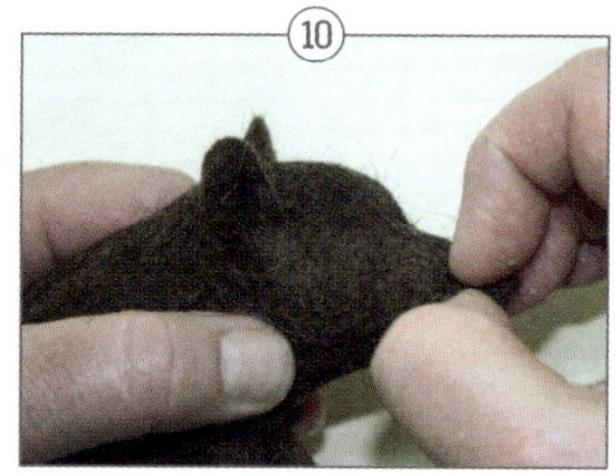

Den vorderen Rüssel einwalken, sodass ein Bogen entsteht.

11

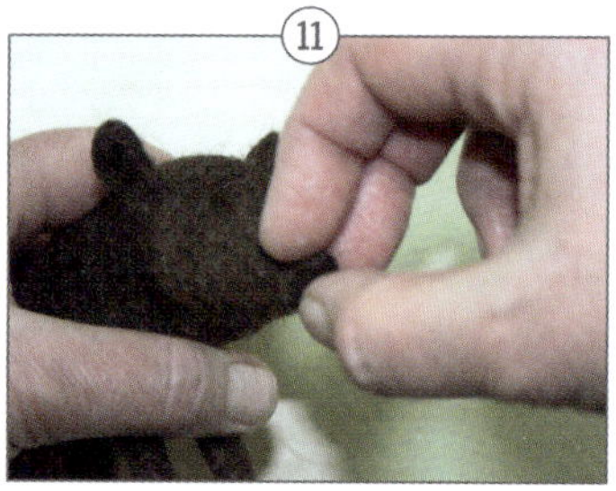

Die Rüsselplatte flach walken.

12

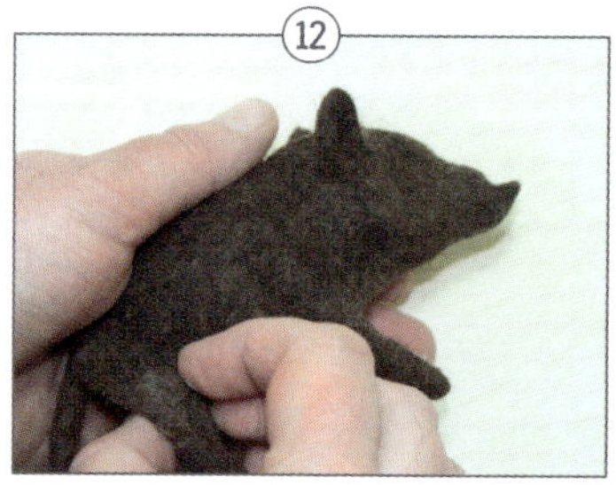

Die Schenkel einwalken.

13

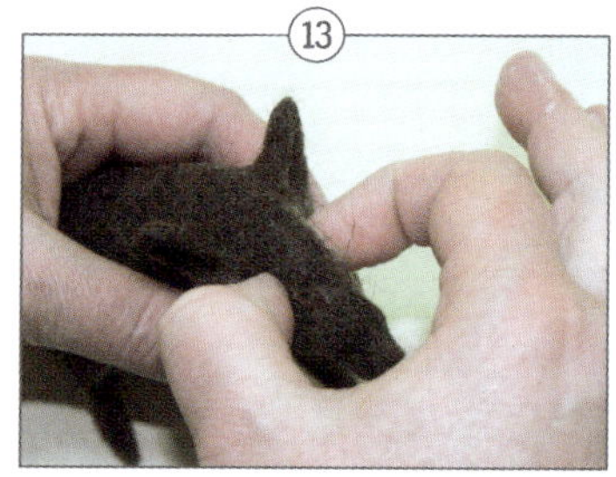

Jeweils eine Vertiefung seitlich am Kopf einwalken. Nach dem Trocknen den Körper aufbürsten.

Eber••••

Detaillierte Anleitung: siehe «Stehender Fuchs», S. 72ff.

30 g braune, dunkelbraune Bergschafwolle, dunkelbraune Merinowolle, weiße Kapmerinowolle

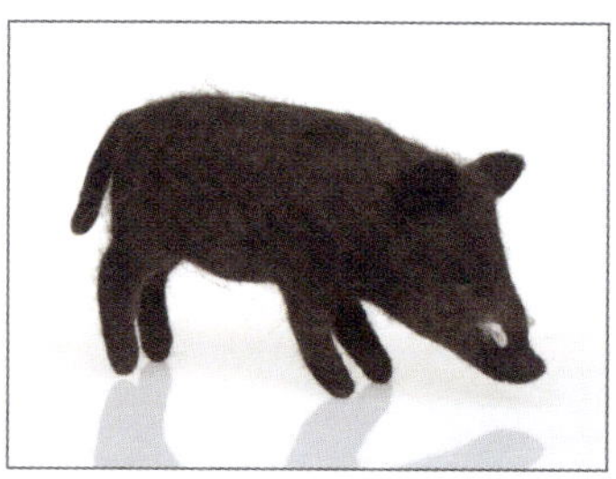

Den Eber wie das Wildschwein aufbauen, nur insgesamt etwas größer und dicker und mit kleinen Hauern versehen.

1

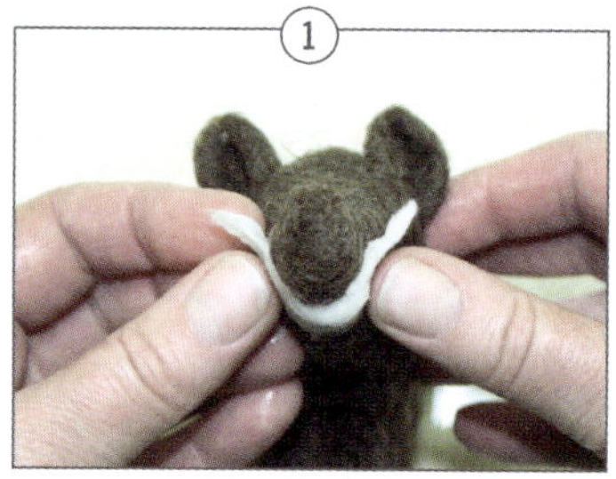

Die Hauer aus einem Streifen weißer Kapmerinowolle auflegen.

2

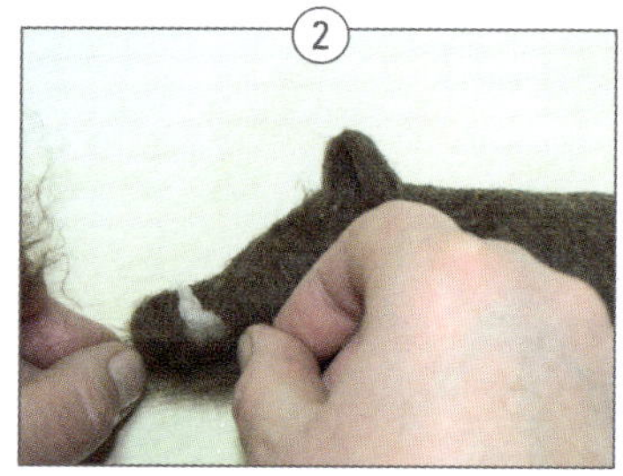

Um die Hauer herum braun abdecken. 1 Mini-Kapmerino-Flöckchen um jeden Zahn wickeln.

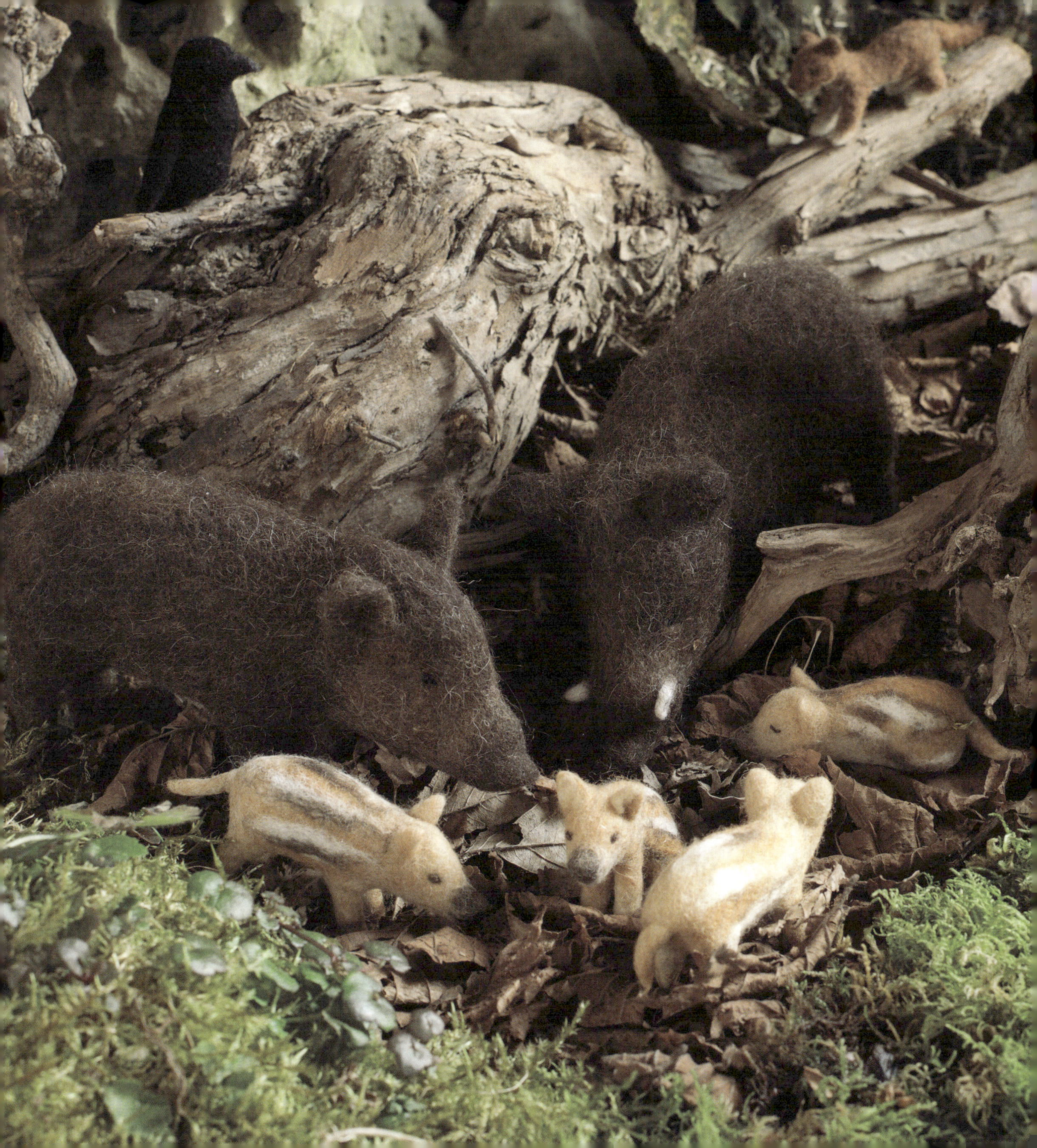

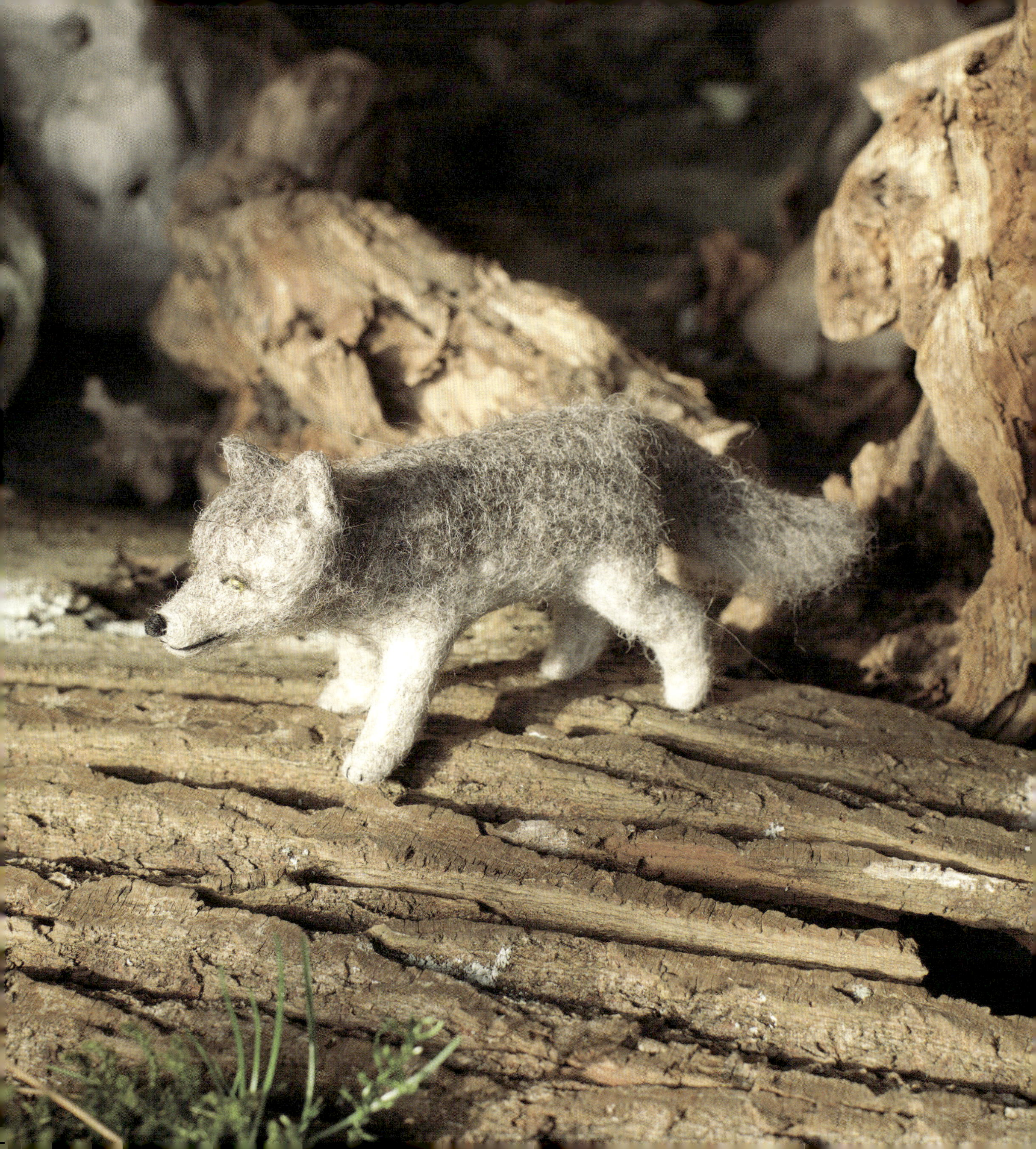

Wolf und Hund

Der «böse» Wolf war in West- und Mitteleuropa quasi schon ausgestorben, inzwischen gibt es wieder einige Rudel, zum Beispiel in Ostdeutschland und in manchen Alpenregionen. Immer häufiger werden einzelne Wölfe in ganz Deutschland beobachtet. Kaum ein Tier wird so gefürchtet, aber auch so bewundert wie der Wolf. In Märchen und Sagen spielt er eine große Rolle. Wölfe leben im Rudel, im Winter jagen sie auch zusammen. Nur die Leitwölfin bringt Junge zur Welt, vornehmlich in Höhlen und Wolfsbauten. Dabei wird sie von den anderen Weibchen beschützt und versorgt.

Der Hund stammt vom Wolf ab und ist unser ältestes Haustier. Es gibt zahllose Hunderassen. Früher eher als Schutz-, Jagd- und Hütehund gebraucht, ist der Hund heute ein treuer Begleiter des Menschen. Bei vielen Spaziergängen in Feld, Wald und Wiese begegnen wir Hund und Mensch.

Wolf••••

Detaillierte Anleitung: siehe «Stehender Fuchs», S. 72ff.

18 g mittelgraue, dunkelgraue, beige Bergschafwolle

Nach dem Filzen Brust, Nacken und Schwanz aufbürsten.

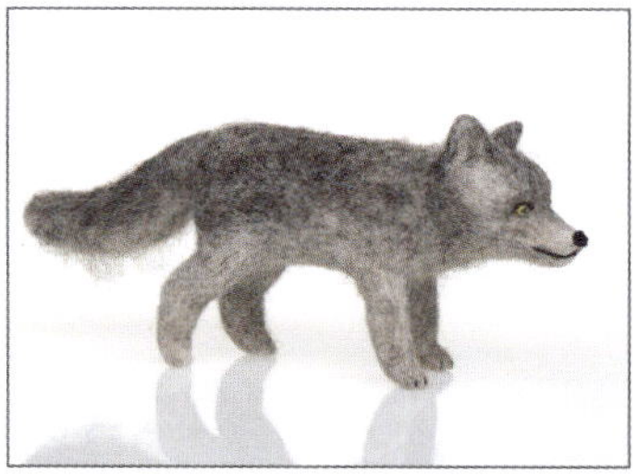

Körperstück: 6 x 3 cm
Vorderbeinstück: 7 x 1,5 cm
Hinterbeinstück: 8 x 1,5 cm
2 Ohrstücke: 4 x 0,8 cm
Schwanzstück: 9 x 1 cm

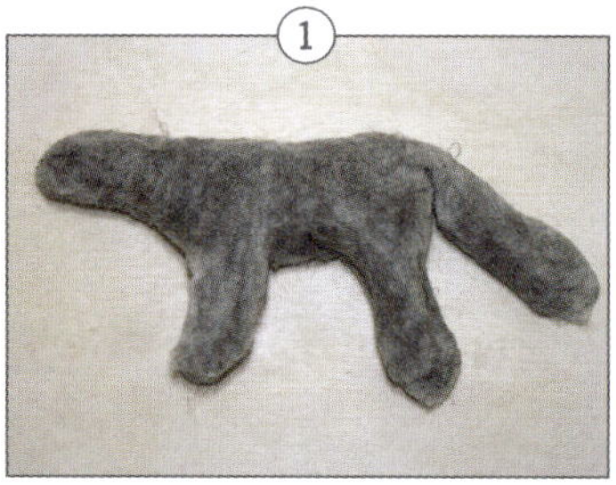

1 Mit je 4 Flöckchen Kopf, Brust, Bauch, Rücken und Hinterteil, mit je 2 Flöckchen Oberschenkel und Beine aufbauen.

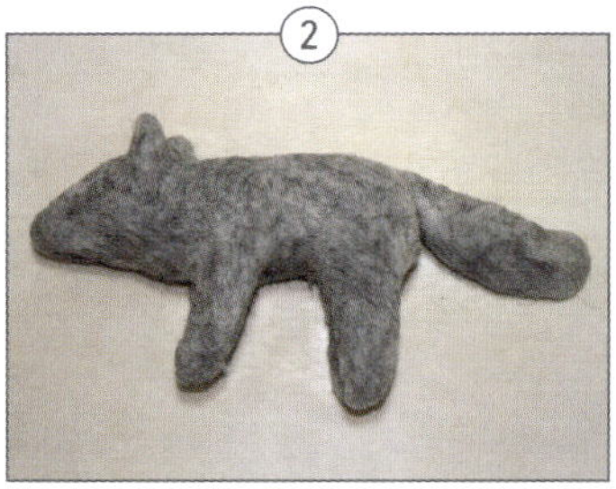

2 Mit je 5 Flöckchen den Schwanz, den Körper und besonders kräftig die Brust, die Wangen und den Nacken belegen.

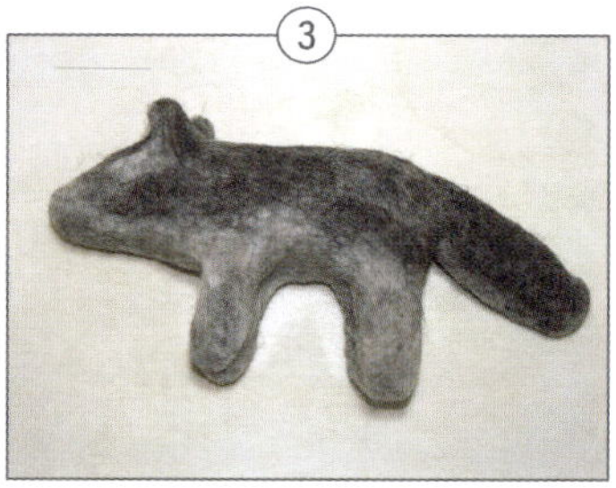

3 Die Unterseite und die Innenohren dünn beige überziehen, die Oberseite und die Außenohren dunkelgrau, die Übergänge grau lassen.

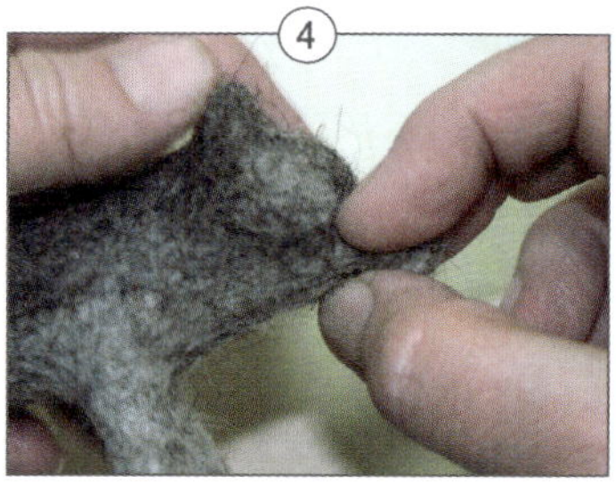

4 Gegen Ende des Filzens die Schnauze lang und spitz formen.

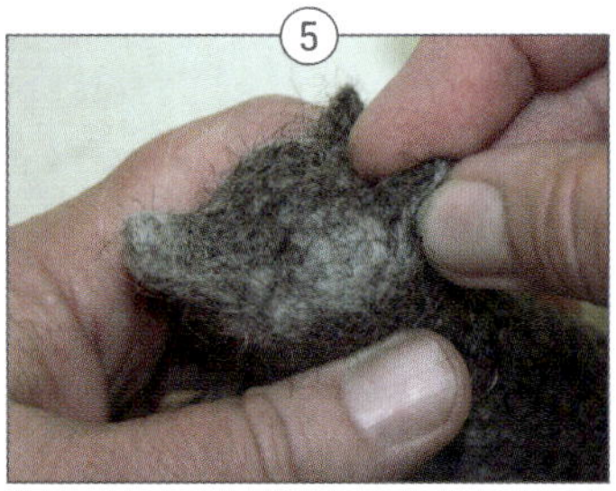

5 Die Ohren nach vorne stellen und spitz formen. Die Rute im Bogen nach unten walken.

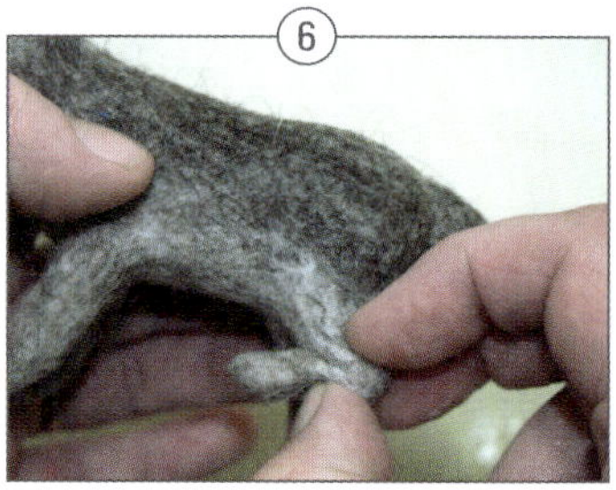

6 In die Hinterbeine einen Knick einwalken, die Beine dünn und lang formen.

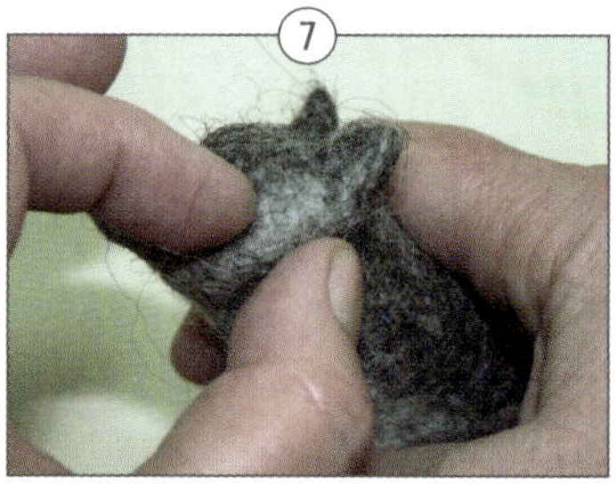

7 Den Bereich von Brust und Hals besonders kräftig und die Wangen breit formen.

Sitzender Hund•••

Detaillierte Anleitung: siehe «Sitzender Fuchs», S. 67ff.

9 g braune Merinolandschafwolle, braune, weiße, schwarze Merinowolle

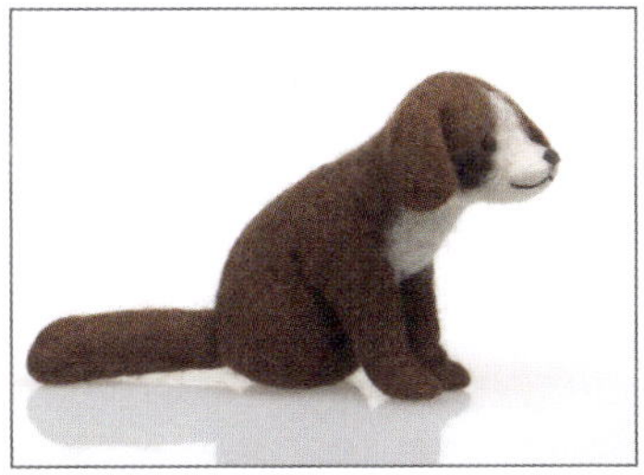

Körperstück: 5 x 3 cm
Schwanzstück: 7 x 1,5 cm
Beinstück: 6 x 2 cm
2 Ohrstücke: 8 x 2 cm

1

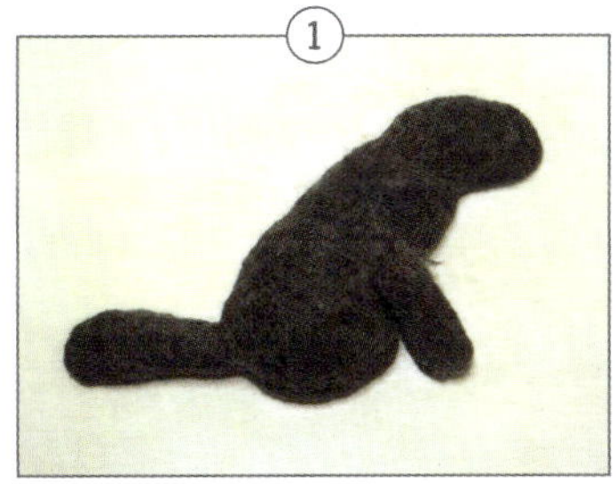

Den Körper mit 12, den Schwanz mit 6, die Brust mit 6, den Kopf mit 6, die Beine mit 2 Flöckchen belegen.

2

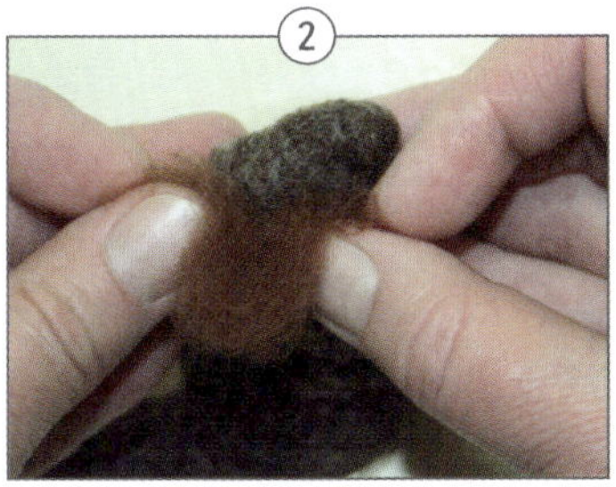

Das Ohr gleich mit farbiger Wolle seitlich am Kopf ansetzen.

3

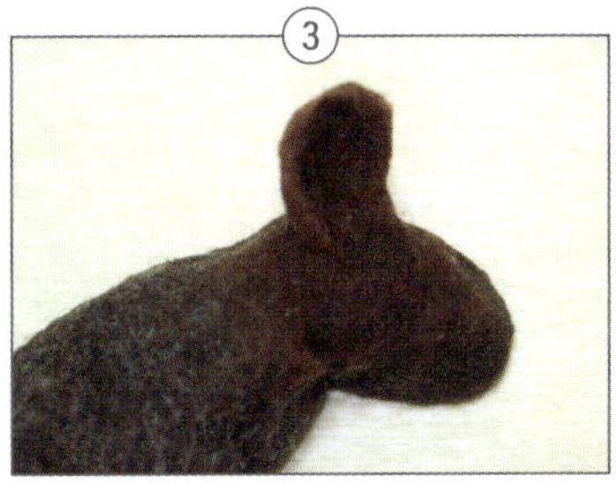

Das Ohr beim Befeuchten in Form drücken und mit je 1 Flöckchen von hinten und vorne über den Ansatz verbinden.

4

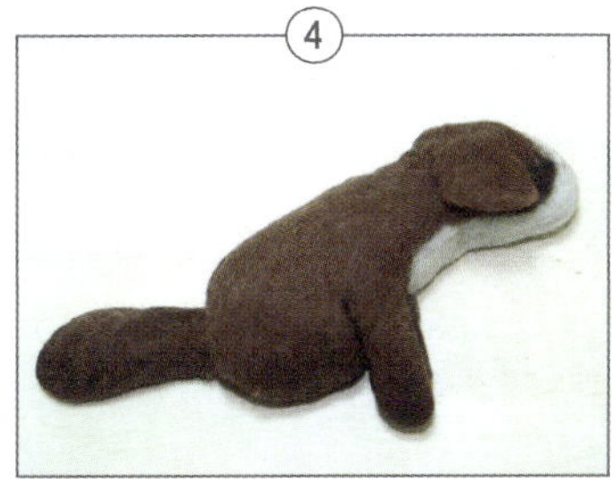

Braun beziehen, die Brust bis zur Stirn weiß belegen. Das Faserende auf der Stirn einnadeln. Unter die Ohren je 2 dunkelbraune Flöckchen legen.

5

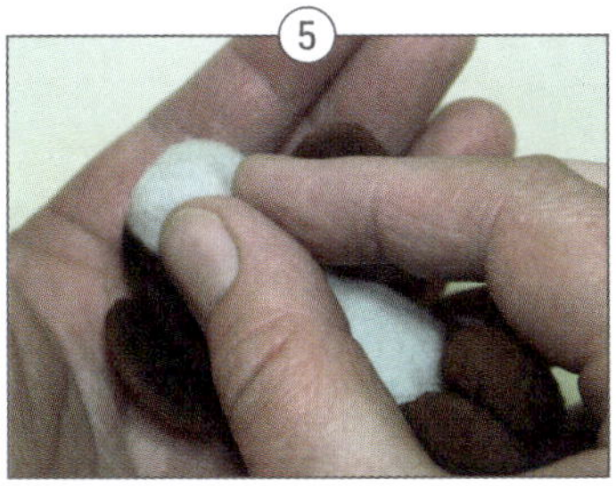

Den Kopf in der Hand liegend anfilzen.

6

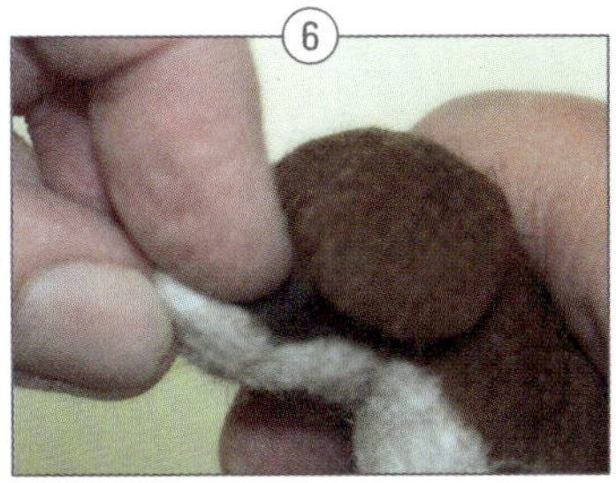

Die Schnauze immer wieder von oben her umkreisen, damit die Stirn entsteht. Von vorne dreieckig walken.

7

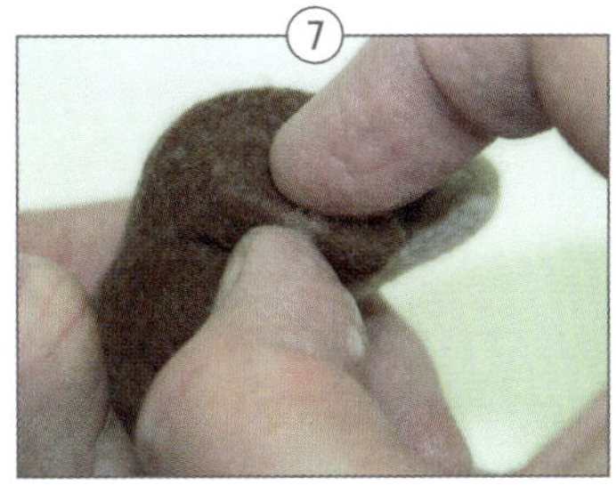

Die Ohren leicht schräg walken, eine leichte Längswölbung in die Ohren einprägen.

Liegender Hund••

Detaillierte Anleitung: siehe «Maus ohne Beine», S. 30ff.

6 g weiße, helle, mittel- und dunkelbraune Merinowolle

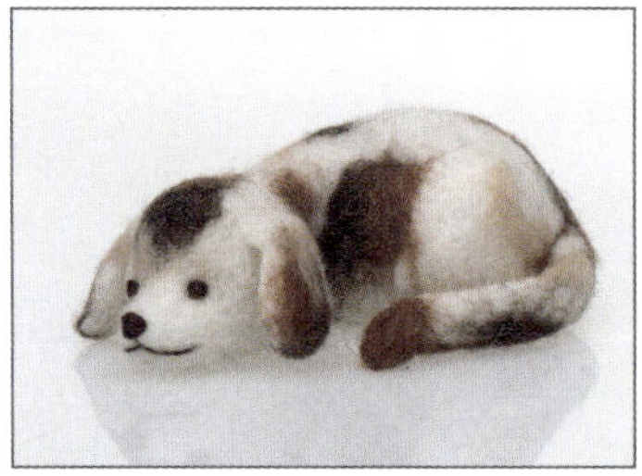

Körperstück: 5 x 3 cm
Schwanzstück: 7 x 1,5 cm
2 Ohrstücke: 8 x 2 cm

1

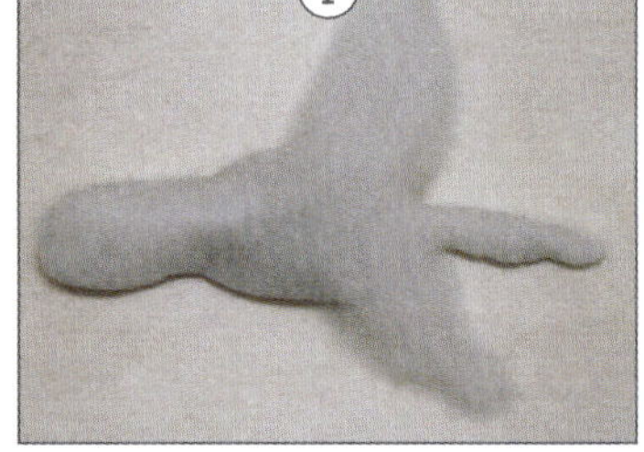

Den Kopf und den Körper mit je 3 Streifen umwickeln. Den Hals mit 3, die Schnauze mit 5, das Hinterteil mit 6 Flöckchen aufbauen.

2

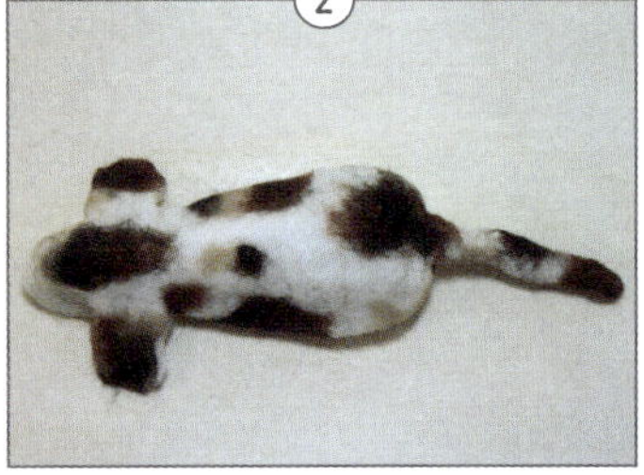

Die Ohren ansetzen. Den Körper mit 8 Flöckchen, den Kopf mit 6 Flöckchen aufbauen. Mit braunen Flecken belegen.

3

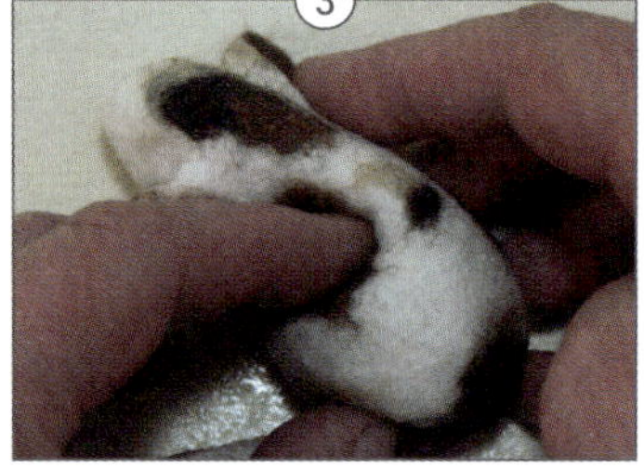

Die Schenkel walken. Den Kopf zur Seite drehen.

4

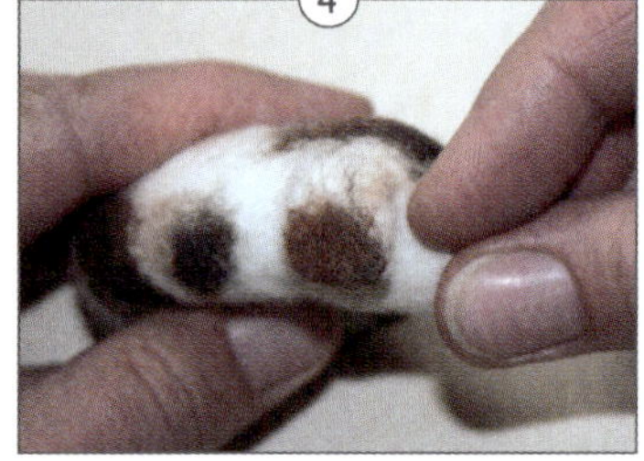

Die Schnauze von oben und von vorne einwalken.

Liegender zweibeiniger Hund•••

Aufbau siehe «Sitzender Hund», S. 97.

14 g Retrieverhundewolle oder Merinolandschafwolle

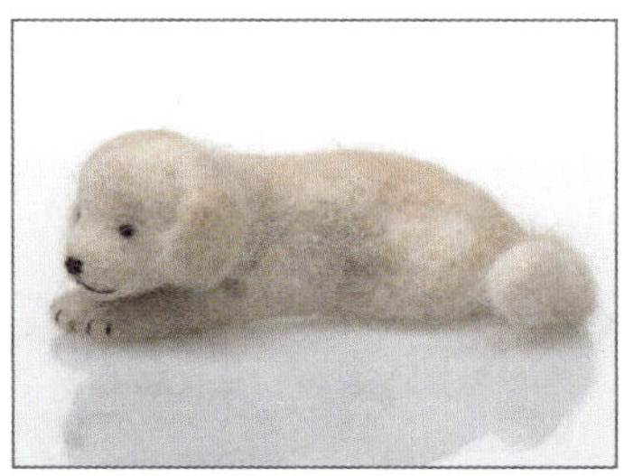

Körperstück: 5 x 3 cm
Schwanzstück: 7 x 1,5 cm
Beinstück: 6 x 2 cm
2 Ohrstücke: 8 x 2 cm

1

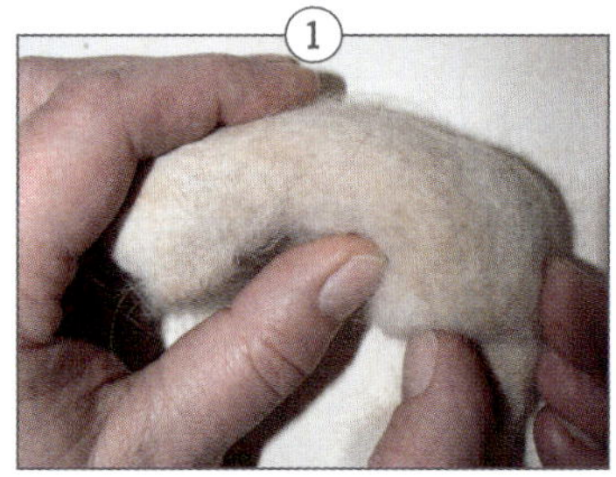

Die Schenkel einwalken. Die Ohren und den Schwanz nach dem Filzen aufbürsten.

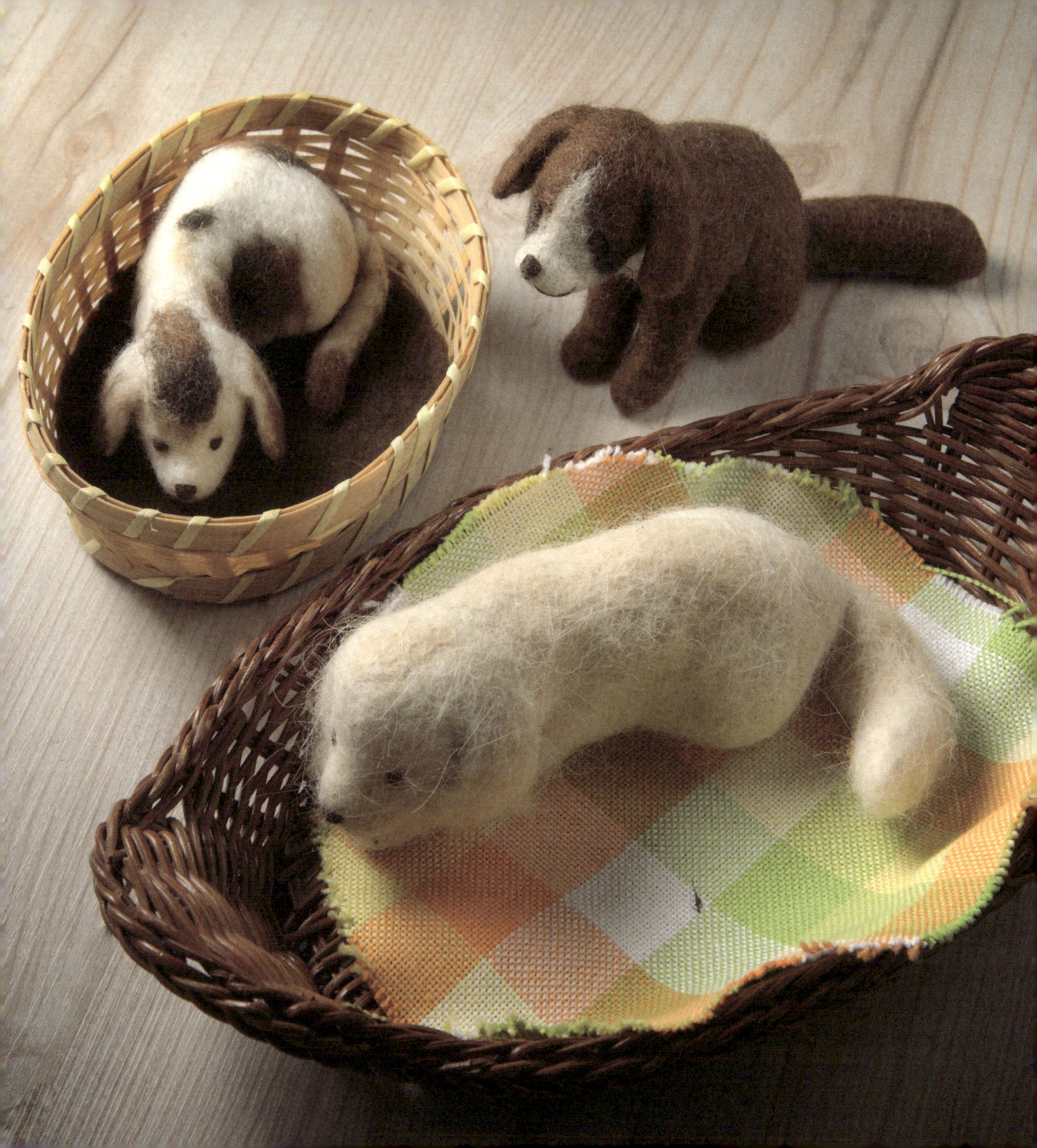

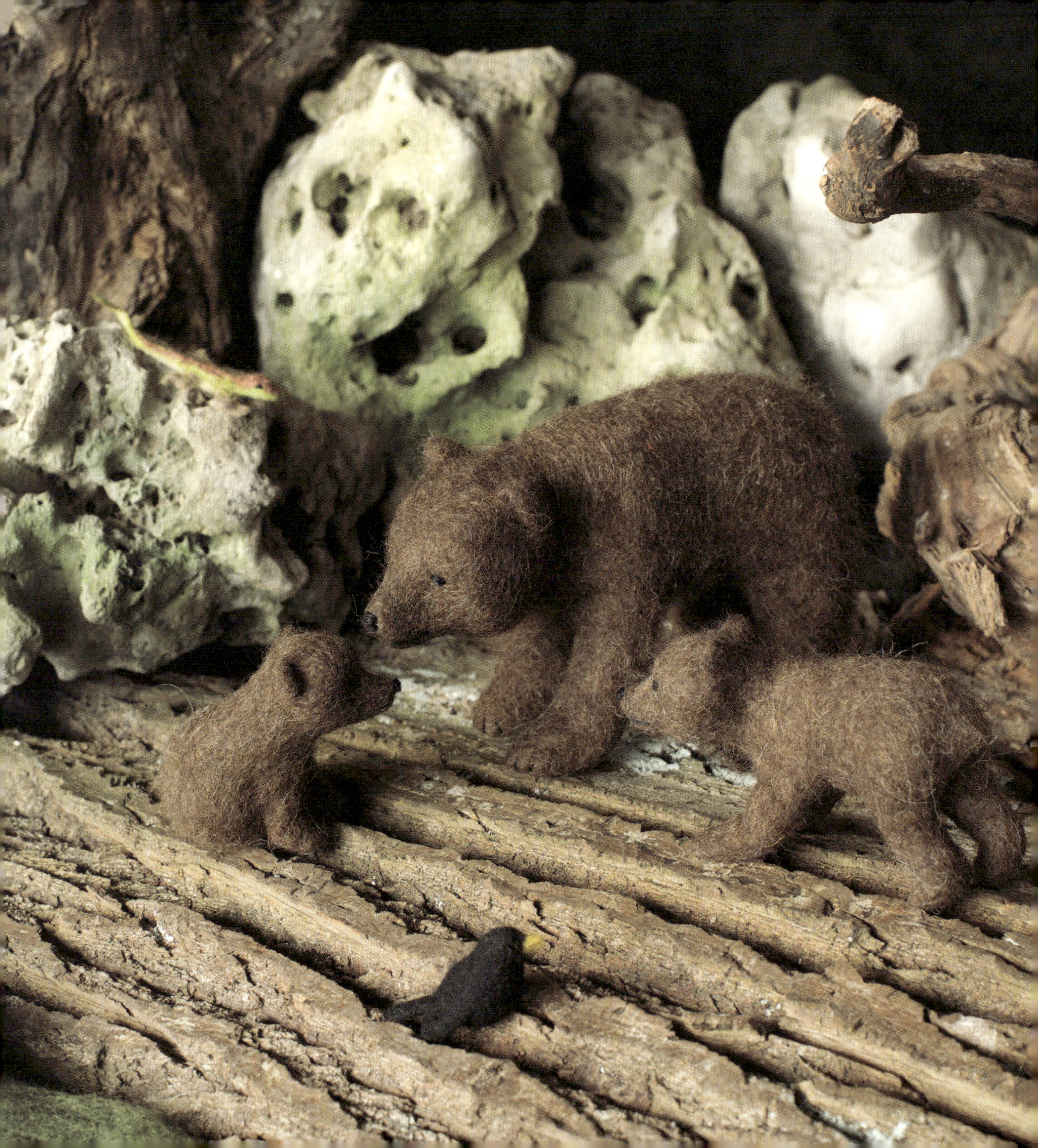

Braunbär

Den zotteligen Braunbären, unser größtes Raubtier, gibt es fast nur noch in Nord- und Osteuropa. Sehr wenige Exemplare leben in den norditalienischen Alpen. Vorwiegend nachts durchstreift der Bär sein Revier in Wald oder Tundra. Kaum zu glauben, aber dieser große Allesfresser ernährt sich überwiegend von pflanzlicher Kost. Beeren und Honig sind seine Leibspeise.
In schneereichen Gebieten hält er einen Winterschlaf, währenddessen werden auch seine ein bis zwei Jungen geboren, die nur ungefähr so groß wie ein ausgewachsenes Meerschweinchen sind. Im Frühling kommt die abgemagerte Bärin mit ihren schon kräftigen Jungen aus der Höhle. Nun wird es Zeit für gutes Fressen.
Bären bewegen sich ähnlich wie Menschen, und hoch aufgerichtet ist er den Menschen in der Größe ebenbürtig. Ein männlicher Braunbär in Nordeuropa oder Sibirien kann bis zu 250 kg schwer werden. Normalerweise meidet ein Bär von Menschen besiedelte Gebiete.
In vielen Märchen, Sagen und Geschichten spielt der Bär eine große Rolle. Schon immer haben sein Mut und seine Stärke die Fantasie der Menschen beflügelt. In die Kinderzimmer hat er als Teddybär Einzug gehalten.

Gehender Braunbär••••

Detaillierte Anleitung: siehe «Stehender Fuchs», S. 72ff.

55 g braune Bergschafwolle

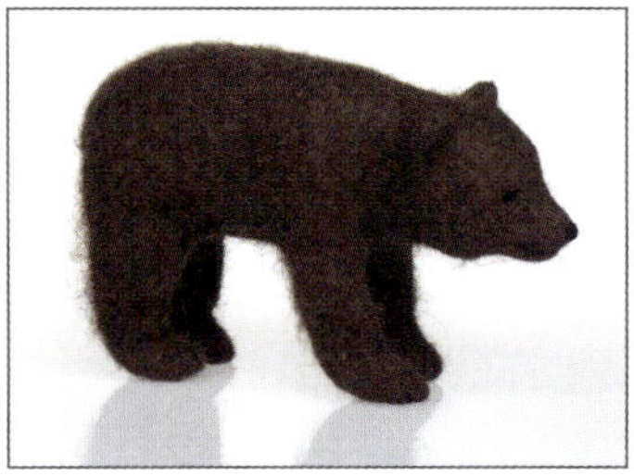

Körperstück: 14 x 7 cm
2 Beinstücke: 14 x 3 cm
2 Ohrstücke: 6 x 2 cm

(1)

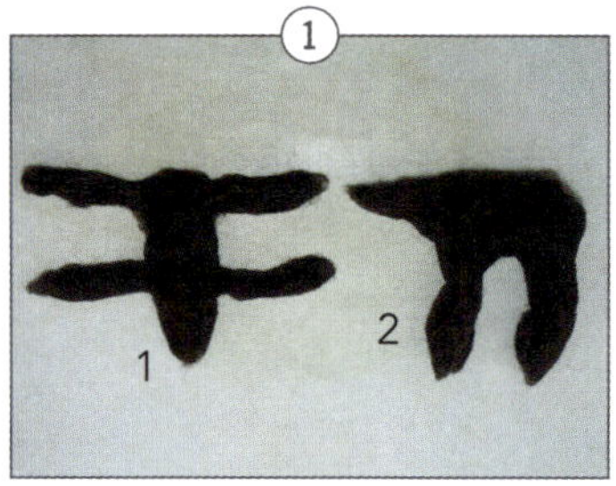

1. Die Beine an der Körperrolle ansetzen, den Beinansatz verbinden. 2. Den Bär zur Seite drehen und den Hals etwas herausziehen.

(2)

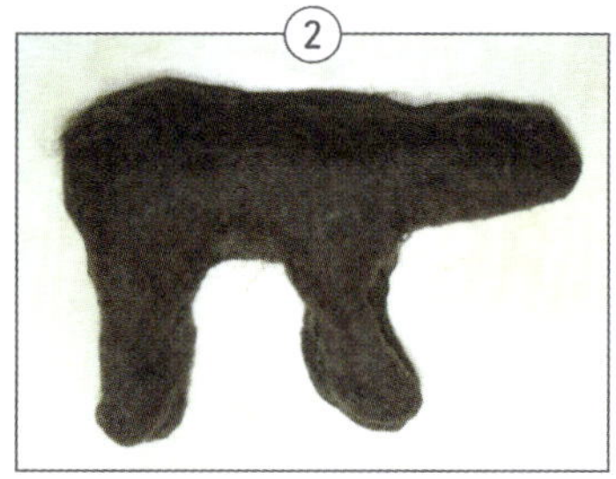

8 dicke Flocken auf den Kopf und die Brust, je 2 auf den Beinansatz, je 1 längs über die Beine, 12 auf den Körper und das Hinterteil legen.

(3)

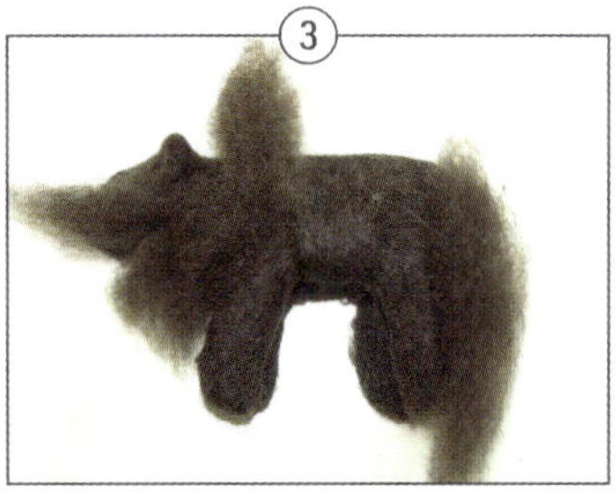

6 Flocken unter, 2 zwischen, 2 vor die Ohren, 2 je Bein, 4 über die Hinterschenkel und 24 auf den Körper legen.

(4)

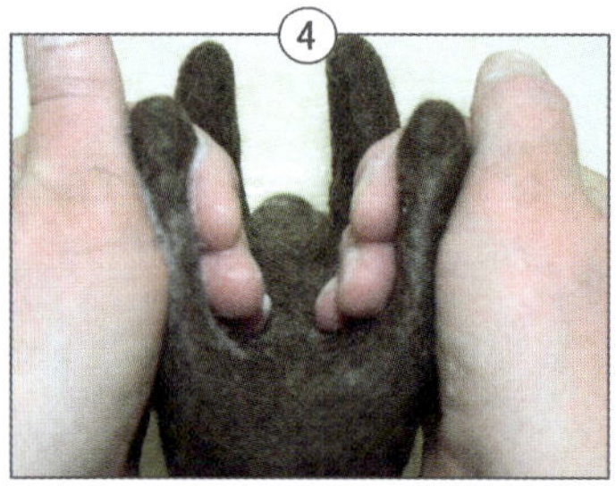

Beim Anfilzen überprüfen, ob genügend Masse aufgebaut wurde und ob die Beine gleich lang und dick sind. Diese beim Walken nach außen ziehen.

(5)

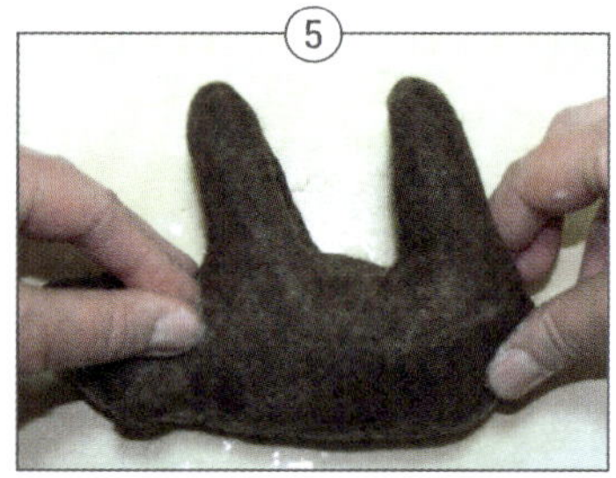

Den Hals einwalken, den Po abschrägen.

6

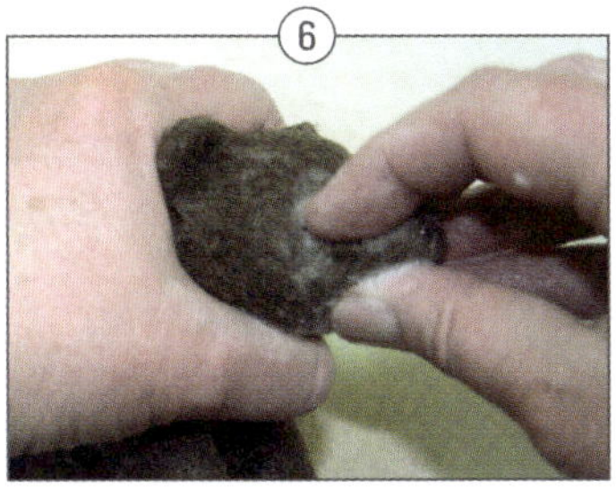

Die Schnauze mit Druck in Richtung Kopf einwalken.

7

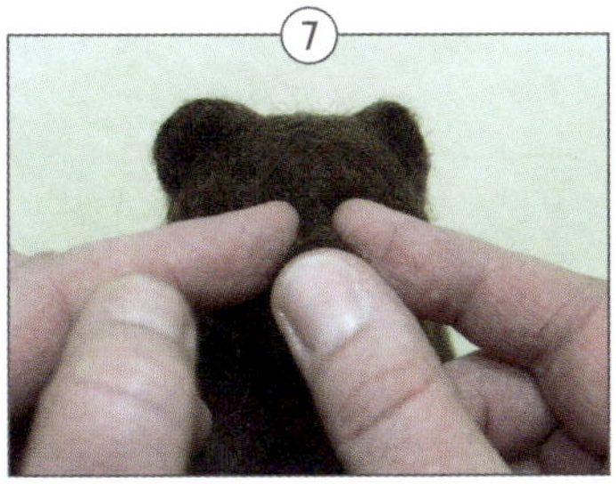

Die Schnauze vorne dreieckig walken.

8

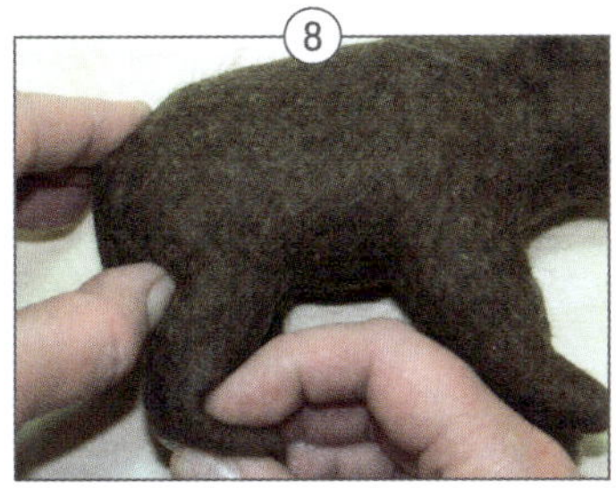

Die Tatzen und den Beinknick einprägen.

9

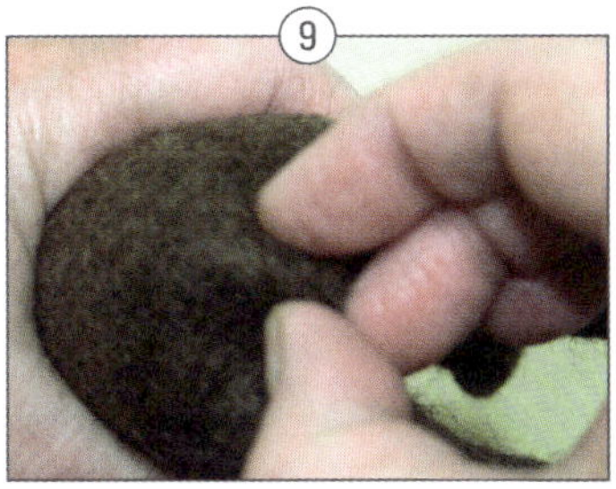

Das Schwänzchen eindrücken.

10

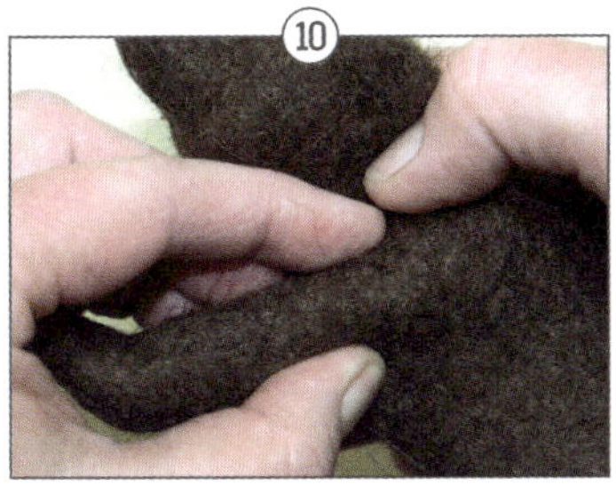

Die Vorderschenkel einwalken.

11

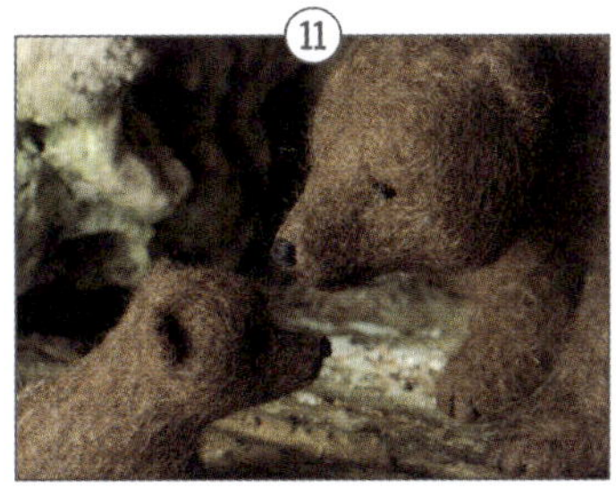

Schnauze und Augen sticken (siehe S. 201ff.).

Aufrecht hockender Braunbär••••

Detaillierte Anleitung: siehe «Gehender Braunbär», S. 102f.

65 g braune Bergschafwolle, hellbraune Bergschafwolle

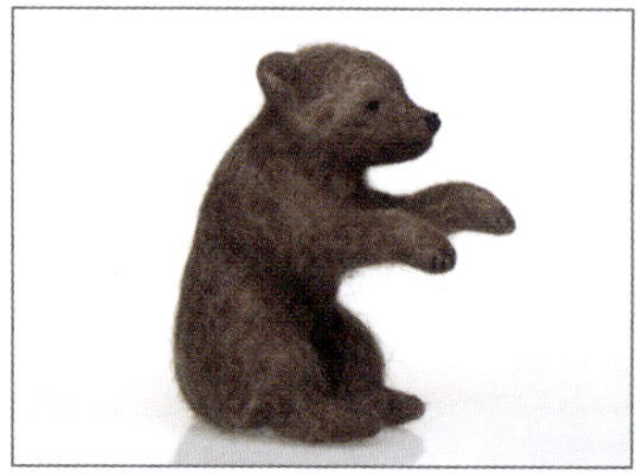

Körperstück: 14 x 7 cm
2 Beinstücke: 14 x 3 cm
2 Ohrstücke: 6 x 2 cm

1

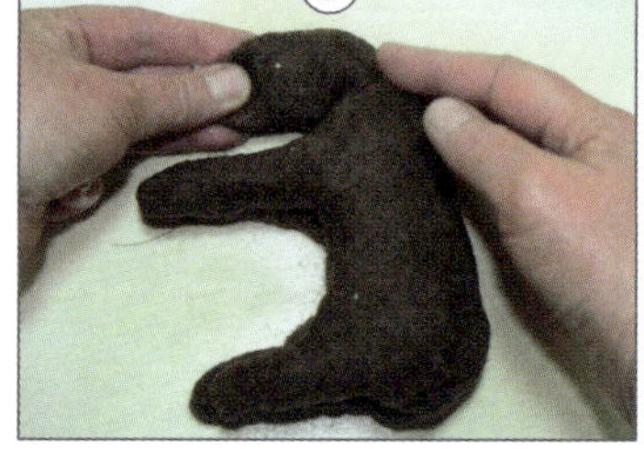

Die Schnauze mit dem Kopf zur Brust herunterziehen, parallel zu den Beinen.

2

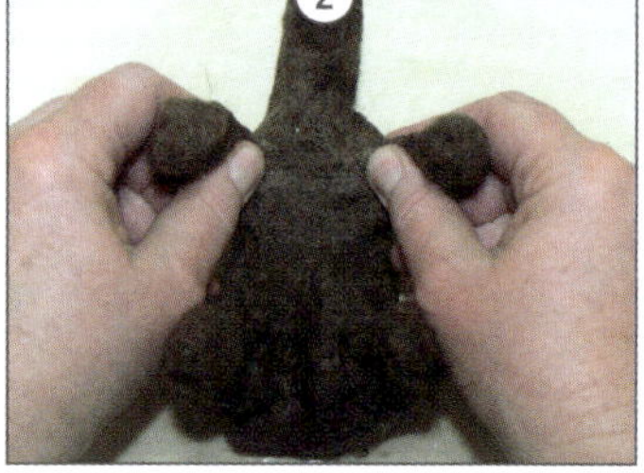

Die Beine immer wieder auseinanderziehen, damit der Brustraum breit wird.

3

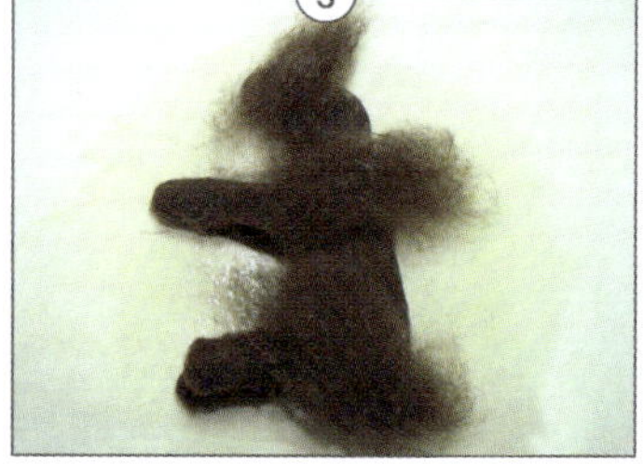

Einen runden Kopf, starke Schultern, ein dickes Hinterteil und dicke Oberschenkel aufbauen.

4

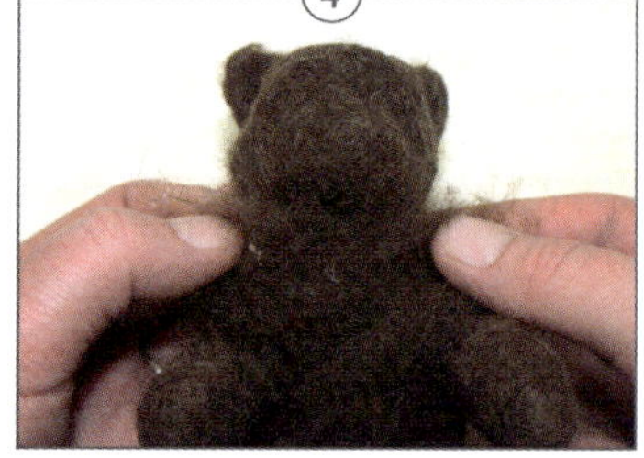

Die Brust mit Flocken verstärken. Den Kopf und die Seiten mit Braun-Hellbraun-Mischung belegen.

5

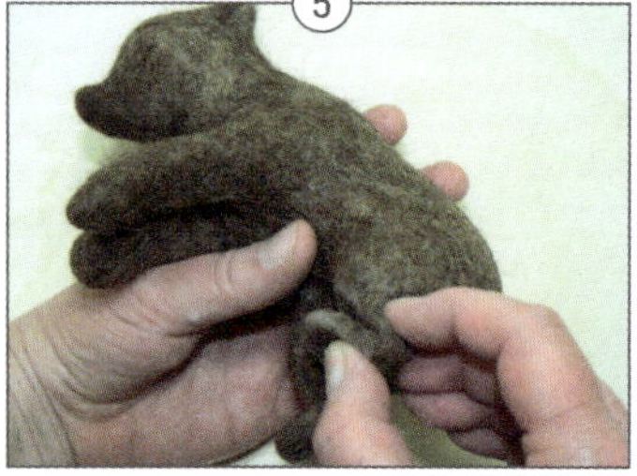

«Hockposition» einprägen.

6

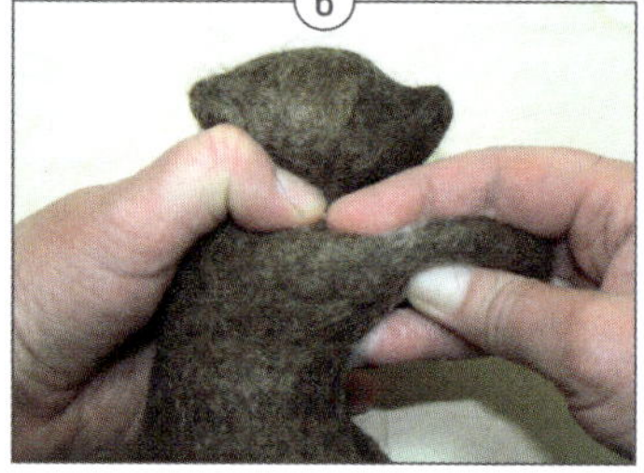

Die Schultern ausformen. Nach unten gebogene Vorderbeine einprägen.

7

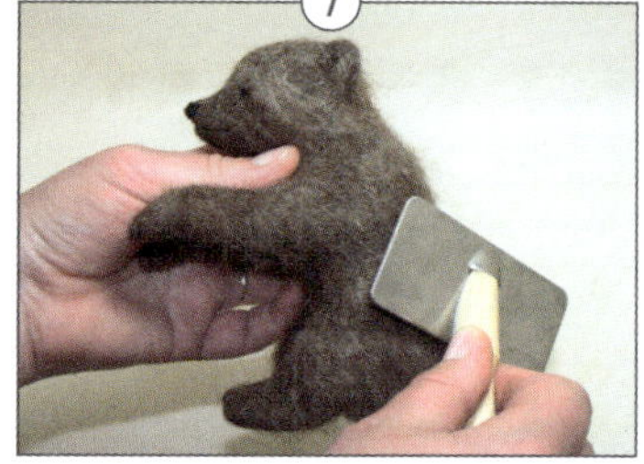

Fell aufbürsten.

Bärenkinder••••

stehend: 10 g braune Bergschafwolle

sitzend: 8 g braune Bergschafwolle

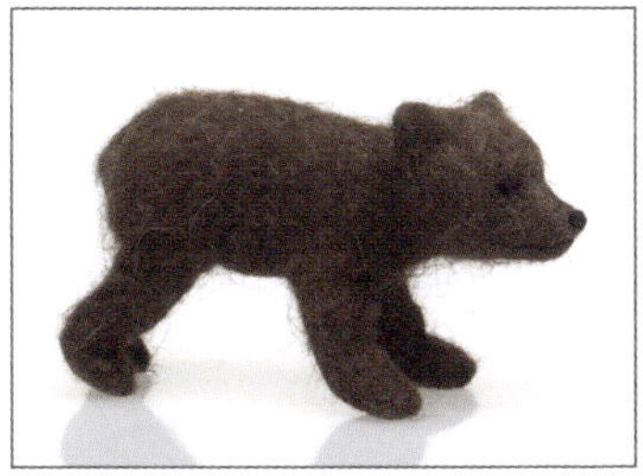

Körperstück: 3 x 7 cm
2 Beinstücke: 11 x 2 cm
2 Ohrstücke: 5 x 1 cm

1

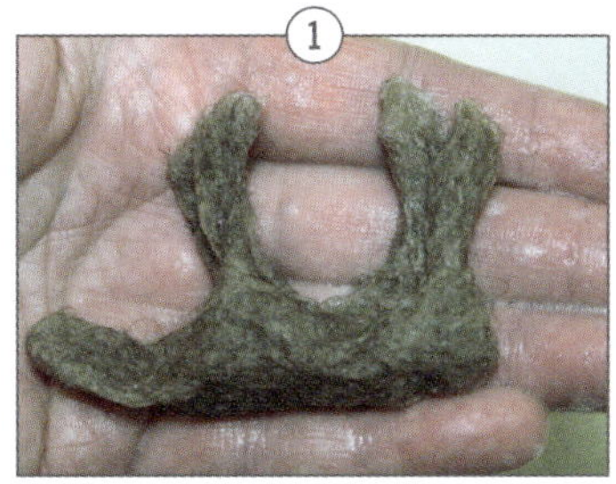

Die Beine an der Körperrolle ansetzen. Den Kopf herausziehen.

2

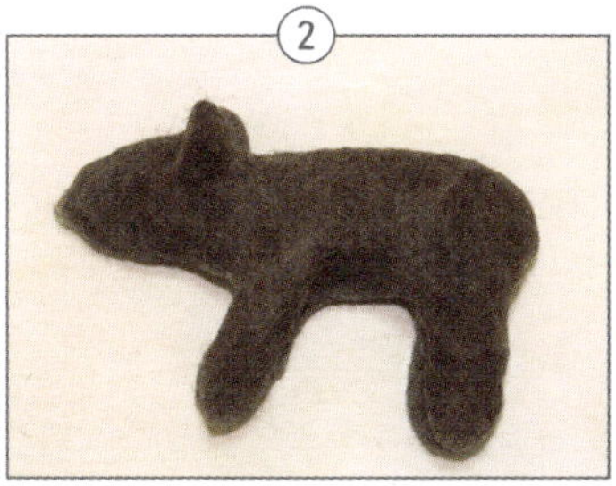

Die Bärform mit je 3 Flöckchen auf Brust, Seite, Beine, mit 6 auf dem Kopf und 8 auf dem Hinterteil fertig aufbauen.

3

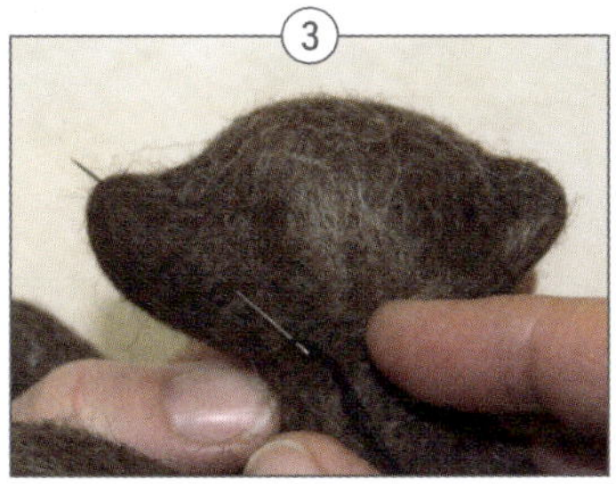

Schnauze sticken (siehe S. 201f.).

4

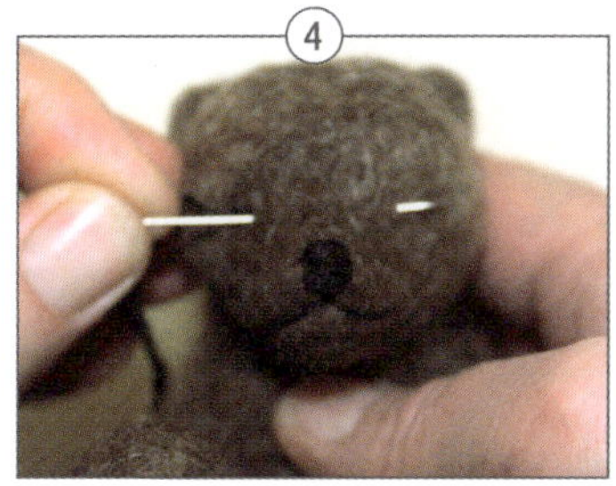

Augen sticken (siehe S. 201ff.).

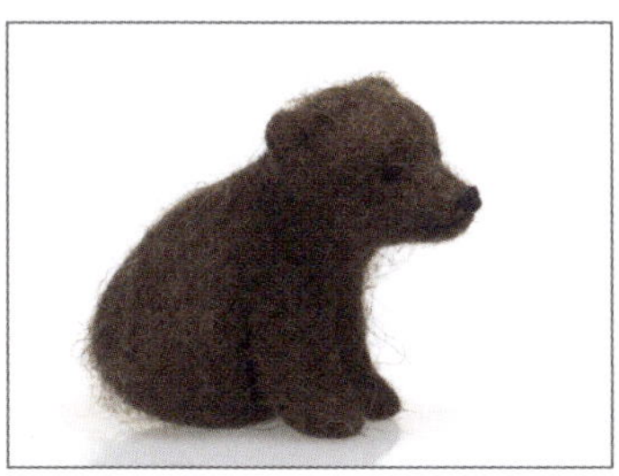

Körperstück: 3 x 7 cm
Beinstück: 11 x 2 cm
2 Ohrstücke: 5 x 1 cm

1

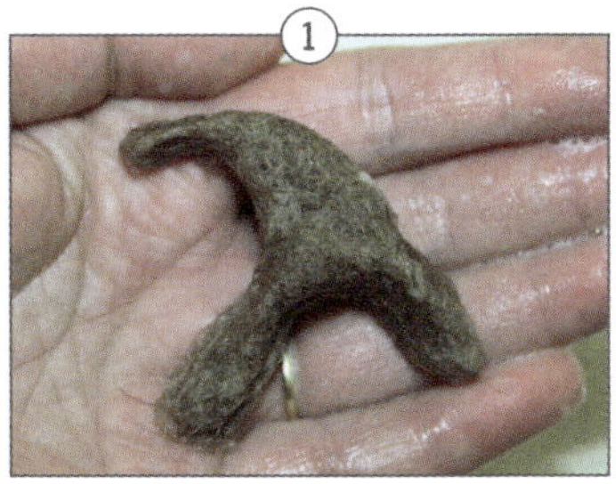

Die Vorderbeine an der Körperrolle ansetzen, den Kopf herausziehen.

2

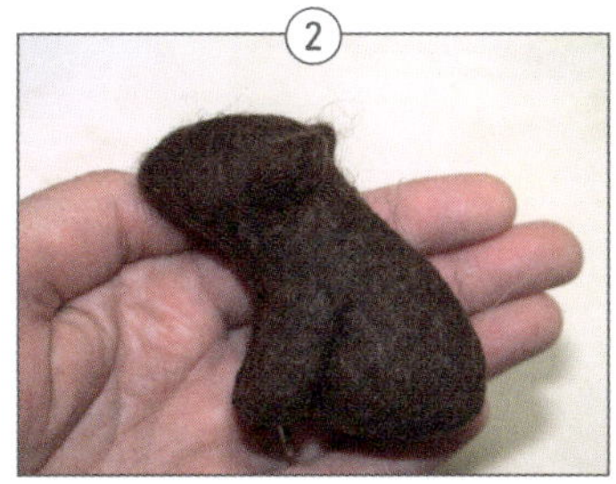

Die Bärform mit je 3 Flöckchen auf Brust, Seite und Beine, mit je 6 auf Kopf und Hinterteil aufbauen.

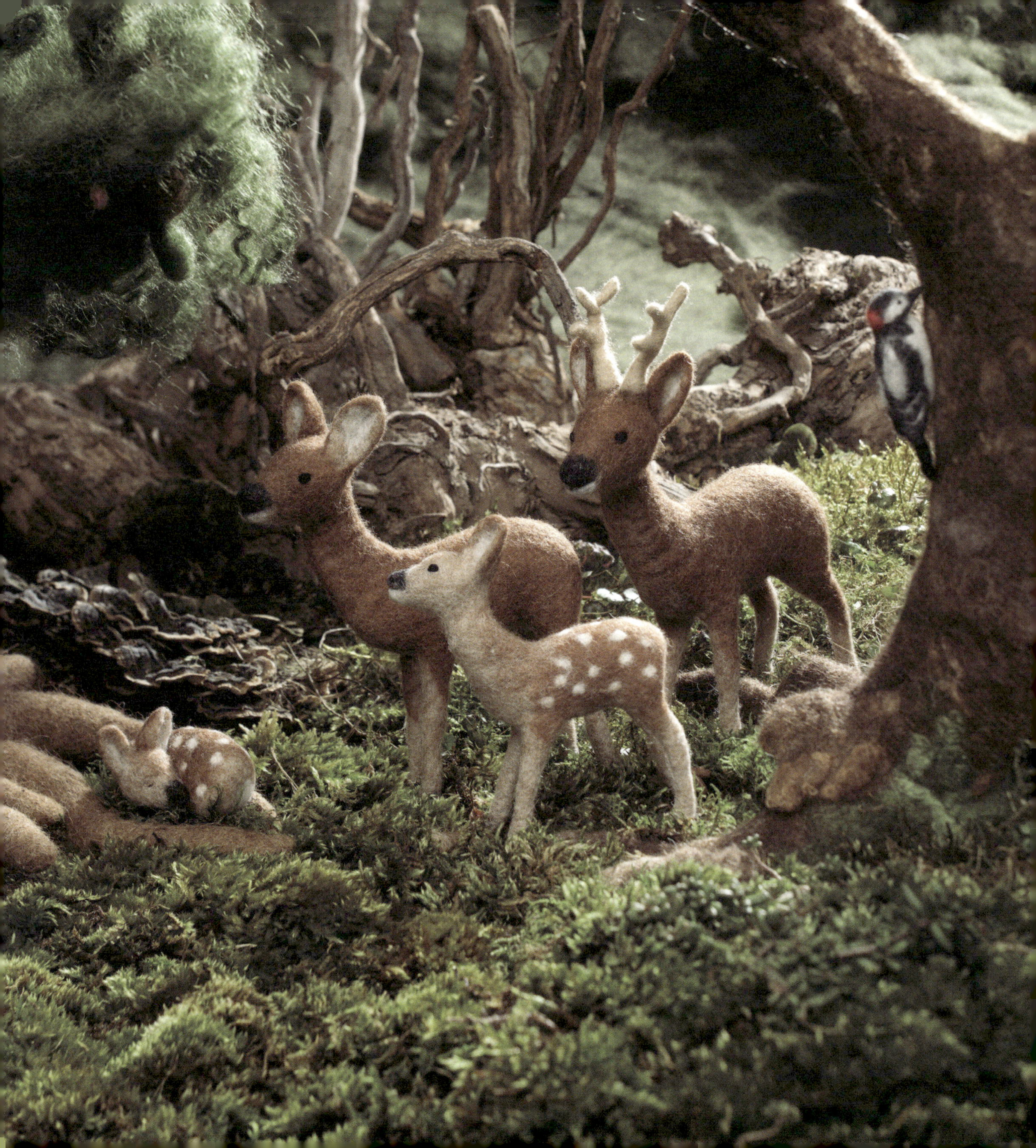

Reh

Das grazile Reh lebt im Herbst und im Winter meistens in kleinen Familiengruppen im Wald. Abends sind die Tiere oft zu zweit oder dritt friedlich äsend am Waldrand, auf Wiesen und Feldern zu beobachten. Gras, Kräuter, Knospen, Feldfrüchte, Eicheln, Bucheckern und Blätter gehören zu ihrer Nahrung.

Im Sommer hat das Reh ein schönes rotbraunes Fell, im Winter ist es eher graubraun. Wenn es wegspringt, leuchtet immer wieder sein weißer «Spiegel» auf.

Im Frühjahr werden die Tiere zu Einzelgängern. Im Frühsommer kommen ein bis zwei Kitze zur Welt. Wenn sie noch sehr klein sind, liegen sie ganz still in einer hohen Wiese und warten, bis die Mutter kommt. Später springen sie auf ihren dünnen, stakeligen Beinen der Mutter eifrig hinterher.

Im Spätsommer, in der Brunftzeit, «bellen» die Rehböcke, was sich ein wenig wie heiseres Hundegebell anhört. Wir erkennen sie auch an ihrem kleinen Geweih, das je zwei bis drei Enden hat. Im Winter suchen Rehe Schutz unter großen Tannen oder in dichtem Gebüsch und wärmen sich gegenseitig.

Kitz ohne Beine••

2 g beige Merinolandschaf-
wolle, rehbraune, weiße,
schwarze Merinowolle

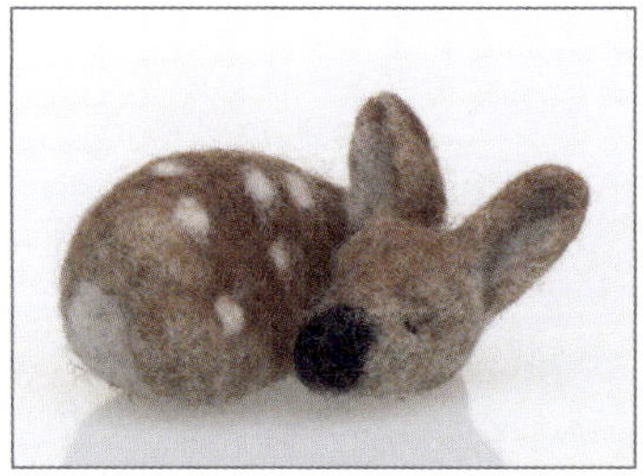

Körperstück: 7 x 3 cm
2 Ohrstücke: 1 x 4 cm

①

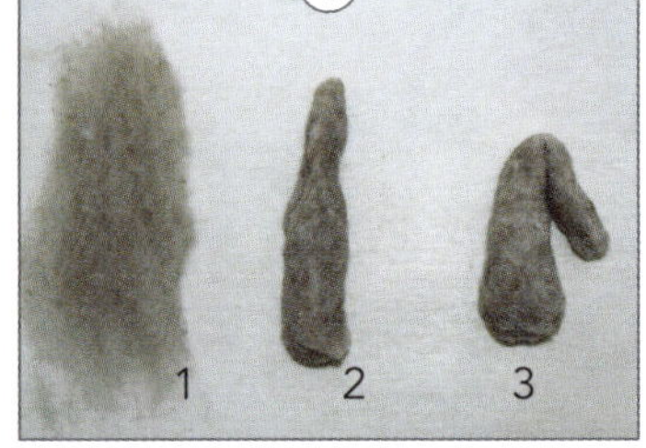

1. Körperstück abzupfen.
2. Körperstück aufrollen, den Hals in die Länge ziehen.
3. In Schlafposition legen.

②

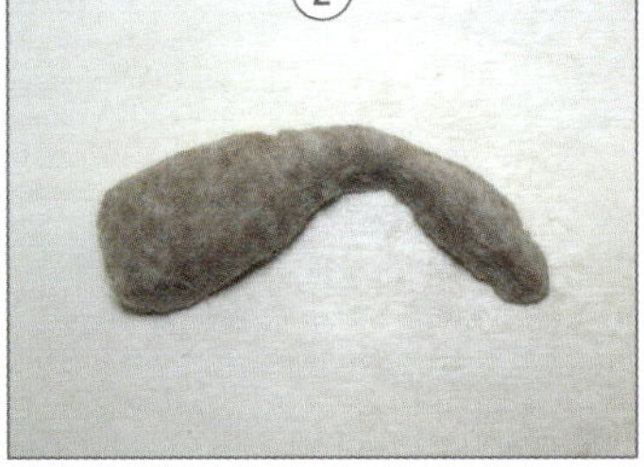

Den Körper mit ca. 10, den Hals mit 3 und den Kopf mit 4 Flöckchen aufbauen. Die Ohren ansetzen. Mit 6 Flöckchen Kopf und Körper aufbauen.

③

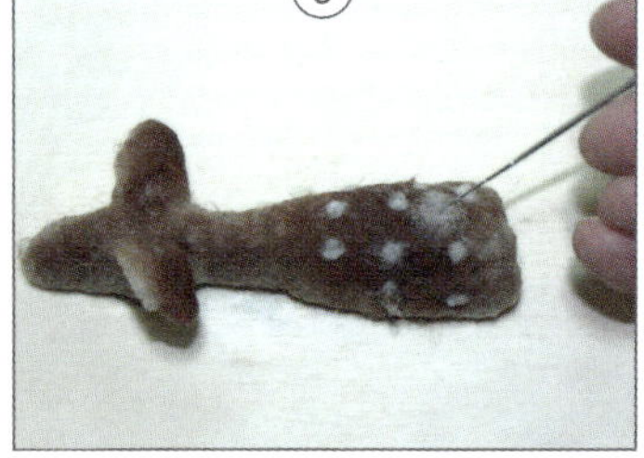

Rücken, Außenohr und Kopf braun, Hinterteil und Innenohr weiß belegen. Pünktchen aufnadeln.

④

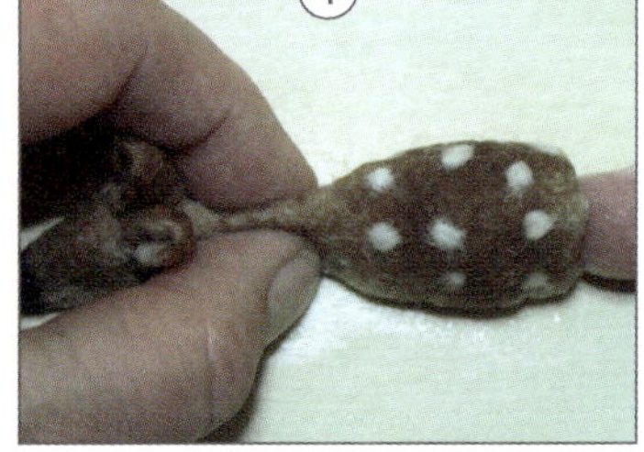

Das Maul oben mit Schwarz, unten mit Weiß belegen. Beim Walken Hinterteil und Hals eindrücken.

⑤

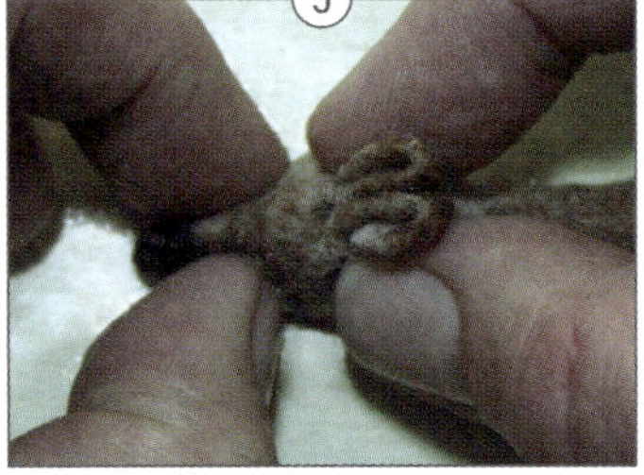

Ohren und Hinterkopf walken.

⑥

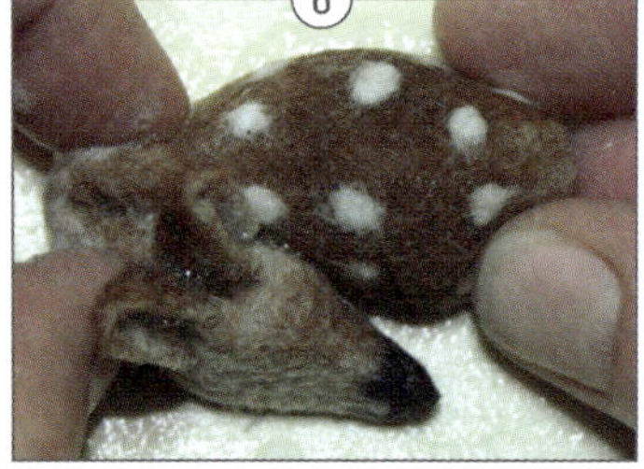

Den Hals gebogen walken.

⑦

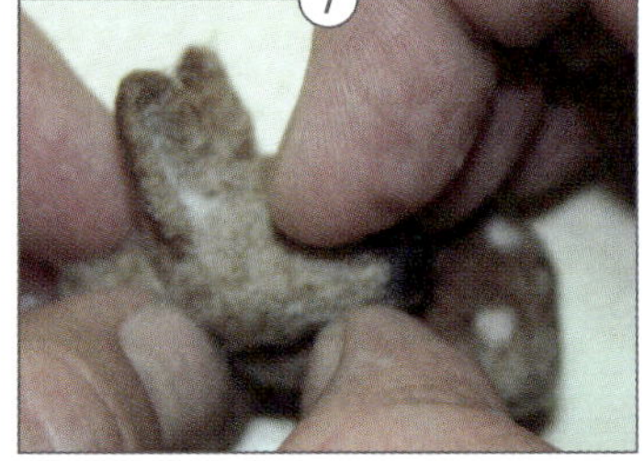

Den Kopf ausformen.

Reh••••

Hauptanleitung stehendes Tier mit Drahtbeinen

10 g beige, hellbraune Merinolandschafwolle, rotbraune, schwarze, weiße Merinowolle
Kupferdraht: 0,5 mm

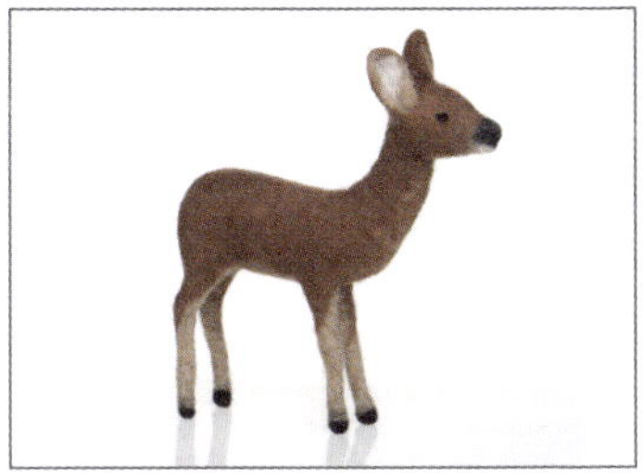

2 Beindrahtstücke: 18 cm
Kopf-Hals-Stück: 19 x 2 cm
2 Ohrstücke: 6 x 1,5 cm

1

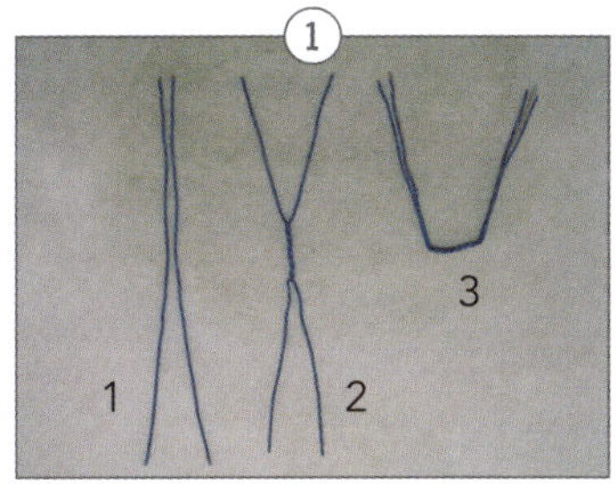

1. Drahtstücke abschneiden. 2. Die Drahtstücke mittig 3 cm verdrehen. 3. Die Hinterbeine 8 cm, die Vorderbeine 6 cm herunterbiegen.

2

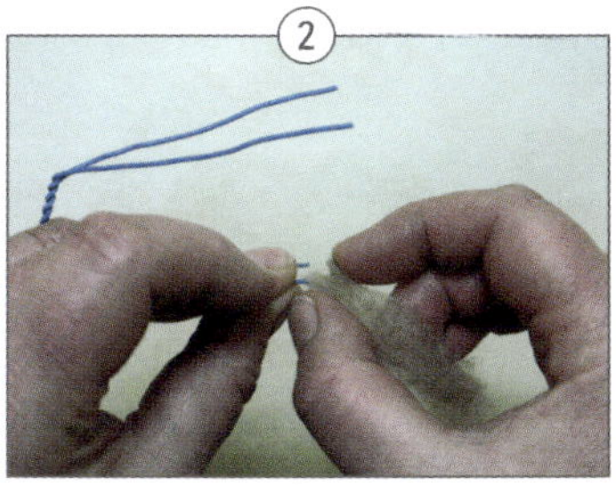

Das Ende 0,5 cm umbiegen. Mit 18 x 1 cm langen Streifen dreimal das Drahtende umwickeln.

3

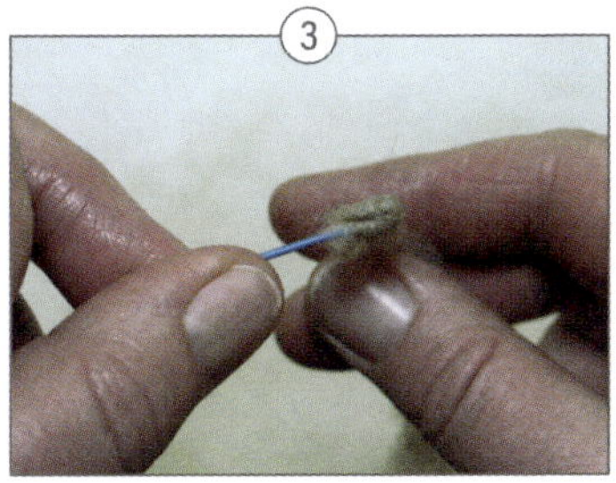

Das umwickelte Drahtende ganz an den Draht heranbiegen.

4

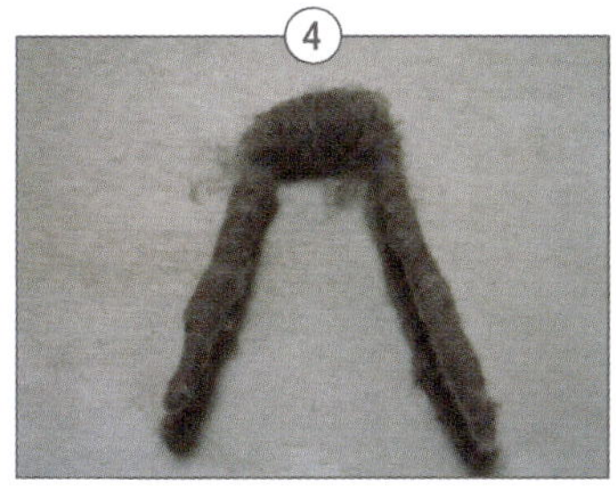

Alle Beine fest und dünn umwickeln, einen 16 x 2 cm breiten Streifen um das Körperstück wickeln.

5

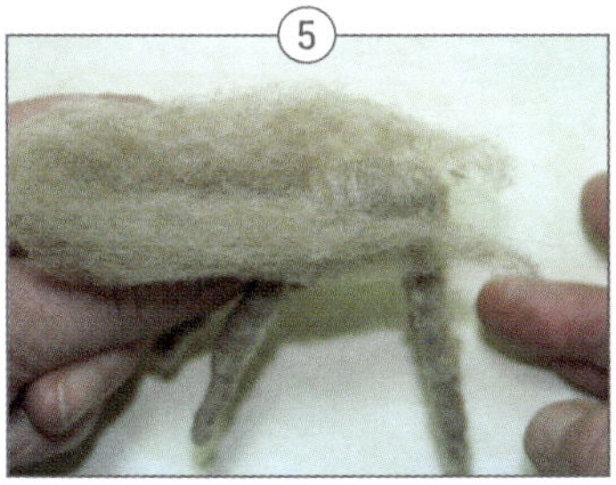

Das 19 x 2 cm lange Kopf-Hals-Stück links und rechts vom Körper als Schlaufe ansetzen.

6

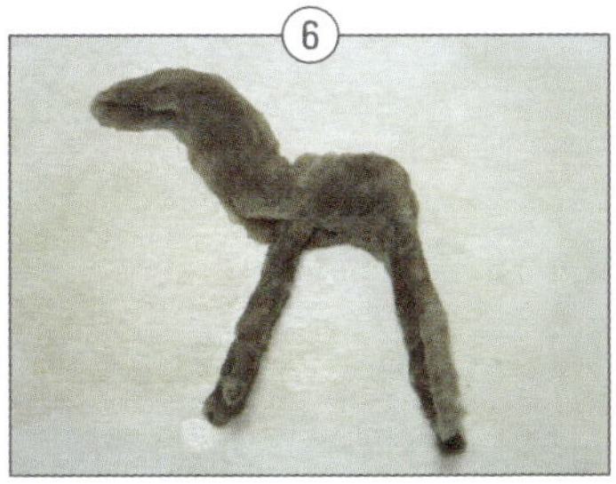

Alles gut befeuchten, die Brust etwas vor die Vorderbeine ziehen, den Kopf nach vorne in «Rehhaltung» biegen.

7

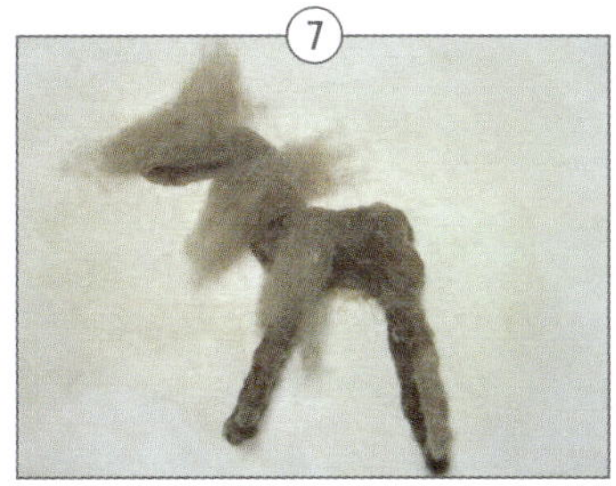

Auf beiden Seiten ca. 6 Flöckchen auf den Kopf, 10 auf Brust und Hals, 4 auf den Beinansatz vorne legen.

8

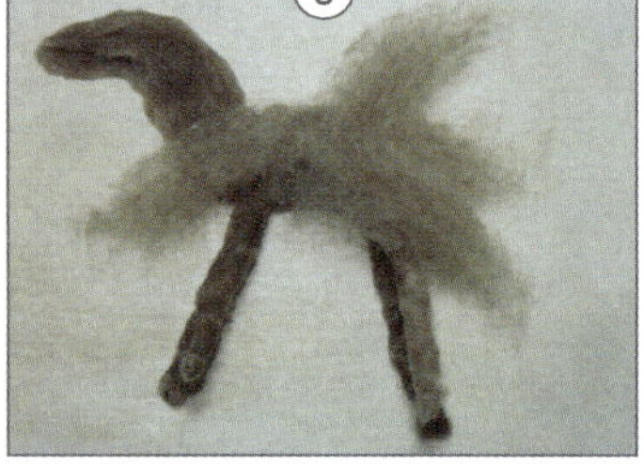

12 Flöckchen auf das Hinterteil und den Rücken legen.

9

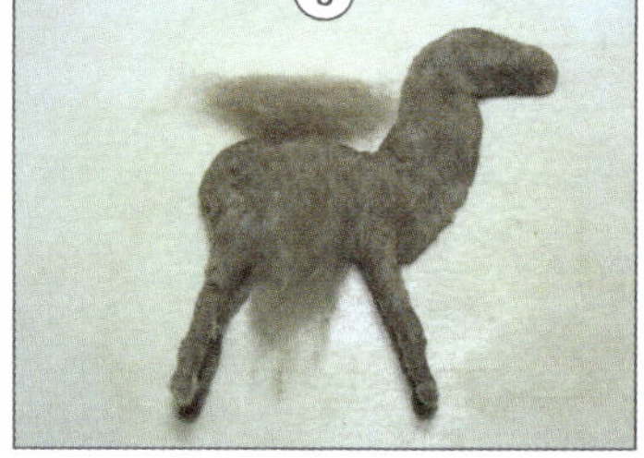

Den Rücken und den Bauch mit 4-6 Flocken belegen.

10

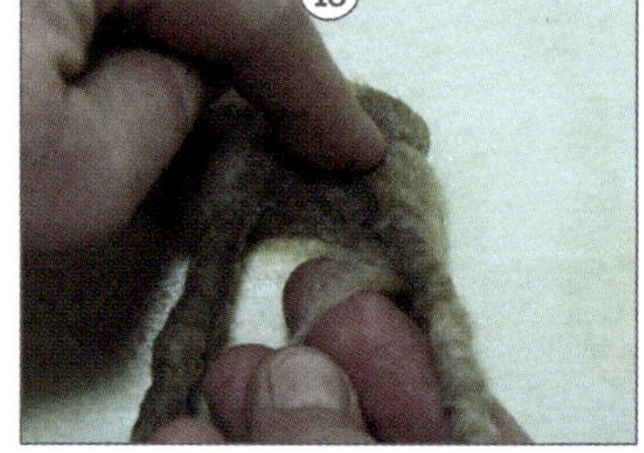

6 kurze, schmale Streifen auf die Hinterschenkel legen.

11

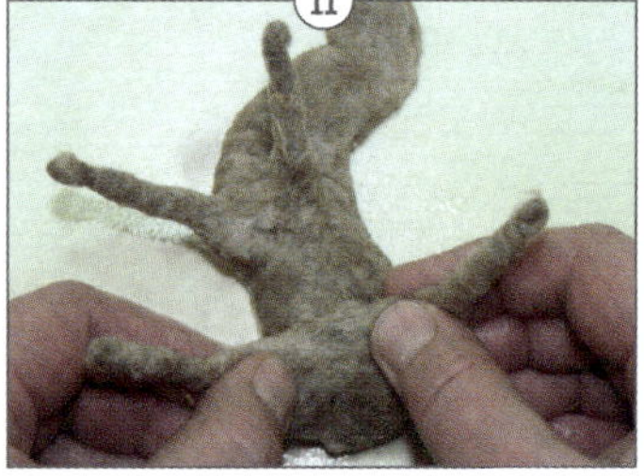

Den Beinansatz immer wieder auseinanderziehen, damit es keinen «Windelhöschen-Po» gibt, ggf. einschneiden.

12

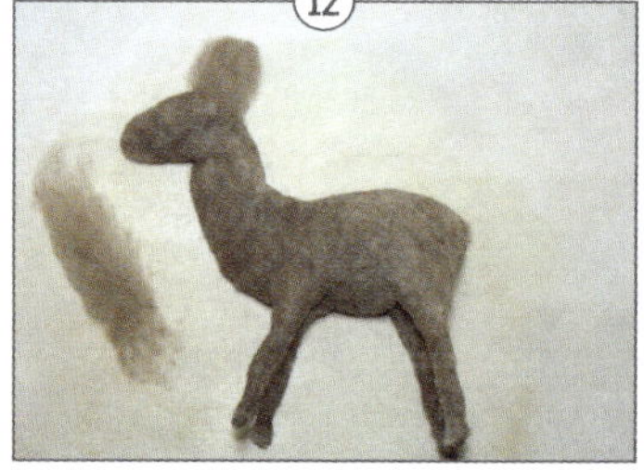

Die Brust mit 3 Streifen verstärken. Die Ohren ansetzen.

13

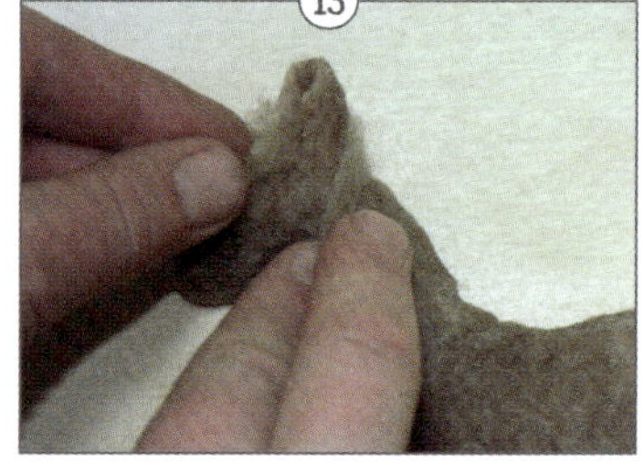

Den Ohransatz zur Ohrmuschel zusammenschieben. Mit Streifen von hinten, vorne und oben verstärken.

14

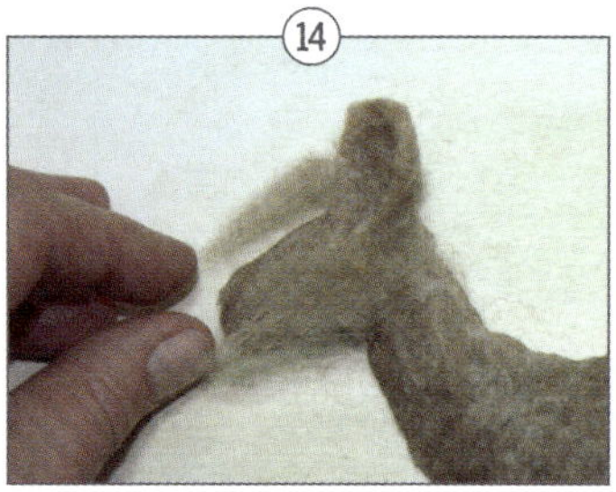

Den Kopf unter und zwischen den Ohren mit je 2 Flöckchen, die Stirn und den Unterkiefer mit je einem Streifen belegen.

15

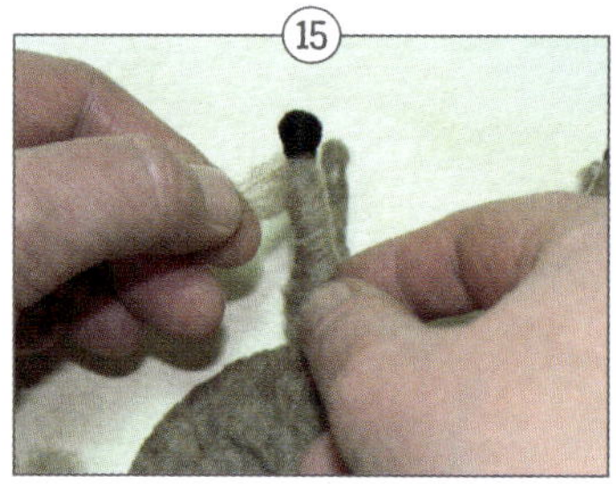

Die Hufe dünn schwarz umwickeln, die Beinfarbe über den Ansatz wickeln, das Bein vollends aufbauen.

16

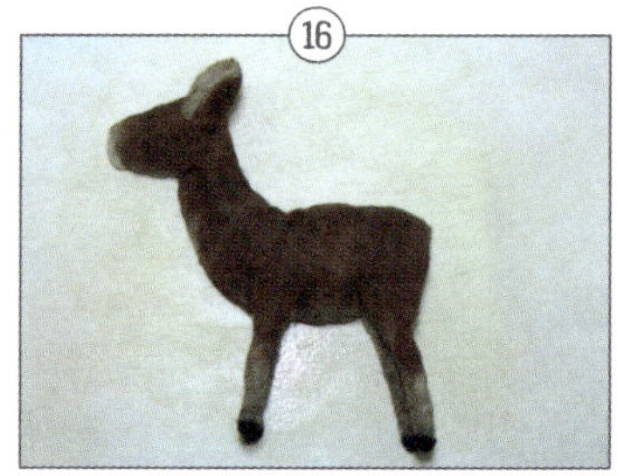

Überall braune Wolle auflegen, außer auf die Beine und die Innenohren.

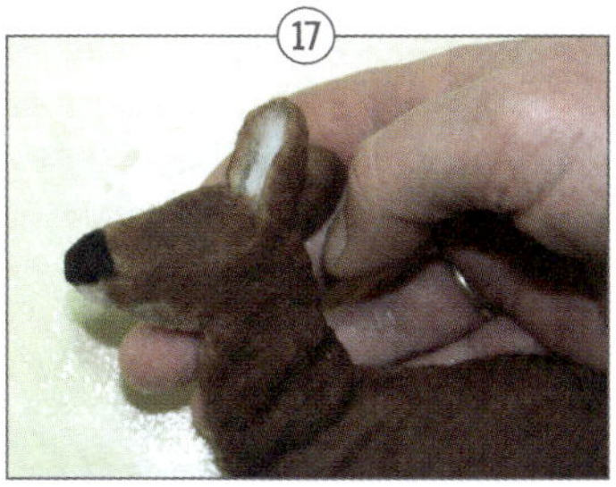

Weißes Flöckchen ins Innenohr, auf das Hinterteil (Spiegel) und unter das Maul legen. Das Maul oben schwarz belegen.

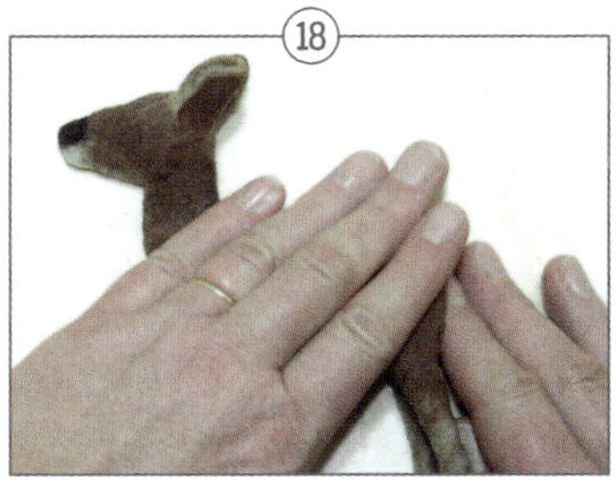

Mit der flachen Hand anfilzen und das Hinterteil einwalken.

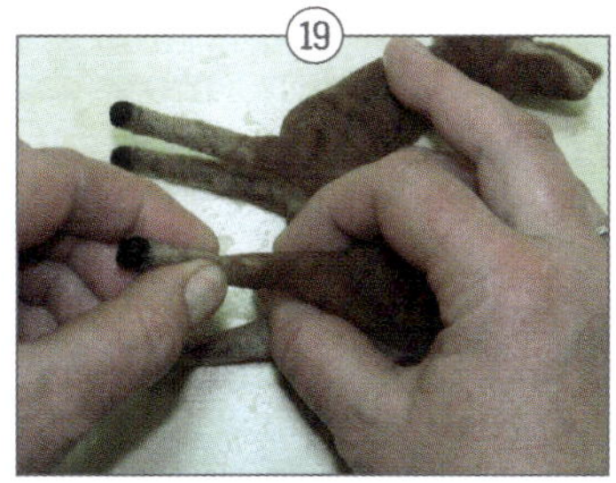

Nach dem Anfilzen je ein Bein festhalten und im Schritt in Richtung Körper walken.

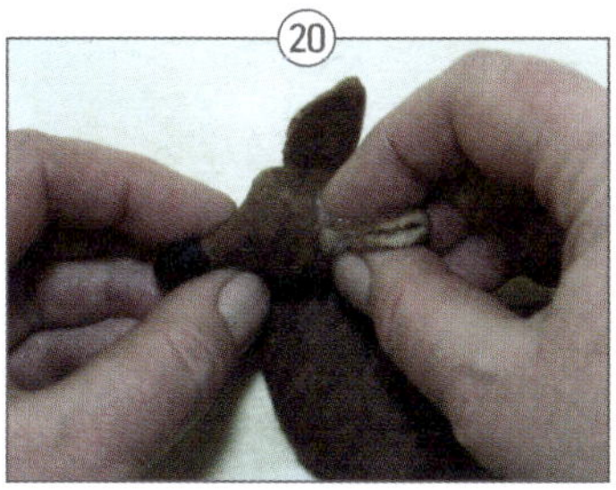

Das Ohr und den Kopf walken. Das Maul schmal walken.

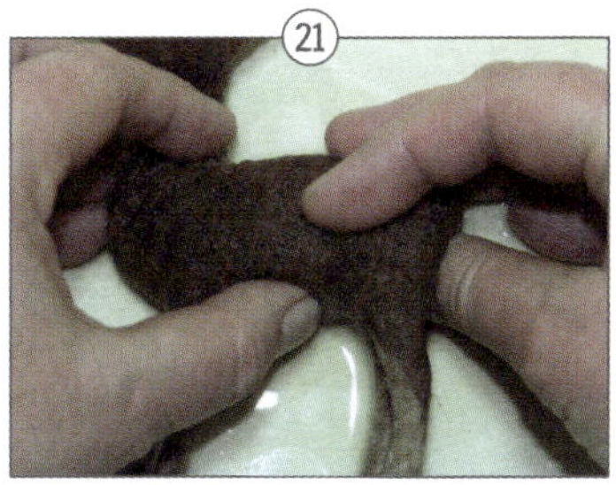

Den Hals und das Hinterteil Richtung Mitte walken, den hinteren Rücken abfallend walken.

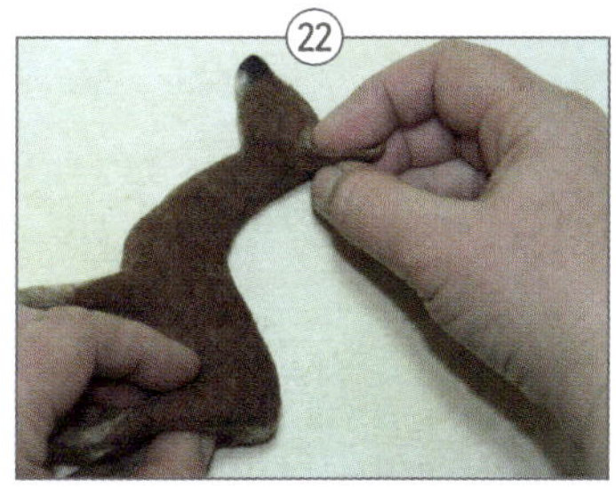

Die Ohrmuschel formen. Den Schenkel einwalken. Die Beine seitlich walken.

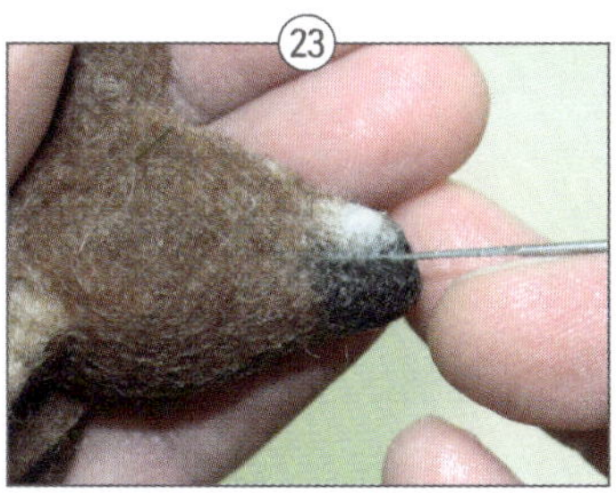

Die Maullinie einnadeln.

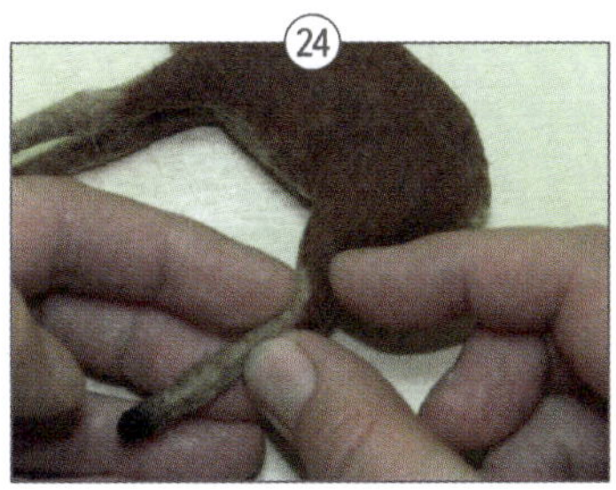

Das Sprunggelenk formen.

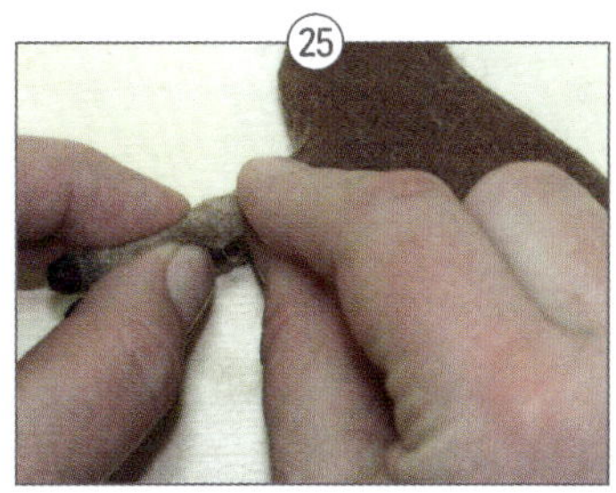

Das Knie durch Zusammenschieben einwalken.

Rehbock••••

Detaillierte Anleitung:
siehe «Reh», S. 109ff.

16 g beige Merinolandschafwolle, rotbraune, weiße, schwarze Merinowolle, beige, braune Kapmerinowolle
Kupferdraht: 0,8 mm und 0,5 mm

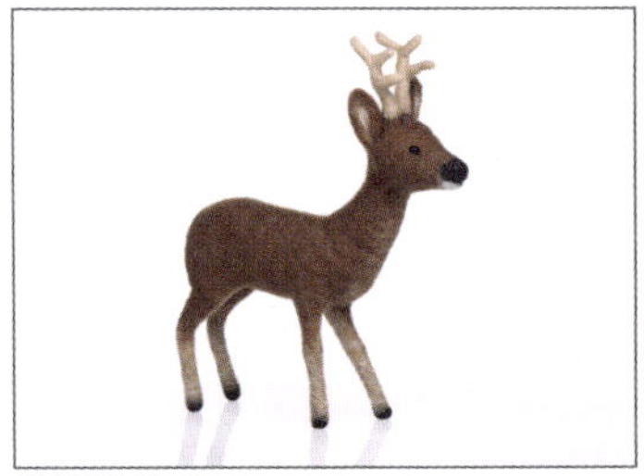

2 Beindrahtstücke:
20 cm (0,8 mm)
1 Geweihdrahtstück:
38 cm (0,5 mm)
2 Ohrstücke: 6 x 1,5 cm
Kopf-Hals-Stück: 19 x 2 cm

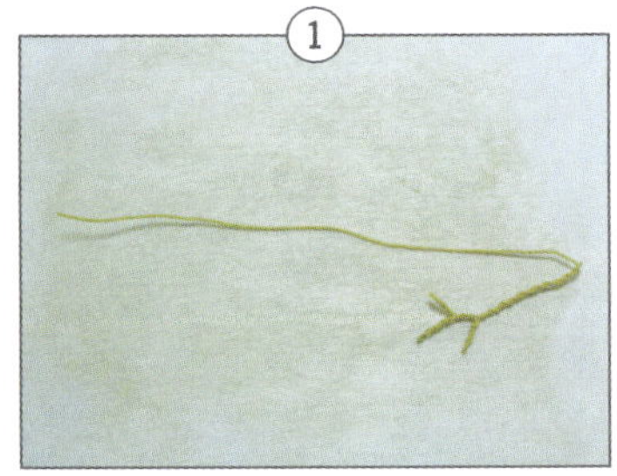

① Die Hälfte des 38 cm langen Drahtes zu einem Geweih mit 3 Spitzen drehen. Die Enden mit der Flachzange zusammendrücken.

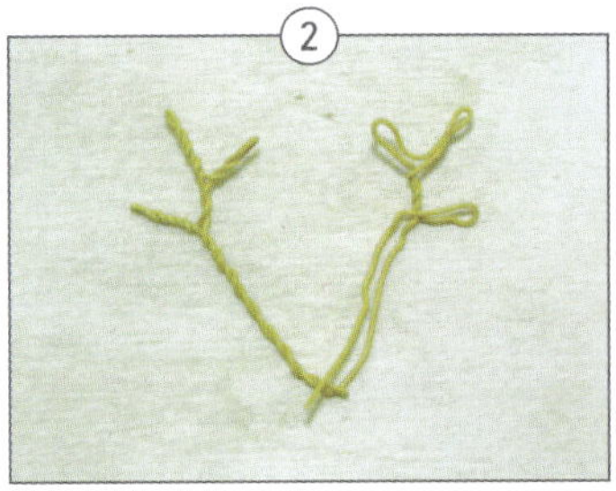

② Die zweite Seite der ersten anpassen.

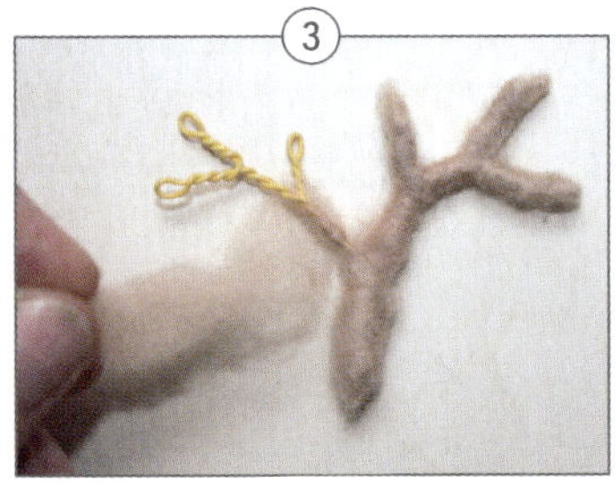

③ Den Draht mit beiger Kapmerinowolle umwickeln und die Spitzen mit Braun dünn belegen. Alles filzen außer dem Ansatz.

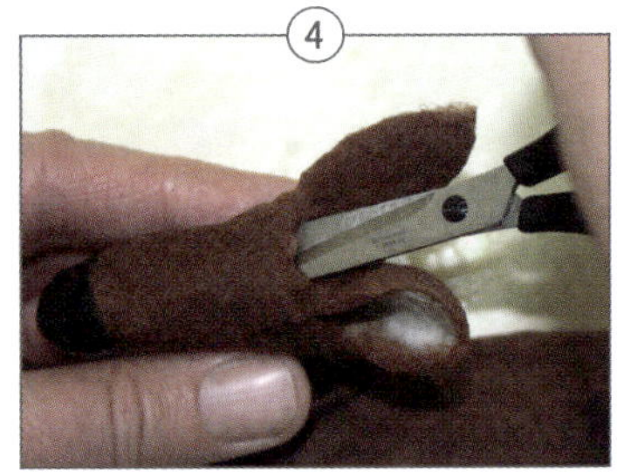

④ Die Öffnung schräg nach vorne in den Kopf schneiden.

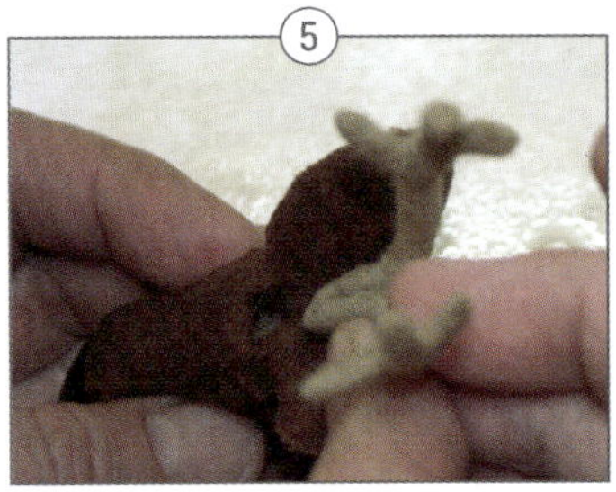

⑤ Den Geweihansatz ca. 2,5 cm tief hineinstecken.

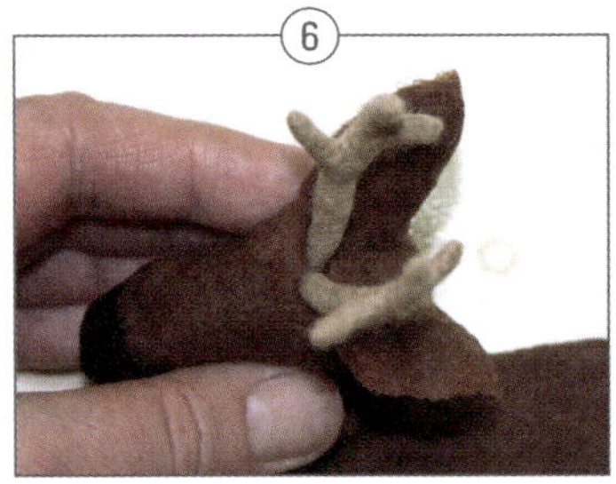

⑥ Das Geweih positionieren.

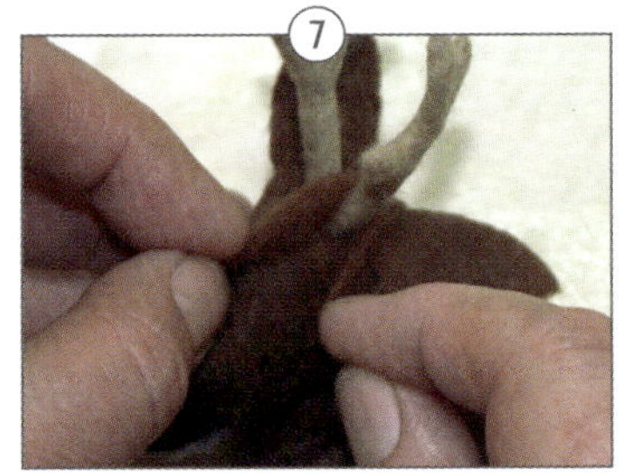

⑦ Mit jeweils 5 Ministreifen jeden Ansatz mit dem Kopf verbinden.

Stehendes Rehkitz••••

Detaillierte Anleitung: siehe «Reh», S. 109ff.

5 g hellbraune Merinolandschafwolle,
braune, weiße, schwarze Merinowolle
Kupferdraht: 0,5 mm

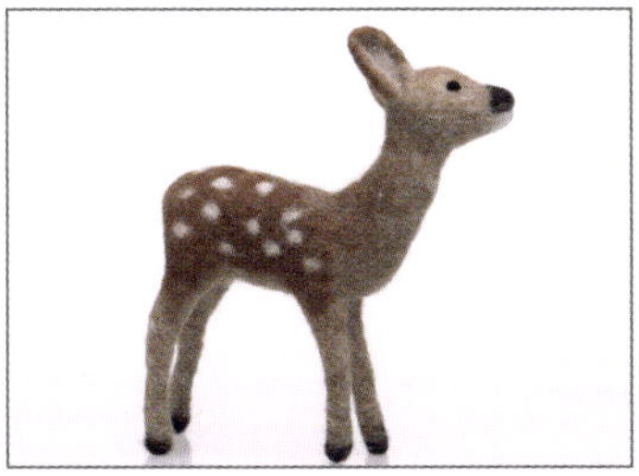

2 Beindrahtstücke: 14 cm
Kopf-Hals-Stück: 12 x 2 cm
2 Ohrstücke: 5 x 1,5 cm

1

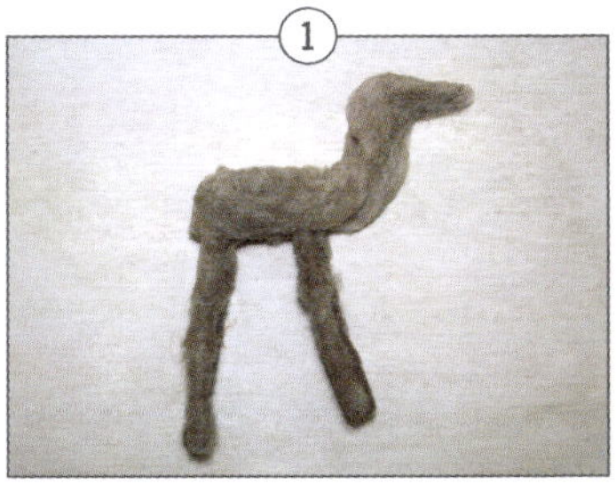

Die Beine dünn umwickeln, das Körperstück ebenso. Das Kopf-Hals-Stück ansetzen.

2

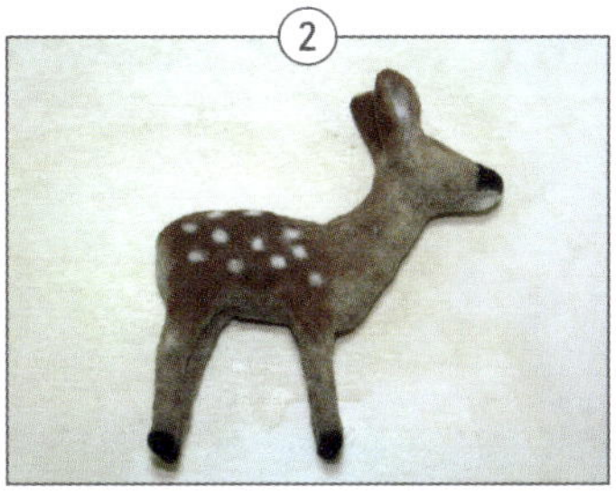

Fertig aufbauen, alles zarter als beim Reh. Auf Rücken und Ohren Braun auflegen.

3

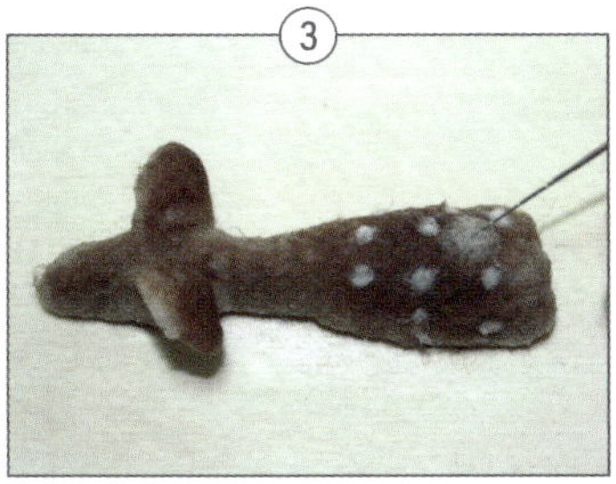

Weiße Punkte aufnadeln. Flöckchen auflegen.

4

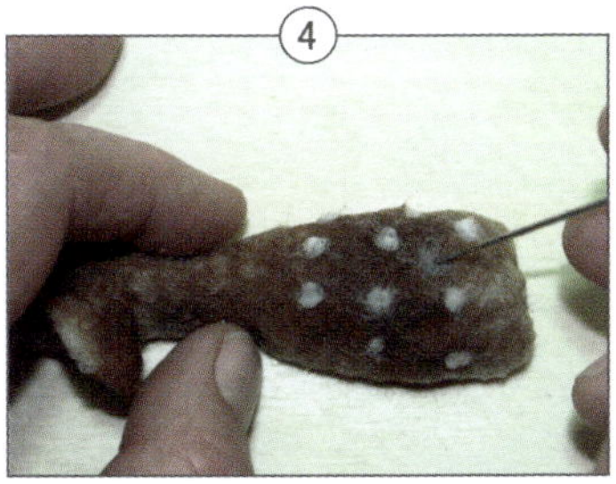

Die Flöckchen einnadeln, indem die Nadel mehrmals nur im Körper hin und her bewegt wird.

5

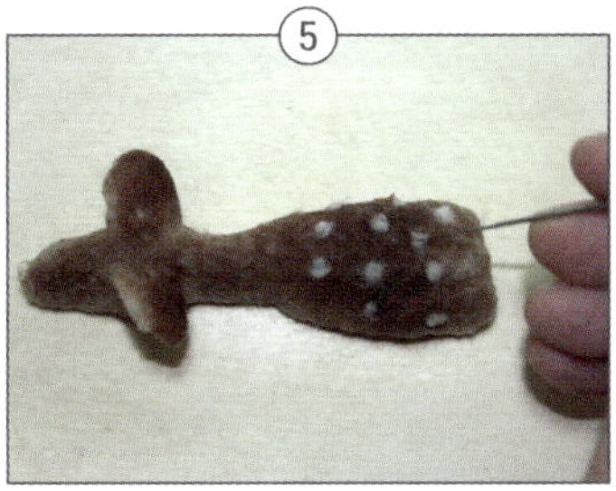

Die Fasern mit der Nadelspitze umkreisen und noch mehrmals einstechen.

- Fledermaus
- Wintergoldhähnchen
- Blaumeise
- Rotkelchen
- Uhu
- Waldkauz
- Waldohreule

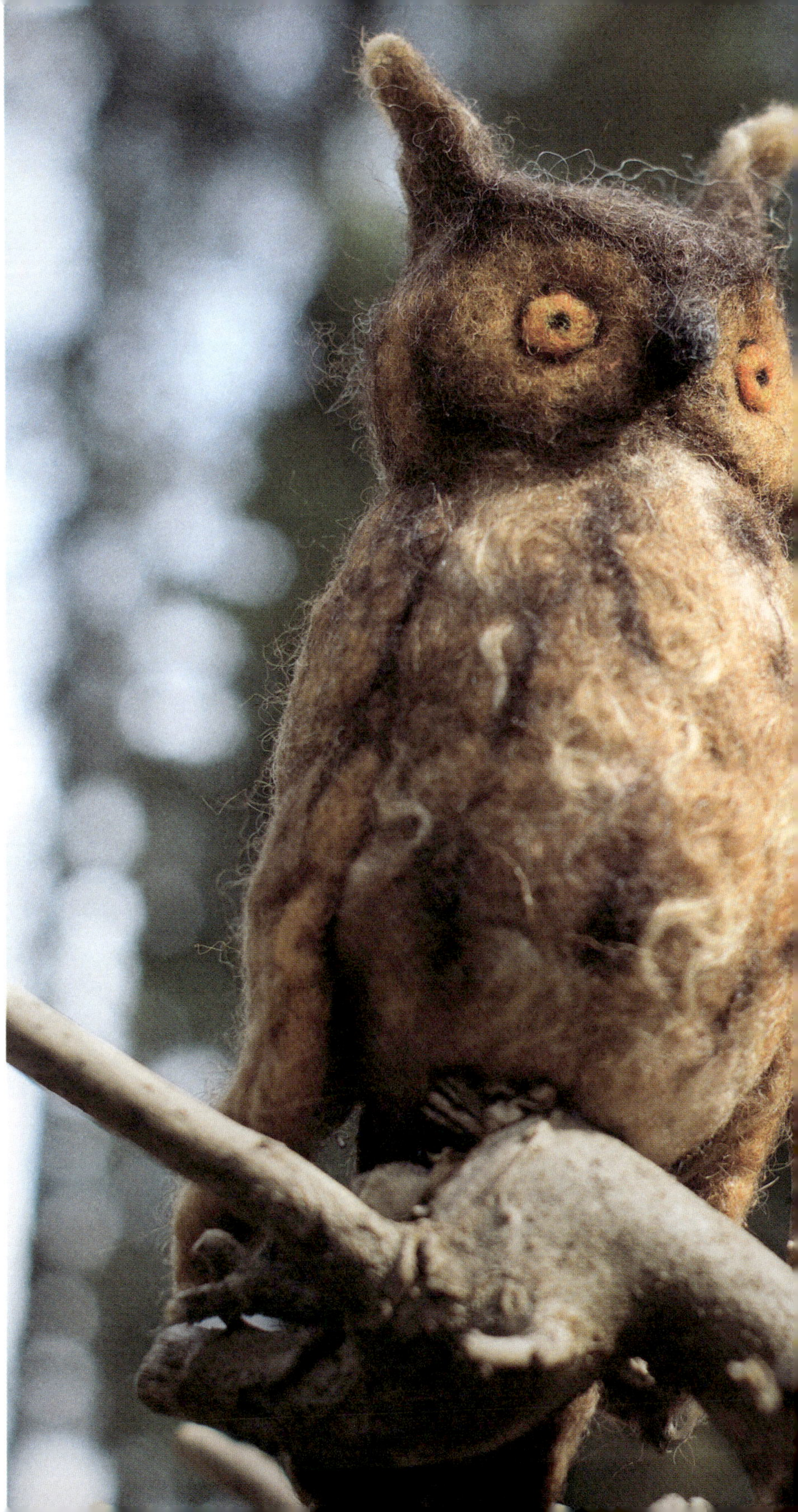

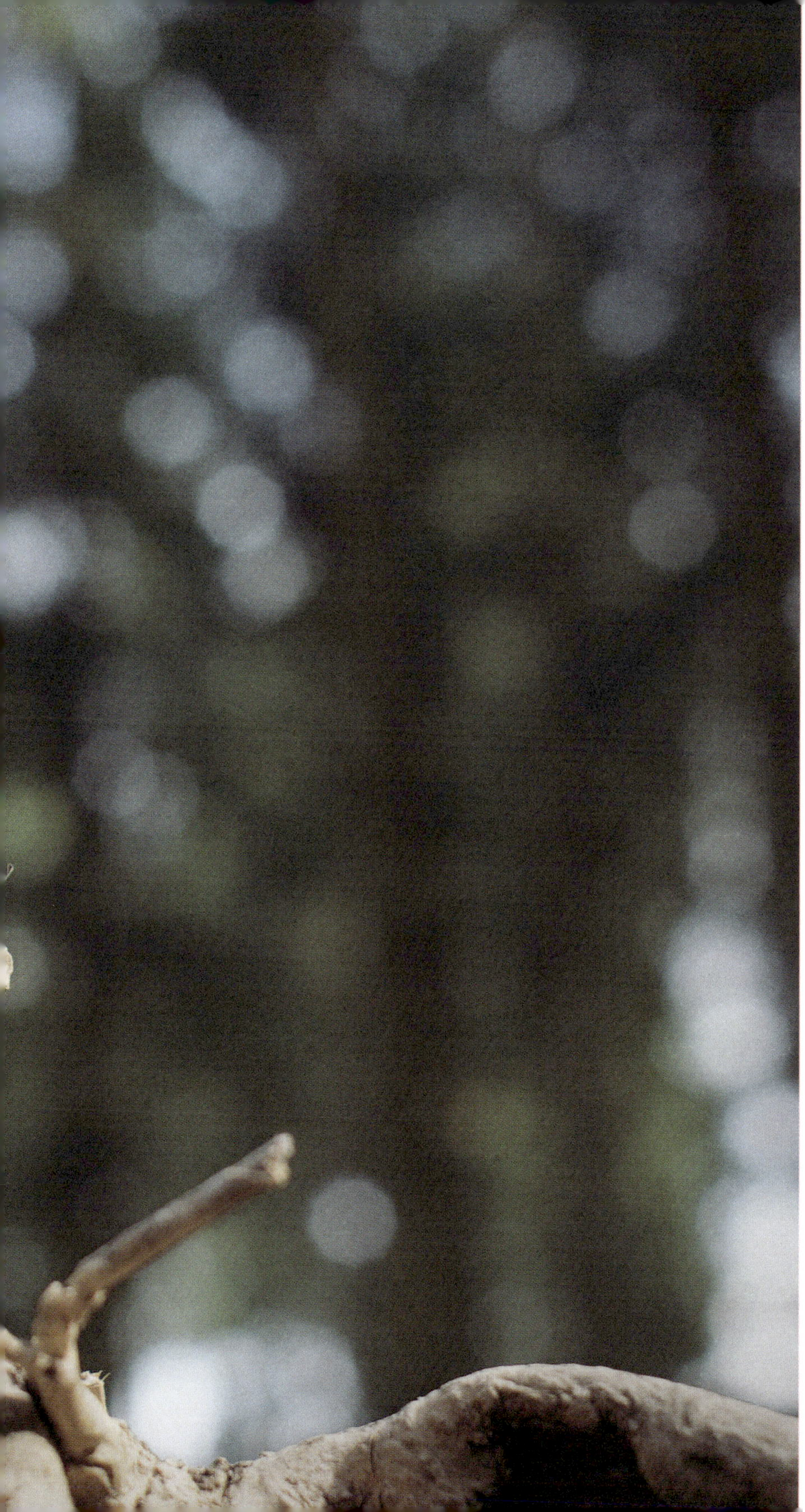

Mit Schwingen in den Lüften

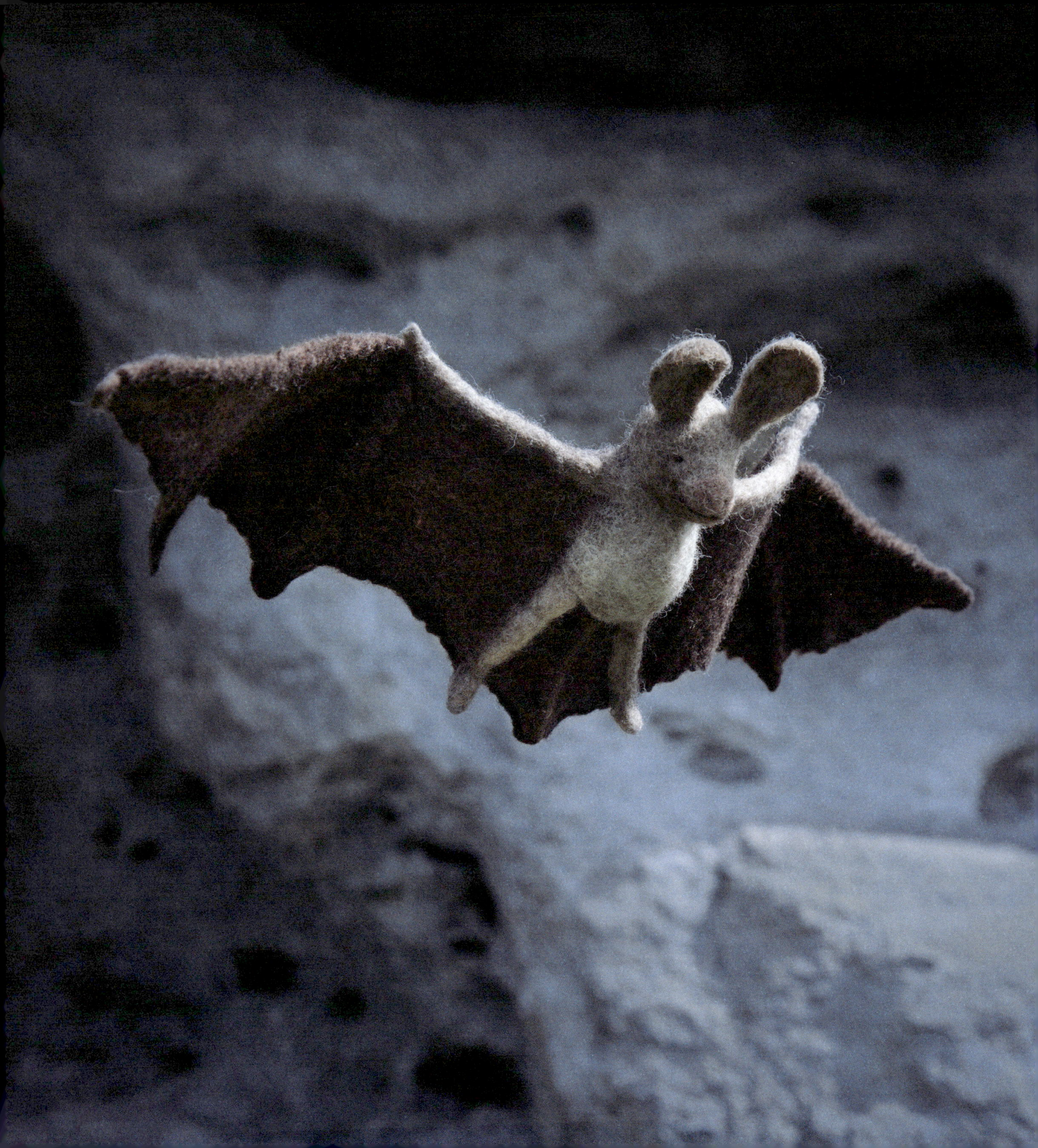

Fledermaus

Die lautlos fliegende Fledermaus ist das einzige Säugetier in Europa, welches fliegen kann. In Wald, Park, Baum- und Buschlandschaften fängt sie Insekten in der Luft. Sie fliegt auf bestimmten Bahnen ihr Revier ab, um Nahrung zu fangen. Gerne nistet sie in Baumhöhlen und Felsspalten, aber auch in Nistkästen, Kirchtürmen und auf Dachböden.

Ihre Ortungslaute gibt die Fledermaus mit Ultraschall von sich, den die Menschen nicht hören können. Während des Schlafens hakt sie sich mit ihren Krallen fest und hängt kopfüber; so verbringt sie auch ihren Winterschlaf. Währenddessen darf es nicht zu warm werden, damit sie nicht aufwacht und kostbare Energie verbraucht.

Im späten Frühjahr kommen ein bis zwei Junge zur Welt. Sie rufen nach ihren Müttern mit auch von uns hörbaren Lauten. Sie bleiben in der «Kinderstube» und werden immer wieder von ihrer Mutter aufgesucht, gesäugt und gewärmt. Nach wenigen Wochen sind sie flügge.

Braunes Langohr••••

Lebensgroß

16 g braun melierte Merinolandschafwolle, braune, weiße, rosa Merinowolle
2 dünne, leicht angerollte Wollstreifen: 30 cm

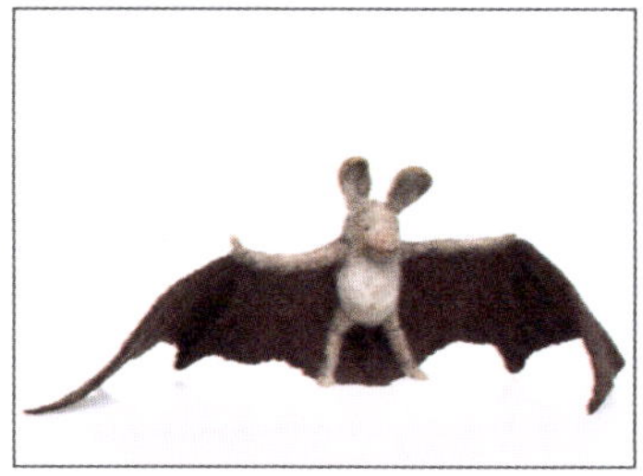

Körperstück: 7 x 7 cm
Beinstück: 9 x 2 cm
Armstück: 17 x 1 cm
Flügelstück: 37 x 23 x 23 cm
Maulstück: 4 x 3 cm
2 Ohrenstücke: 5 x 2 cm

1

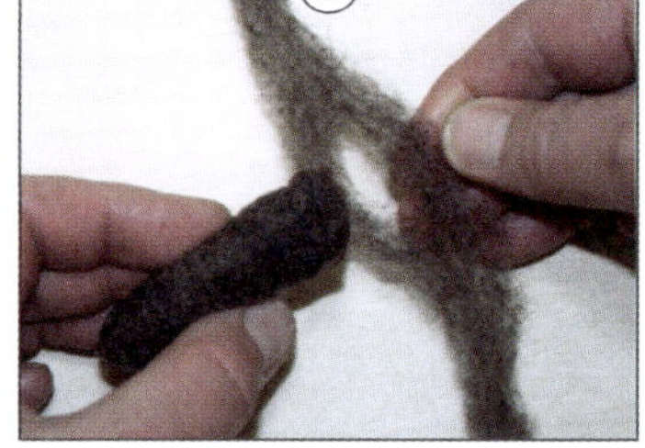

Das Körperstück aufrollen und die «Arme» ansetzen.

2

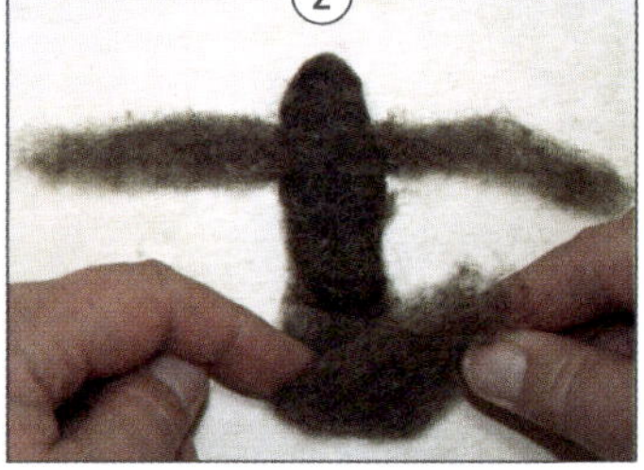

Die «Beine» ansetzen.

3

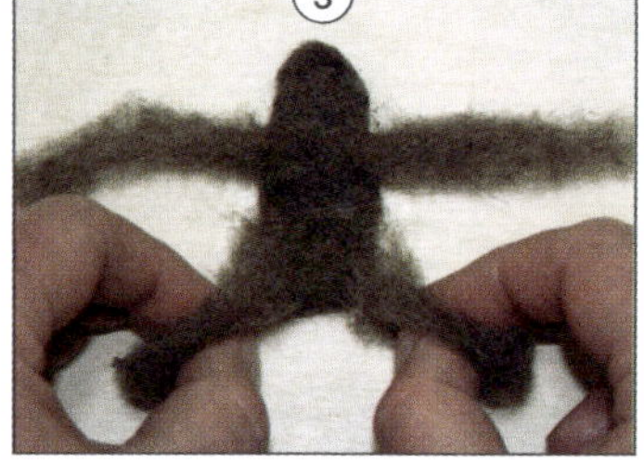

Die «Beine» teilen. Das zusammengerollte Maulstück auflegen und mit einer Flocke verbinden.

4

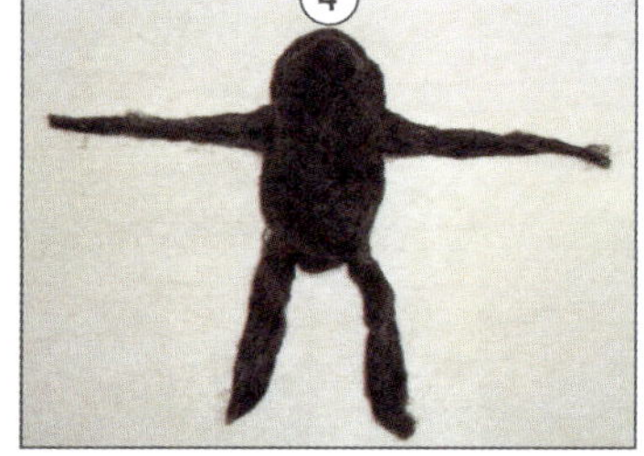

Mit 4 Flocken den Maulansatz verstärken. Den Bein-/Armansatz mit je 1 Flöckchen, den Körper mit 4 Flöckchen aufbauen.

5

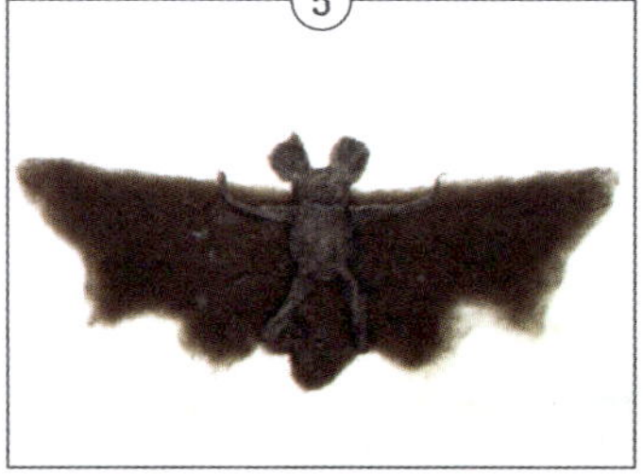

1 Flöckchen zwischen die angesetzten Ohren, 2 über den Hinterkopf zur «Wange», 3 auf den Bauch legen. Den Körper auf die Flügel legen.

6

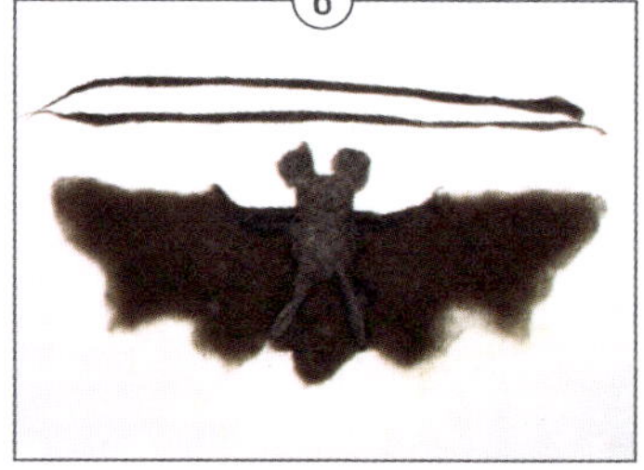

Die Flügelkante über die Arme schlagen, die «Handspitze» schaut dabei heraus. Die Schnüre für die Flügelknochen vorbereiten, leicht anrollen.

7

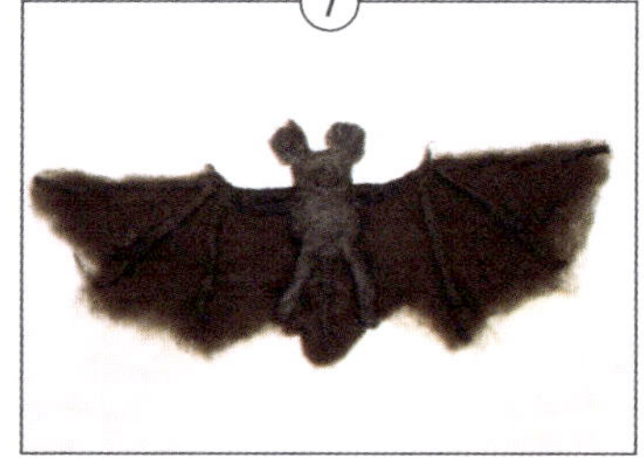

Schnüre schneiden, 1 Schnur zwischen die Beine, ab der Handspitze 1 Schnur als Armverlängerung, 2 Schnüre schräg zur unteren Kante legen.

8

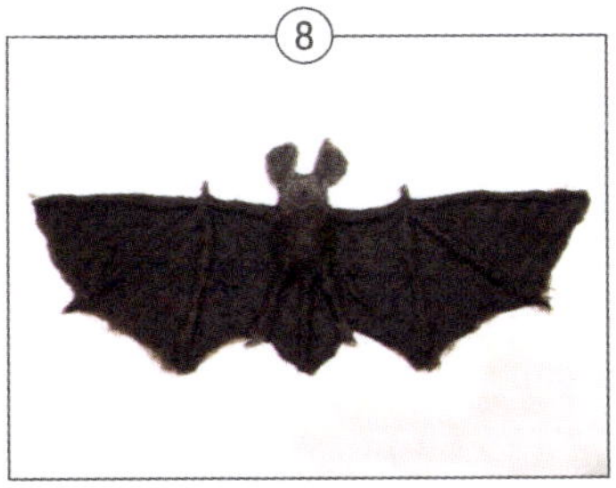

Die Flügelkante über die Armverlängerung legen. Arme, Beine, Bauch und Flügelknochen mit je einem Streifen auf dem Flügel fixieren.

9

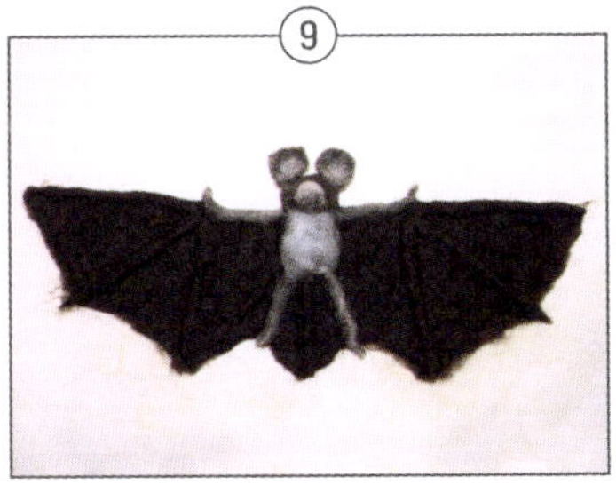

Rosa in die Ohren geben, auf die Schnauze und auf «Arme und Beine» legen, Weiß auf den Bauch legen.

10

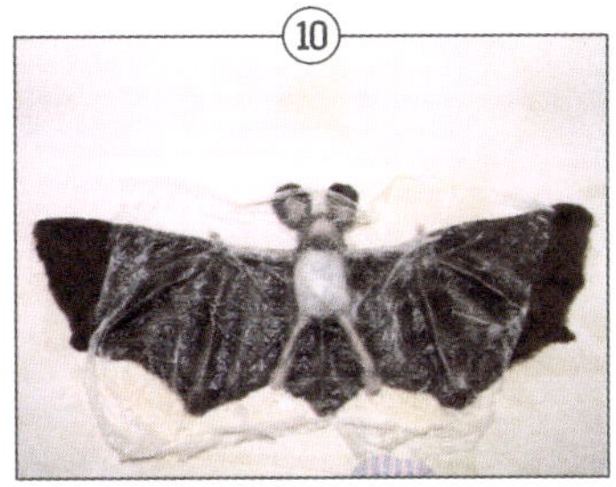

Mit einer Plastikfolie anfilzen.

11

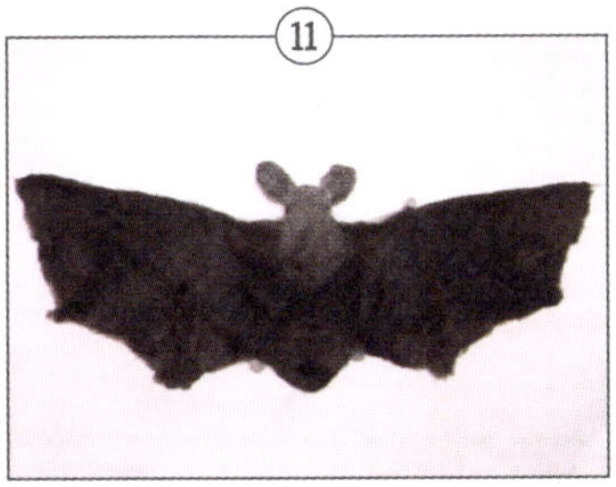

Ein braun meliertes Flöckchen auf den Rücken legen und Rückseite anfilzen.

12

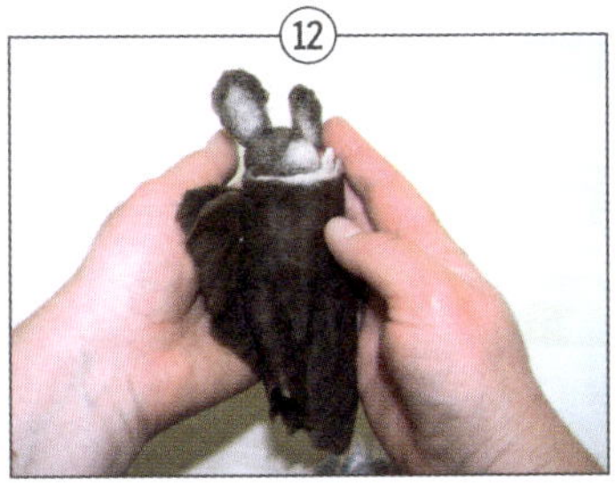

Die Flügel zusammengeklappt vorsichtig rollen. Die Kanten in Form reiben.

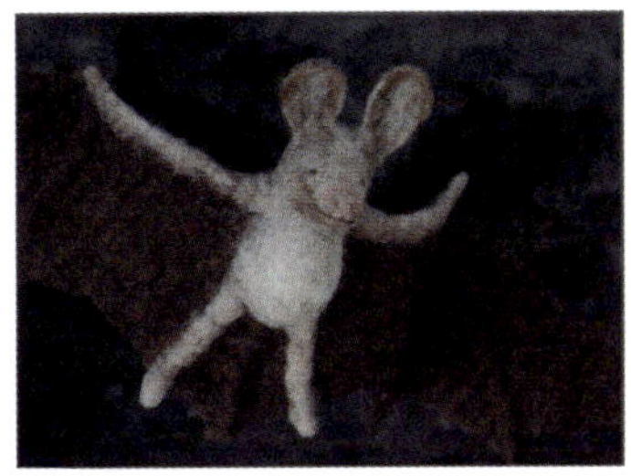

Fertige Fledermaus

Die Beschreibung für eine Fledermaus im Miniaturformat befindet sich auf S. 180.

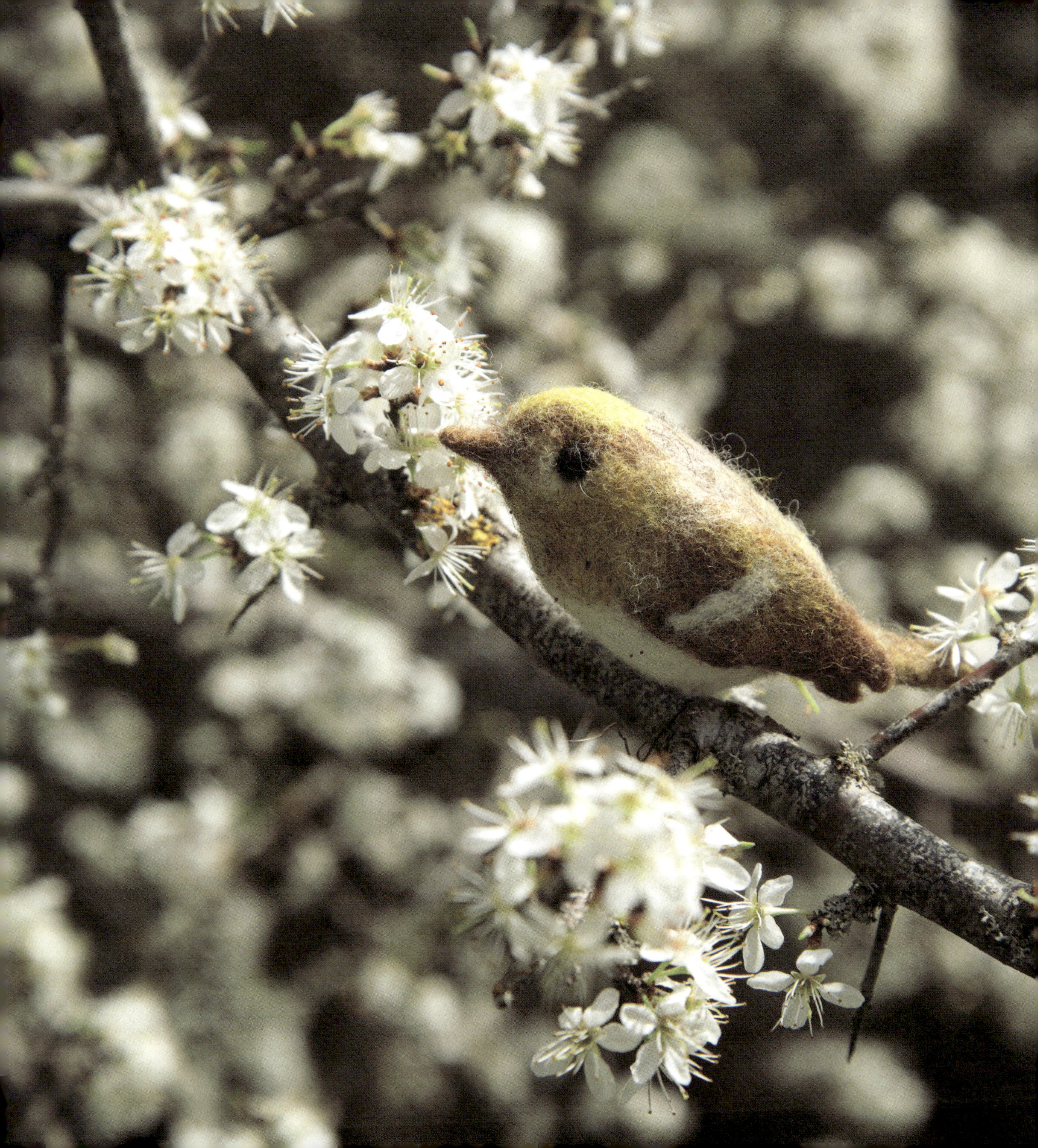

Singvögel

Das goldige Wintergoldhähnchen ist, zusammen mit dem Sommergoldhähnchen, unser kleinster Vogel. Es hat ein sehr zartes Stimmchen, das hauptsächlich im Winter auffällt, wenn das Goldhähnchen in Gruppen durch die Lande zieht. Fast ausschließlich in Fichtenwäldern sucht es nach Insekten. Seine Nester baut es zwischen herabhängenden Fichtenzweigen.

Die niedliche Blaumeise ist in Wäldern, Parks und Gärten zu Hause. Sie ist wenig scheu und lässt sich aufgrund ihres farbigen Gefieders gut beobachten. Im Frühjahr stehen Weidennektar, Knospen und Blüten, im Sommer Insekten und Spinnen, im Herbst Beeren und Samen auf ihrem Speiseplan. Gerne nimmt sie Nistkästen an und ist ein häufiger Gast an Futterplätzen.

Das neugierige Rotkehlchen ist im Unterholz von Wäldern und Gärten zu Hause. Auf dem Boden hüpfend sucht es nach Würmern, im Herbst und Winter frisst es auch Beeren. Sein Nest baut es im dichten Bodenbewuchs oder in kleinen Hohlräumen. Beobachten wir im Spätwinter ein männliches Rotkehlchen, wie es sich dick aufplustert, friert es nicht etwa, sondern möchte damit seine Rivalen beeindrucken.

Singvögel ohne Beine•••

Lebensgroß. Detaillierte Anleitung: siehe «Rotkehlchen mit Beinen», S. 126ff.

(1)

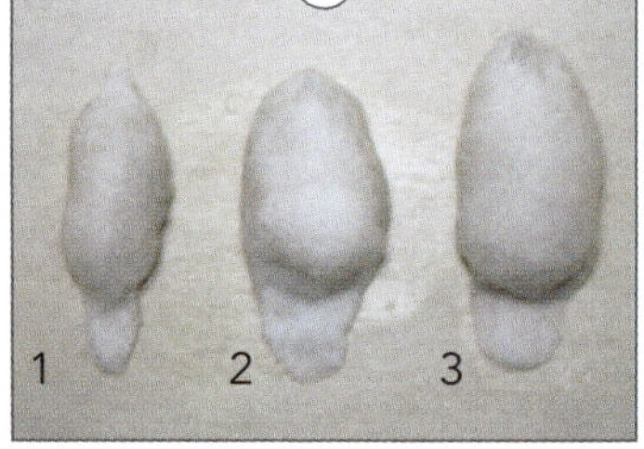

Anfangsrolle formen:
1: Wintergoldhähnchen,
2: Blaumeise, 3: Rotkehlchen.
Jeweils Schwanz und Schnabel herausziehen, Bauch aufbauen.

(2)

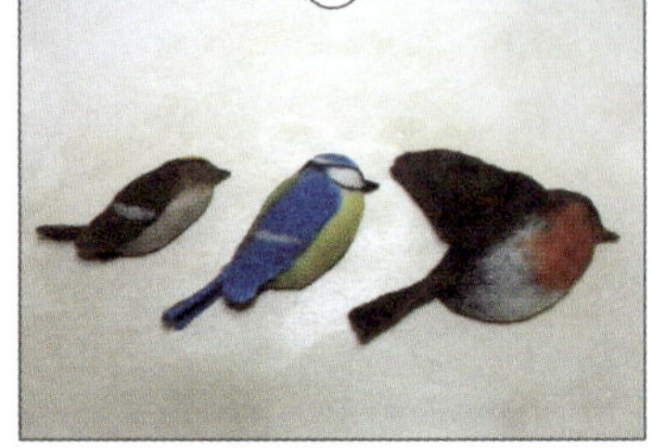

Die Vögel sind fertig aufgebaut. Nach dem Filzen zum Befestigen anstelle von Beinchen einen dünnen Draht durch den Unterbauch schieben oder aufhängen.

Wintergoldhähnchen•••

Lebensgroß

4 g weiße, braune, gelbe Merinowolle, Braun-Gelb-Mischung
dünner Messingdraht

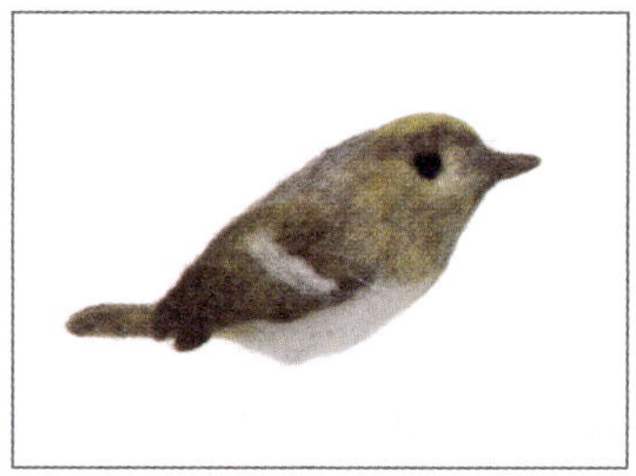

Körperstück: 11 x 6 cm
Schwanzstück: 5 x 1,5 cm
2 Flügelstücke: 4 x 2 cm

(1)

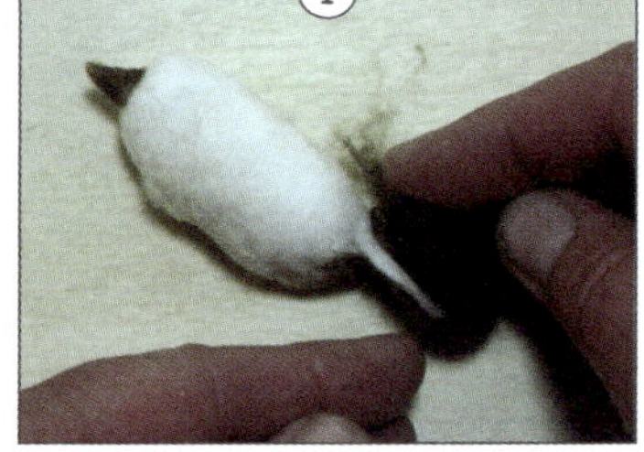

Den Schwanz mit braun und gelb gemischter Wolle ansetzen.

Blaumeise•••

Lebensgroß

6 g weiße, blaue, grüne, schwarze, hellgelbe Merinowolle
dünner Messingdraht

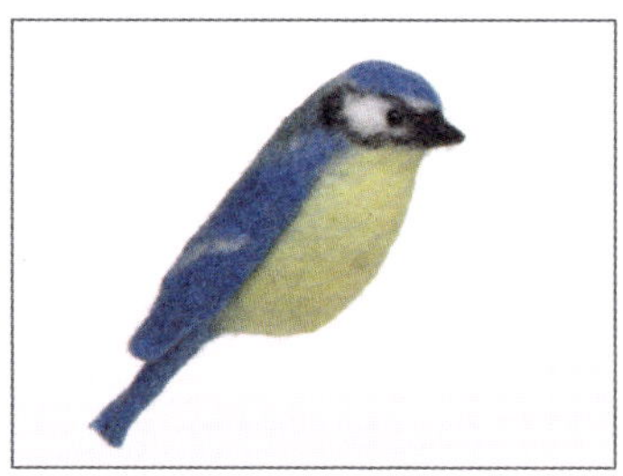

Körperstück: 13 x 8 cm
Schwanzstück: 2 x 9 cm
2 Flügelstücke: 6 x 4 cm

(1)

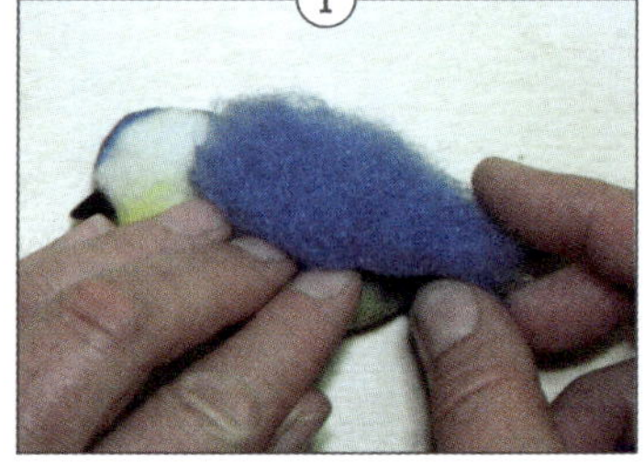

Die Flügel ansetzen.

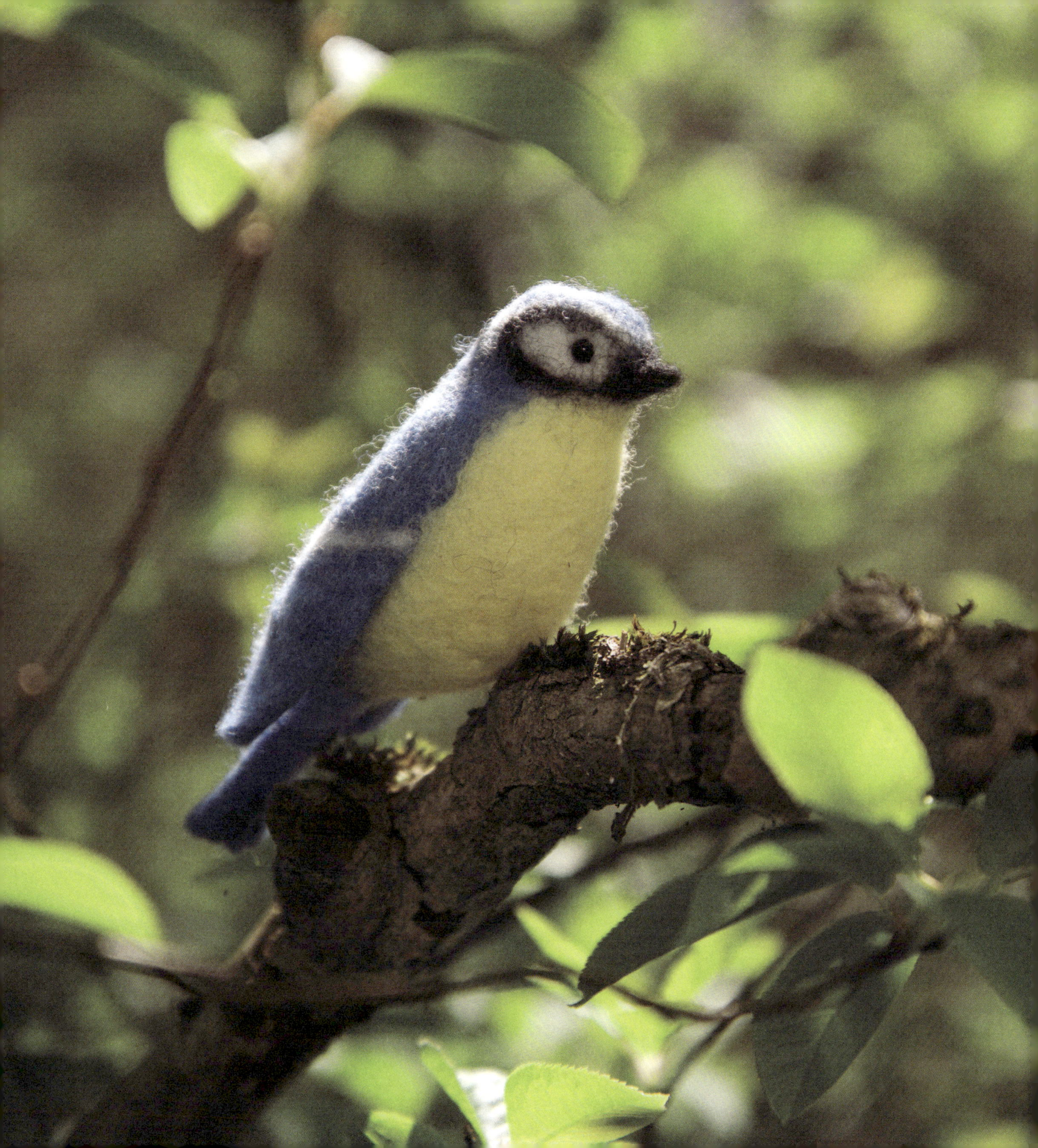

Rotkehlchen, sitzend und fliegend•••

Lebensgroß

8 g weiße, braune, rostbraune, graue Merinowolle
dünner Messingdraht oder Nylonschnur zum Aufhängen

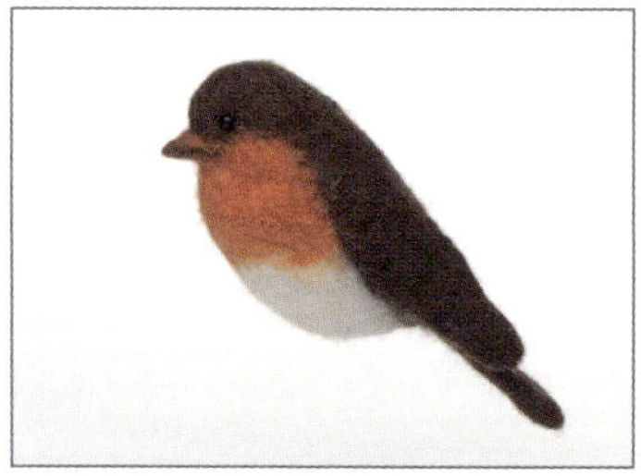

Körperstück: 14 x 8 cm
Schwanzstück: 2 x 10 cm
2 Flügelstücke:
  fliegend: 5 x 14 cm
  sitzend: 4 x 7 cm

1

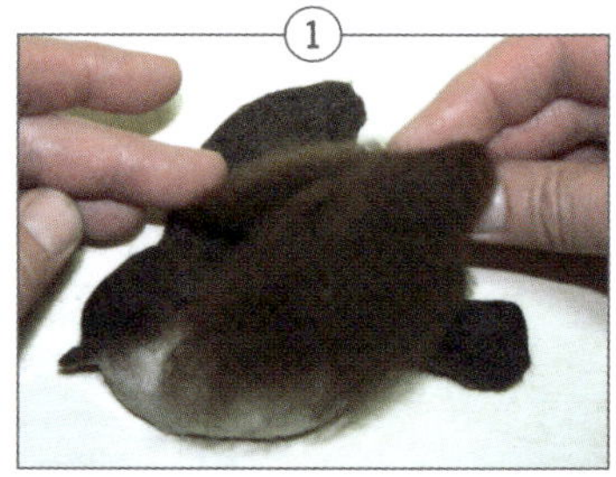

Die Flügel in Flugposition ansetzen.

2

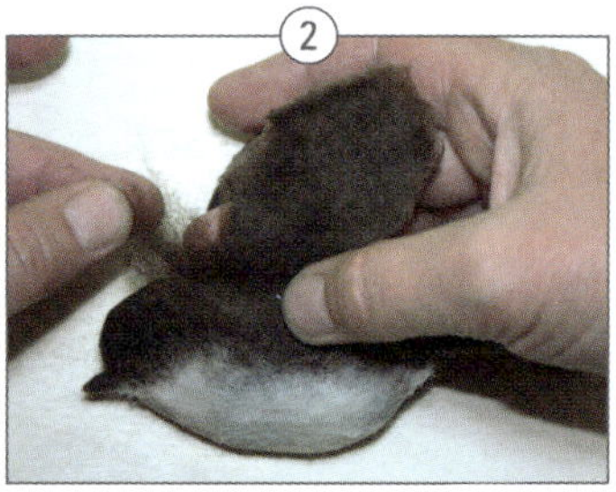

Die Flügel vorne und hinten mit je 2 Flöckchen verbinden.

3

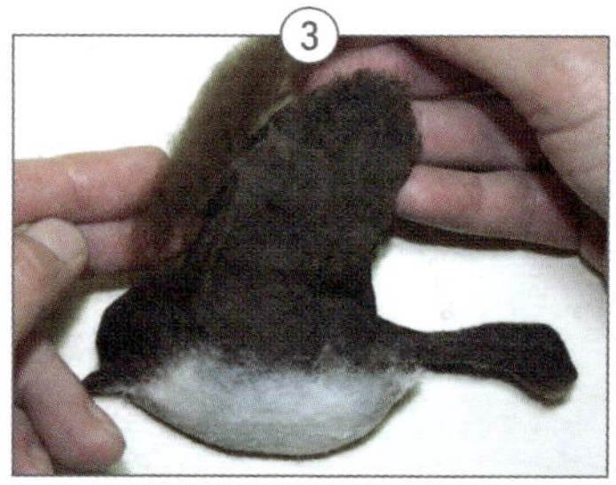

Die vordere Kante mit einem Wollstreifen verstärken.

4

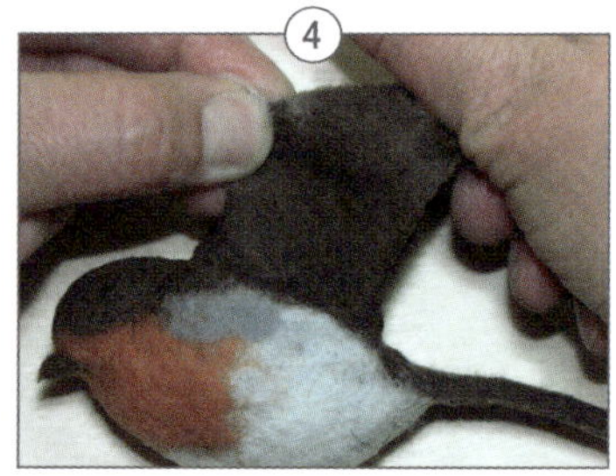

Die Flügelspitzen schmal walken.

5

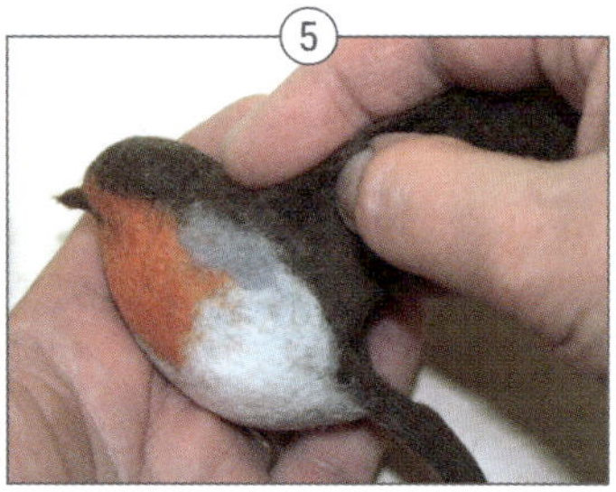

Die Flügelbogen einwalken.

6

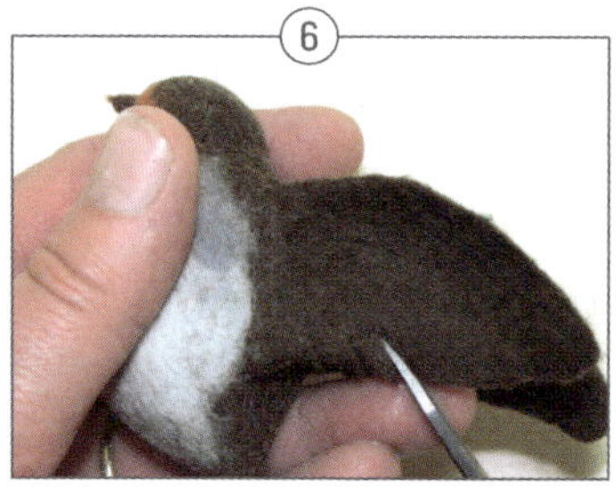

Die «Federn» einschneiden und nochmals überfilzen.

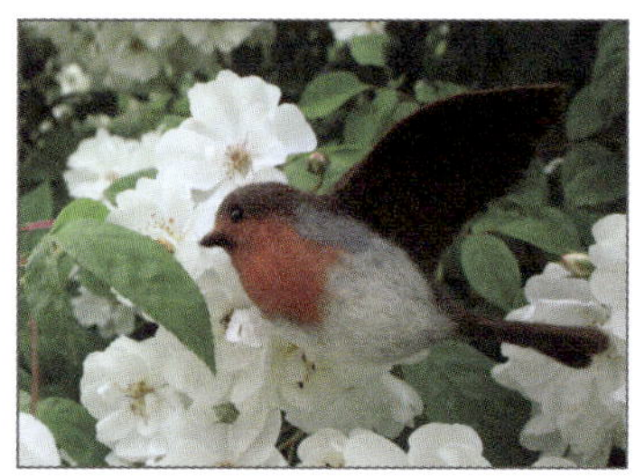

Fertiges Rotkehlchen

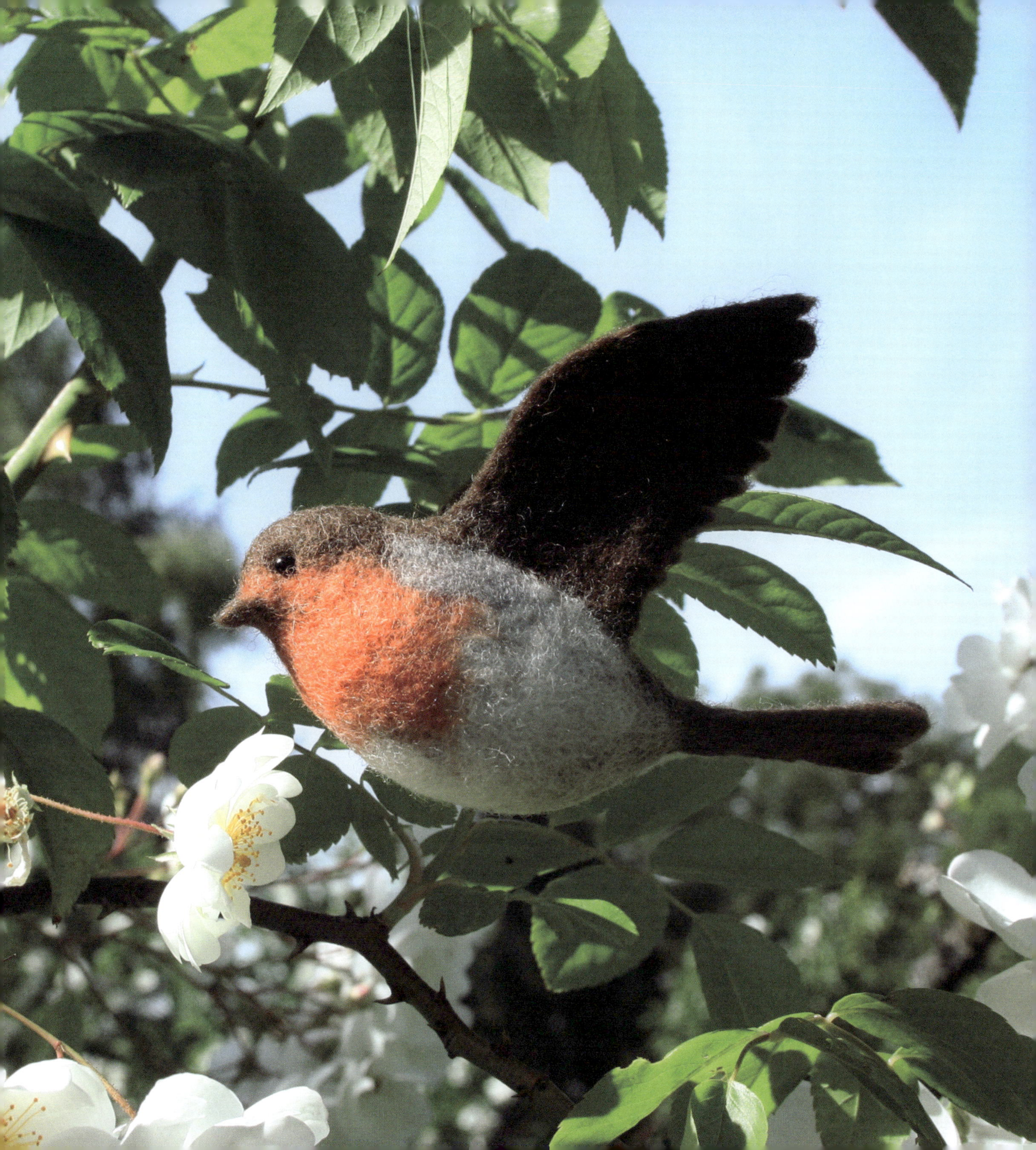

Rotkehlchen mit Beinen••••

Hauptanleitung Singvögel

lebensgroß

8 g weiße, mittelbraune, hellgraue, rotbraune, rosa Merinowolle
4 Eisendrahtstücke 0,6 mm
Holzleim

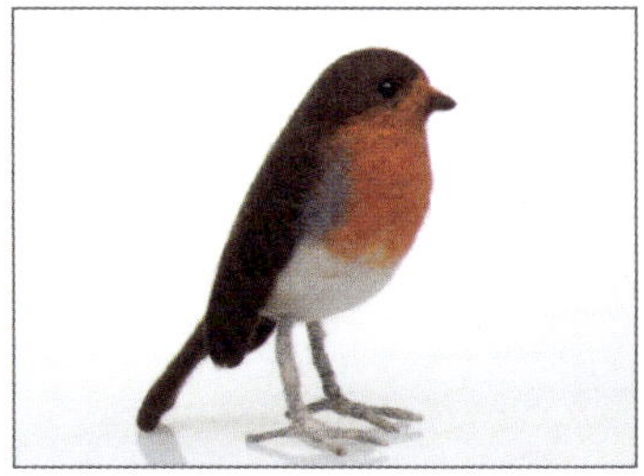

4 Drahtstücke: 15 cm
Anfangsstück: 17 x 7 cm
Schwanzstück: 12 x 2 cm
2 Flügelstücke: 7 x 4 cm

1

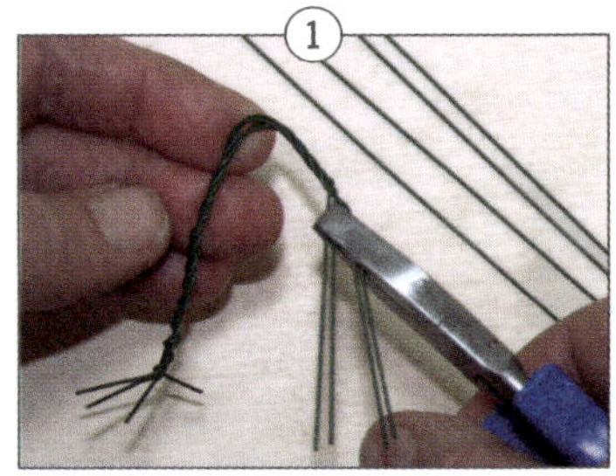

4 Drahtstücke in der Mitte biegen, die Seiten mit der Flachzange verdrehen. Die Krallen gleichmäßig abknipsen, die mittlere Kralle länger lassen.

2

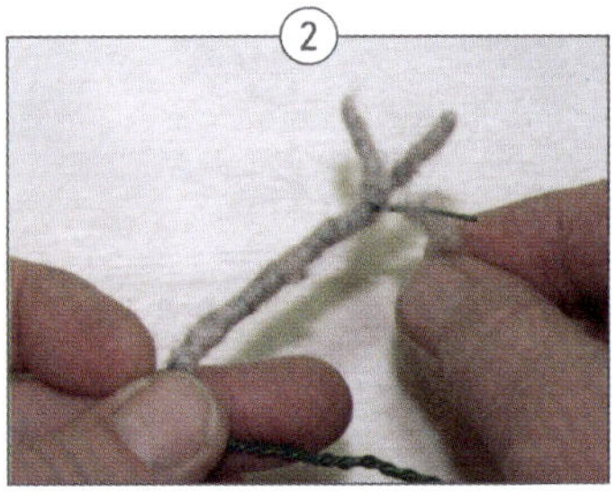

Mit Holzleim einstreichen, dünn mit rosa und grau gemischter Wolle umwickeln.

3

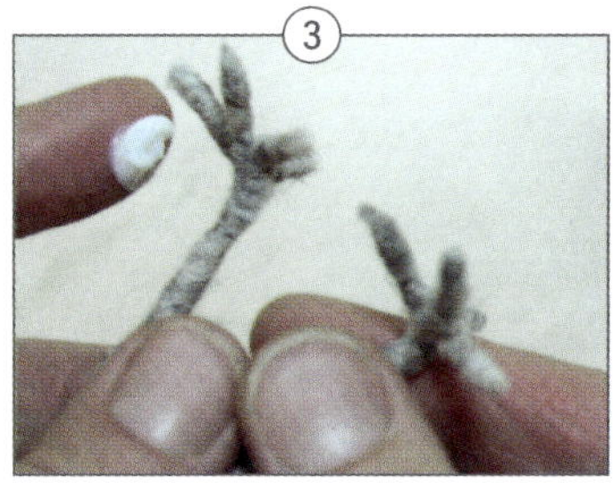

Die umwickelten Beine und Krallen nochmals mit Holzleim einstreichen und trocknen lassen.

4

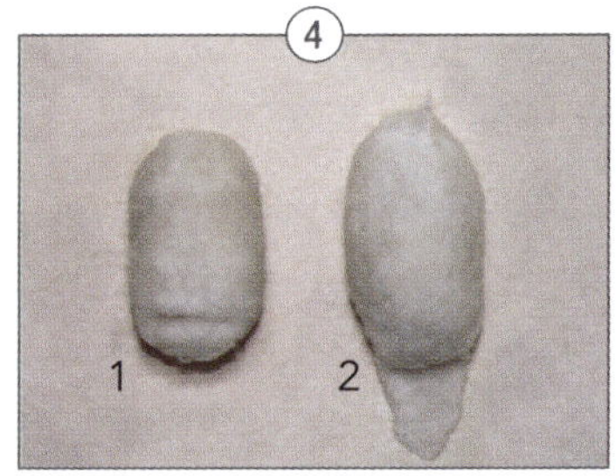

1. Anfangsrolle mit eingeschlagenen Seiten.
2. Anfangsrolle mit herausgezogenem Schwanz und Schnabel.

5

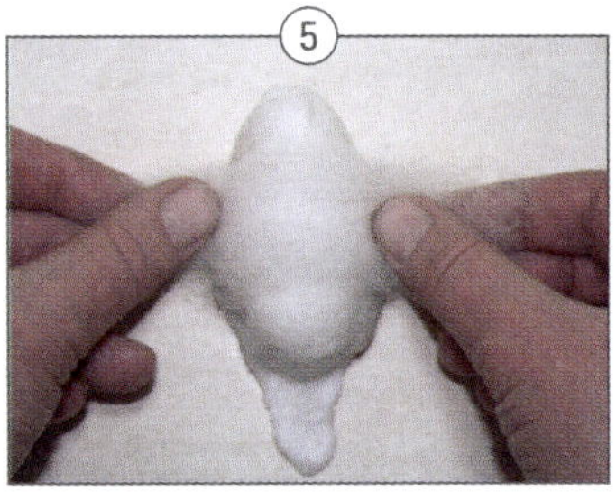

Mit 2 kurzen Flöckchen den Kopf und 11 längeren Flöckchen den Körper aufbauen.

6

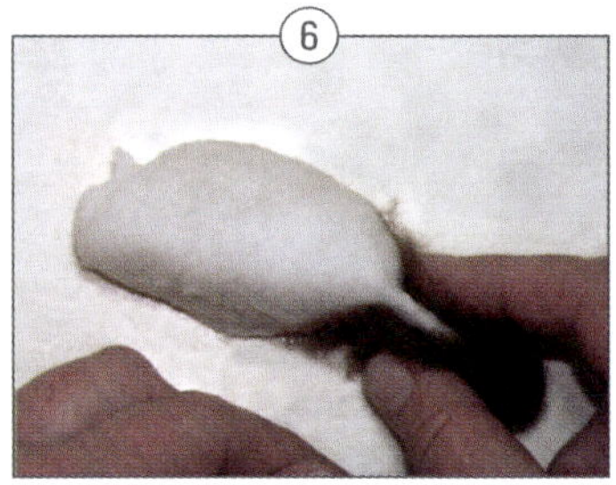

Ein braunes Schwanzstück an Bauch und Rücken befestigen, befeuchten und dabei seitlich am Schwanz die Fasern einstreichen.

7

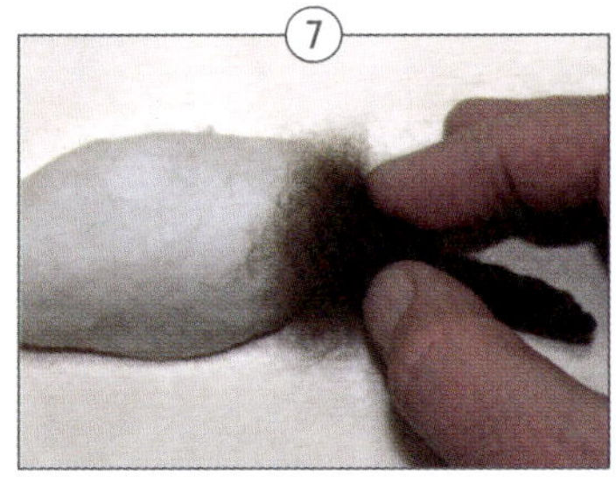

Den Schwanzansatz mit 2 Flöckchen seitlich belegen, das Schwanzende mit 2 Flöckchen verstärken.

8

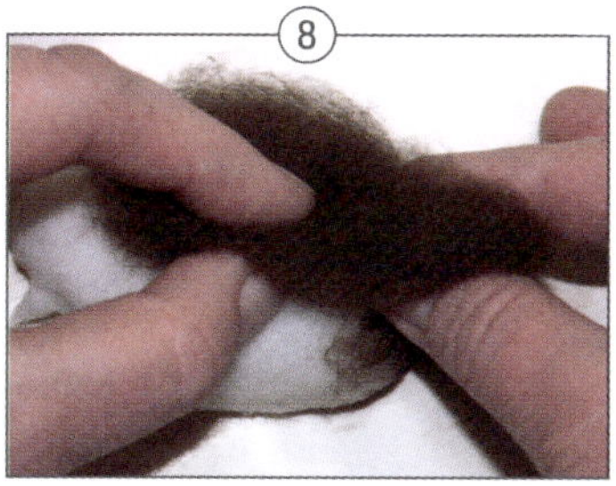

Die braunen Flügel seitlich ansetzen, die Kante zur Brust und zu den Flügelenden umschlagen. Die Spitzen mit einem Flöckchen verstärken.

9

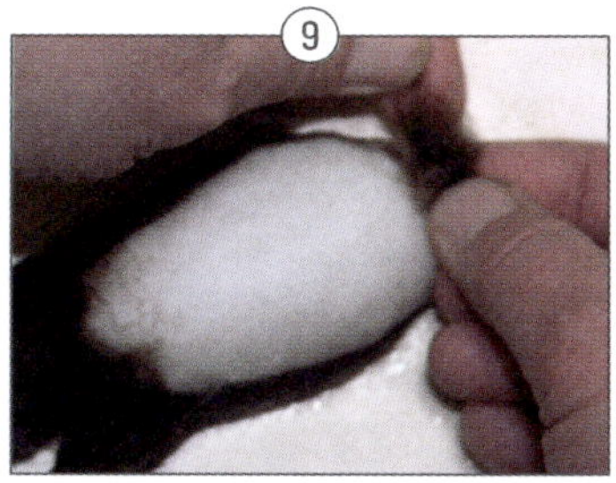

Den Schnabel dünn mit Braun umwickeln. Kopf und Rücken braun abdecken.

10

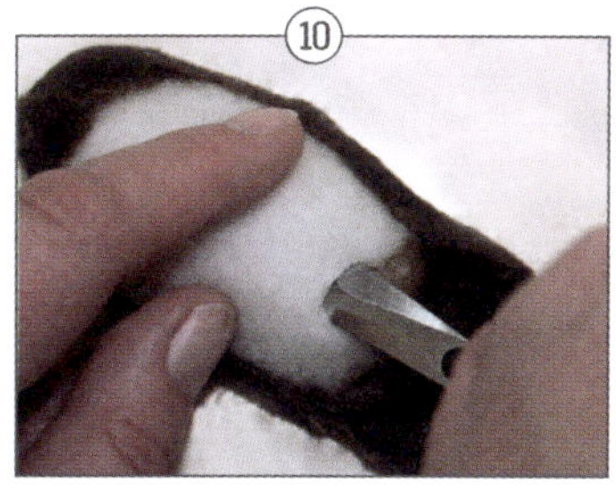

Am unteren Bauch mit spitzer Schere ein ca. 3 cm tiefes Loch einschneiden.

11

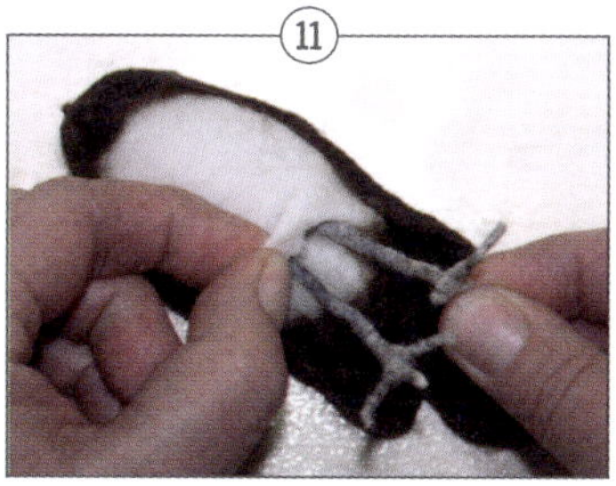

Die Vogelbeine am Bogen gut 3 cm tief hineinschieben.

12

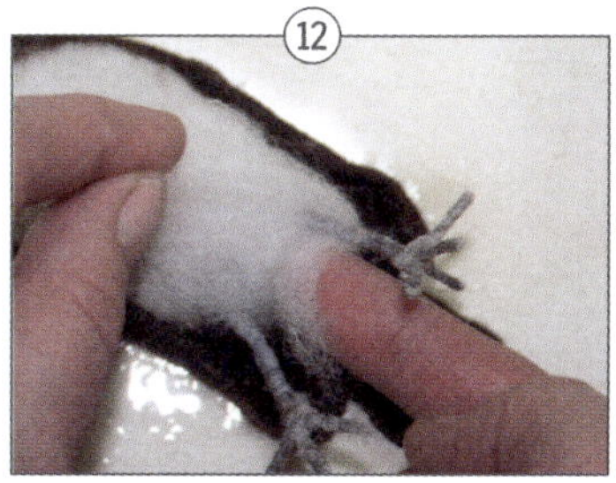

3 Flöckchen Wolle ins Loch stopfen.

13

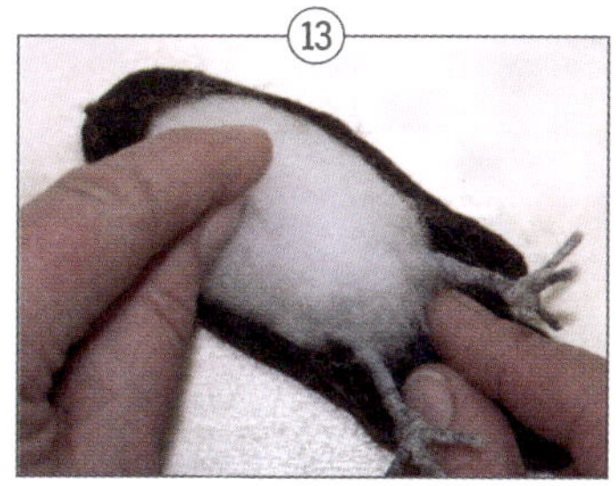

Mit 4 Flocken zwischen den Beinen abdecken, jedes Bein mit 2 Flöckchen verbinden.

14

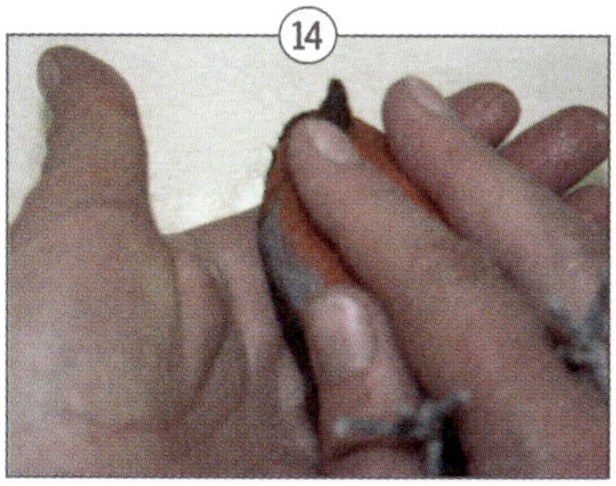

Den Unterbauch beige, die Brust, über dem Schnabel und seitlich am Kopf rostfarben, am Flügelansatz grau färben. In Rückenlage anfilzen.

15

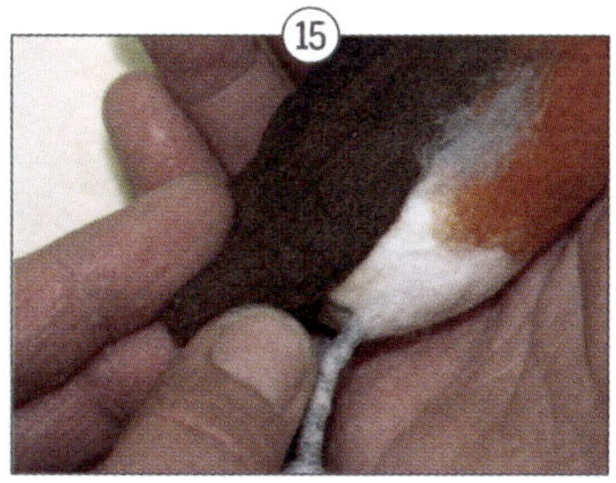

Die Flügelspitzen schmal walken.

16

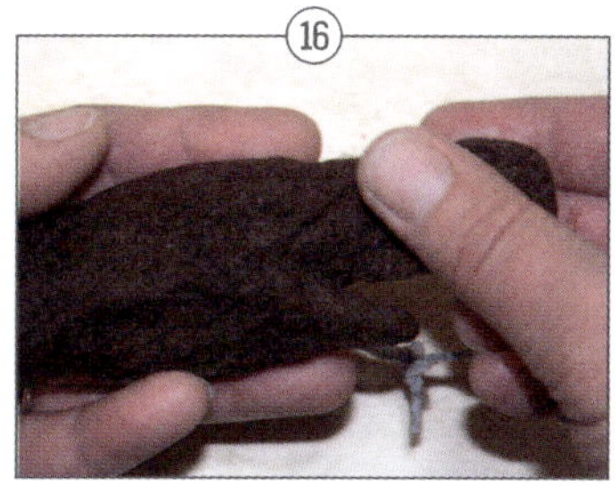

Den Schwanz schmal walken.

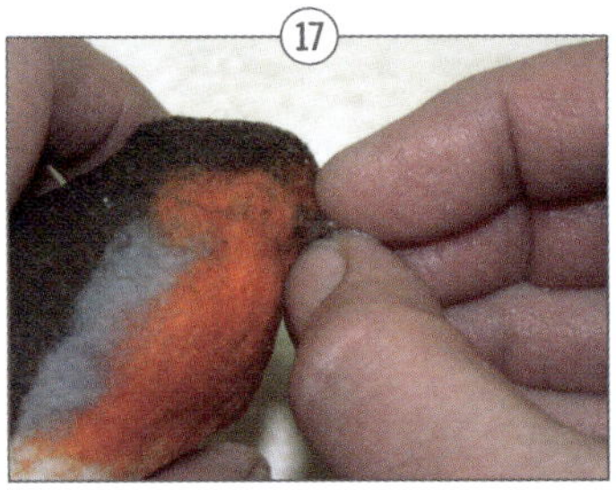

Den Schnabel durch häufiges Zusammendrücken in Richtung Kopf schmal walken.

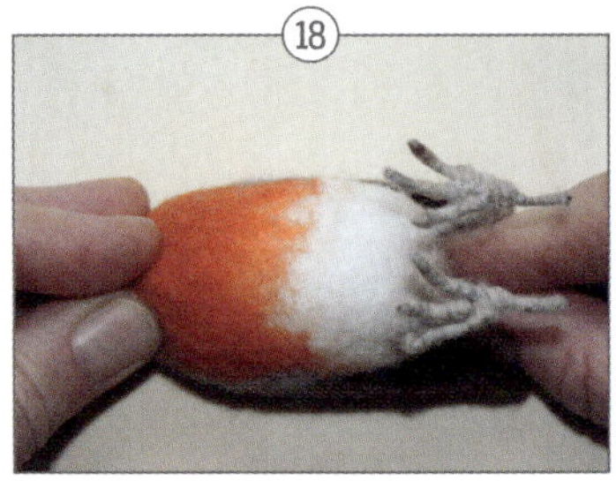

Den Kopf walken. Immer wieder Kopf und Körper zusammenschieben.

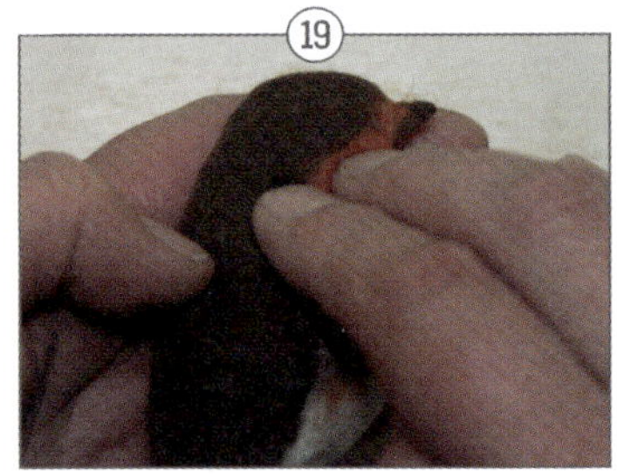

Den Hals seitlich und von vorne vertiefen.

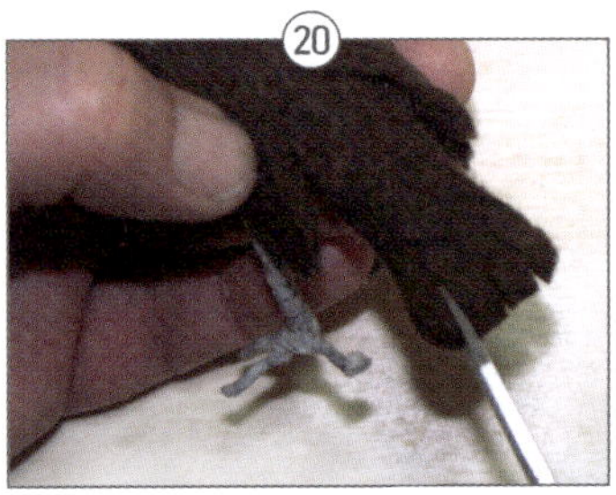

Die Flügelenden zweimal, das Schwanzende dreimal einschneiden und noch mal überfilzen.

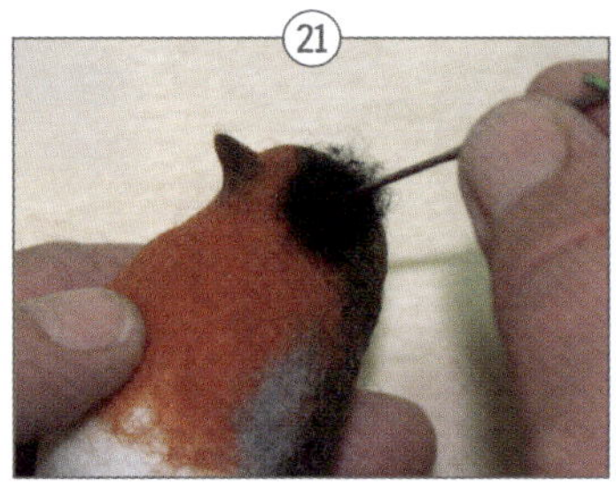

Ein schwarzes Flöckchen auflegen.

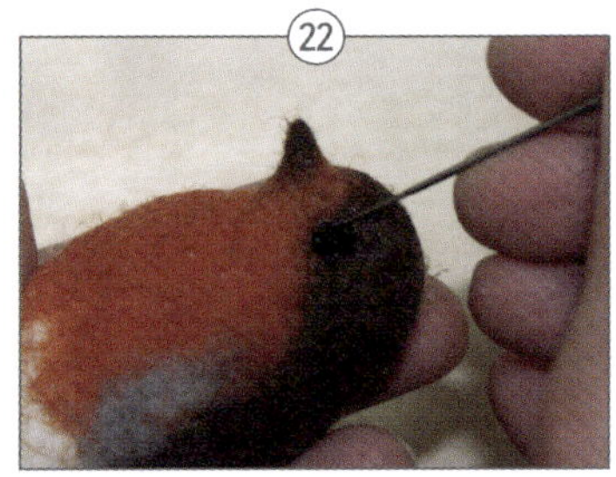

Das Auge rund nadeln oder Perlen aufnähen.

Weitere Vogelbeispiele befinden sich im Kapitel «Miniaturen» (S. 182 – 183): Specht, Rabe und Amsel, außerdem Uhu, Waldkauz, Blaumeise und Rotkehlchen im Miniaturformat.

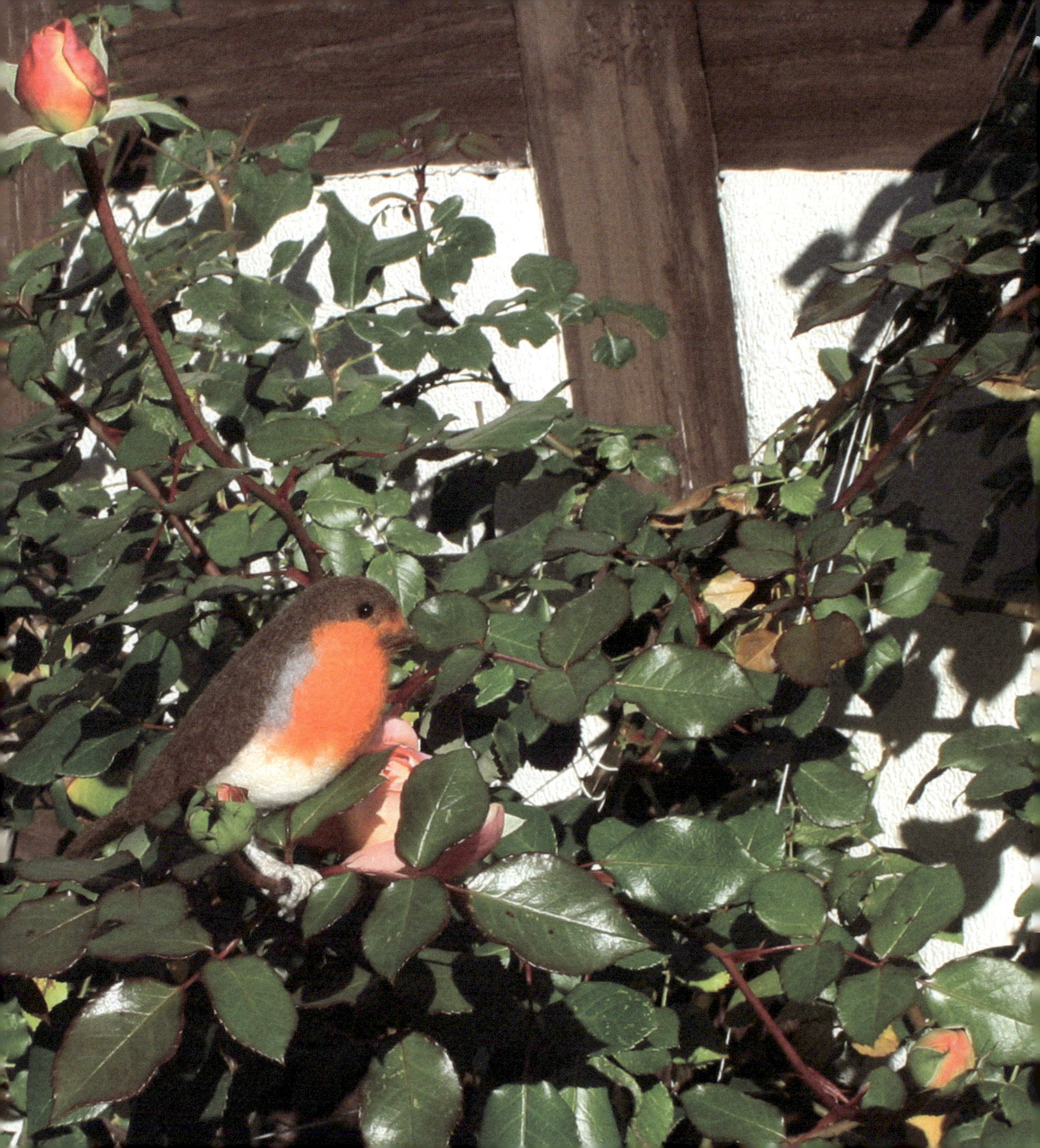

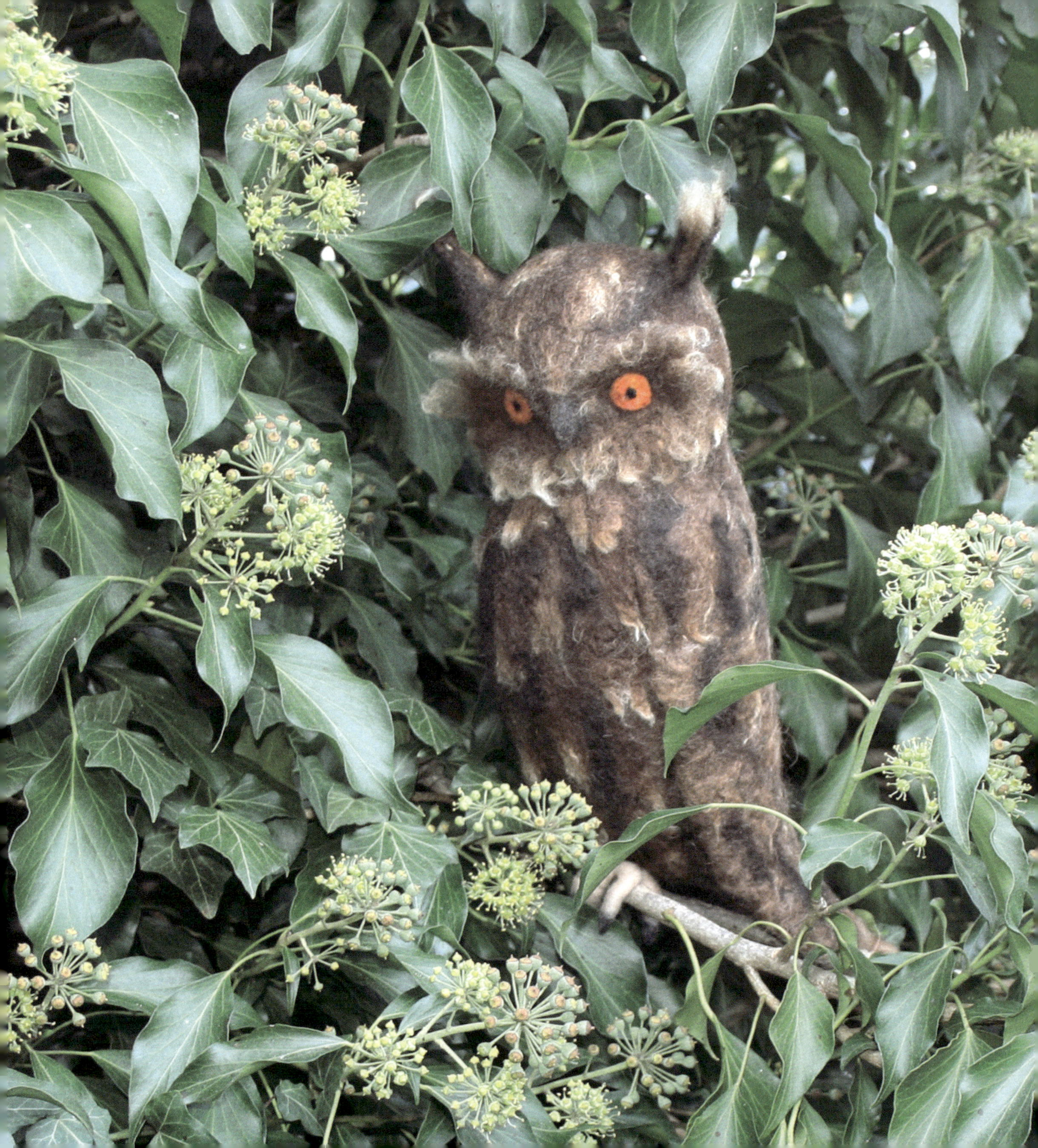

Uhu, Waldkauz und Waldohreule

Der majestätische Uhu ist mit gut 60 cm unsere größte Eulenart. In alter Zeit galt er als weiser Vogel. Im Herbst und im Spätwinter kann man ihn ein tiefes «Buuuh» rufen hören. Er lebt im Wald und nistet gerne an Steilhängen und in Felsnischen. Der Uhu kann andere Vögel und Säugetiere bis zu Rehkitzgröße erbeuten, seine Hauptnahrung besteht jedoch aus kleineren Tieren. Mit seinen orangefarbenen Augen wirkt sein Blick durchdringend. Eulen können ihre Augen nicht bewegen, dafür aber den Kopf bis auf den Rücken drehen.

Der Waldkauz ist weit verbreitet, vom Tiefland bis ins Gebirge, und lebt sogar in Städten. Er wird etwa 40 cm groß. Bei der Wahl seines Brutplatzes ist er nicht wählerisch. Er nistet in Baum- oder Erdhöhlen, in Fels- und Gebäudenischen oder auf Dachböden. Er ist ein Dämmerungs- und Nachtjäger. Durch seine mittelgroße, runde Form und mit seinen dunklen Augen wirkt der Waldkauz freundlich und lieb. Der Ruf des Männchens – «Huuu-hu-uuuuu» – ist vielen vertraut. Das Weibchen ruft häufig «kuit».

Die Waldohreule hat auffallend große Federohren. Wie ihr Name schon sagt, lebt sie überwiegend im Wald. Auffällig ist der Gesichtsschleier, der der Verstärkung der Hörleistung dient. Sie hat mit bis zu 36 cm fast die Größe des Waldkauzes, ist aber wesentlich schlanker. Wie es typisch für nachtaktive Tiere ist, hat sie leuchtend orangefarbene Augen. Mäuse sind ihre Hauptbeute, aber auch kleine Vögel wie Sperlinge oder Grünlinge werden gejagt.

Uhu••••

Fast lebensgroß,
den Kopf zur Seite gedreht

200 g braune Bergschafwolle, braune, dunkelbraune Bergschafstapelwolle, orange, schwarze, beige, dunkelgraue Merinowolle
Kupferdraht: 0,5 mm für die Krallen

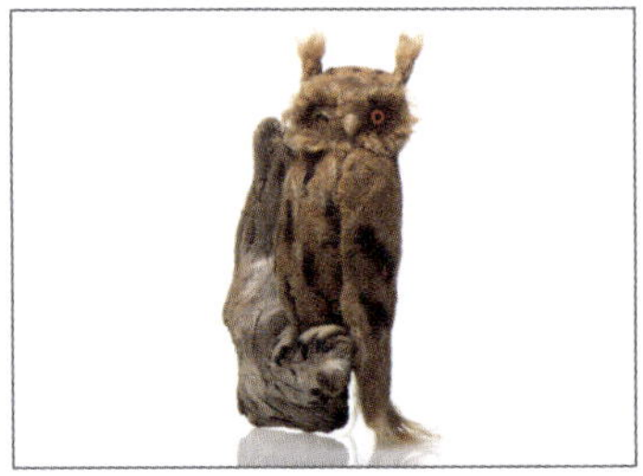

Krallendrahtstück: 92 cm
Körperstück: 47 x 42 cm
2 Flügelstücke: 30 x 12 cm
Schwanzstück: 30 x 7 cm

1

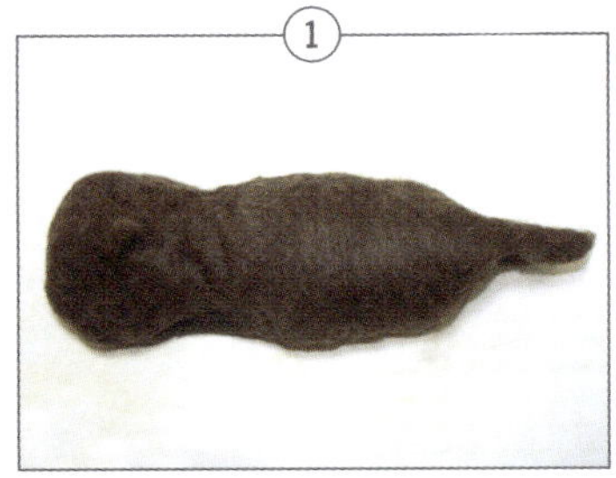

Den «Hals» aus der kompakten Körperrolle ziehen und alles befeuchten. Den Schwanz unten, den Schnabel seitlich oben herausziehen.

2

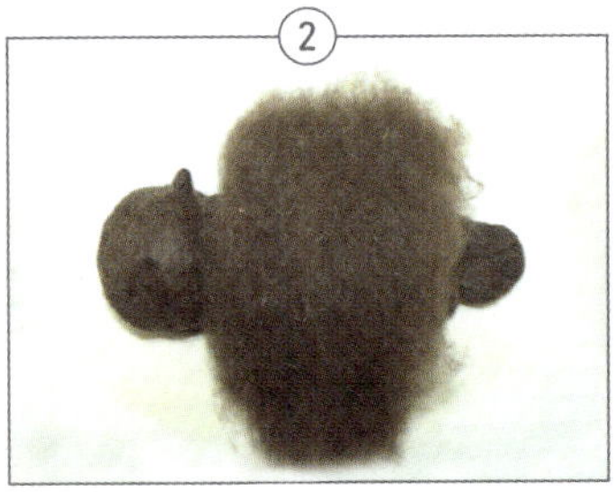

Die Brust mit 5-6 großen dicken Vliesstücken aufbauen.

3

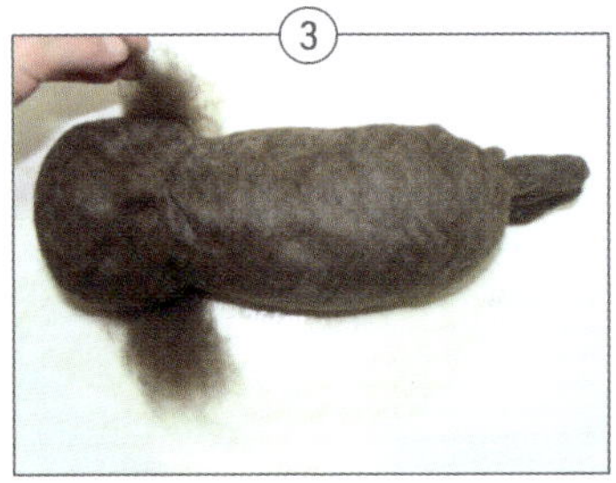

Den Kopf mit je 3 Vliesstücken von hinten nach vorne und von oben aufbauen.

4

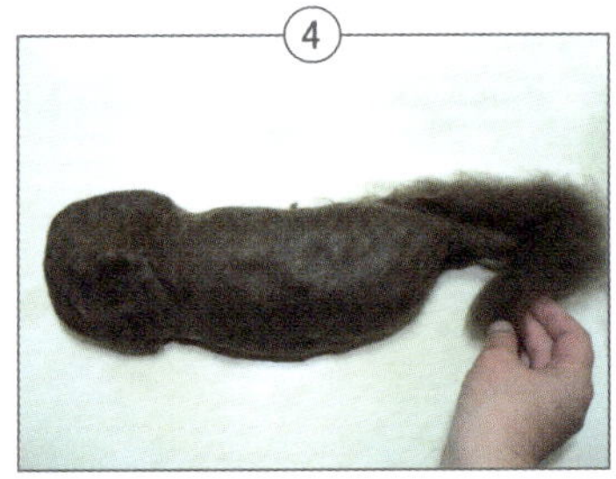

Den Schwanz ansetzen. Die Brust mit 6 Flocken fertig aufbauen.

5

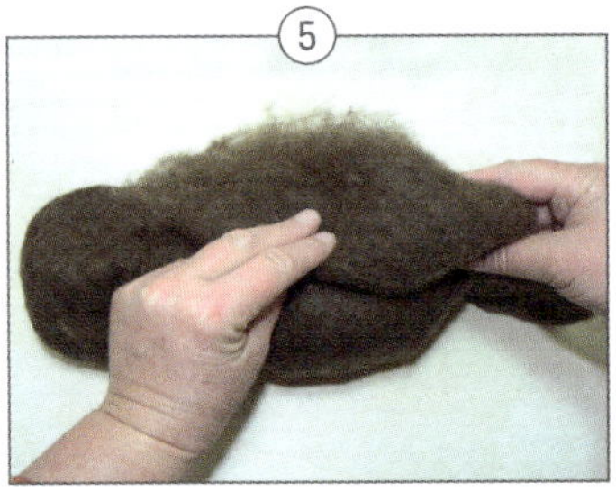

Die Flügelkanten an der Brustseite umschlagen, an der Rückenseite auslaufen lassen. Die Flügelenden spitz umschlagen.

6

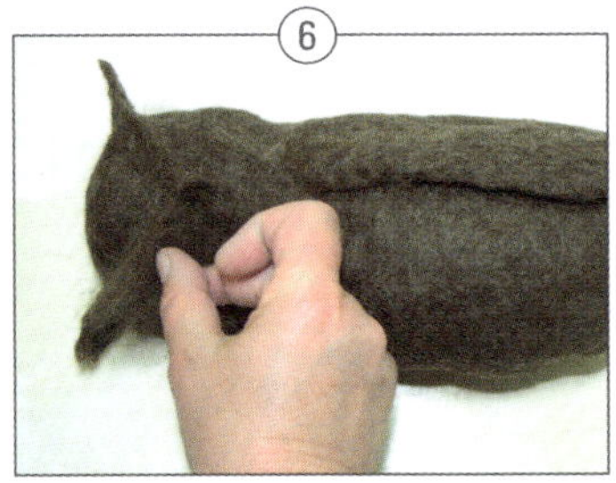

Die «Ohren» herauszupfen. Die Kante zum Schnabel und zur Brust mit je 3 Streifen, die «Wangen» mit 2 Flocken verstärken.

7

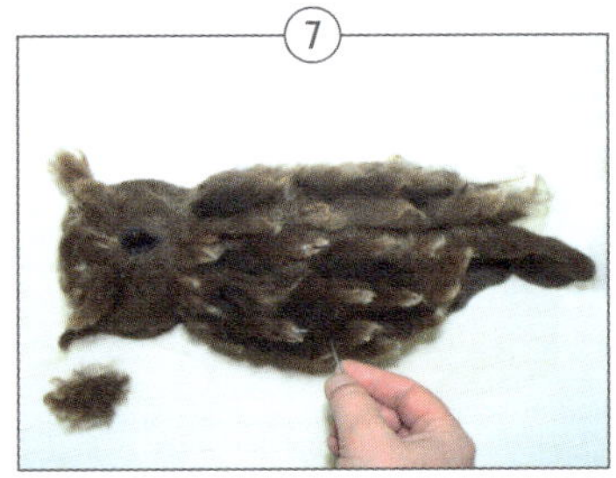

Lange Stapelwollefasern auf die Flügelspitzen, breit gezupfte auf die Flügel und versetzt auf die Brust legen. Sofort anfilzen.

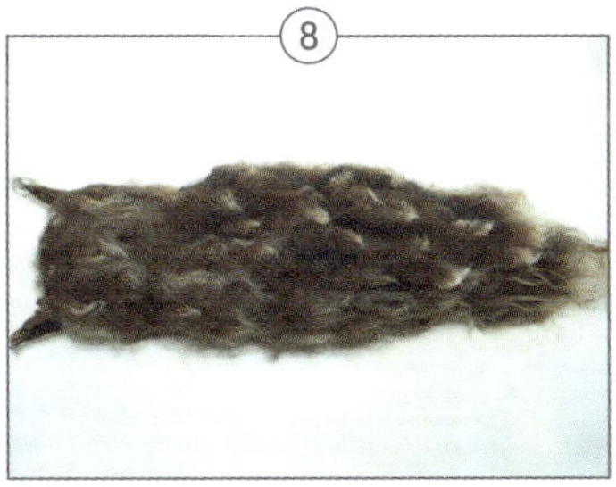

8

Die Ohren mit kurzen, den Rücken mit langen Fasern belegen. Den Schnabel dunkelgrau färben.

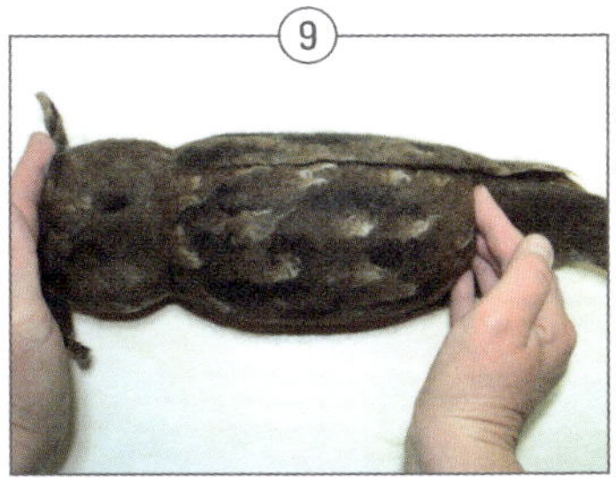

9

Kopf und Körper beim Walken immer wieder zusammenschieben.

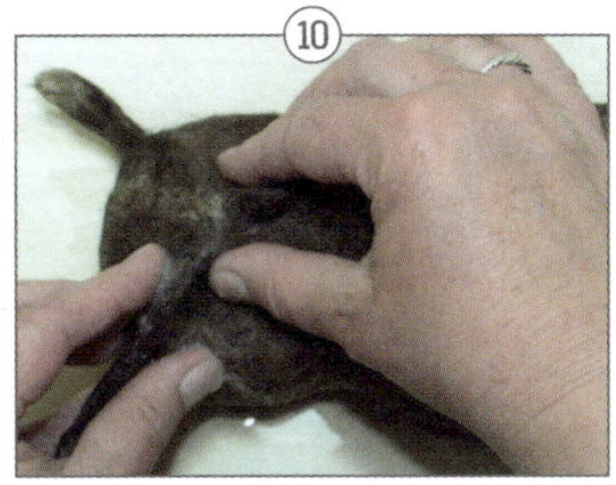

10

Das «Gesicht» einwalken.

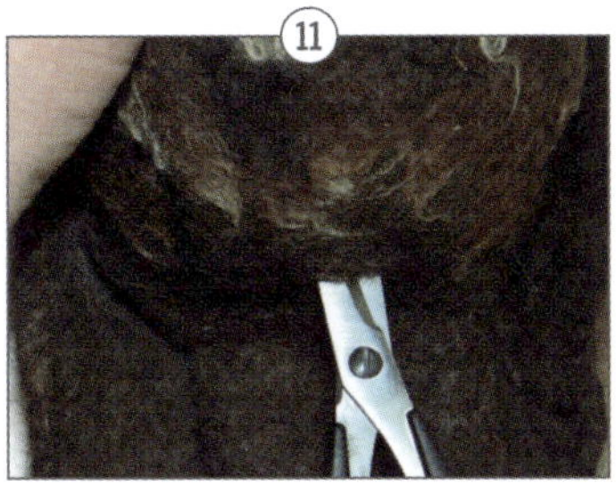

11

Vor dem Schwanz ein Loch in den Körper schneiden.

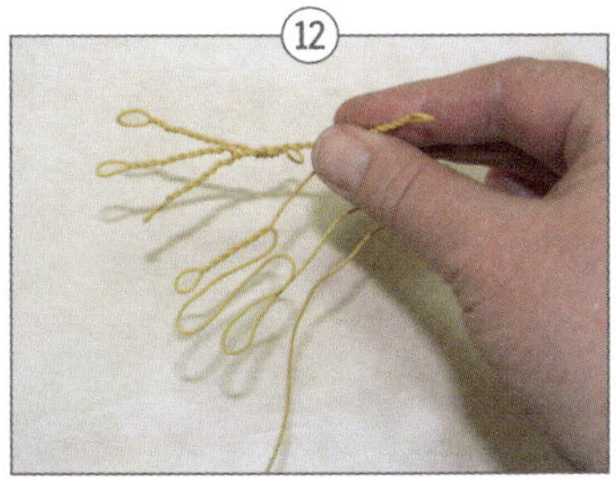

12

8 Krallen à 4 cm drehen, jeweils 3 vorne (die mittleren etwas länger) und 1 hinten.

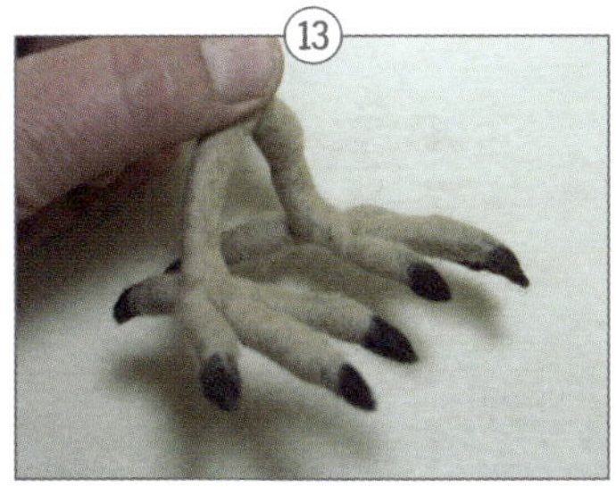

13

Die Krallenspitzen mit Schwarz umwickeln, die beige Krallenfarbe darüberwickeln und filzen.

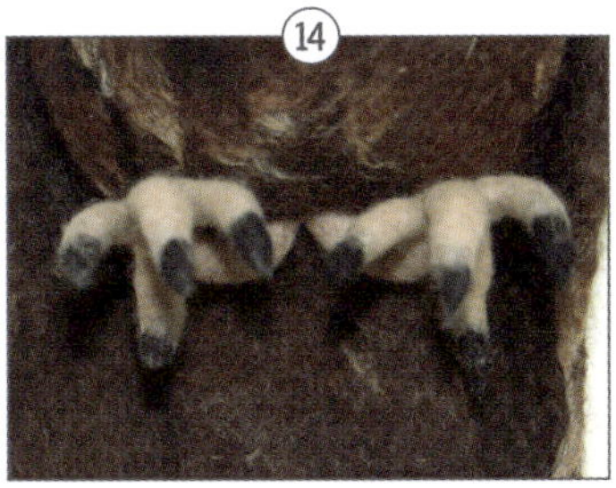

14

Das Ansatzstück in den Körper stecken und mit wenigen Stichen festnähen.

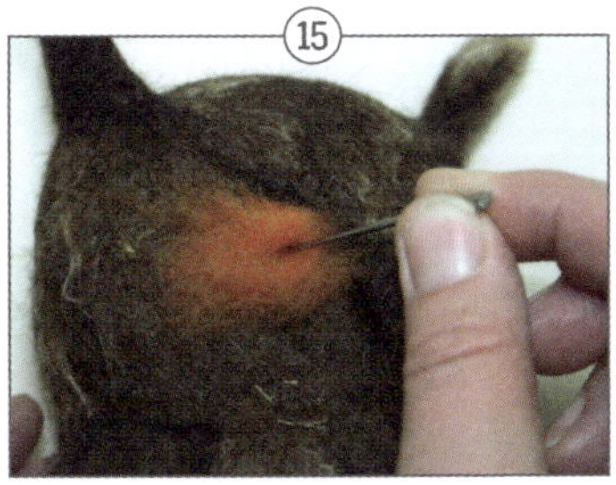

15

Eine gelborange Flocke aufnadeln, dabei immer wieder die Fasern in Richtung Mitte stechen.

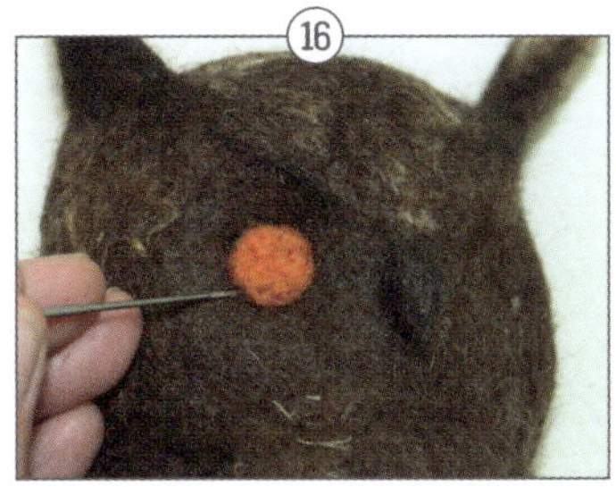

16

Die Kante einnadeln, dabei die Nadel schräg zur Mitte stechen, ggf. zweites Auge «geschlossen» als Bogen nadeln (siehe Foto S. 2).

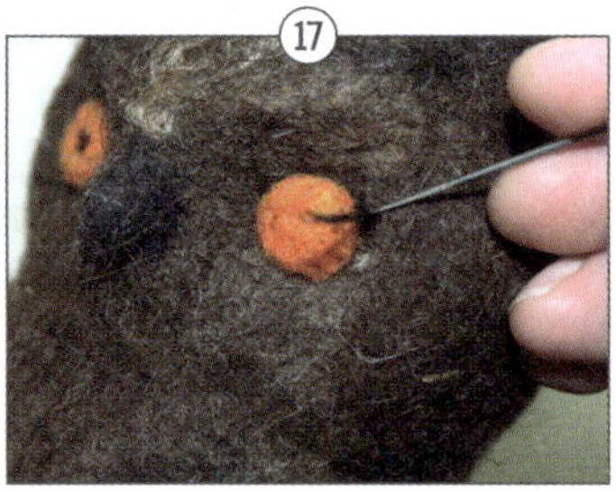

Die Pupille in die Mitte nadeln. Einen hauchdünnen schwarzen Streifen um das Auge nadeln. Mit einer Plastiktüte anfilzen.

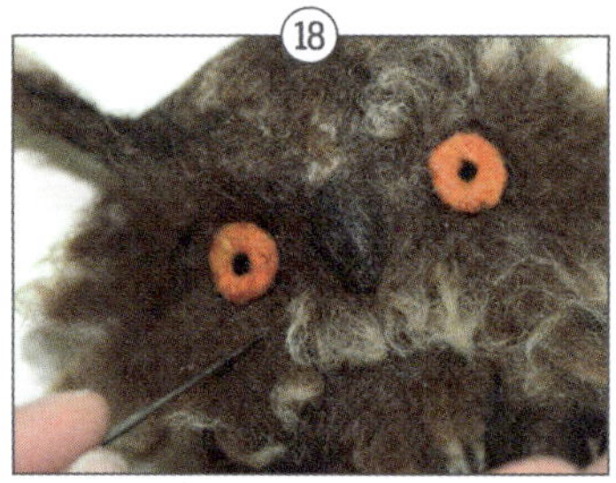

Nach dem Trocknen kurze Stapelwolle als Kreis um die Augen nadeln.

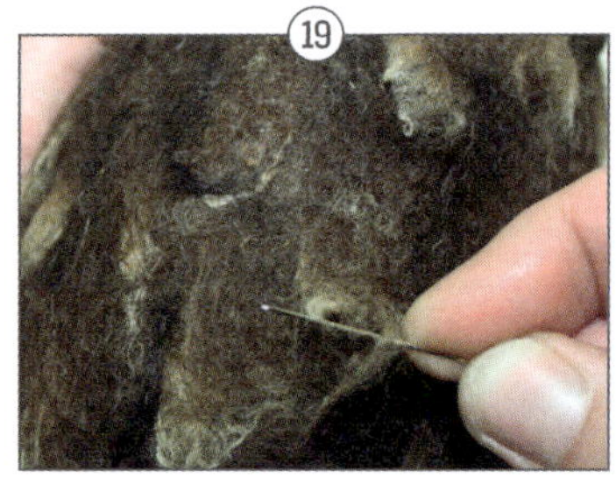

Nach dem Trocknen die Stapelwolle als «Federn» aufzupfen. Die Flügel- und Schwanspitze «fedrig» kämmen.

Waldkauz und Waldohreule•••

200 g weiße Bergschafwolle, hellbraune, braune, dunkelbraune Stapelwolle, beige, schwarze Merinowolle

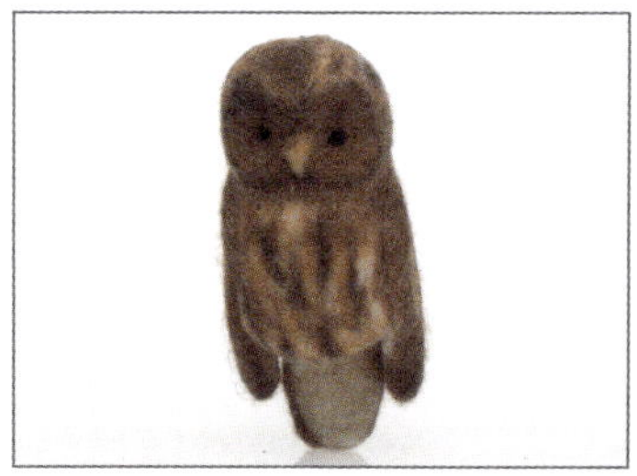

Waldkauz

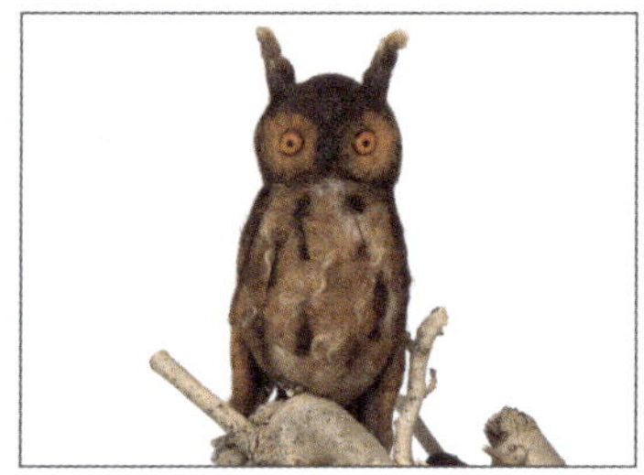

Waldohreule

Der Waldkauz kann wie der Uhu aufgebaut werden, jedoch keine Ohren und keine Kante zum Schnabel herauszupfen. Den Schnabel beige belegen. Die Stapelwolle in der Kauzfederzeichnung auflegen, die Augen mit Schwarz einnadeln (siehe «Miniatur-Waldkauz», S. 183).

Die Waldohreule kann ganz ähnlich wie der Uhu aufgebaut werden, nur andere Farbnuancen auflegen.

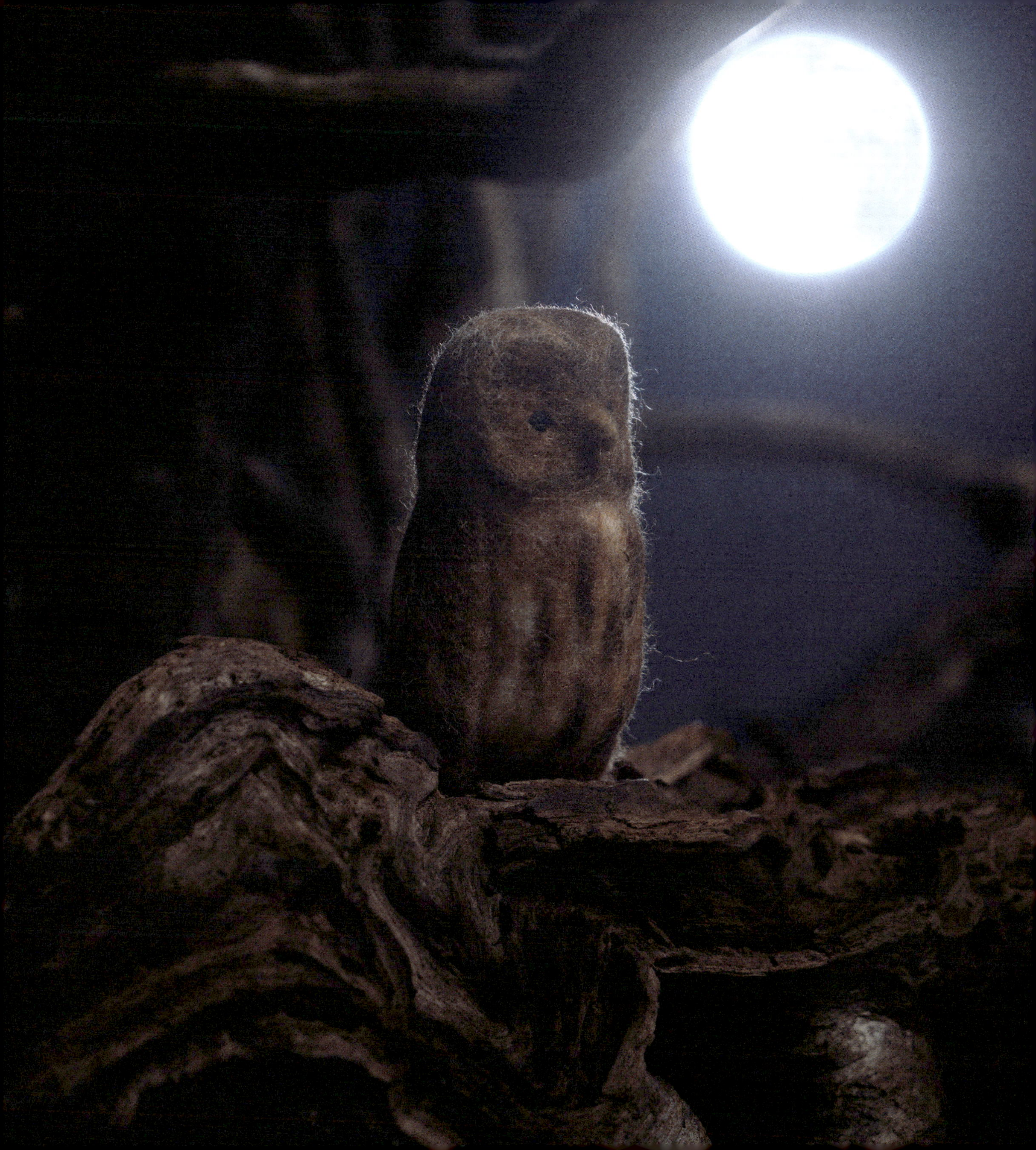

- Ente
- Storch
- Goldfisch
- Karpfen
- Frosch
- Kröte
- Eidechse
- Schnecke
- Käfer
- Hummel
- Schmetterling
- Raupe

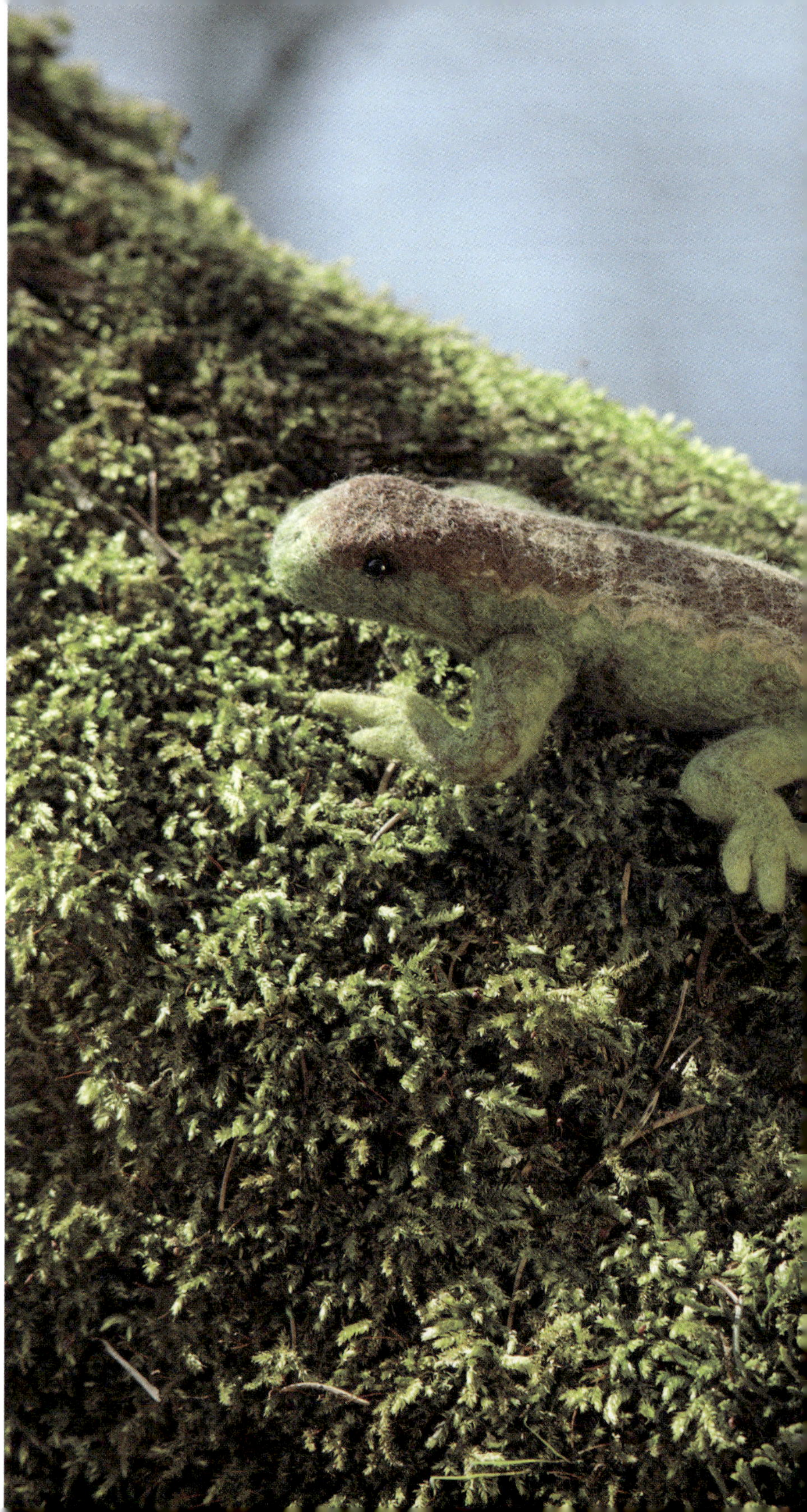

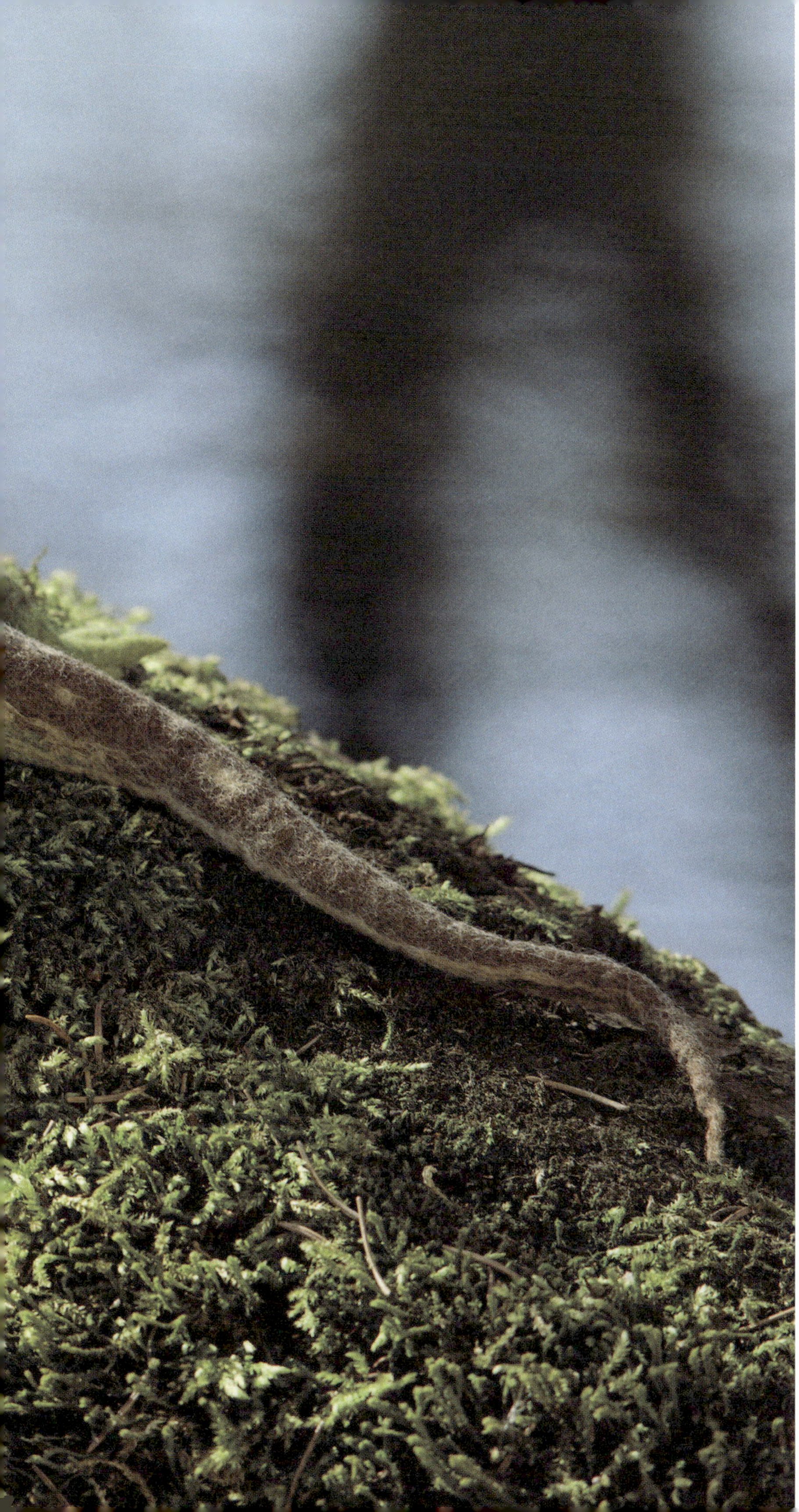

Im Wasser und Gras, auf Blumen und Blättern

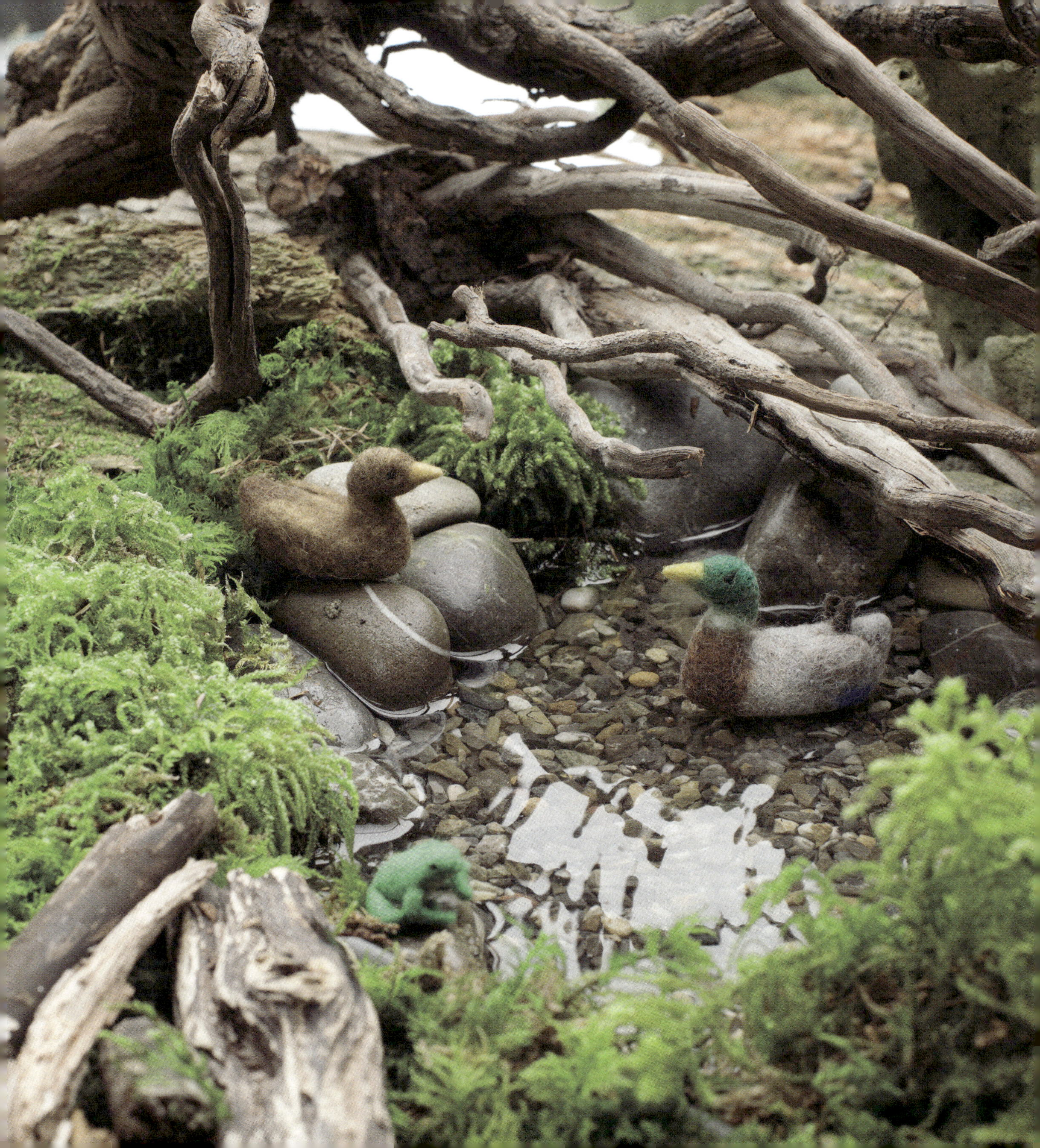

Ente

Die bekannte Stockente ist die größte Schwimmente Europas, sie wird bis zu 58 cm lang. Sie ist die Stammform der Hausente. Als Schutz vor Nässe hat sie bis zu zehntausend Daunen und Deckfedern. Diese werden über eine Drüse so stark eingefettet, dass keine Nässe hindurchdringt. Das farbenprächtige Männchen mit seinem metallisch grünen Kopf und das eher unscheinbare Weibchen sind an Küsten, Flüssen, Bächen und Seen zu finden. Ihr Futter besteht aus Wasserpflanzen, Bucheckern und Kräutern, aber auch aus Krebsen, Käfern und Mückenlarven, die sie tagsüber fressen. In Parks sind die Stockenten oft zahm geworden und lassen sich füttern.

Im Frühjahr schlüpfen aus bis zu sechzehn Eiern die Küken, die nach wenigen Stunden das Nest verlassen und auch gleich schwimmen können.

Männliche Stockente•••

2 g weiße, braune, graue, schwarze, grüne, gelbe Kapmerinowolle
blaugrüne, blaue Wolle-Seide

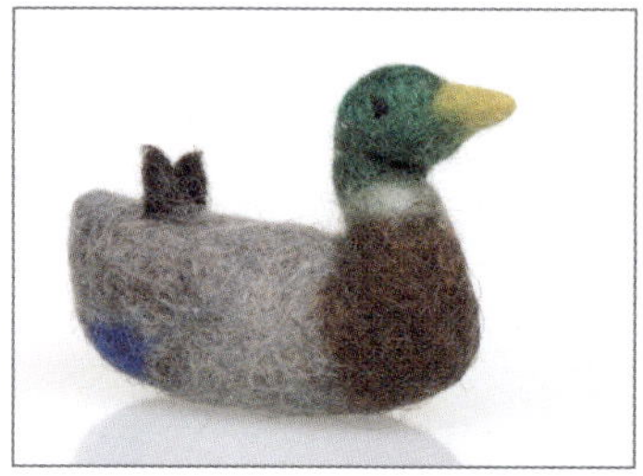

Körperstück: 3 x 6 cm
2 Flügelstücke: 2 x 3 cm

1

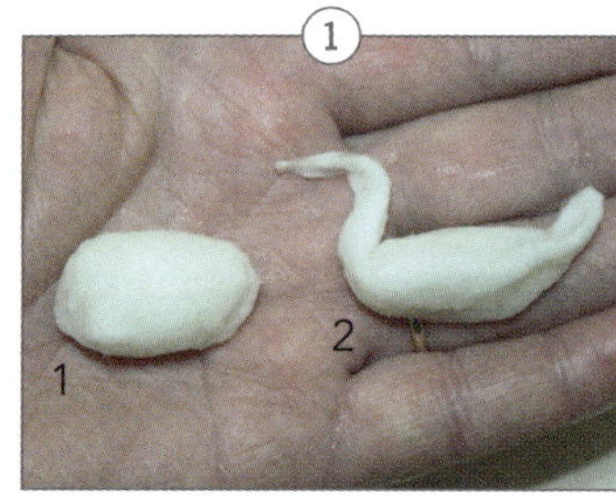

1. Das Anfangsstück fest aufrollen. 2. Den Hals mit Kopf und Schwänzchen herauszupfen und seitlich in «Entenfom» legen.

2

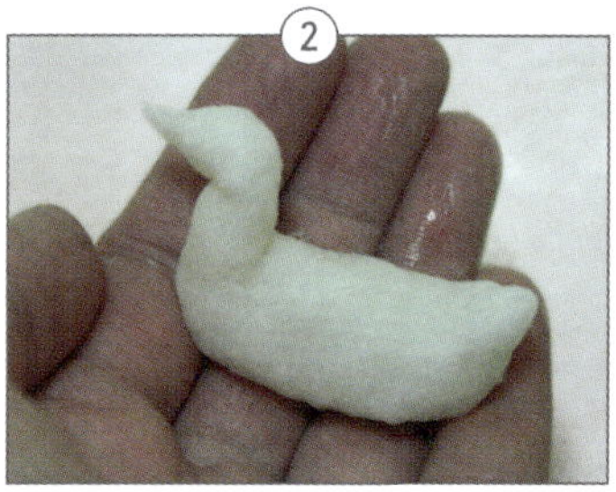

Den Schnabel mit 1 Miniflöckchen, den Kopf mit 3, Hals, Brust und Schwänzchen mit 4, das Hinterteil mit 3, die Seiten mit 4 Flöckchen aufbauen.

3

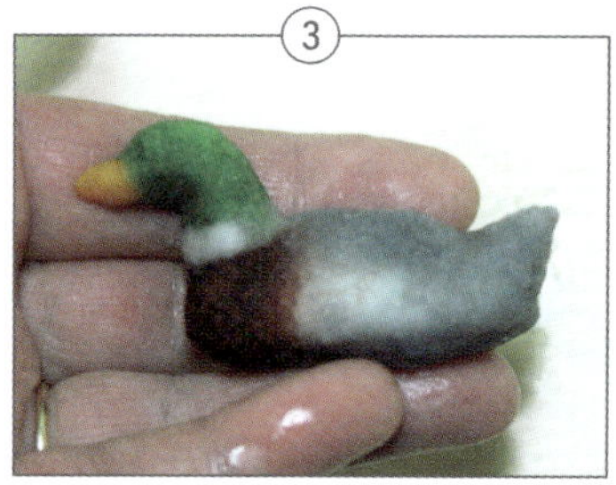

Auf den Schnabel gelbe, auf Kopf und Hals grüne, auf die Brust braune, auf Rücken, Schwanz und Unterseite graue Wolle legen.

4

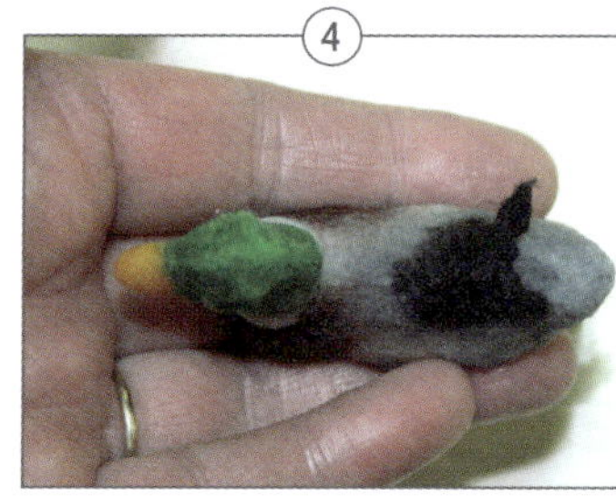

Die schwarzen Minischwanzfedern ansetzen.

5

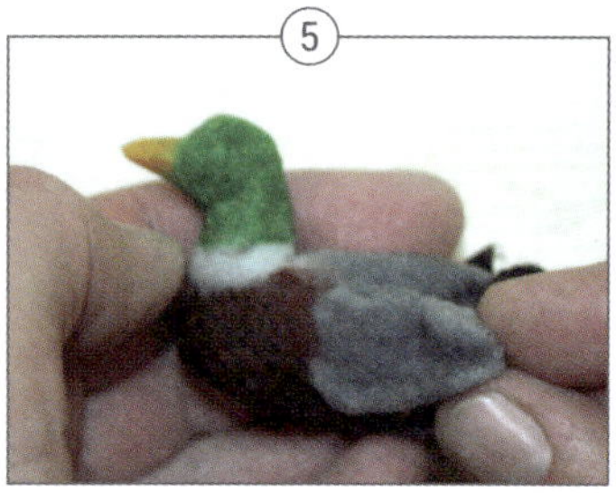

Die Flügel ansetzen. Einen weißen Streifen um den unteren Hals legen.

6

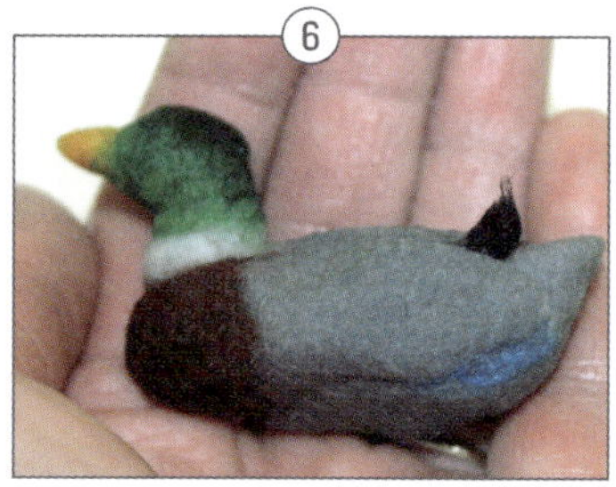

Den Kopf mit etwas blaugrüner Wolle-Seide belegen, unterhalb der Flügel etwas blaue Wolle-Seide aufnadeln.

7

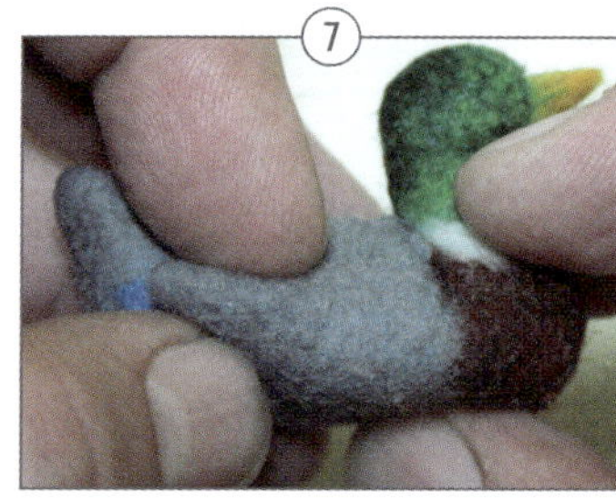

Die Brust einwalken, die Flügelenden schmal walken. Die Schmuckfedern kringeln.

Weibliche Stockente••

2 g beige, braune Kapmerinowolle

Die weibliche Stockente hat eine braun-beige gesprenkelte Federzeichnung – dazu Beige und Braun mischen.

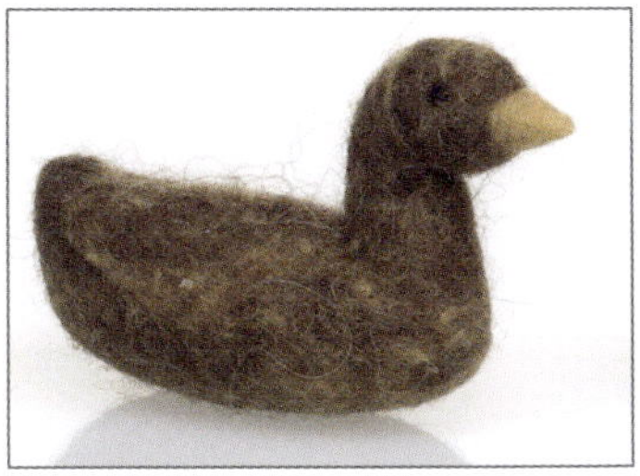

Körperstück: 3 x 6 cm
2 Flügelstücke: 2 x 3 cm

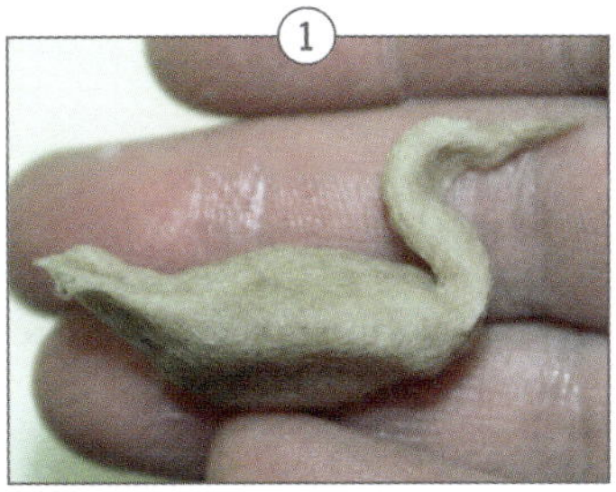

Aus der Anfangsrolle Kopf und Hals herausziehen und in «Entenform» legen.

Badeente••

Aufbau siehe «Ente», S. 181, aber hier entsprechend große dicke Flocken auflegen

30 g weiße, gelbe, hellbraune, orange Merinowolle

Diese große einfache Entenform können Kinder gut mit in die Badewanne nehmen. Nach dem Bad einfach auf ein Handtuch setzen und trocknen lassen.

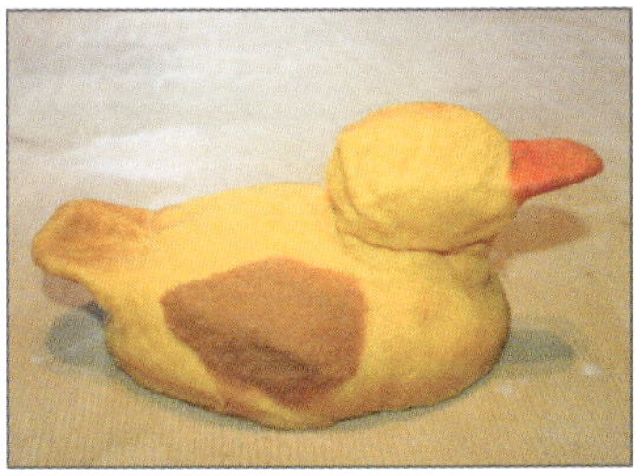

Körperstück: 14 x 10 cm
Kopfstück: 13 x 4 cm
2 Flügelstücke: 2 x 3 cm

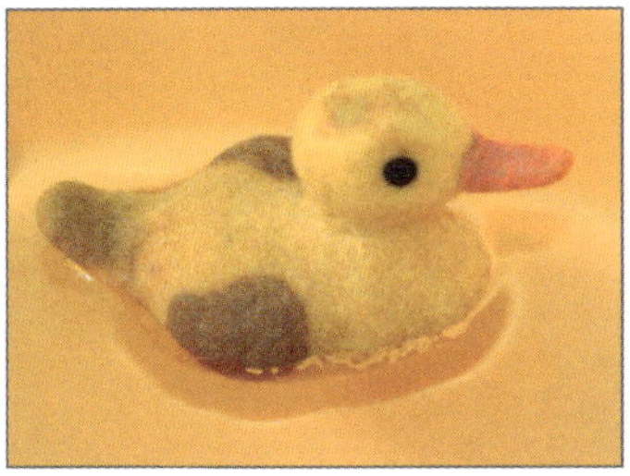

Fertige Ente schwimmend.

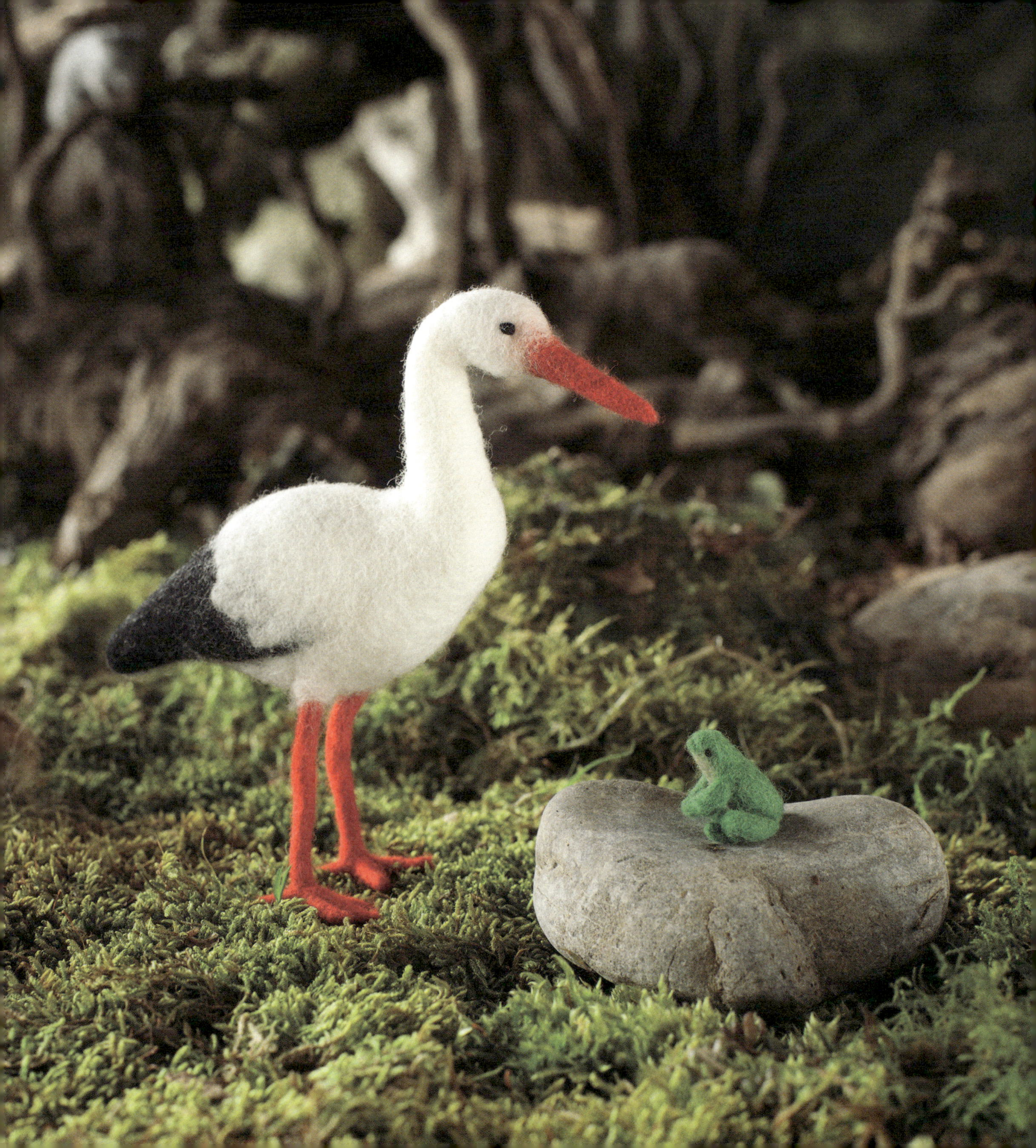

Storch

Der rotbeinige Weißstorch braucht ausgedehnte Feuchtwiesen in Niederungen und Flusstälern. Tagsüber schreitet er über die Wiesen und durch Sumpfgebiete und stößt blitzschnell mit seinem Schnabel zu, wenn er ein Beutetier entdeckt. Überwiegend Regenwürmer, Insekten, Frösche, Mäuse, Schlangen und Fische gehören zu seiner Nahrung.

Die Storchenpaare bleiben meistens ein Leben lang zusammen. Das Männchen baut das Nest häufig auf Dächern, Kirchtürmen und Schornsteinen, auf denen Nisthilfen angebracht sind. Ursprünglich wurden die Nester auf hohen Bäumen gebaut. Sie werden über viele Jahre immer wieder verwendet und weiter ausgebaut. Das Weibchen kommt etwas später den weiten Weg von Afrika wieder an den Heimatort zurück. Durchschnittlich zwei bis drei Storchenkinder wachsen hoch über den Dächern auf. Der «Klapperstorch» klappert zwar zur Begrüßung mit dem Schnabel, aber kleine Babys bringt er wohl doch nicht zu den Menschen …

Weißstorch••••

6 g weiße Merinowolle, rote, schwarze Kapmerinowolle
dünner, ummantelter Eisendraht: ca. 0,3 mm (dünner Kupferdraht ist zu weich)

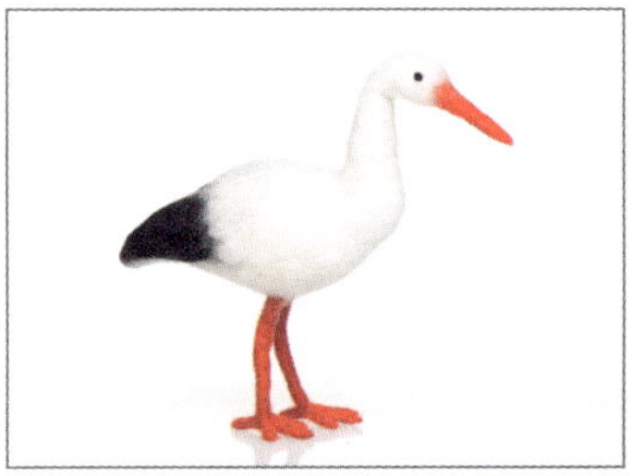

Drahtstück: 44 cm
Schwanzstück: 14 x 3 cm
Körperstück: 16 x 5 cm
2 Flügelstücke: 3 x 8 cm

1

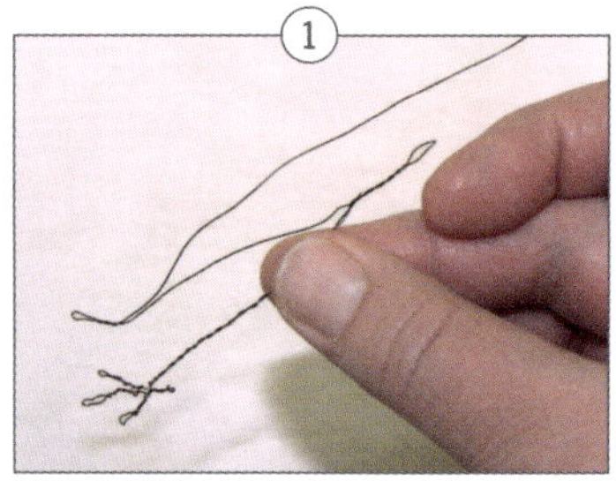

Den Draht zu Krallen biegen (siehe die Anleitung für den Uhu, S. 133).

2

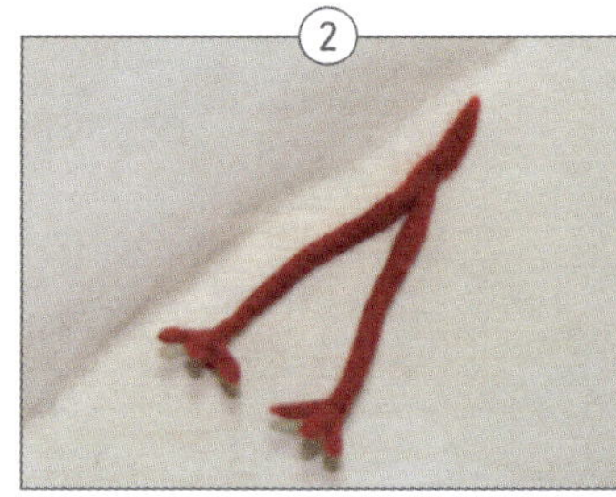

Die Krallen und Beine rot umwickeln und filzen, außer dem Ansatz.

3

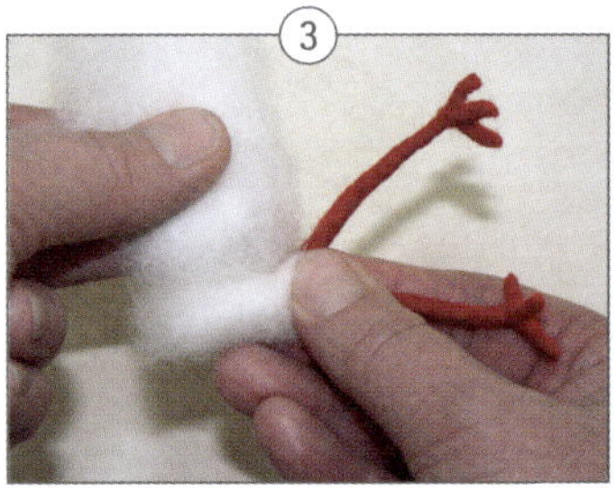

Das Anfangsstück um den roten Ansatz wickeln.

4

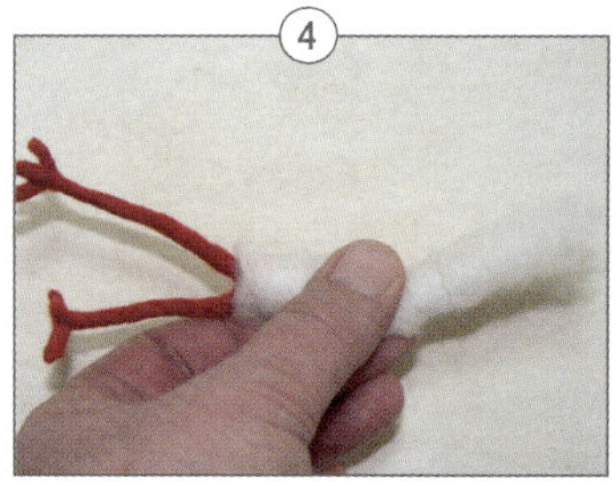

Das Anfangsstück schräg nach oben auslaufen lassen.

5

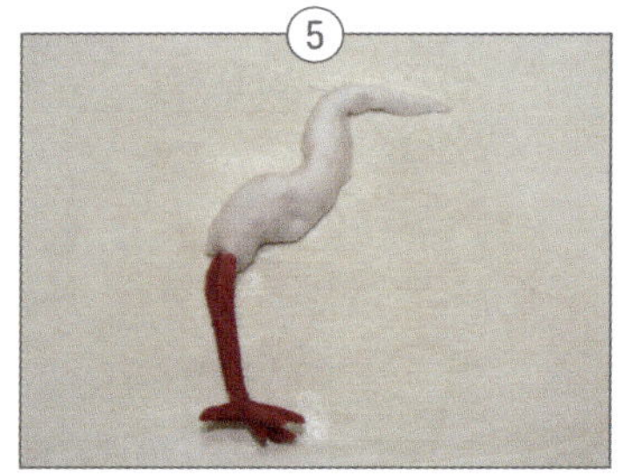

Nässen und in Form legen.

6

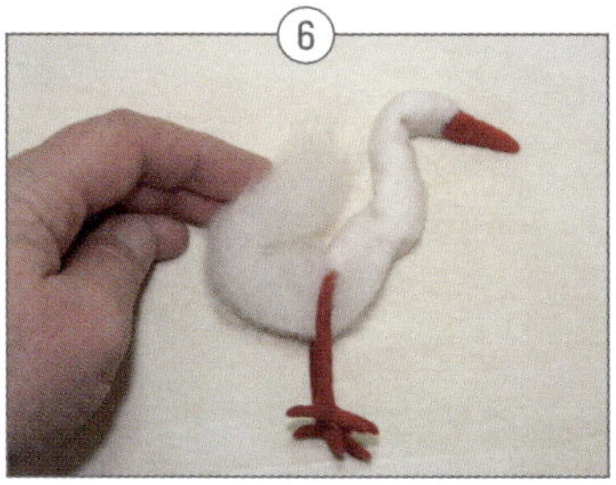

Den Schnabel mit roter Wolle, den Kopf mit einem weißen Streifen umwickeln. Den Schwanz ansetzen.

7

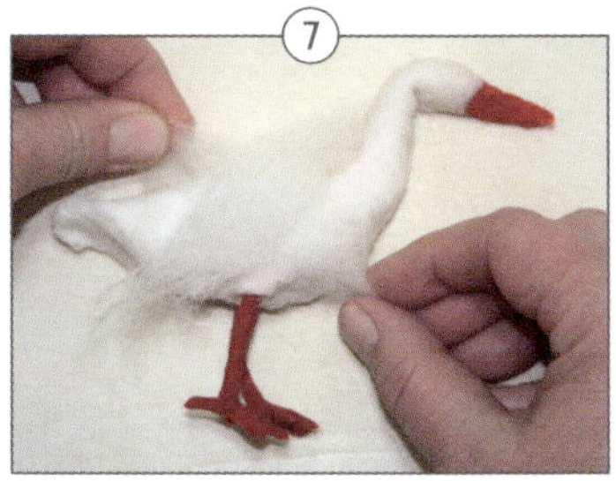

Brust und Körper mit 10 schräg aufgelegten Flocken, den Schwanz mit 2, Kopf und Hals mit 3 Flocken aufbauen.

8

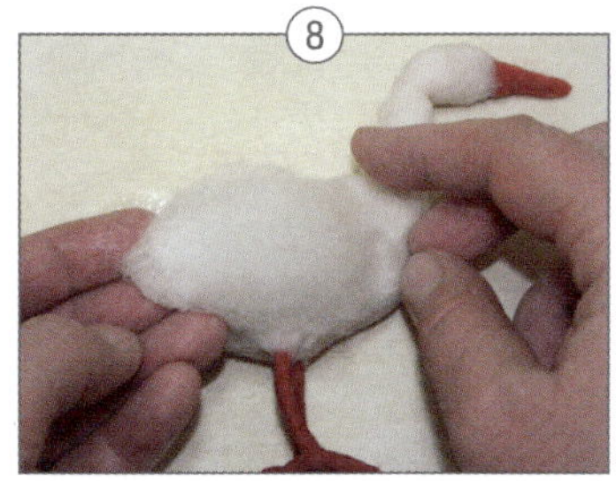

Die Flügel ansetzen, zum Körper auslaufen lassen. Die Flügelenden seitlich spitz umschlagen.

9

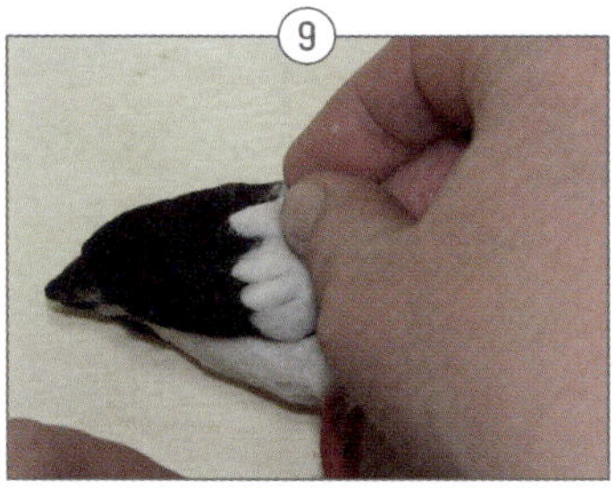

Die Flügelenden schwarz färben. Weiße Miniflöckchen einseitig umschlagen und als Federn aufsetzen.

10

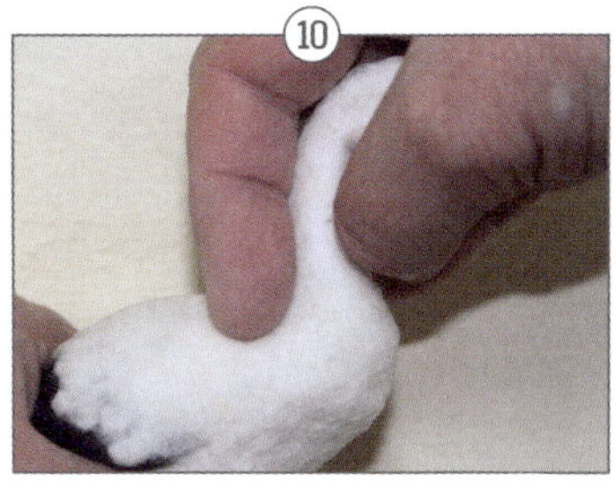

Den gebogenen Hals einwalken.

11

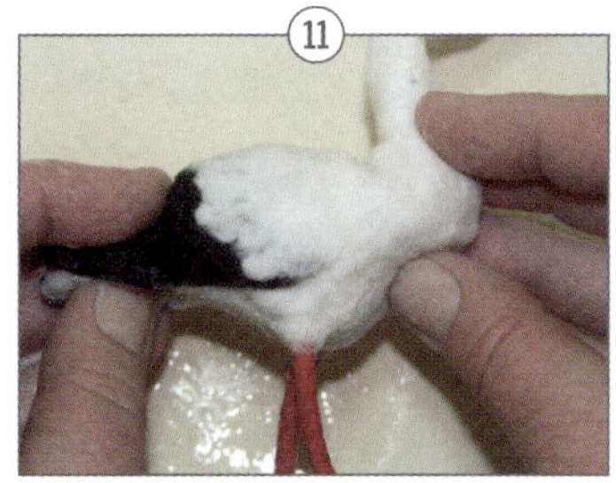

Den Körper zusammenschieben.

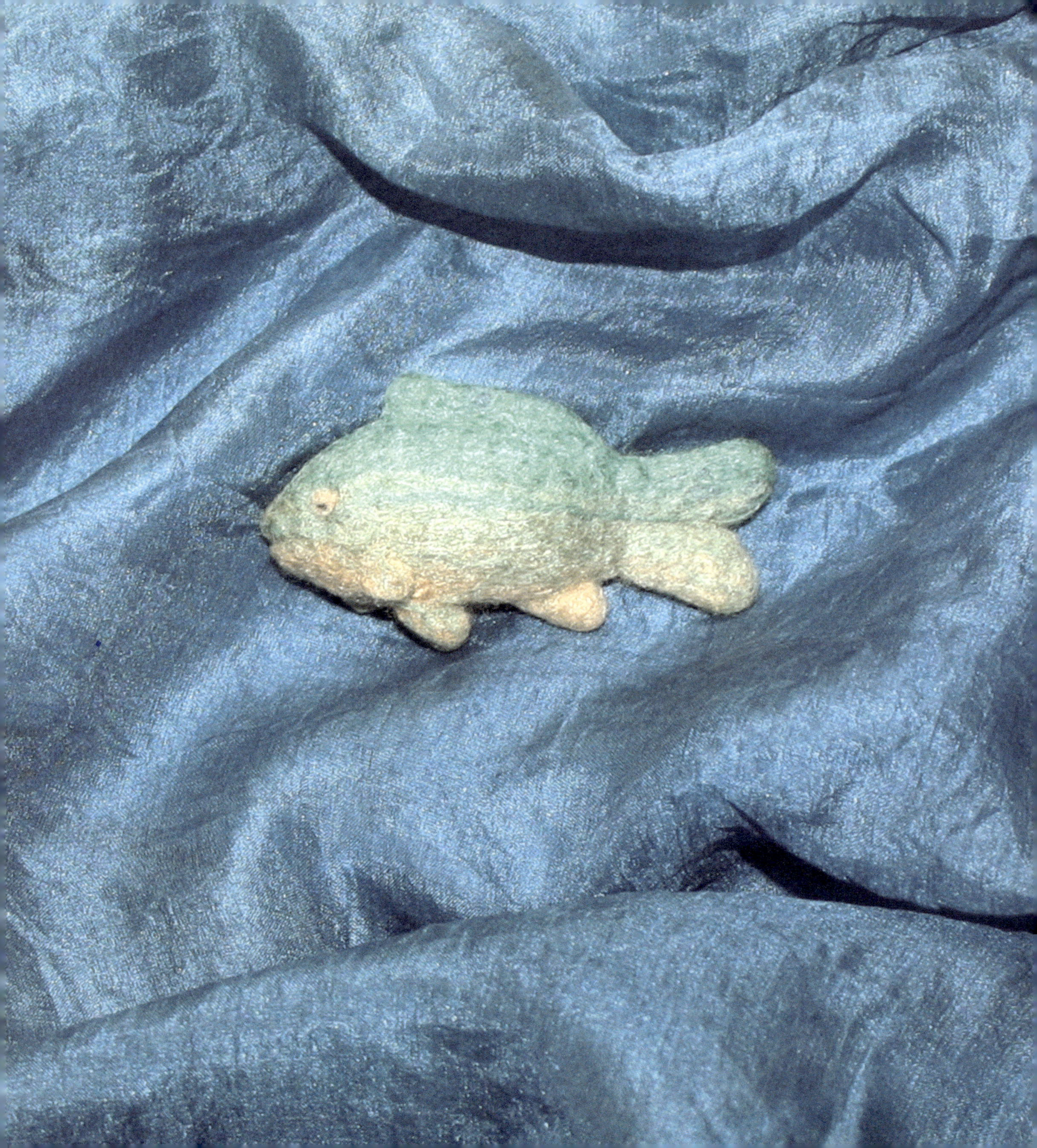

Fische

Einfache Fischformen lassen sich gut mit Kindern filzen. Mit Glöckchen wird ein Fisch zur Babyrassel, ohne Glöckchen kann er als Badewannenfisch genutzt werden.

Der geruhsame Karpfen braucht stehendes oder langsam fließendes Gewässer, in denen Wasserpflanzen wachsen. Er laicht zwischen Wasserpflanzen an seichten Stellen. Die geschlüpften Larven heften sich eine Zeit lang an den Pflanzen fest. Der Karpfen kann bis zu fünfzig Jahre alt werden.

Der Goldfisch ist ein Zuchtfisch, sein Urahn ist der Karpfen. Es gibt viele verschiedene Formen und Farbnuancen, von seinem goldenen Glanz kommt der Name. Wenn er genügend Platz und Nahrung hat, kann er bis zu 50 cm groß und bis zu 30 Jahre alt werden. Er braucht ruhiges Gewässer wie Gartenteiche und wird oft auch im Aquarium gehalten. In China gab es vermutlich schon vor 2500 Jahren Goldfische. Es gibt über 120 verschiedene Arten.

Spiel-Goldfisch•

14 g weiße, orange,
gelbe Merinowolle, gelbe,
orangefarbene Wolle-Seide
Glöckchen 2 cm

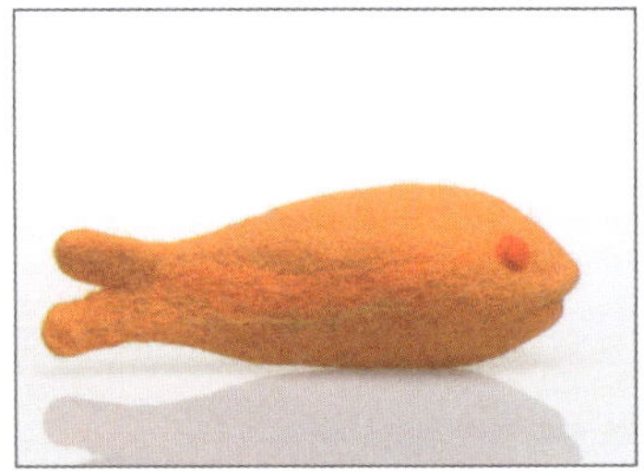

Anfangsstück: 12 x 12 cm

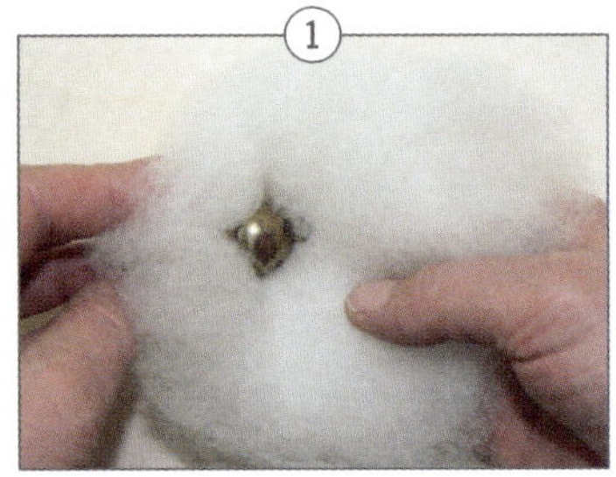

1

Über die seitlich aufgelegte Glocke Wolle einschlagen.

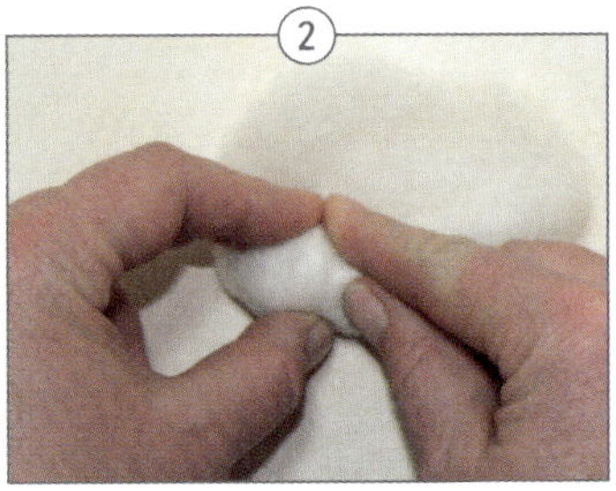

2

Seitlich straff aufwickeln.

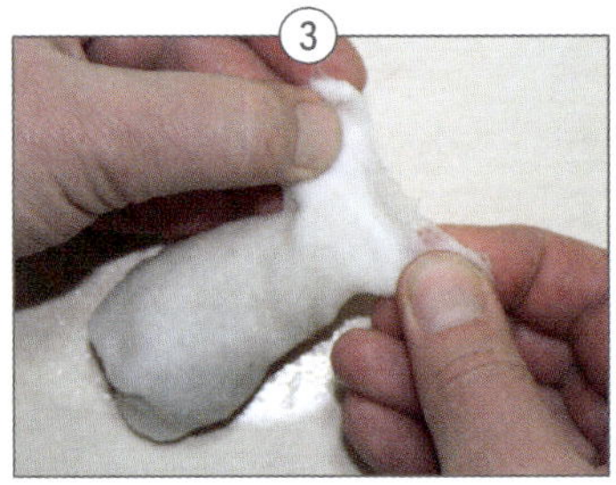

3

Das Schwanzteil in die Länge ziehen, das Schwanzende zu zwei Flossen teilen.

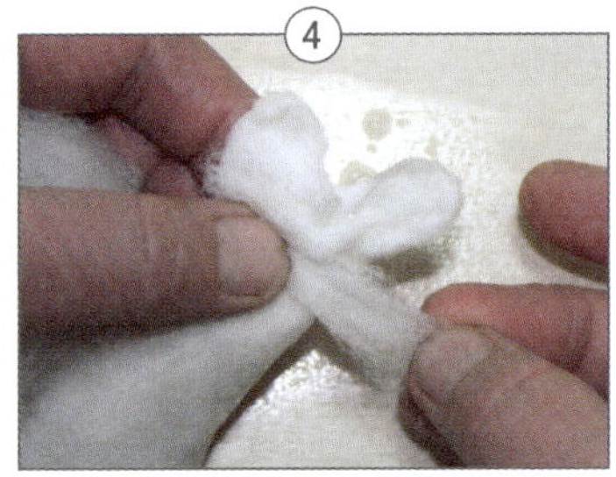

4

Das Schwanzende straff umwickeln.

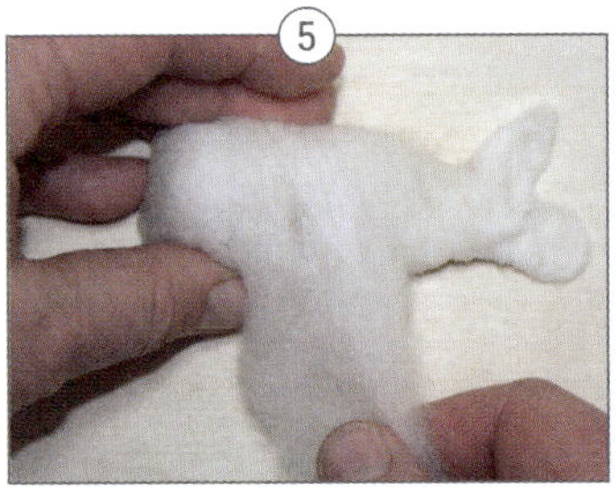

5

Das Kopfteil mit 4, den Körper mit 6 Wollstücken belegen.

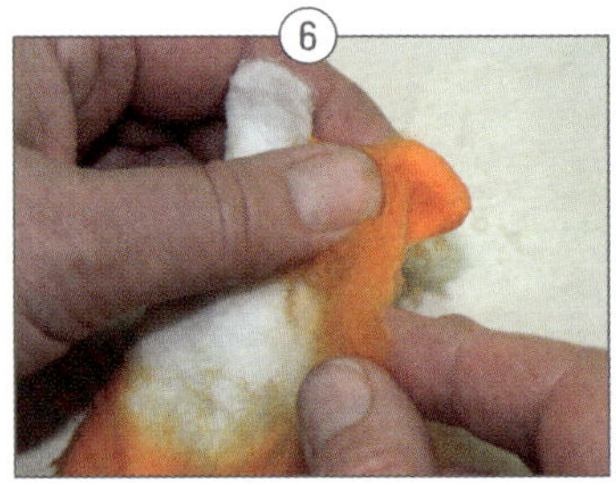

6

Die Schwanzflossen über Kreuz mit Farbe belegen, den Kopf und den Körper ebenso. Die Wolle-Seide-Streifen seitlich auflegen.

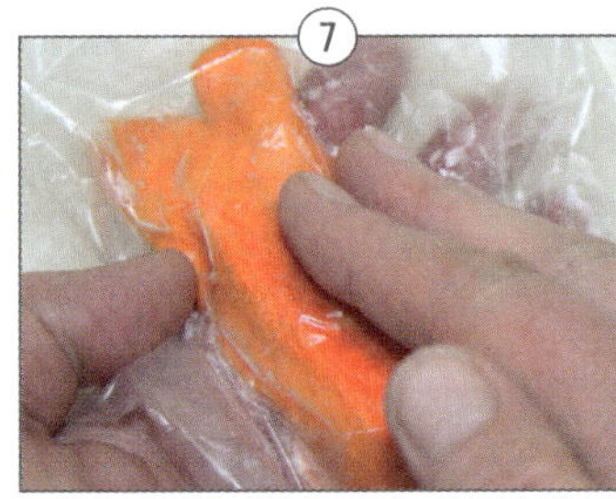

7

Den Fisch in eine kleine Plastiktüte stecken und in ihr anfilzen. So ist es auch für Kinder einfach.

8

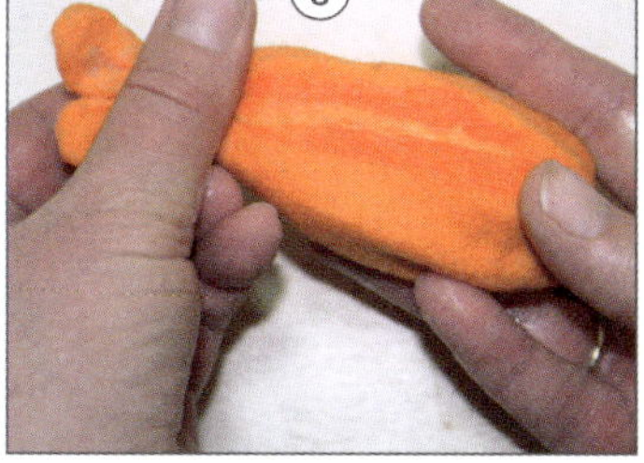

Das Körperende schmal walken. Den Kopf schmal formen. Den Körper immer wieder zusammenschieben.

9

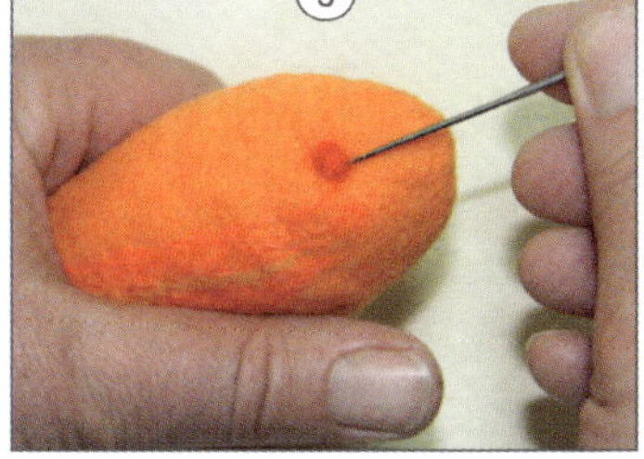

Die Augen einnadeln, nochmals überfilzen.

10

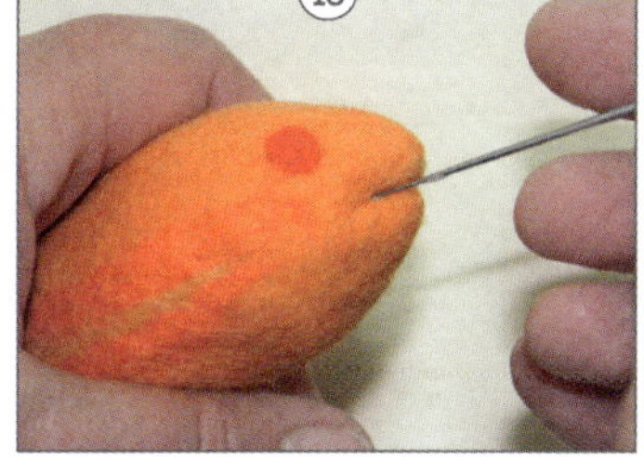

Das Maul einnadeln und ausformen.

Karpfen••

1 g weiße Kapmerinowolle, beige, graublaue Merinowolle, beige, graublaue Wolle-Seide

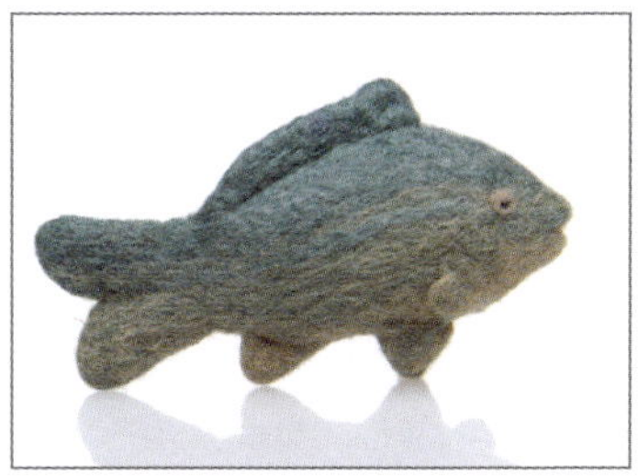

Anfangsstück: 4 x 4 cm

1

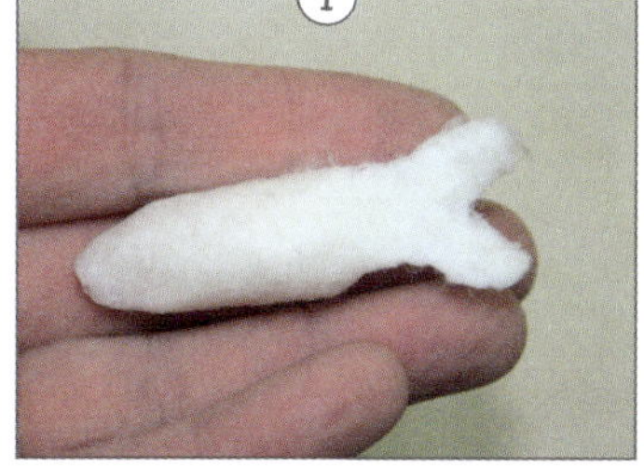

Das Anfangsstück der Länge nach aufrollen. Das Schwanzteil in die Länge ziehen und zu Flossen teilen.

2

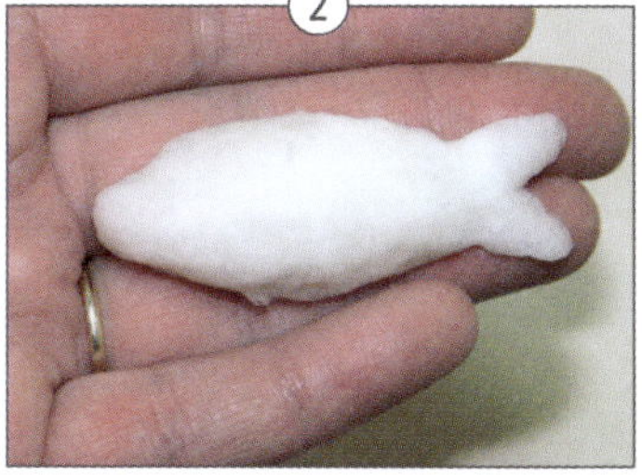

Die Form mit 2 Flocken über den Kopf und 6 Flöckchen seitlich über den Körper aufbauen.

3

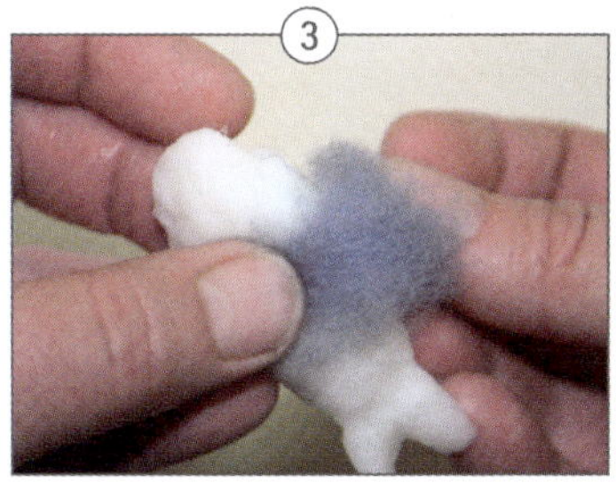

Eine lange Rückenflosse am hinteren Rücken ansetzen.

4

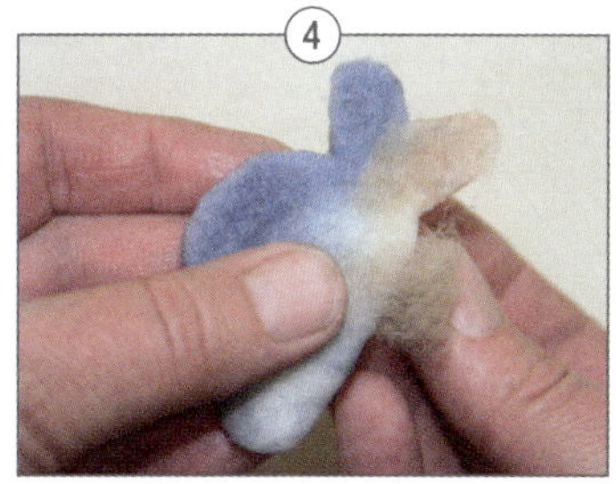

Die Oberseite mit Graublau belegen. Eine Bauchflosse ansetzen. 4 kleine seitliche Flossen ansetzen. Unterseite beige belegen.

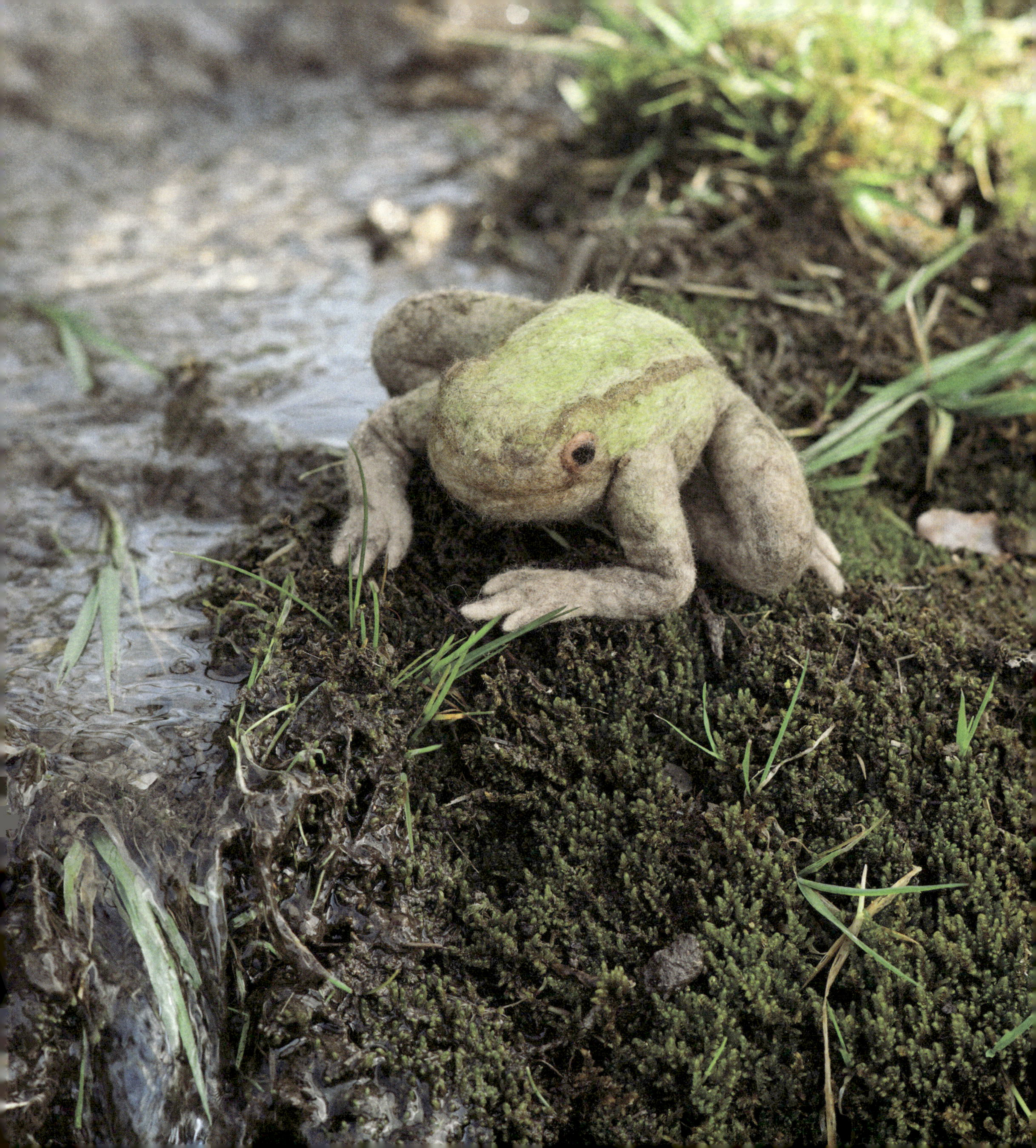

Frosch und Kröte

Der goldäugige Teichfrosch lebt in stehenden Gewässern. Überall in Wäldern, Mooren, Parks und Gärten, in denen es Tümpel oder kleine Seen gibt, kann man seinen lauten «Gesang» meistens nachts hören. Mit seinen Schallblasen kann er erstaunlich laute Töne von sich geben. Im Spätfrühjahr legt er bis zu tausend Eier ins Wasser. Der Frosch fängt Insekten und Würmer. Gerne sitzt er auf Seerosenblättern und sonnt sich. Sobald Gefahr droht, springt er kopfüber ins Wasser. Den Herbst und den Winter verbringt er im Schlamm des Gewässers oder in Erdhöhlen.

Die behäbige Kröte lebt in Wäldern, im Gebirge und in verschiedenen Kulturlandschaften, auch in feuchten Kellern und naturnahen Gärten. Ihre Nahrung besteht aus Würmern, Schnecken, Asseln, Spinnen und Insekten. Zum Laichen wandert sie im März oft massenhaft zu Tümpeln und Seen, sobald die Temperatur abends über 7 Grad beträgt und es feucht ist. Hat sich ein Pärchen gefunden, trägt das große Weibchen das kleinere Männchen huckepack. Ihr Laich sieht wie eine lang gefädelte Perlenkette aus. Wenn die kleinen, etwa 1 cm großen Kröten fertig entwickelt sind, gehen sie massenhaft an Land, der Volksmund spricht dann von einem «Froschregen». Eine Kröte kann über zwölf Jahre alt werden.

Teichfrosch••••

Lebensgroß

16 g weiße Merinowolle, grüne, braune, beige Kapmerinowolle, grüner Wolleseidekammzug

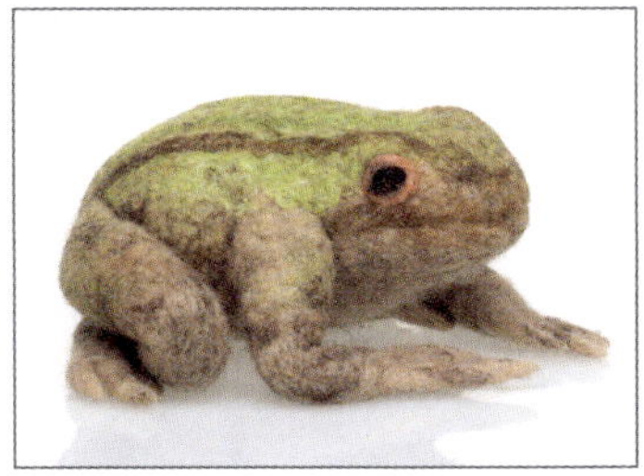

Körperstück: 7 x 7 cm
Vorderbeinstück: 18 x 2 cm
Hinterbeinstück: 30 x 3,5 cm
2 Augenhöcker: 2 x 3 cm

1

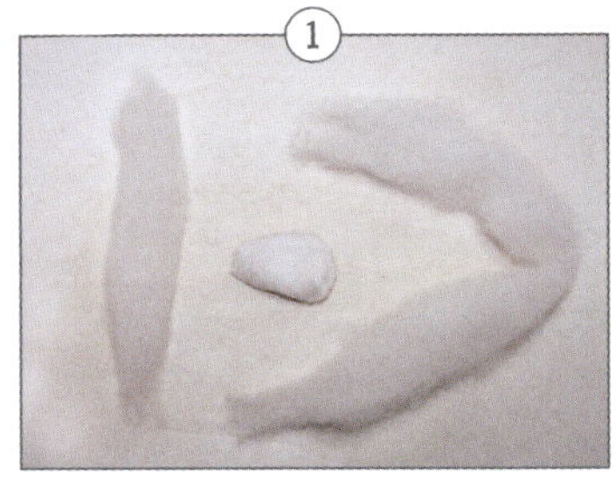

Die Anfangsrolle mit Vorder- und Hinterbeinstück.

2

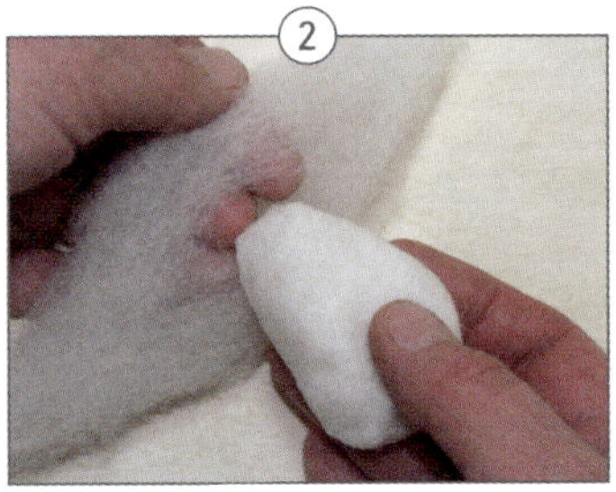

Den Streifen für die Vorderbeine in der Mitte einreißen.Den aufgerollten Körper ein Drittel hineinschieben.

3

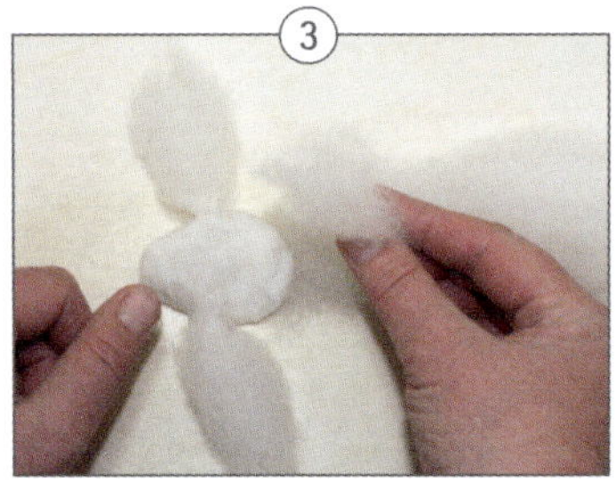

Ein Ende des Hinterbeinstreifens unter das Hinterteil schieben, das andere Ende auf das Hinterteil legen.

4

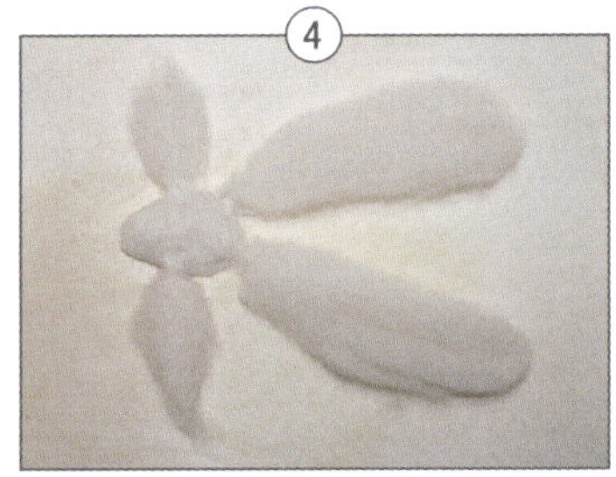

Die Beine sachte auseinanderreißen.

5

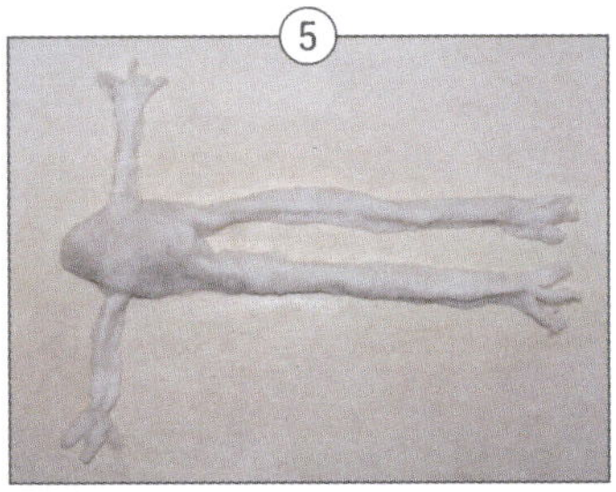

Alles gut nässen. Die Beinenden zu je 3 Zehen reißen (oder schneiden).

6

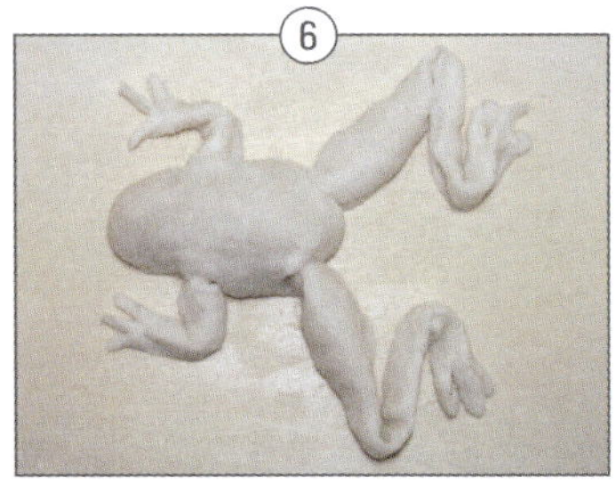

Den Kopf mit 5 Flöckchen, den Steiß und die Seiten mit je 3, die Beinansätze mit 2 Flöckchen belegen.

7

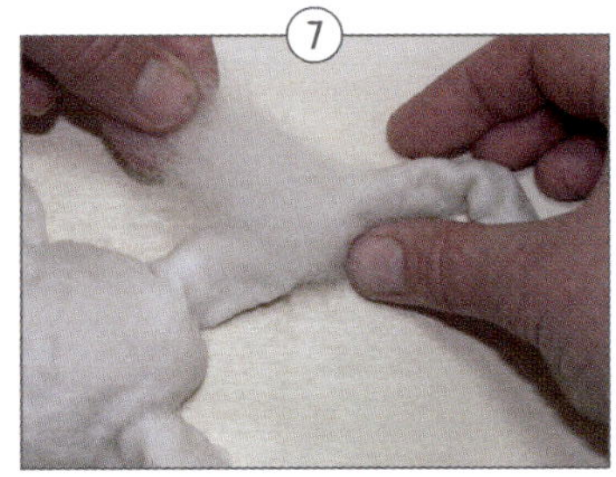

Die Beine mit je 6 Flöckchen quer auf die Ober- und 2 auf die Unterschenkel, mit je 2 auf die «Ober-» und 1 auf die «Unterarme» aufbauen.

8

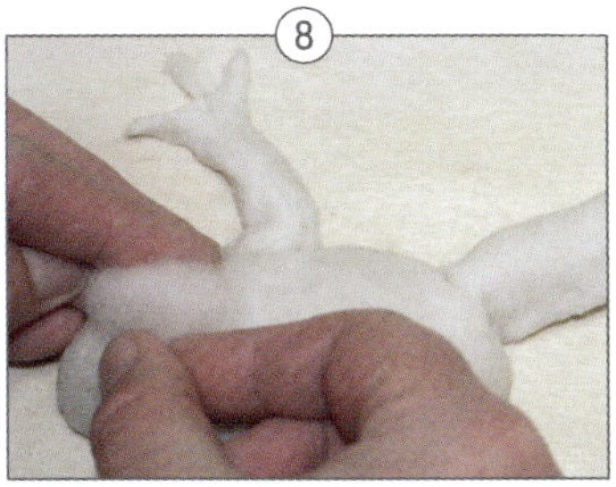

Die Augenhöcker ansetzen, mit 2 Flöckchen der Länge nach verstärken, ebenso das Maul.

9

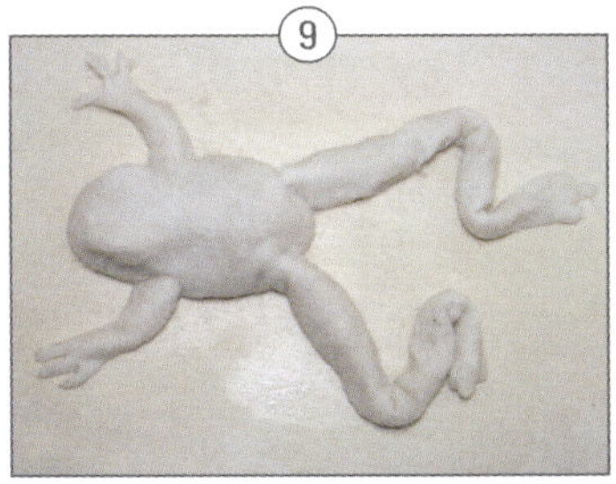

Den Körper mit 3 Flöckchen längs, je 3 auf den Steiß und die Seiten aufbauen. Die Hinterbeine ggf. in die Länge ziehen, die Vorderbeine ggf. kürzen.

10

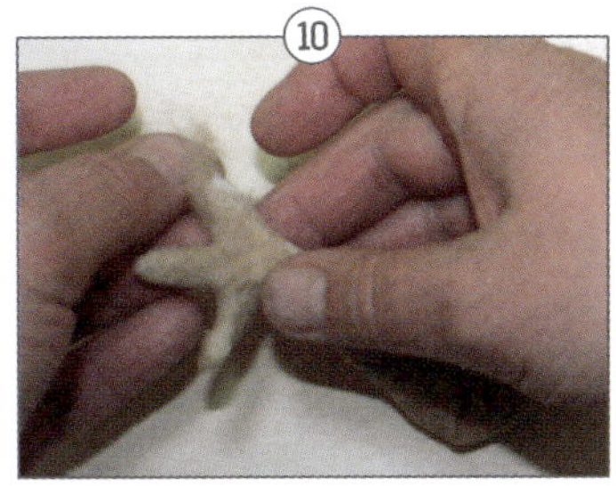

Die Zehen mit je 1 kurzen, schmalen beigen Flöckchen leicht schräg umwickeln.

11

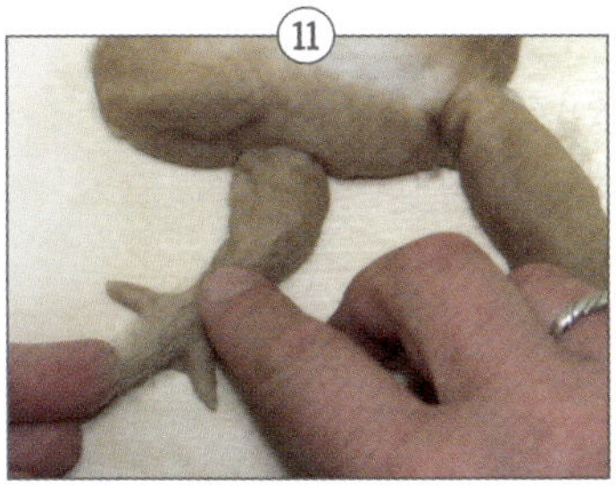

Den «Mittelfußknochen» verstärken.

12

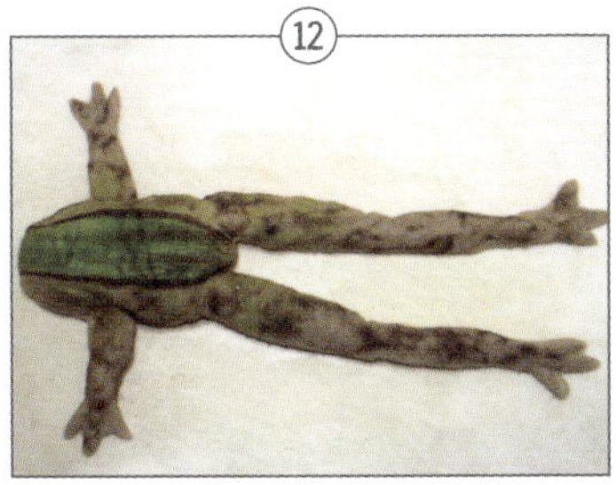

Den Rücken mit grüner und brauner Wolle-Seide belegen. Braune Flecken über Rücken und Beine verteilen. Mit einer Plastiktüte anfilzen.

13

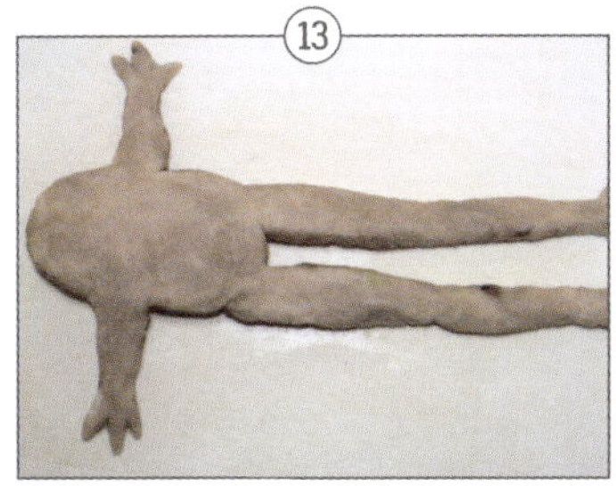

Die Unterseite beige abdecken, weiter mit einer Plastiktüte anfilzen.

14

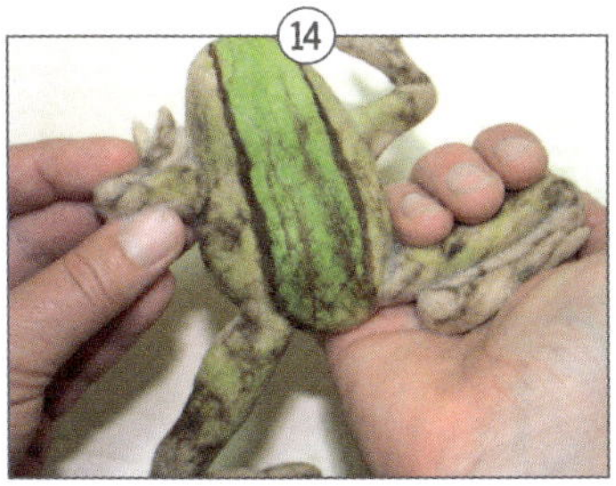

«Knie», «Ferse» und «Ellbogen» einwalken.

15

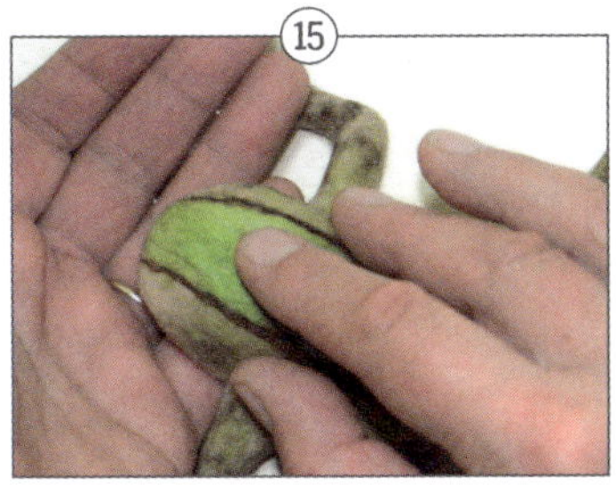

Den Kopf nach oben walken.

16

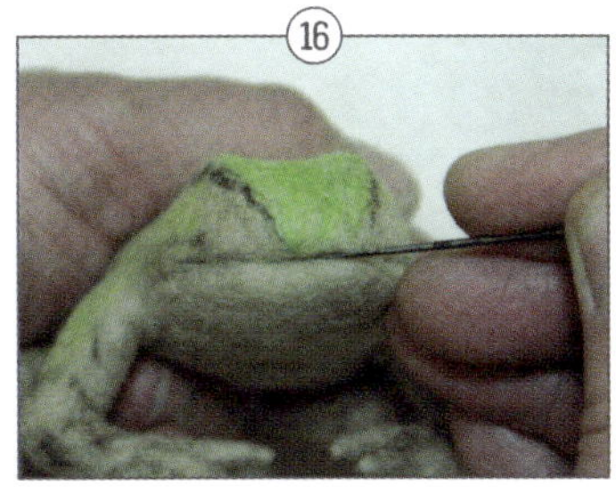

Die Maullinie mit flach angesetzter Filznadel einprägen.

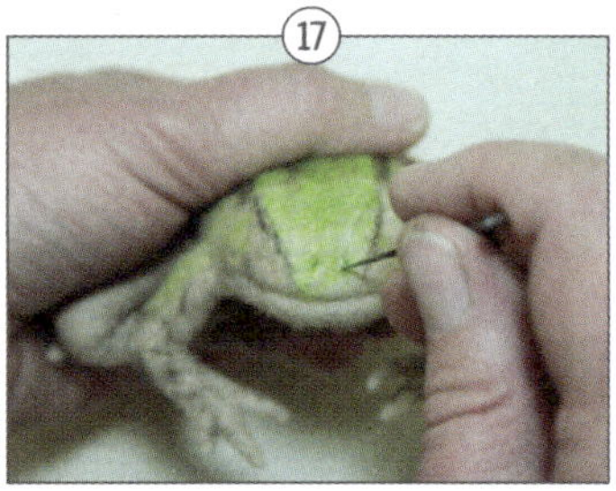

Die Nasenlöcher nadeln.

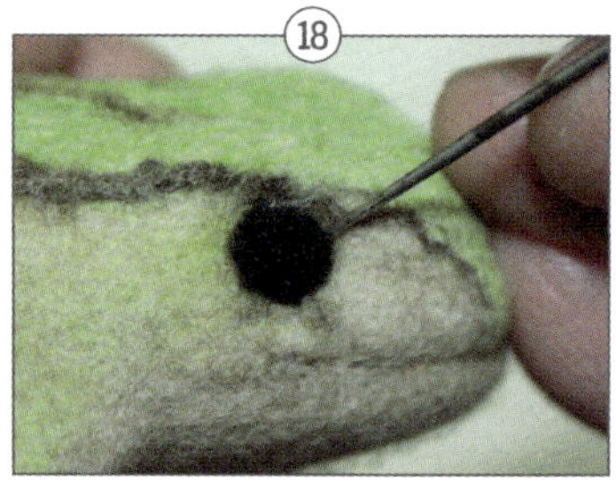

Die Augen nadeln.

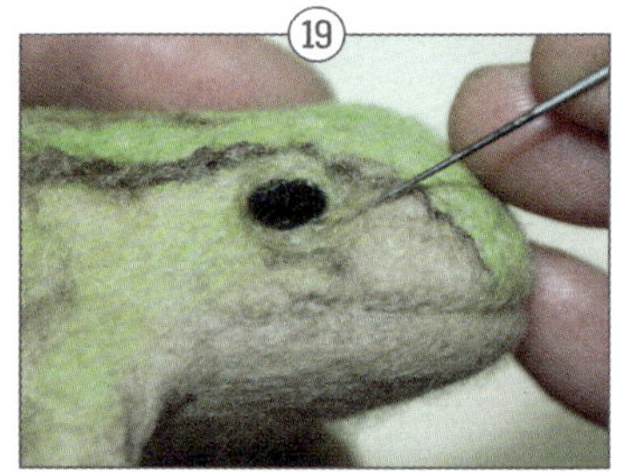

Die Augenumrandung nadeln.

Kröte ••••

Lebensgroß

24 g braune, beige
Merinolandschafwolle

Körperstück: 8 x 8 cm
Vorderbeinstück: 19 x 2 cm
Hinterbeinstück: 32 x 3,5 cm
Schwanzstück: 1 x 4 cm
2 Augenhöcker: 2 x 3 cm

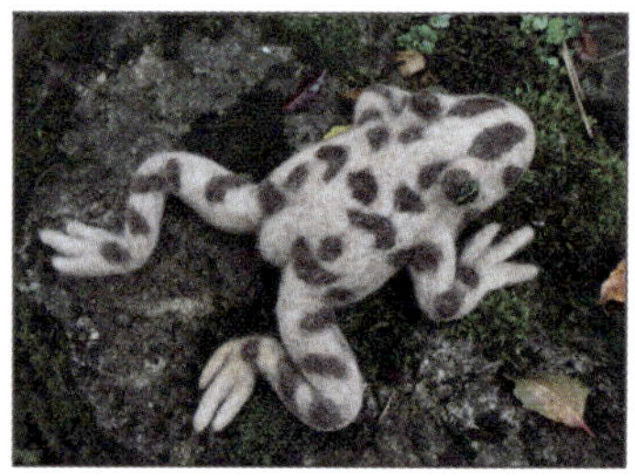

Die Kröte kann genauso wie der Frosch aufgebaut werden, nur etwas dicker und behäbiger mit großen Glubschaugen. Beige mit Braun mischen und als letzte Schicht auflegen oder braune Flecken verteilen. Die Unterseite nur beige färben. Nach dem Walken können mit einer dicken Stopfnadel kleine «Warzen» aus dem Körper gezupft werden. So wirkt die Kröte richtig urig.

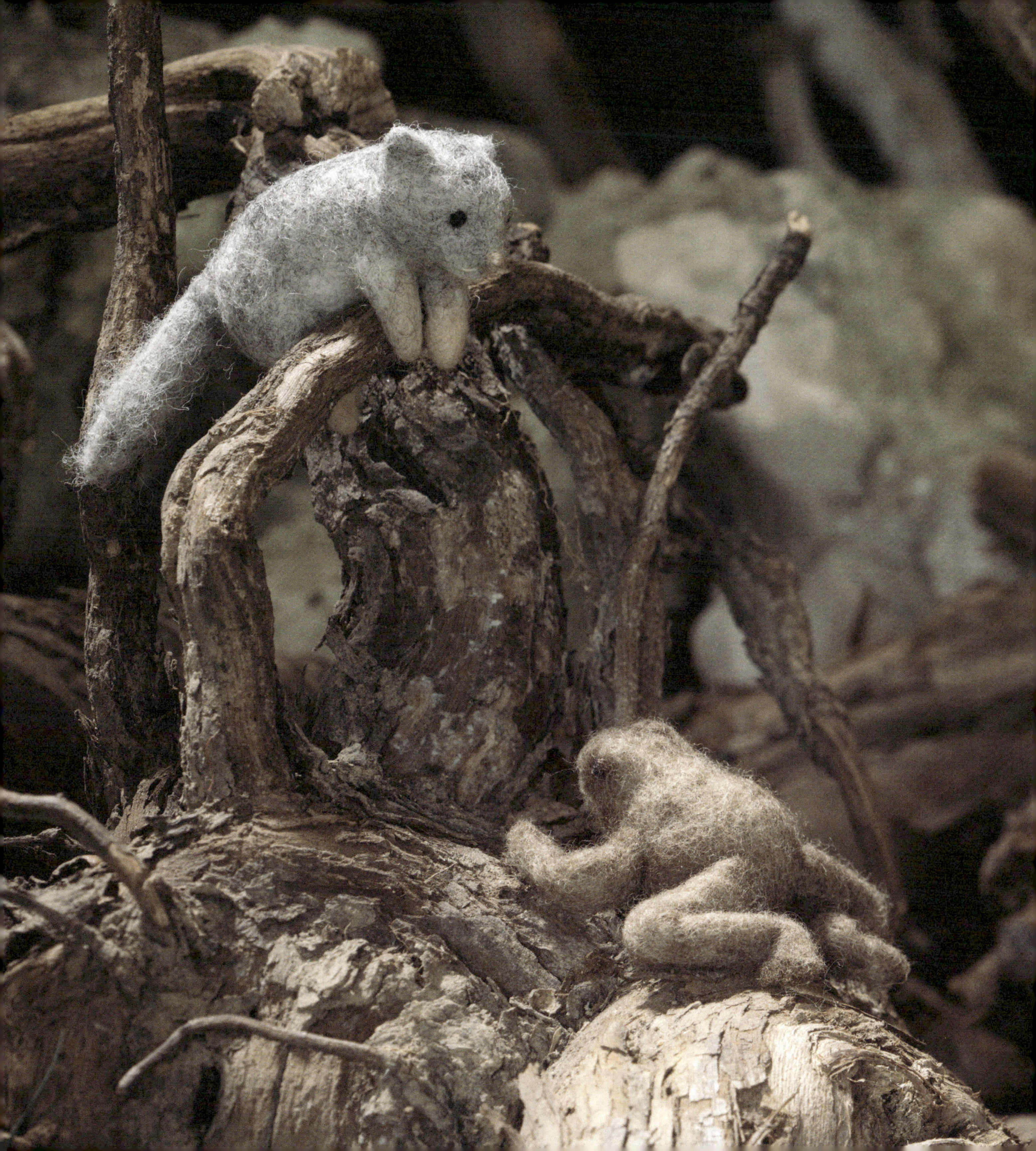

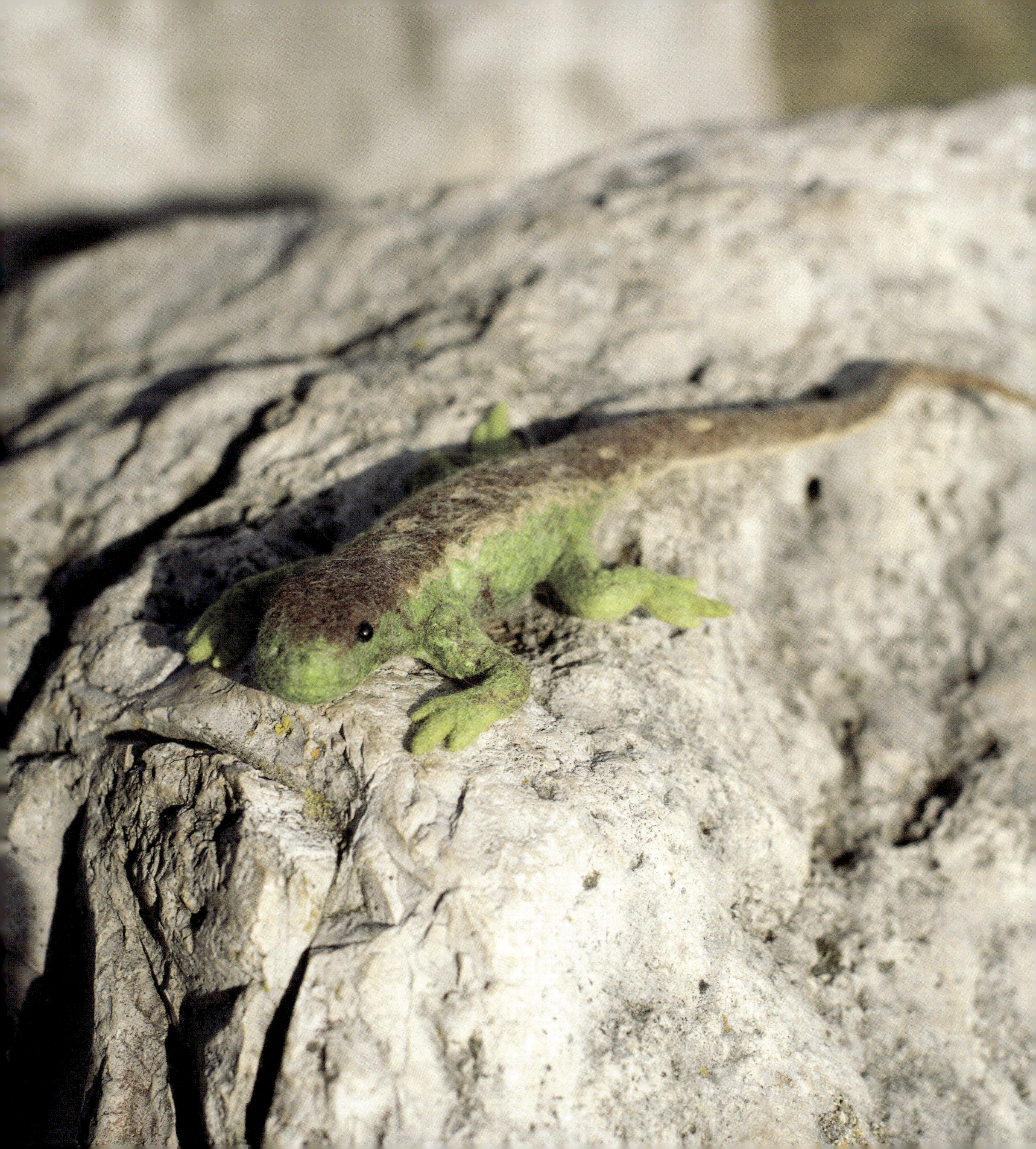

Eidechse

Die flinke Zauneidechse hält sich überall auf dem Boden auf, wo die Sonne scheint und es gut warm wird. Bei Kälte verkriecht sie sich und wird bewegungsunfähig. In Heidelandschaften, Waldrändern, Parks, Wildgärten und an Bahndämmen fängt sie Insekten und Würmer, sie trinkt Tau- und Regentropfen.
Ihre bis zu vierzehn weichschaligen Eier vergräbt die Zauneidechse in sandigem Boden, der von der Sonne gut beschienen wird. Die Eidechsenjungen, die nach ungefähr zwei Monaten schlüpfen, sind 5 bis 6 cm lang.
Wird die Eidechse von Vögeln oder Katzen am Schwanz gepackt, kann sie einen Teil davon einfach abwerfen – er wächst dann verkürzt wieder nach. Wenn ihr die Haut zu eng wird, häutet sie sich.

Zauneidechse•••

Lebensgroß, detaillierte Anleitung: siehe «Teichfrosch», S. 152ff.

8 g weiße, grüne, braune, beige Kapmerinowolle, grüner, brauner Wolle-Seide-Kamm-zug

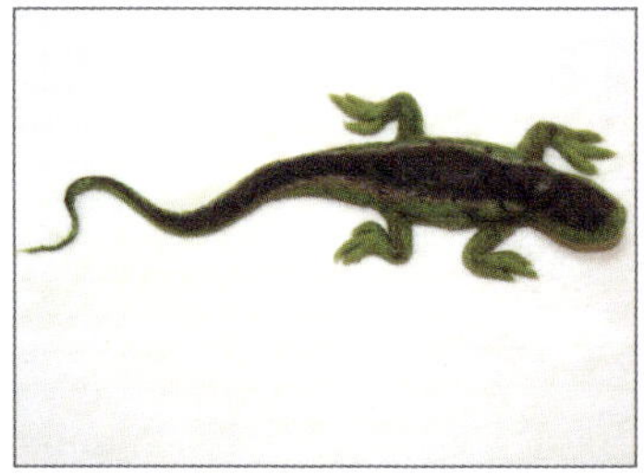

Körperstück: 13 x 5 cm
2 Vorderbeinstücke: 11 x 1 cm
2 Hinterbeinstücke: 13 x 1 cm

1

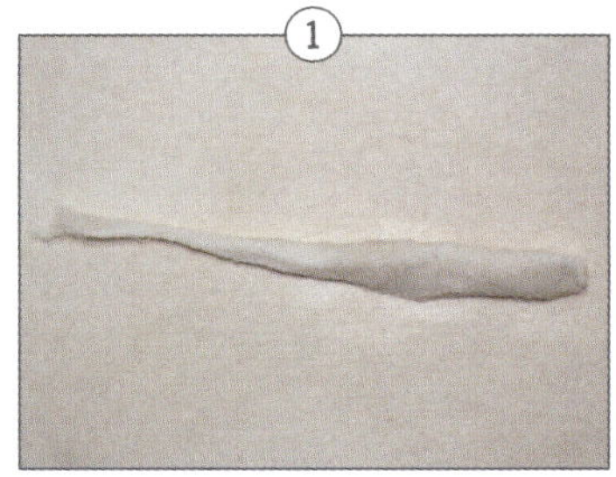

Den Körper längs zusammen-rollen. Den Schwanz etwas in die Länge ziehen.

2

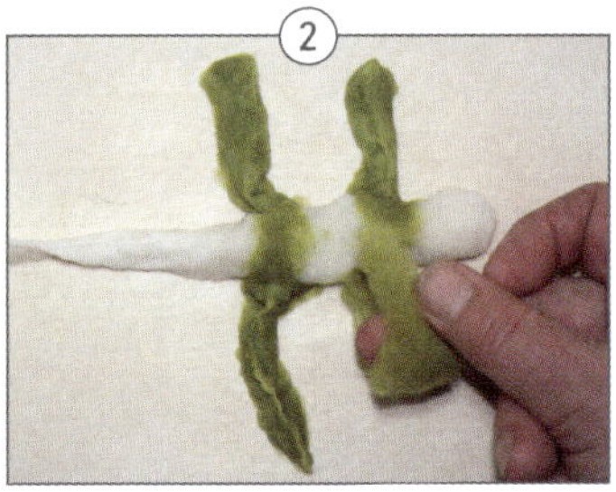

Die Beine seitlich mit grüner Wolle ansetzen.

3

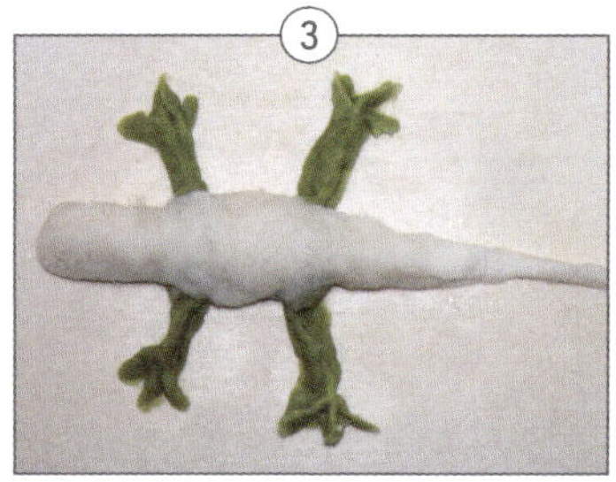

Den Kopf mit 5 Flocken, den Körper mit 8 über Kreuz, den Schwanz mit 3 Flocken be-legen. Je 3 Zehen einreißen oder einschneiden.

4

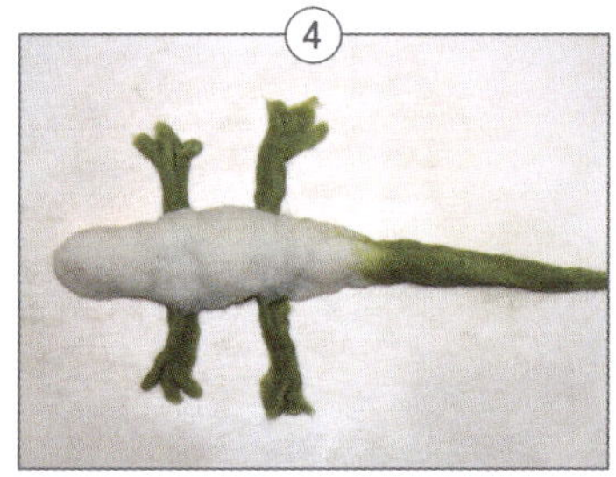

Je 2 Flöckchen seitlich auf Kopf, Hals, Körper und Schwanzansatz legen. Das Schwanzende mit Grün verlängern.

5

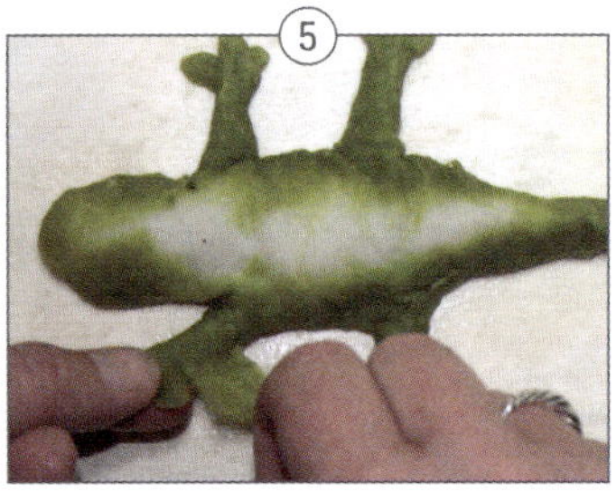

Die Beinansätze mit je 2 grü-nen Flöckchen, die Beine mit je 1 Flöckchen schräg straff umwickeln, die Seiten grün belegen.

6

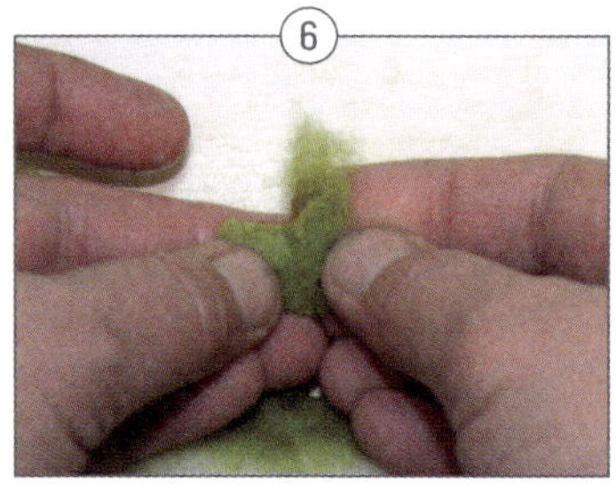

Jede Zehe mit 1 dünnen Mini-flöckchen (1 x 1 cm) schräg fest umwickeln.

7

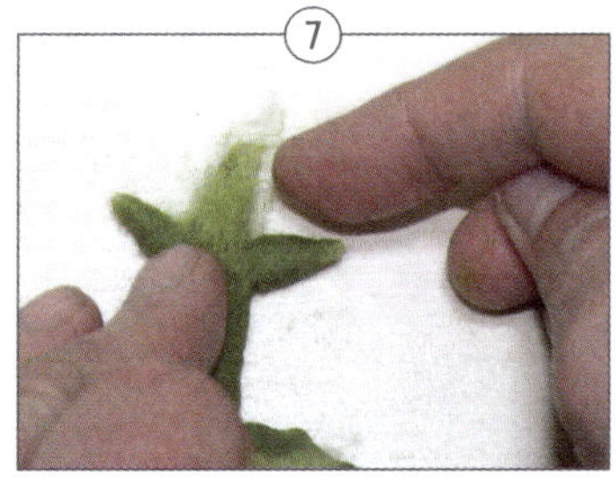

Den Mittelfußknochen mit einem Flöckchen verstärken.

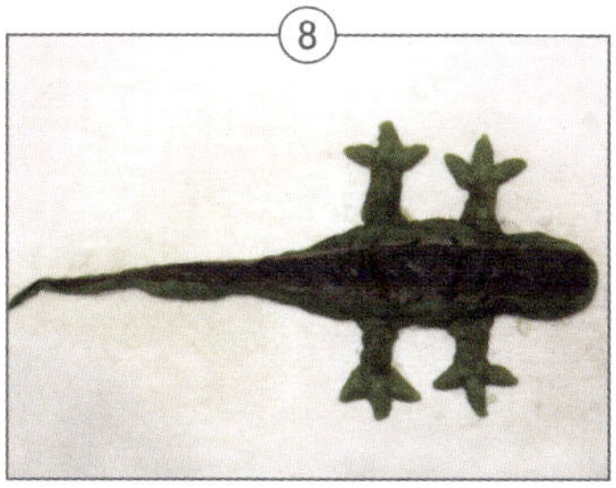

Den Kopf und den Körper obenauf mit brauner, seitlich davon mit beiger Wolle-Seide belegen.

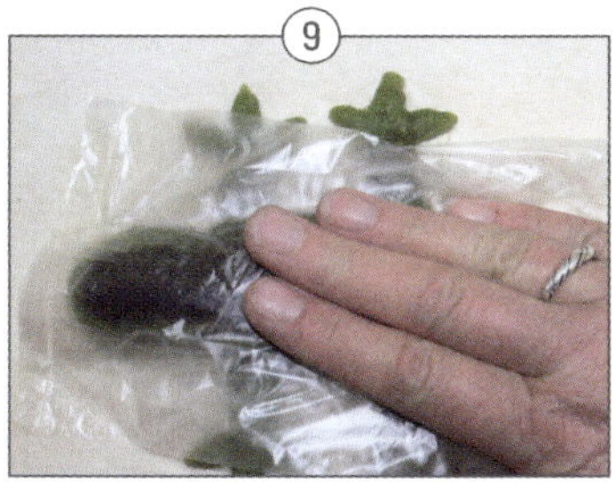

Braune und beige Maserung mit kurz geschnittener, verzupfter Wolle-Seide andeuten. Mit einer Plastiktüte anfilzen.

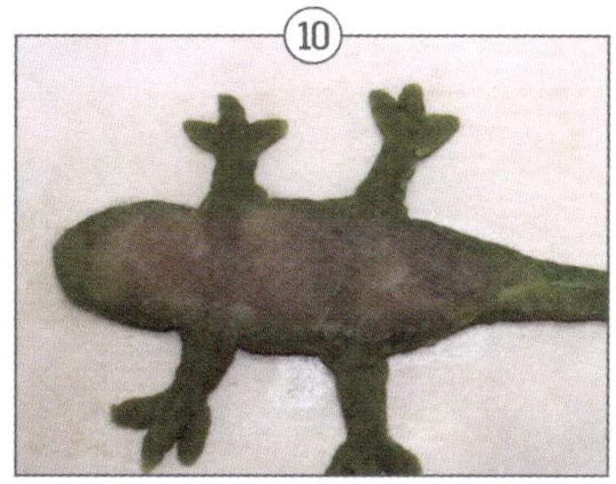

Die Unterseite mit Beige belegen. Weiter mit einer Plastiktüte anfilzen.

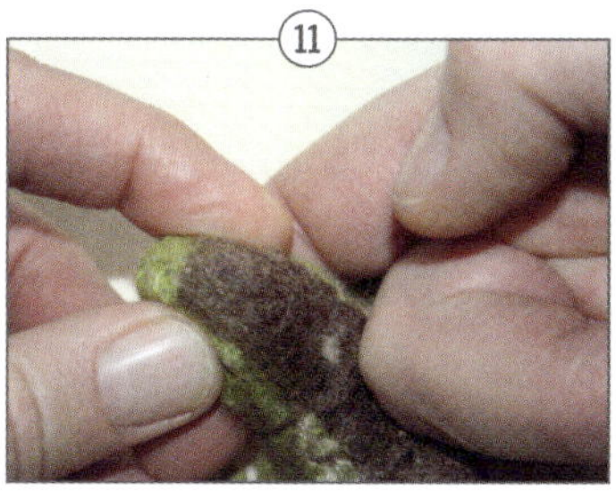

Beim Walken den Kopf nach oben und das Maul leicht eckig formen.

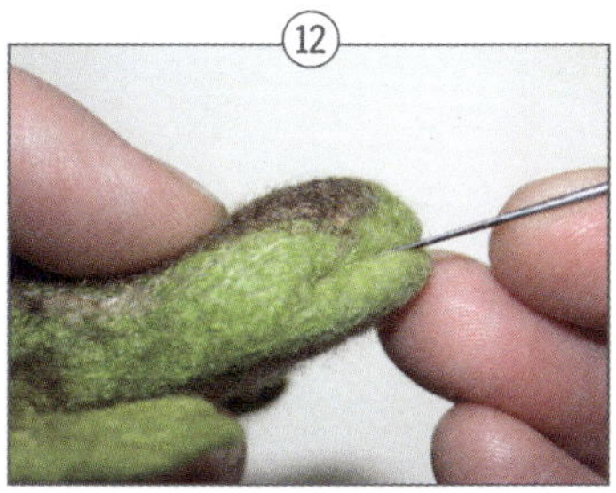

Beim fertigen Tier das Maul einnadeln.

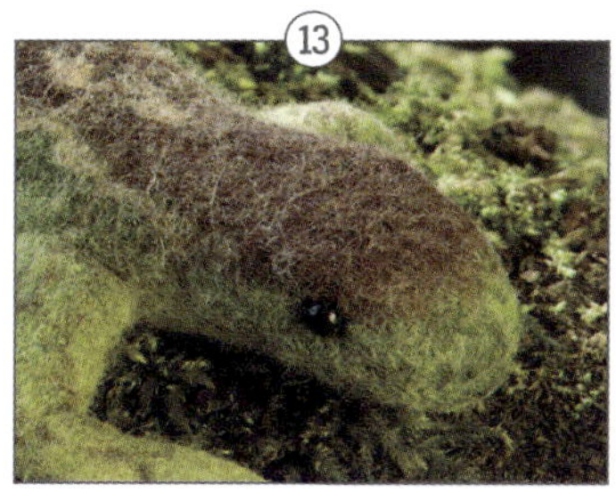

Augen aus Perlen annähen (siehe S. 203f.).

Die Anleitung für eine Miniatur-Eidechse steht auf S. 185.

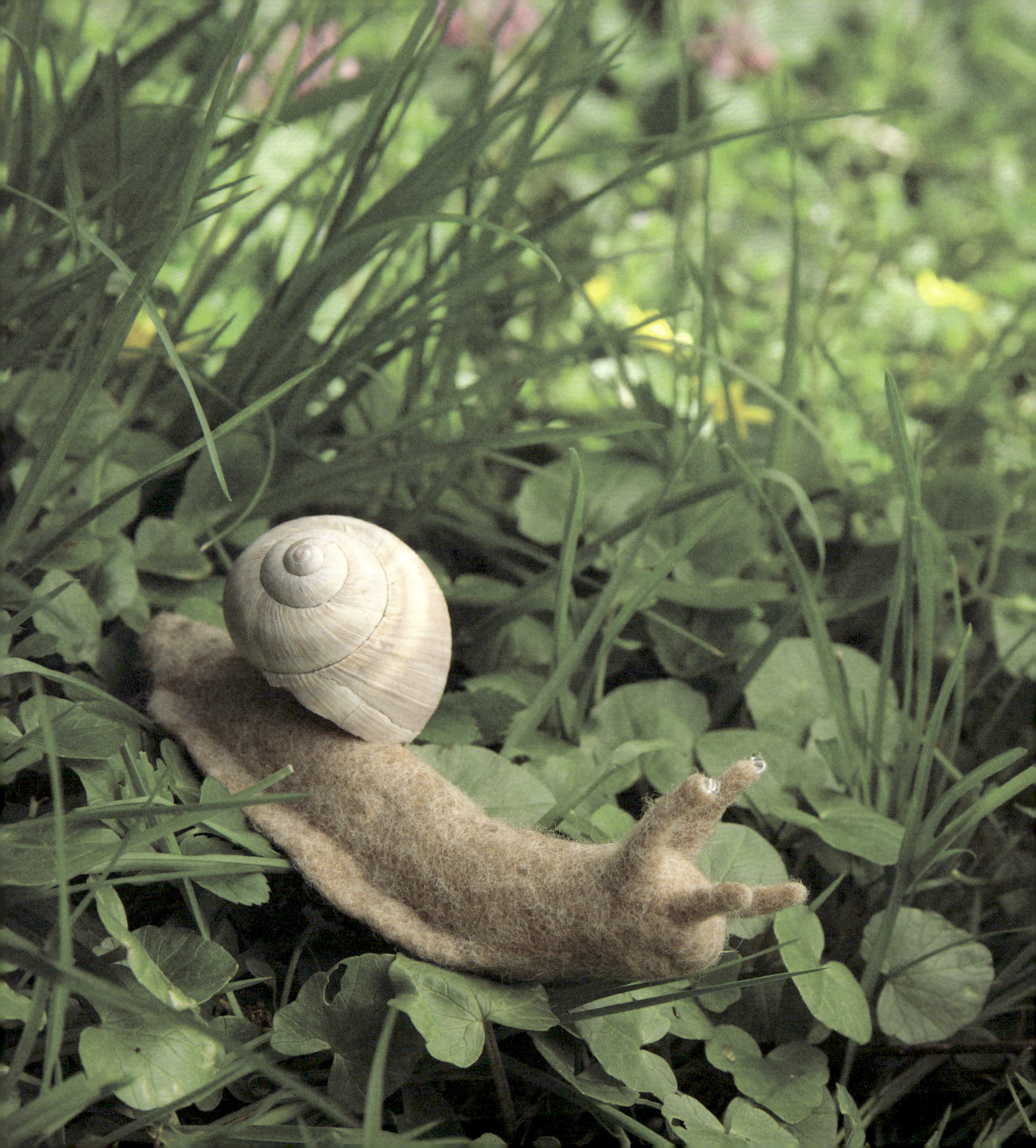

Schnecke

Die anmutige Weinbergschnecke ist in Wäldern und offenem Gelände zu Hause. Sie kann in freier Natur bis zu acht Jahre alt werden. Unterhalb des Kopfes produziert sie Schleim, auf dem sie sich fortbewegt. Mühelos gleitet sie über Sand, Blätter, Erde und Gräser dahin.
Die Schnecke ist ein Zwitter, jedes Tier produziert männliche und weibliche Keimzellen. Trotzdem sind zwei Schnecken zur Fortpflanzung erfoderlich. Bis zu sechzig Eier werden in einer Erdgrube abgelegt, die zuvor gegraben wurde.
Mit ihrer Raspelzunge kann die Schnecke Blätter abzupfen und verspeisen. Sie frisst vorwiegend welke Pflanzenteile. Für den Aufbau und die Instandhaltung ihres Schneckenhauses braucht sie genügend Kalk in ihrer Nahrung. Bei Gefahr, schlechter Witterung oder zum Schlafen verkriecht sie sich in ihr Haus. Im Winter macht sie die «Tür» mit einem Kalkdeckel zu. Das Schneckenhaus ist rechtsspiralig gedreht. Wer ein linksspiraliges Schneckenhaus sieht, hat einen sehr seltenen «Schneckenkönig» gefunden.

Weinbergschnecke••

Lebensgroß

6 g beige Merinolandschafwolle
echtes Weinbergschneckenhaus
2 kleine Glasperlen für die Augen

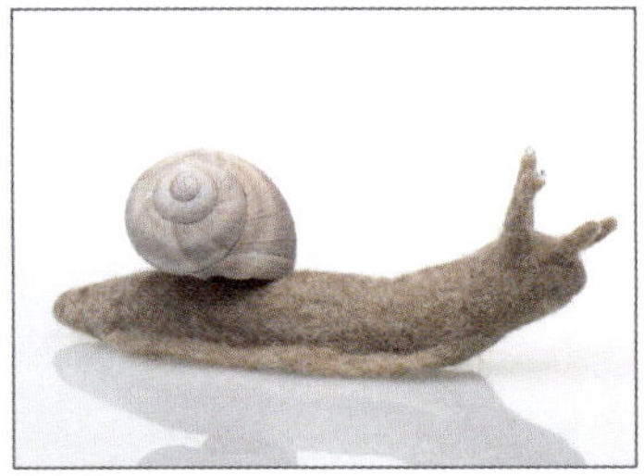

Körperstück: 11 x 14 cm
Fühlerstreifen: 1 x 7 cm
Fühlerstreifen: 1 x 5 cm
2 Sohlen: 3 x 12 cm

1

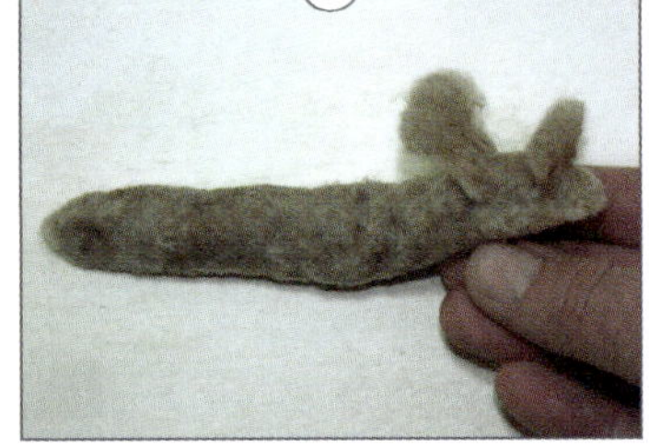

Die Fühlerstücke auf der Anfangsrolle in Brückenform ansetzen.

2

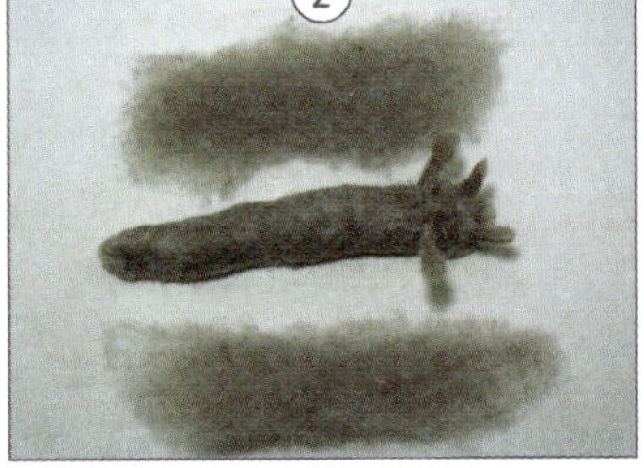

Die Fühler teilen. Die Sohlenstreifen vorbereiten.

3

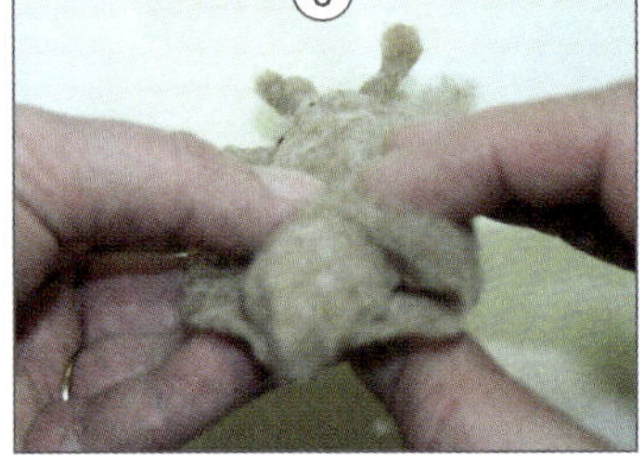

Die Sohle seitlich ansetzen.

4

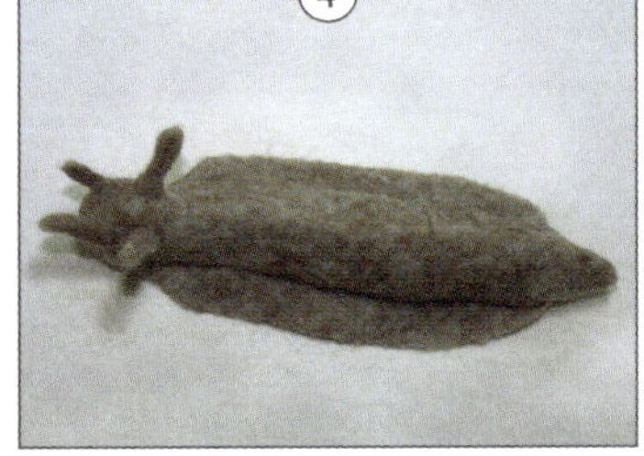

Mit 4 Längsstreifen auf dem Körper befestigen. 2 Flöckchen von unten auf den Kopf legen.

5

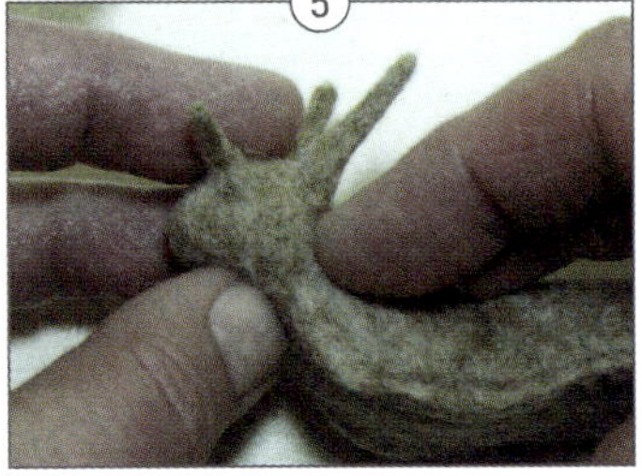

Den Kopf nach oben walken.

6

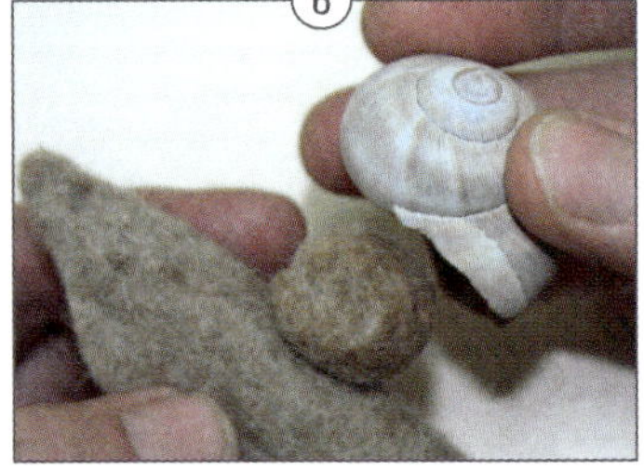

Eine beige Kugel filzen, die in die Öffnung des Schneckenhauses passt.

Tipp:
Beige Kugel nach dem Trocknen auf der hinteren Körperhälfte annähen, das echte Weinbergschneckenhaus darüberstülpen und dem Körper anpassen. Falls nötig, die Kugel an das Schneckenhaus kleben. An die langen Fühler 2 Glasperlchen als Augen annähen.

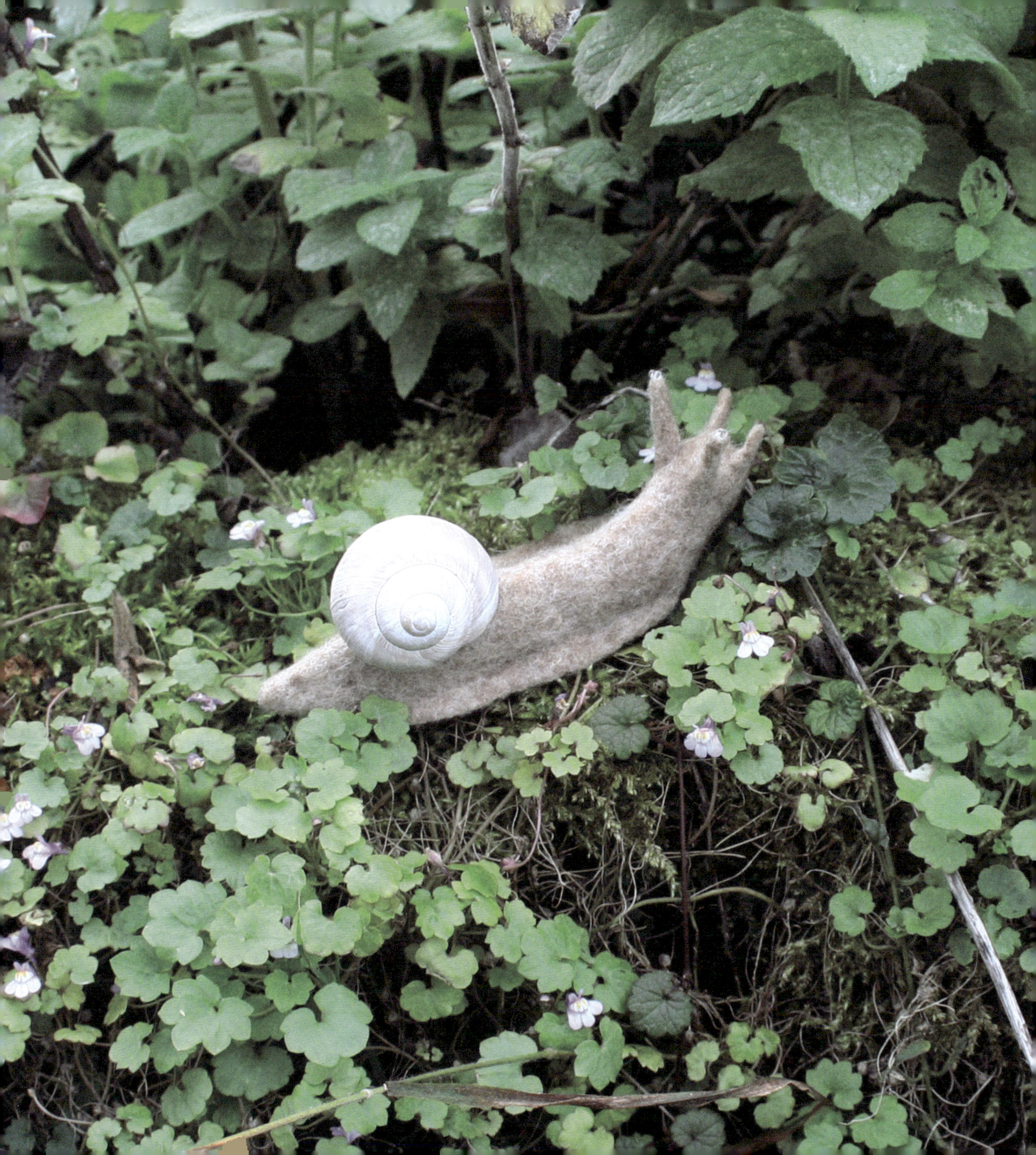

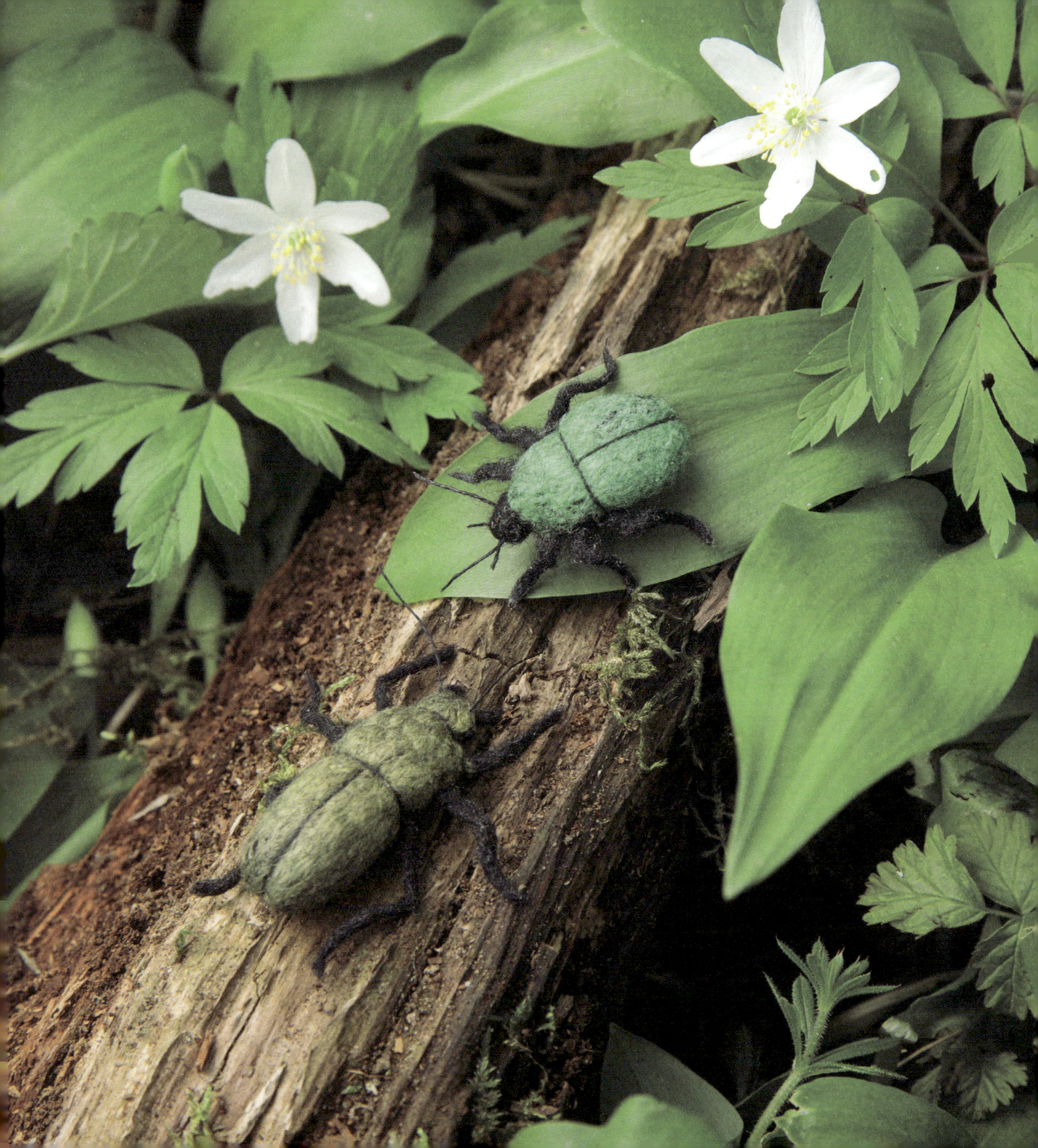

Käfer und Hummel

Der grün leuchtende Erlenblattkäfer überwintert unter Laub in lockerem Boden. Im Frühjahr paart er sich, danach legt das Weibchen die Eier in Gruppen an der Unterseite von Erlenblättern ab. Die Larven schlüpfen nach ungefähr acht Tagen. Danach futtern sie munter die Erlenblätter, bis sie sich nach zwei Wochen verpuppen. Aus den Puppen schlüpft nach einer Woche die neue Käfergeneration.

Der glänzende Goldlaufkäfer ist an Wegrändern und offenen Flächen anzutreffen. Der tagaktive, flinke Käfer klettert auch auf Bäume und jagt Schnecken, Würmer und Insekten. Er überwintert unter Moos und Steinen und kann bis zu zwei Jahre alt werden.

Die gemütliche Steinhummel nistet unterirdisch in Hohlräumen oder auch in Vogelnistkästen und Ähnlichem. Sie überdeckt ihr Nest mit einer dünnen Wachskuppel. Mit ihrem kurzen Rüssel saugt sie den Nektar aus Blüten. Sitzt dieser zu tief, beißt sie die Blüten von hinten auf. Da die gemächlich fliegende Hummel langsam herumbrummelt, löst sie weniger Angst aus als Wespen und Hornissen. In der Not macht sie jedoch auch von ihrem Stachel Gebrauch.

Erlenblattkäfer••••

Lebensgroß

1 g schwarze Kapmerinowolle, grüner Seidenkammzug, Holzleim

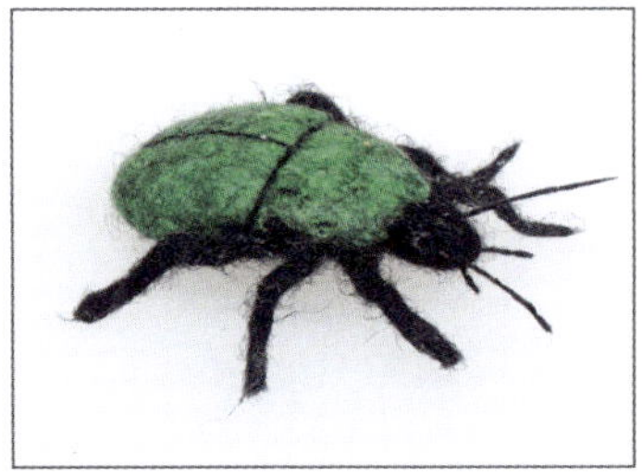

Körperstück: 3 x 2 cm
3 Beinstücke: 0,3 x 4 cm

1

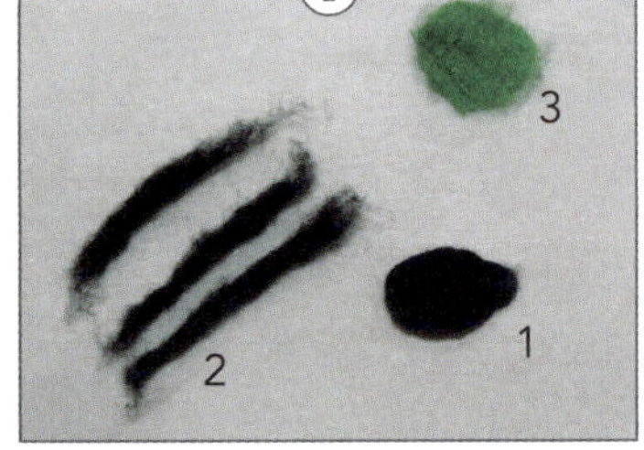

1. Eine Anfangsrolle formen. Den Kopf etwas herauszupfen.
2. Vorbereitete Beinstreifen.
3. Seidenflöckchen zurechtgeschnitten.

2

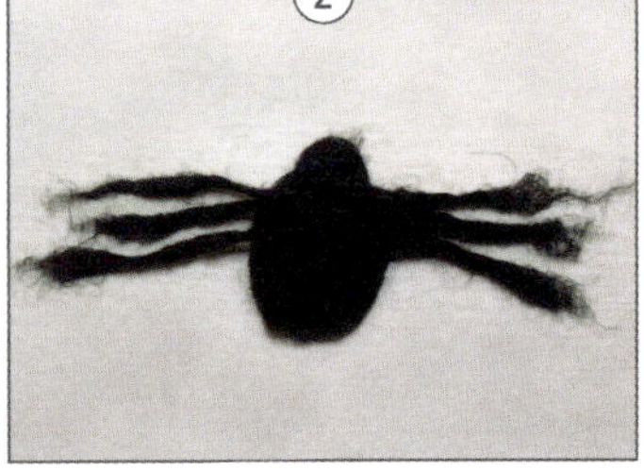

Die Beine befeuchten und kurz zusammenrollen. Dicht nebeneinander direkt hinter dem Kopf auflegen.

3

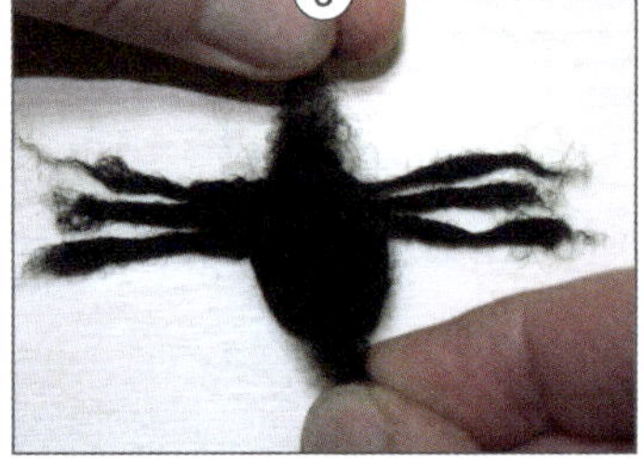

Einen dünnen Streifen über den Körper, auf Kopf und Hinterteil legen und nach unten umschlagen.

4

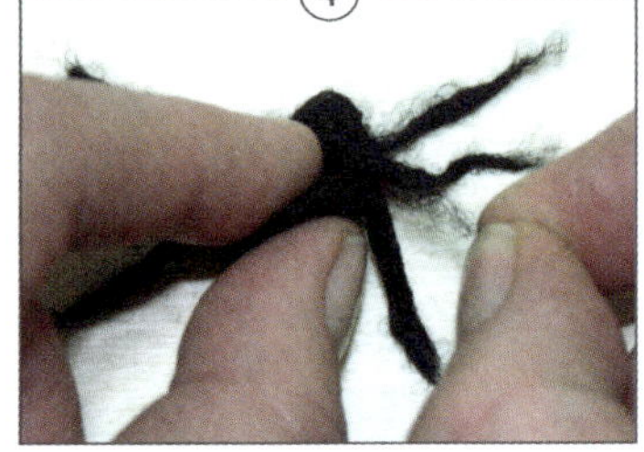

Ein Fusselchen zwischen jedes Bein legen.

5

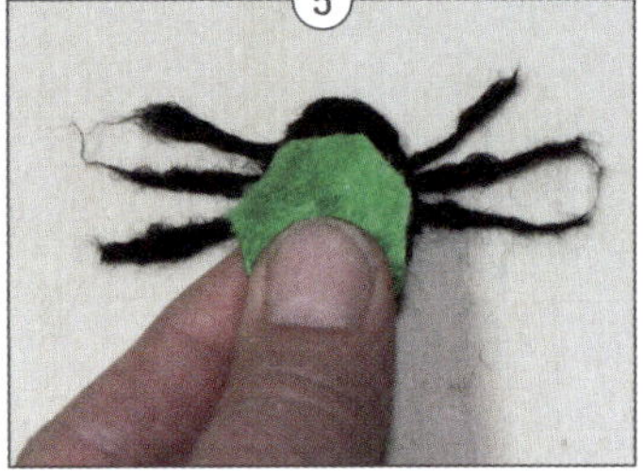

Den Körper und den Kopf mit je 1 Flöckchen verstärken. Grüne Seide ausschneiden und auf den Körper legen.

6

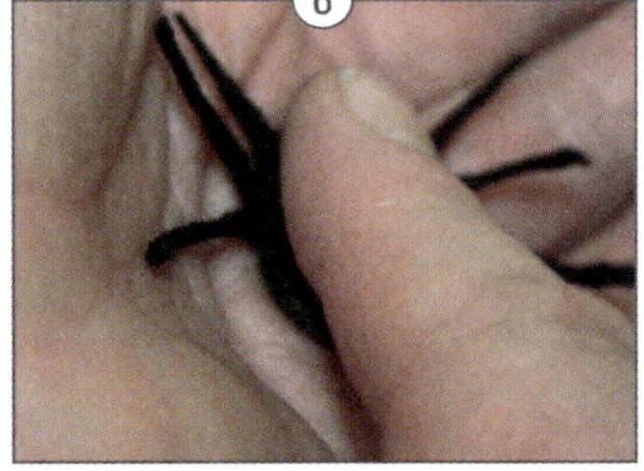

In Rückenlage sacht anfilzen.

7

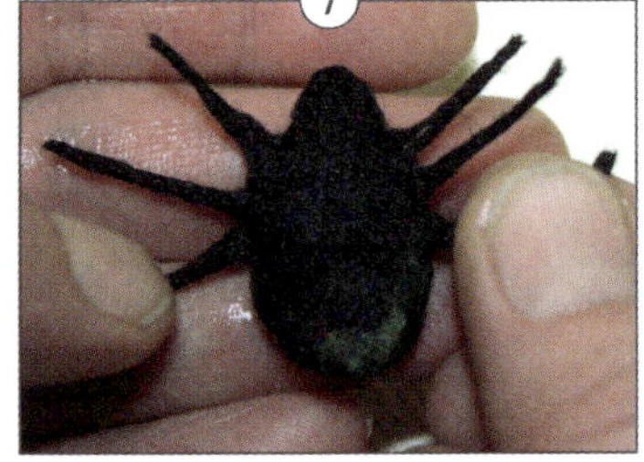

Die Beine zwischen den Fingern rollen, dabei nicht ziehen.

8

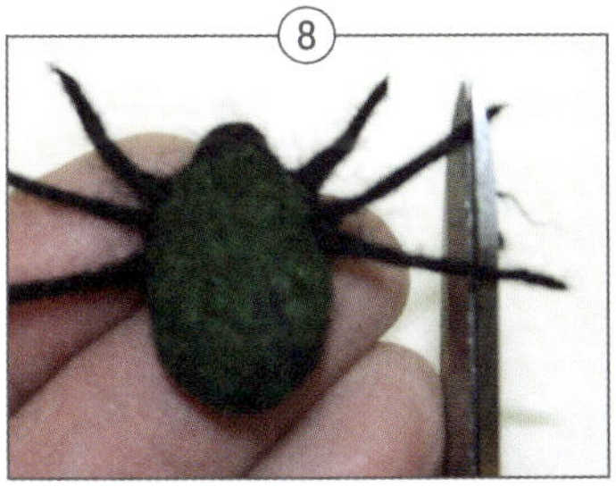

Die Beine zurechtschneiden, die Hinterbeine etwas länger lassen und die Schnittkanten noch mal überfilzen.

9

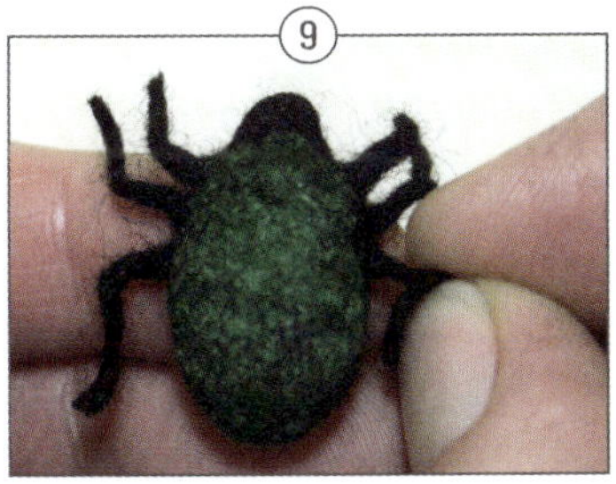

Die Beine und Füßchen knicken, den Körper leicht gebogen formen. Nach dem Ausspülen die feuchten Beine mit Holzleim einstreichen.

10

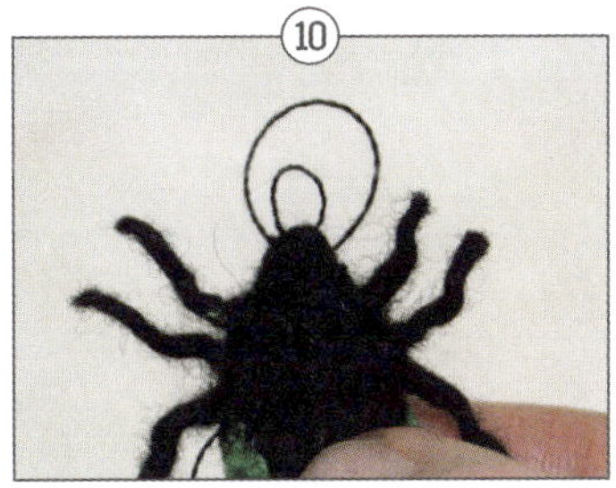

Die Augen sticken, dann lange Fühler sticken, noch mal die Augen sticken, dann kurze Fühler als Schlaufe sticken und den Faden am Bauch vernähen.

11

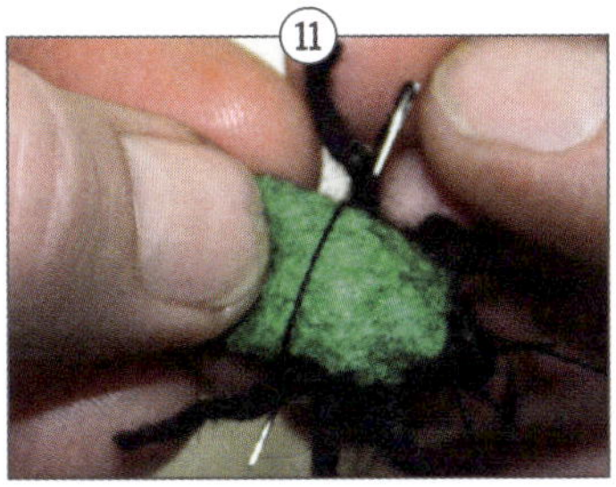

Die Fühlerschlaufen aufschneiden. Vor und hinter den Beinen den Körper jeweils mit einem fest gezogenen Querstich abnähen.

12

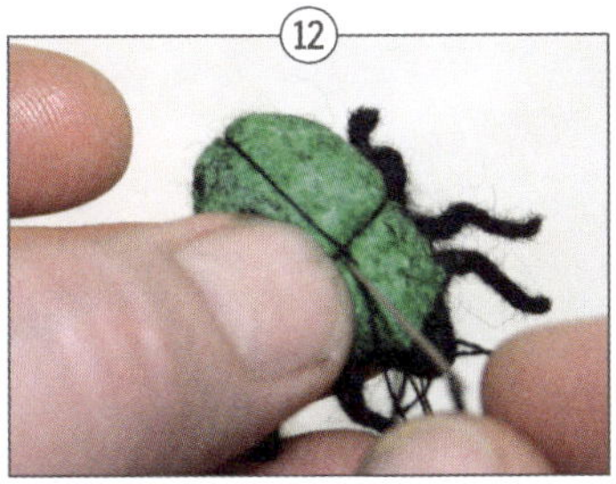

In der Mitte des Hinterteils einen langen «Flügelstich» setzen. Den Faden gut vernähen.

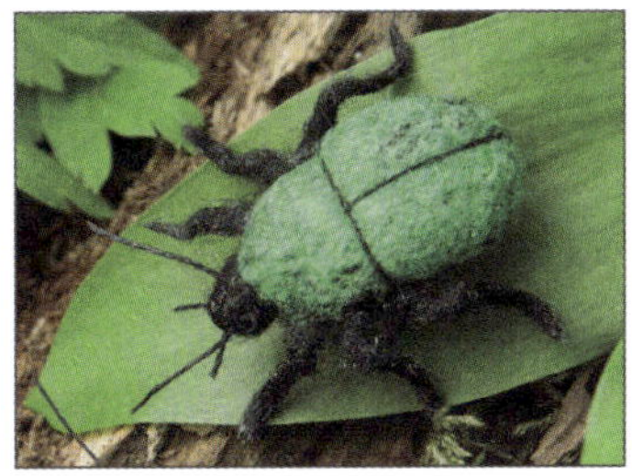

Fertiger Käfer

Goldlaufkäfer••••

Lebensgroß

2 g schwarze Kapmerinowolle, goldgrüner Seidenkammzug

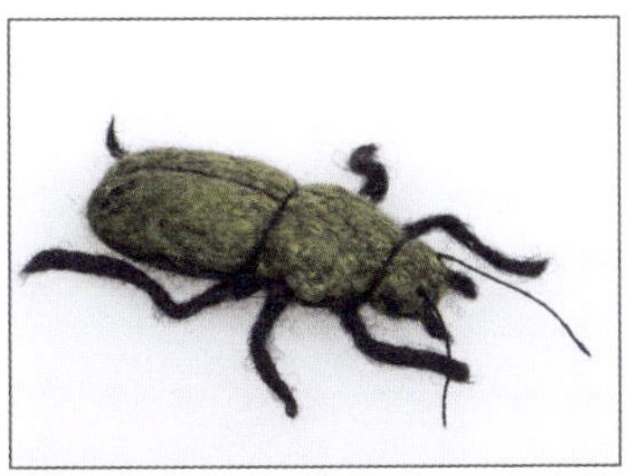

Körperstück: 4 x 2 cm
3 Beinstücke: 0,3 x 4 cm

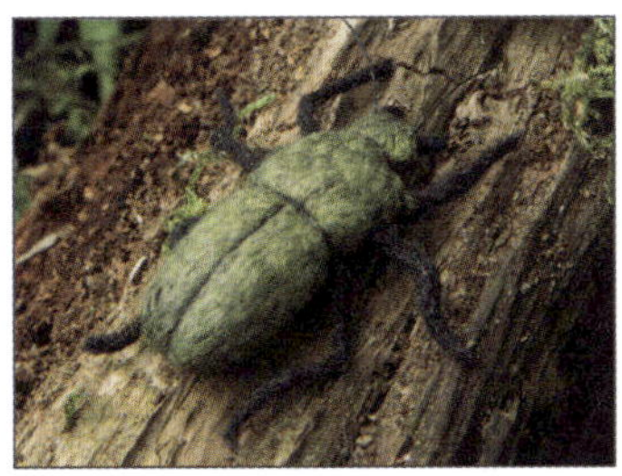

Fertiger Käfer

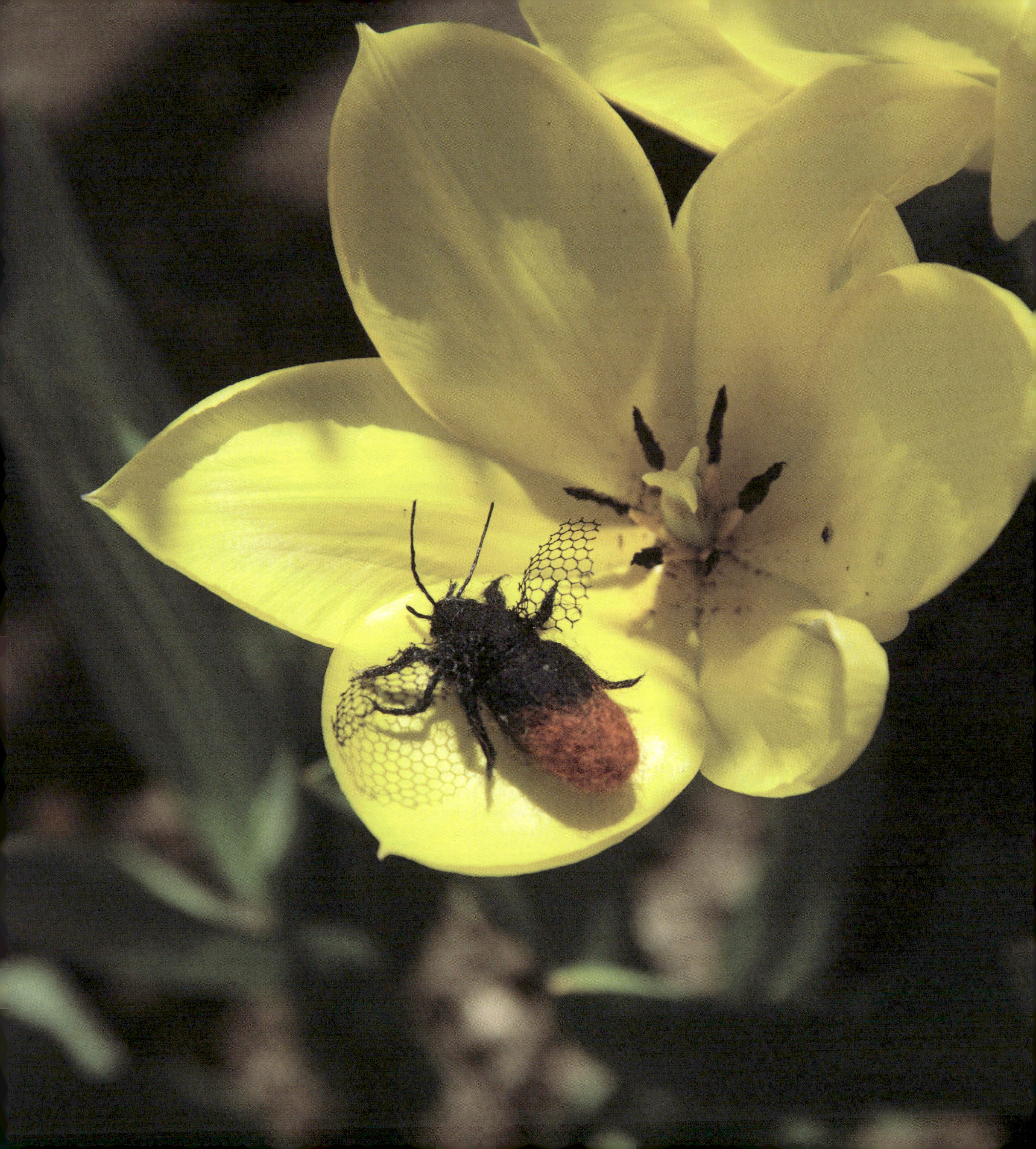

Steinhummel•••

Lebensgroß, detaillierte Anleitung: siehe «Käfer», S. 166f.

1 g schwarze Kapmerinowolle,
rostfarbene Merinowolle
Fliegengitter, schwarz

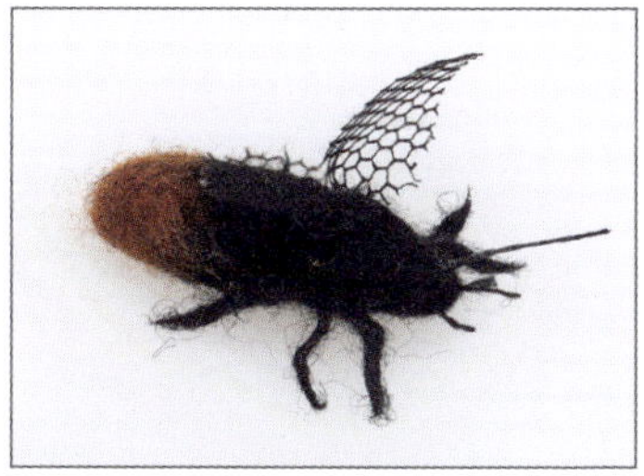

Körperstück: 3 x 3 cm
3 Beinstücke: 0,3 x 3 cm
beide Flügel: 5 x 1 cm

1

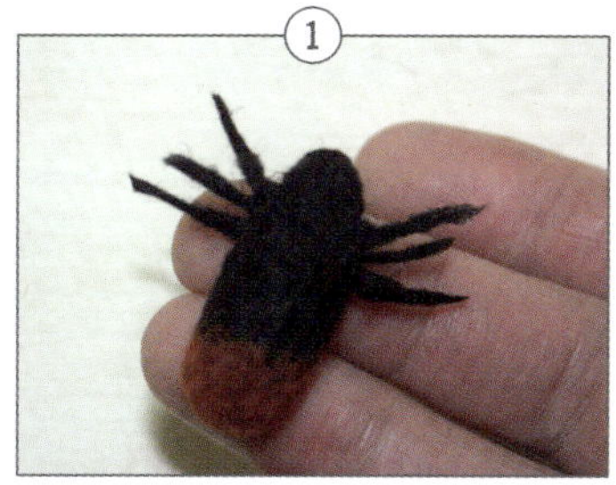

Die Hummel fertig aufbauen.

2

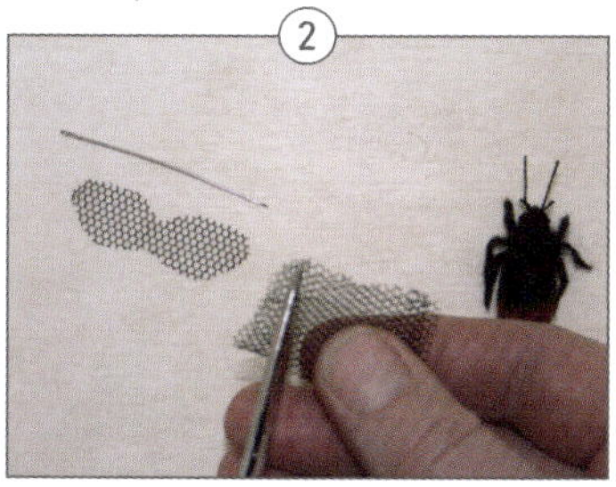

Die Flügel aus Fliegengitter ausschneiden.

3

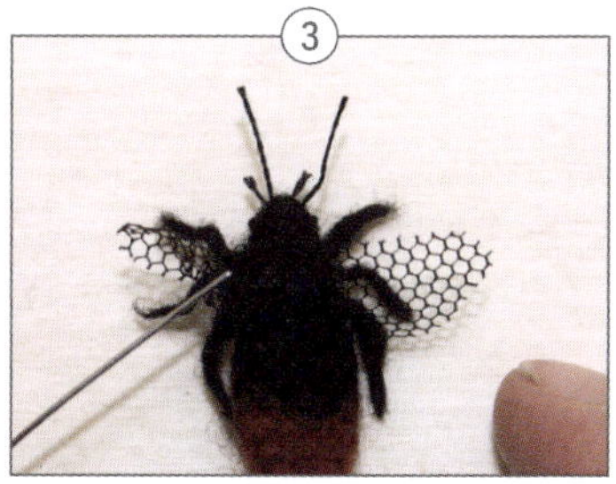

Die Flügel mit einer Stopfnadel durchziehen.

4

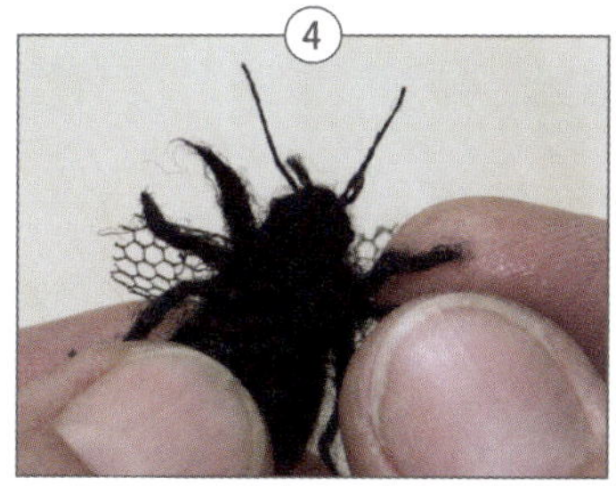

Eingenähte Fühler und die Beine mit Holzleim verstärken.

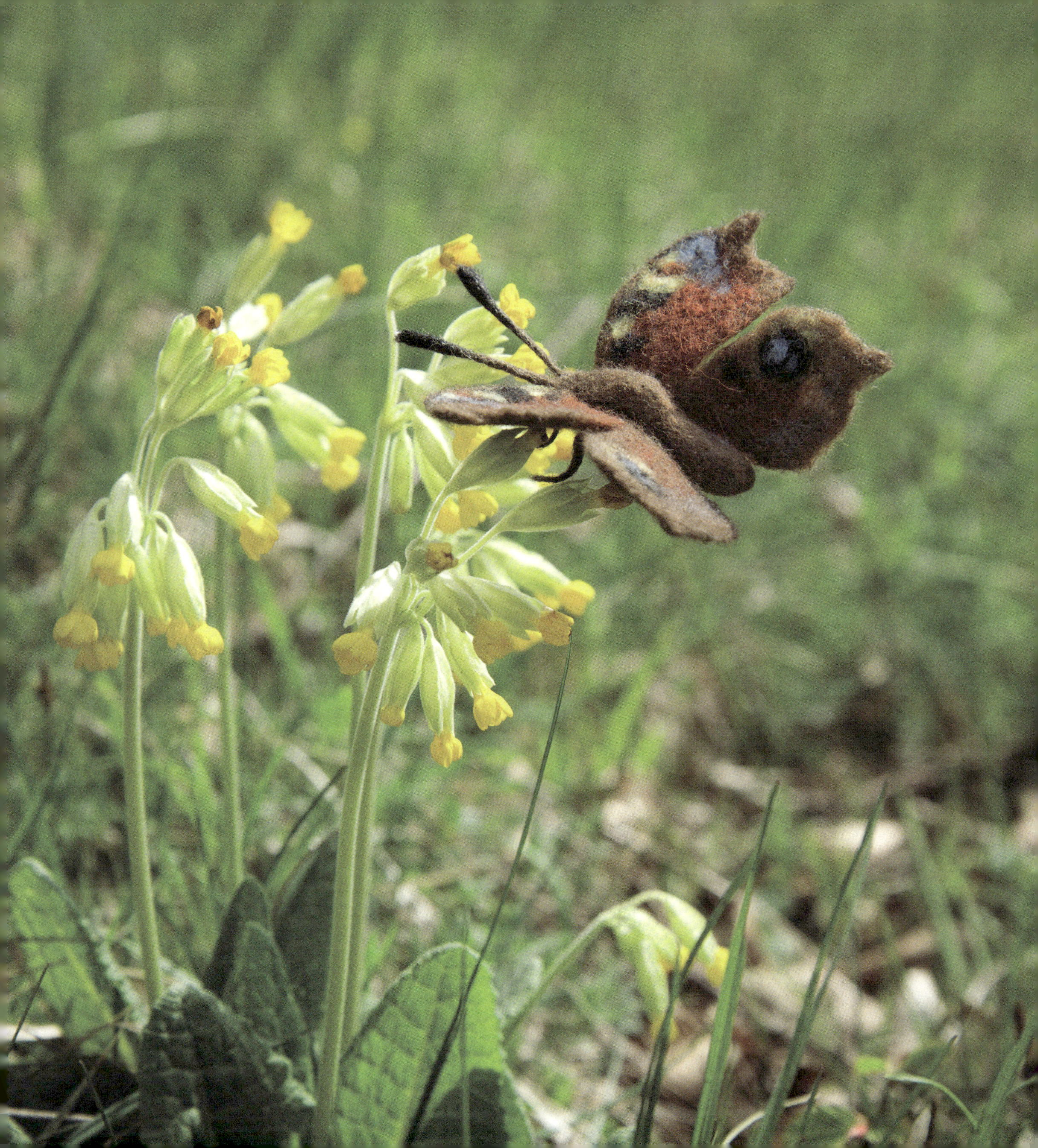

Schmetterling und Raupe

Das prächtige Tagpfauenauge flattert durch Felder, Wiesen, Gärten und Auen. Dort sucht es nach blühenden Pflanzen und trinkt den Nektar. Die Eier werden auf Brennnesseln abgesetzt, denn die Raupen ernähren sich ausschließlich von diesen. Über den Winter versteckt sich der Schmetterling in Felsspalten, Dachböden und kleinen Höhlen.

Die auffällig gezeichnete grüne Schwalbenschwanzraupe entwickelt sich an Doldenblütlern, vor allem frisst sie Möhren und Dill. Wenn sie dick und rund ist, verpuppt sie sich an Pflanzen, Stängeln oder Steinen. Nach einer zweiwöchigen Ruhezeit schlüpft der wunderschöne Schmetterling.

Pfauenauge••••

Lebensgroß, detaillierte Anleitung für den Körper: siehe «Erlenblattkäfer», S. 166f.

2 g braune, schwarze, gelbe, blaugraue Kapmerinowolle,
rotbraune Merinowolle
Schaumstoffunterlage
mittlere Filznadel

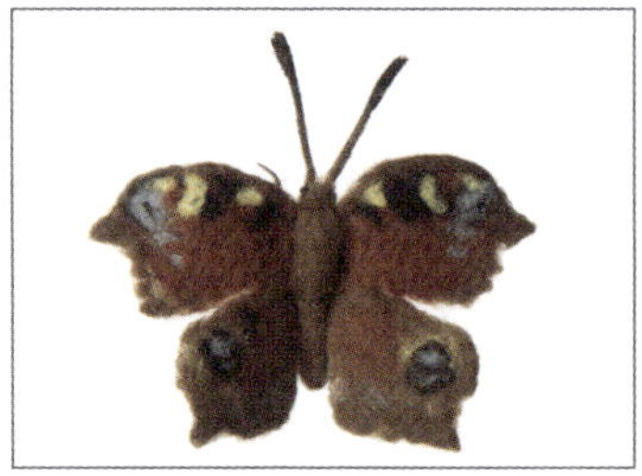

Körperstück: 4 x 1,5 cm
3 Beinstücke: 0,3 x 5 cm
Fühlerstück: 0,3 x 6 cm
Flügelstück: 6 x 7 cm

1

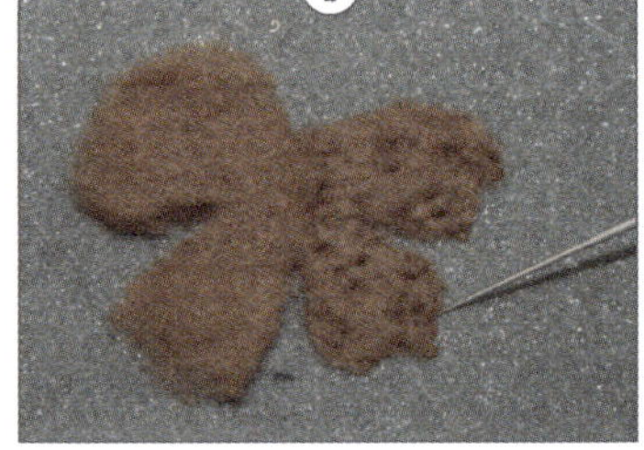

Die Silhouette zurechtzupfen, auf einer Schaumstoffunterlage die Ränder in Form eines Pfauenauges umnadeln.

2

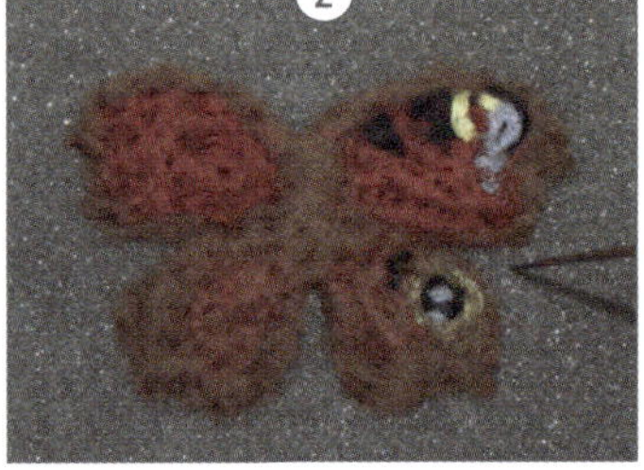

Das Muster nach Vorlage aufnadeln.

3

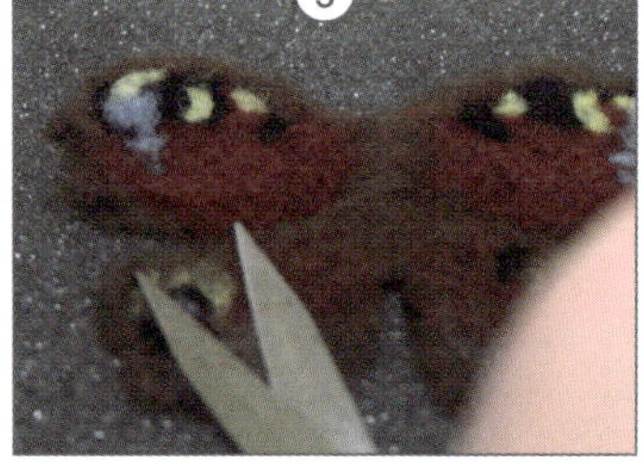

Die Fusseln von der Oberfläche abschneiden. Auf der Unterlage mit wenig Wasser und viel Seife sachte anfilzen.

4

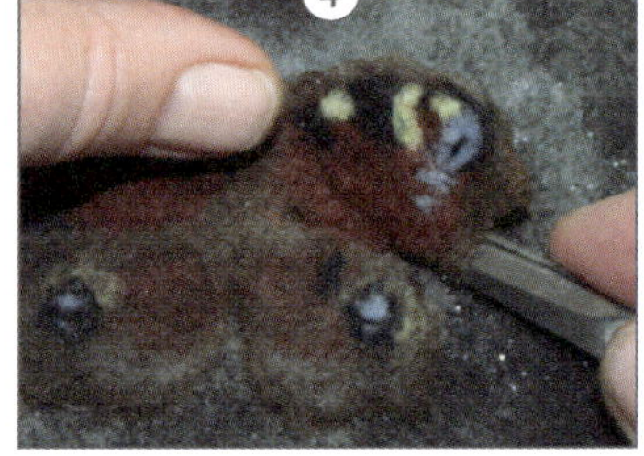

Den Schmetterling ggf. mit einer Plastiktüte anfilzen. Mit der Schere vorsichtig von der Unterlage lösen.

5

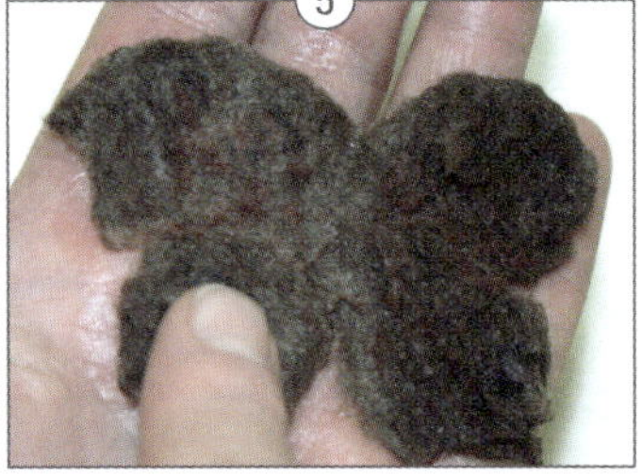

Den Schmetterling auf die Hand legen und die Rückseite fertig filzen.

6

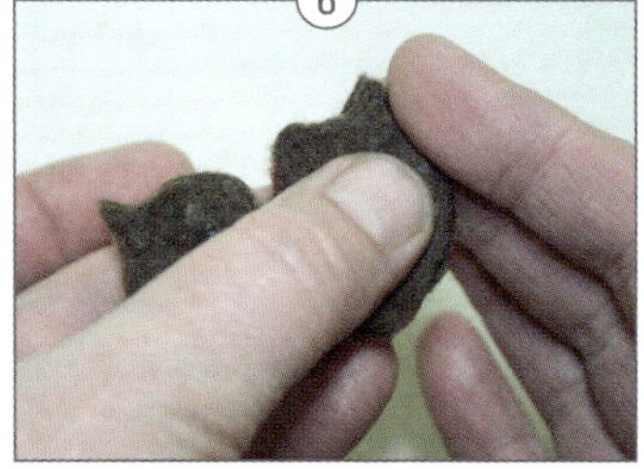

Die Flügelränder filzen, während die Flügel zusammengefaltet sind.

7

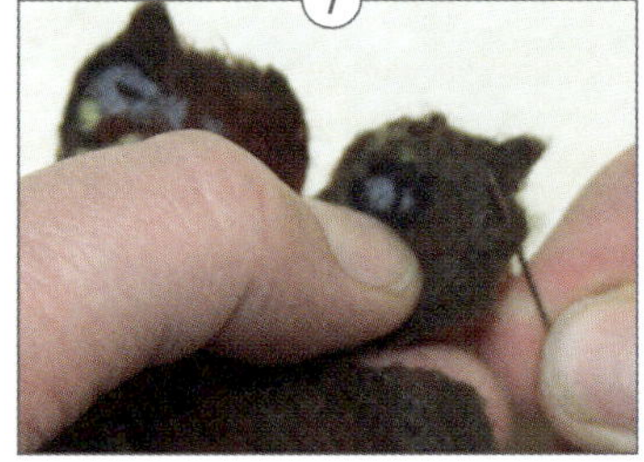

Die Spitzen mit einer großen Stecknadel sachte herausziehen. Die Hinterflügel ein Stück unter die Vorderflügel walken.

8

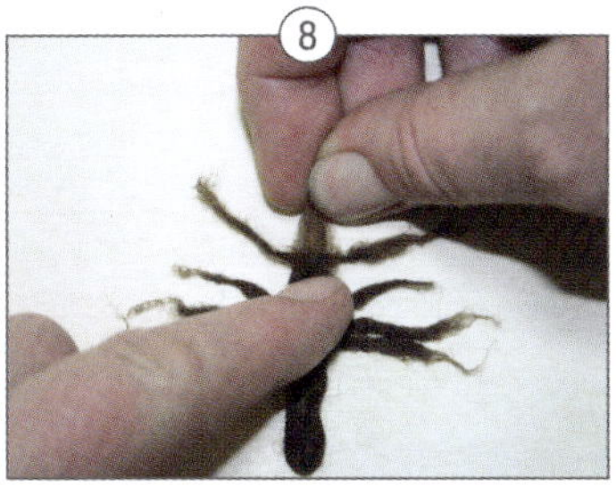

Die Fühler als Schlaufe am Kopf ansetzen und teilen. Die Beine auflegen. Den Körper mit 4, den Kopf mit 1, die Beinansätze mit je 1 Flöckchen aufbauen.

9

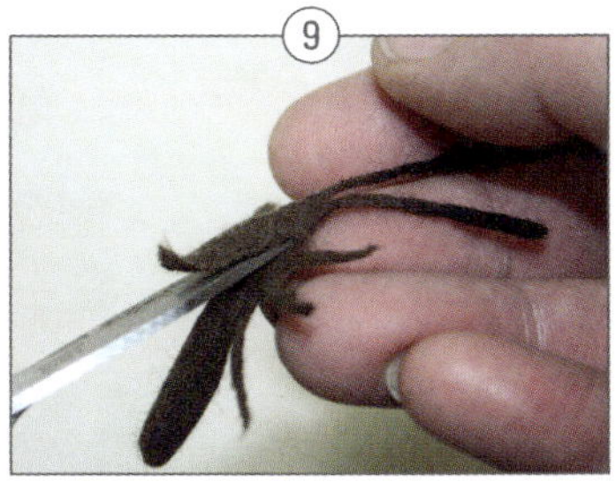

Die Fühlerenden mit Schwarz belegen, alles gut filzen. Den Mittelteil von hinten her einschneiden.

10

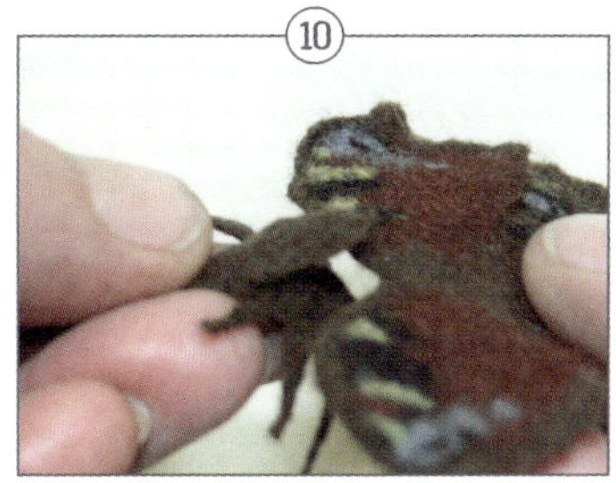

Die Flügel hineinstecken, zurechtrücken und ggf. zusammenschieben.

11

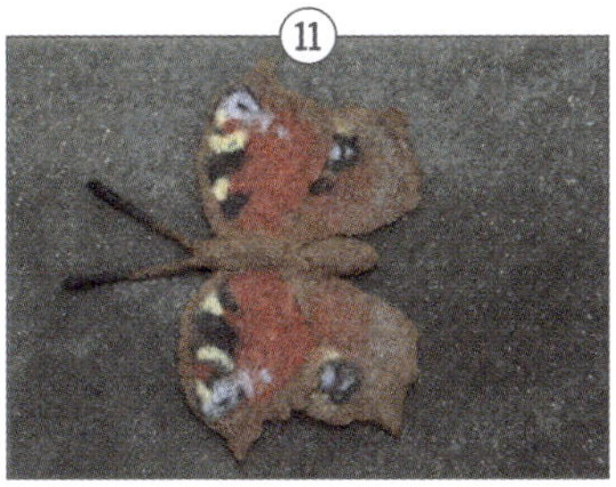

2 Flöckchen über den Körper legen und mit einer feinen Filznadel befestigen. Den Körper noch mal gut filzen.

12

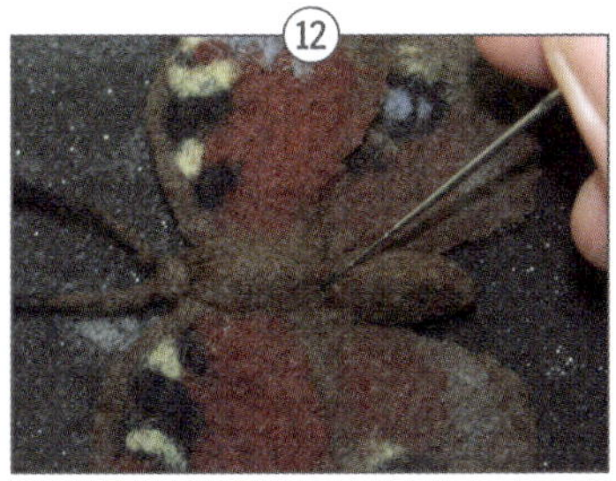

Den Kopf und das Hinterteil mit der Filznadel durch eine eingenadelte Vertiefung hervorheben, ggf. abnähen.

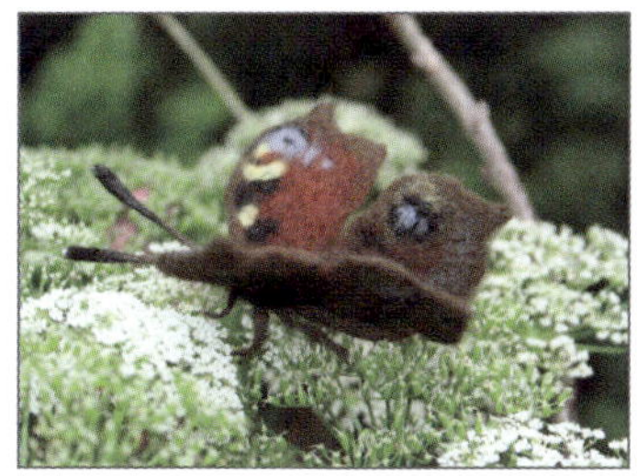

Fertiges Tier

Schwalbenschwanz-raupe•••

Lebensgroß

1 g grüne, schwarze, orange Merinowolle
grünes Stickgarn (Nähseide)

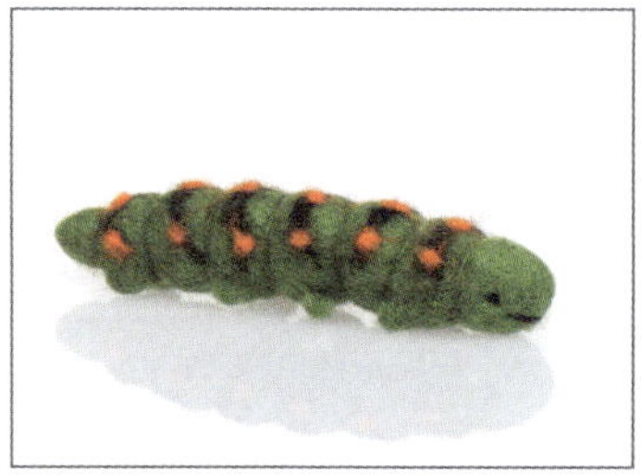

Anfangsstück: 4 x 5 cm
2 Streifen: 1 x 5 cm

1

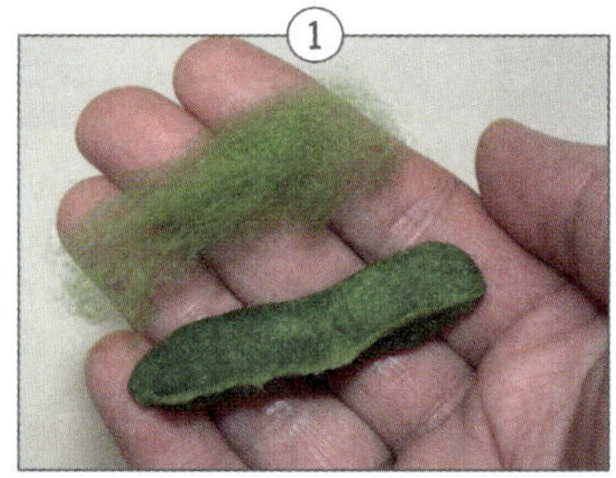

Das Anfangsstück von der Breitseite her aufrollen, dabei das Kopfende einschlagen.
2 dünne Streifen als «Fußleisten» ansetzen.

2

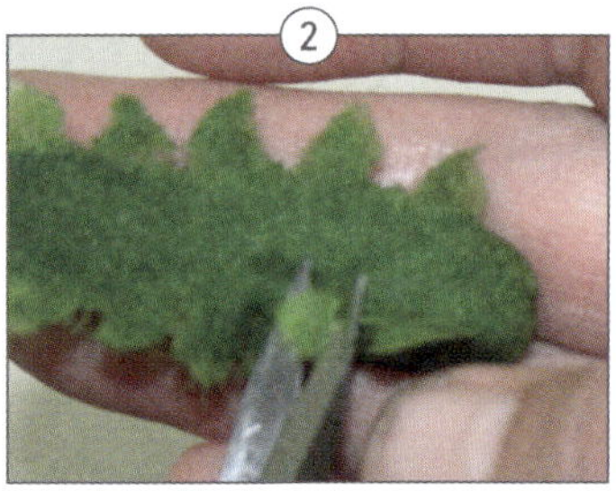

Jede Fußleiste neunmal einschneiden. Jedes zweite Stück abschneiden, damit 5 «Füßchen» pro Seite stehen bleiben.

3

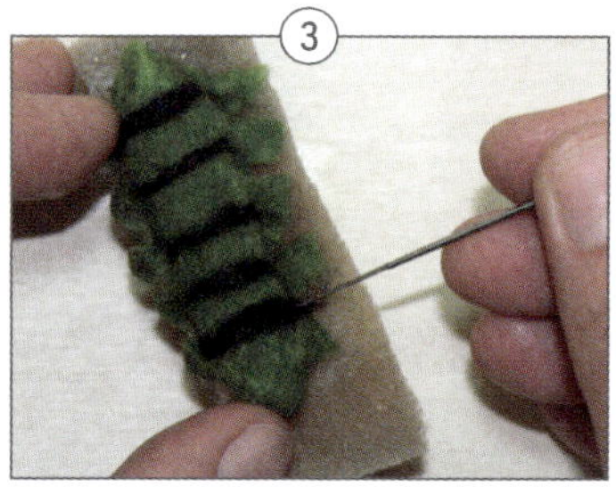

1 Längsflocke auf den Körper legen. Das Muster mit der Filznadel einnadeln.

4

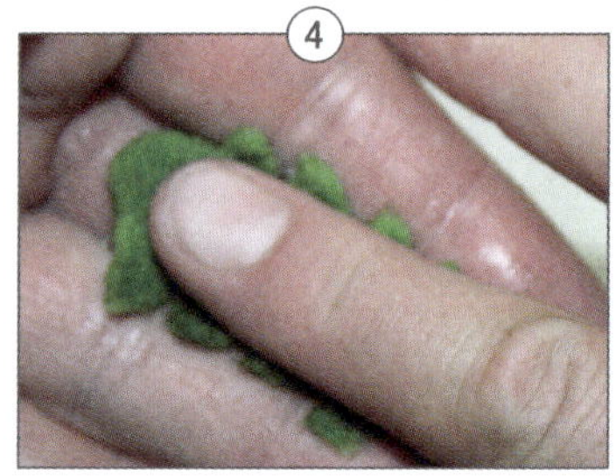

Die Unterseite sachte anfilzen. Die Füßchen einzeln reiben, ggf. zurechtschneiden. Den Kopf breit, das Hinterteil spitz walken.

5

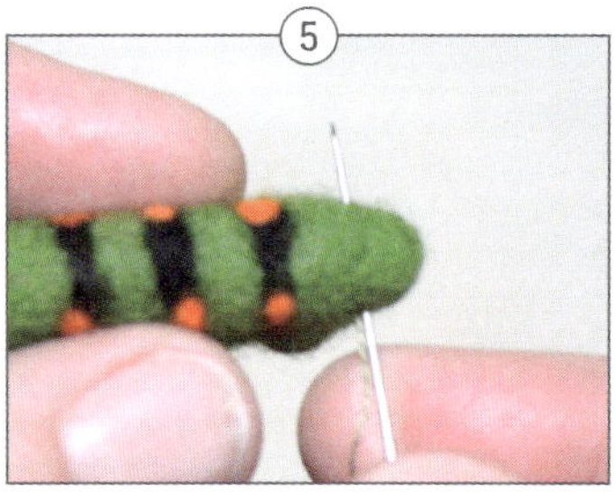

Mit grünem Stickgarn die Augen mit kleinen Stichen hin und her sticken.

6

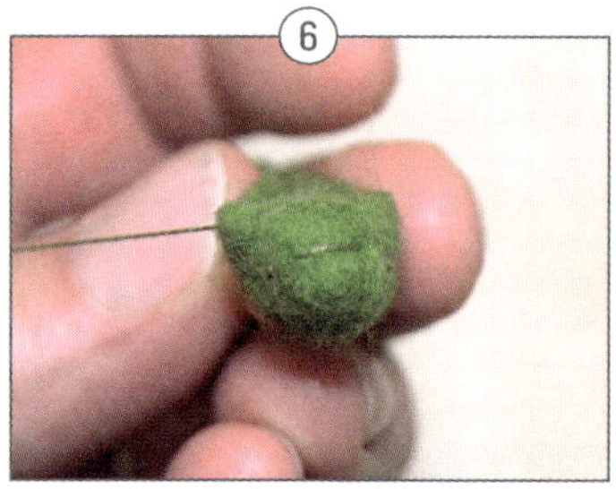

Das Maul sticken. Zwischen den Beinen den Faden jeweils einmal um den Körper wickeln und abnähen.

7

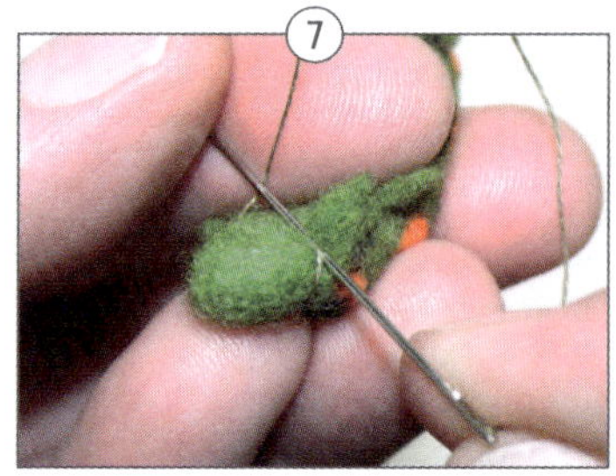

Unter dem Faden jeweils wieder einstechen und zum nächsten Segment stechen, dabei den Faden gut anziehen.

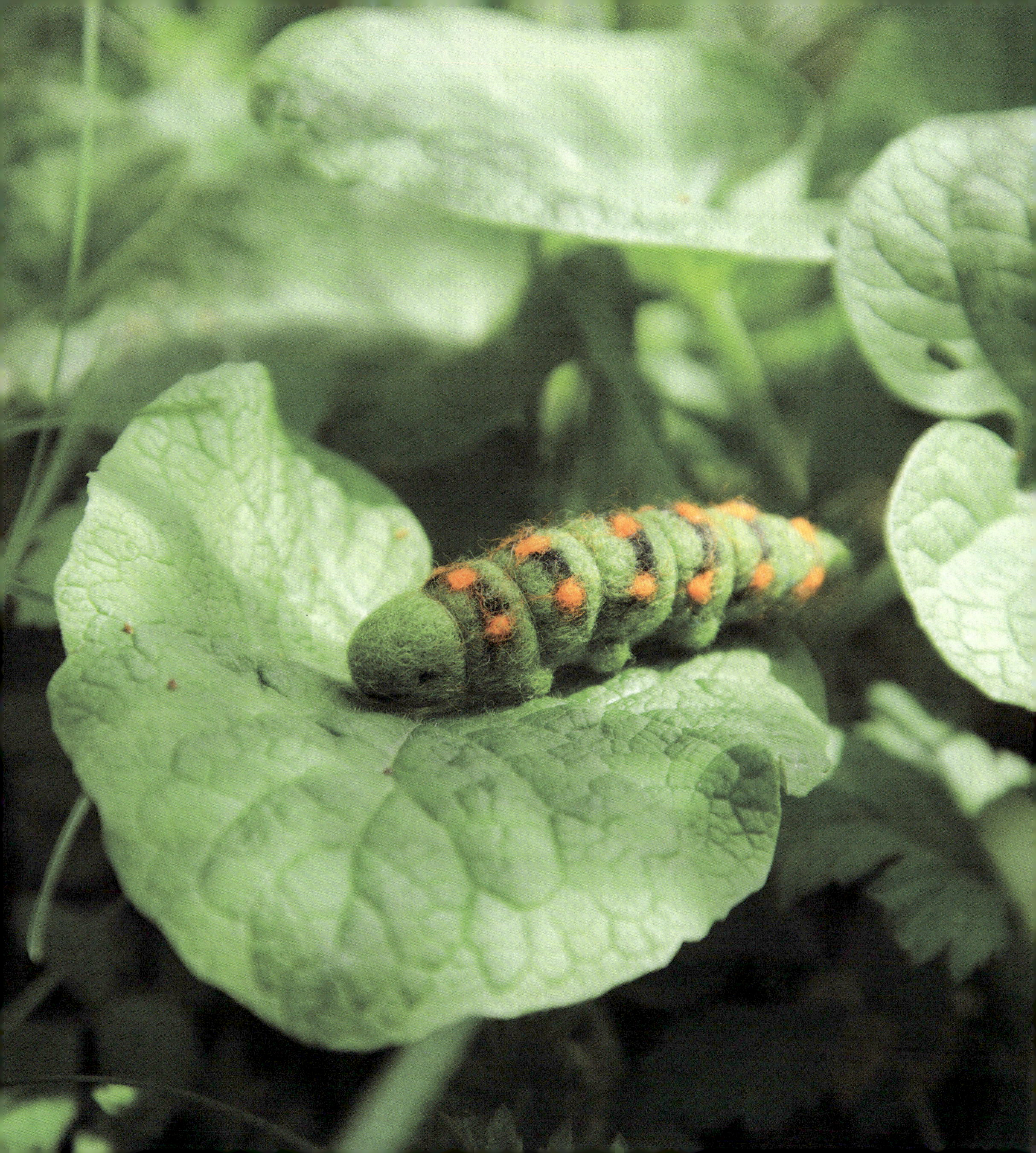

- Maus
- Siebenschläfer
- Eichhörnchen
- Maulwurf
- Fledermaus
- Ente
- Specht
- Rabe
- Rotkehlchen
- Blaumeise
- Amsel
- Waldkauz
- Uhu
- Frosch
- Schnecke
- Eidechse

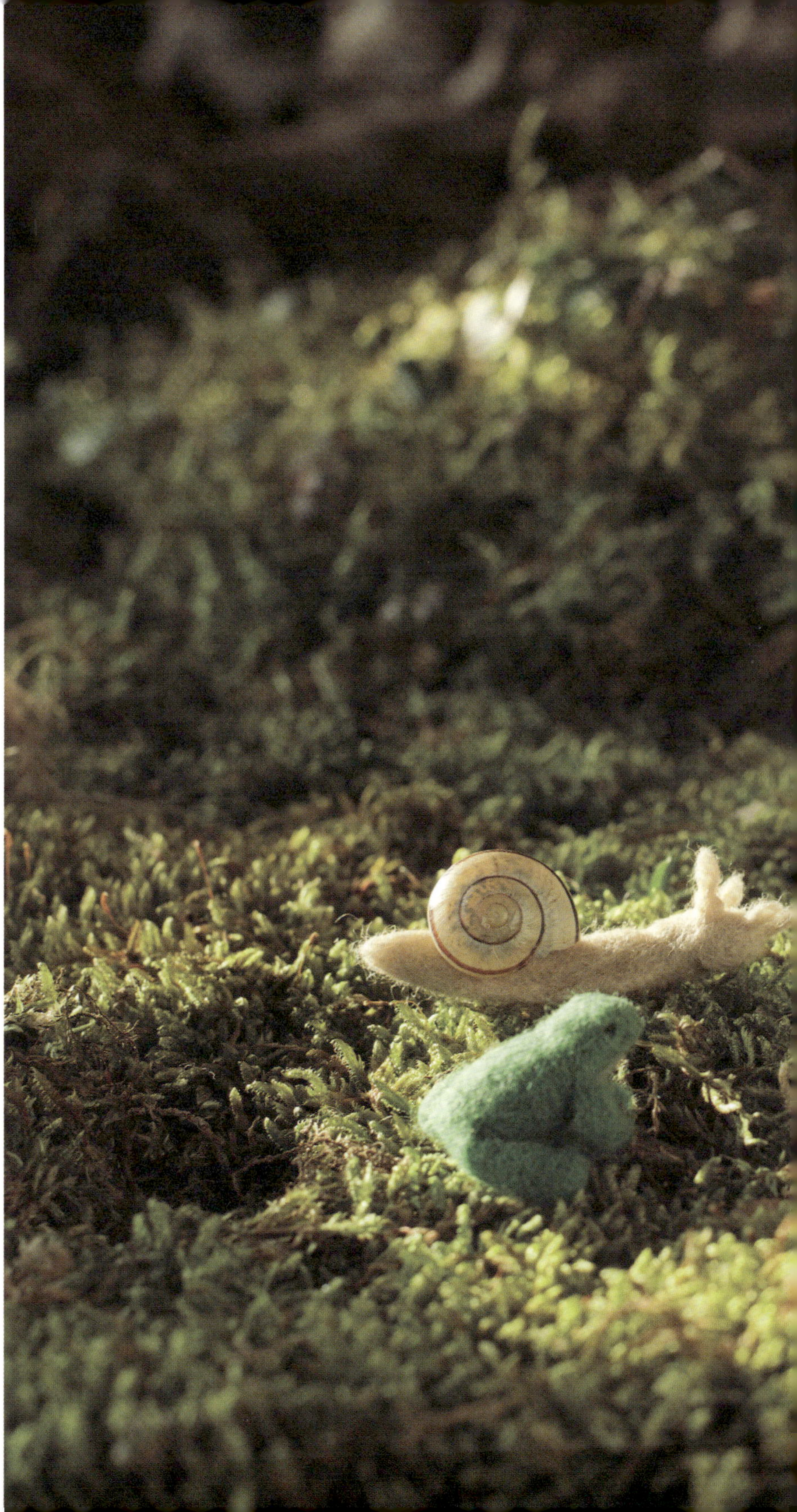

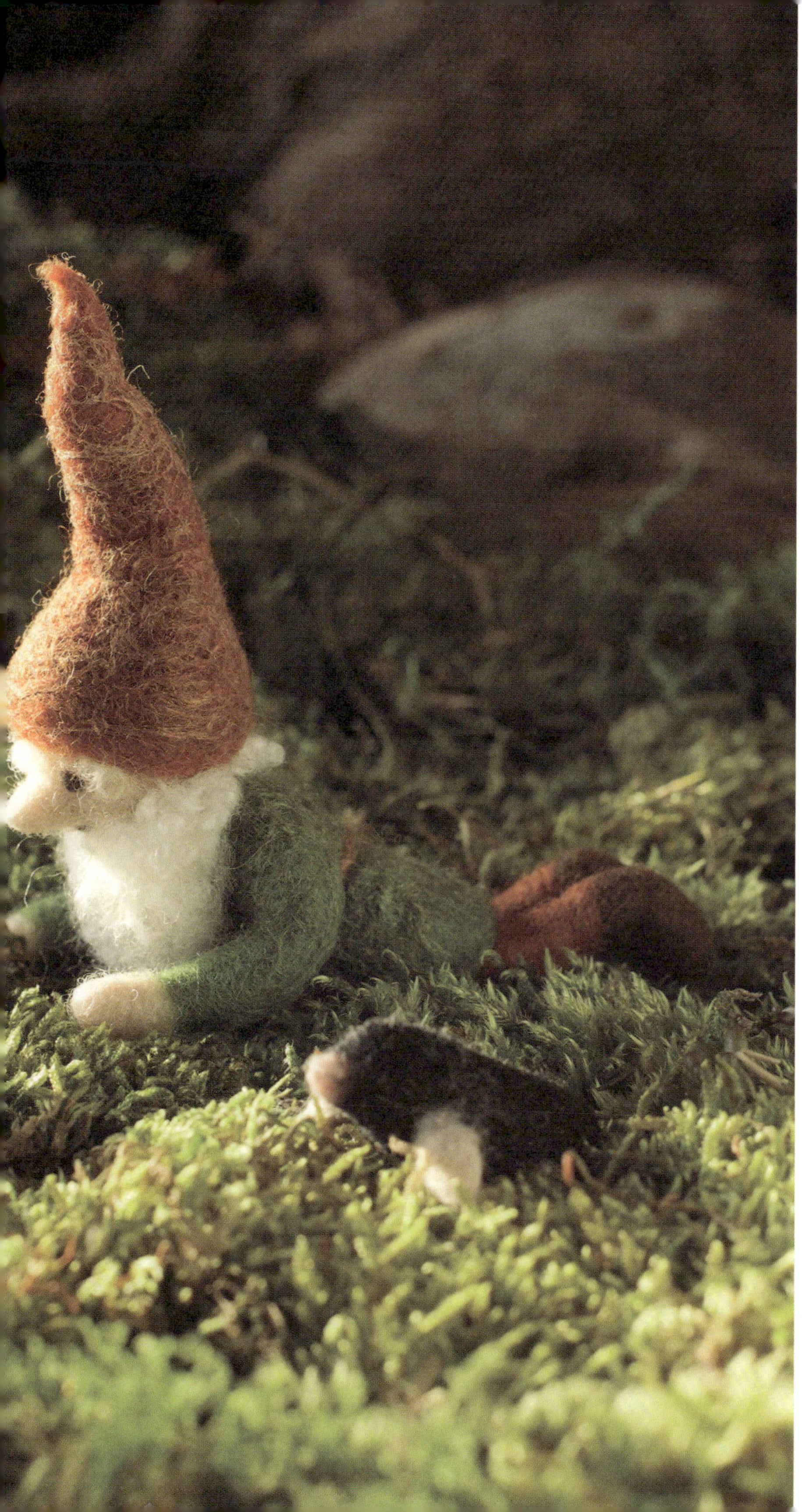

Miniaturen

Maus••

1 g graue, weiße, rosa Merinowolle

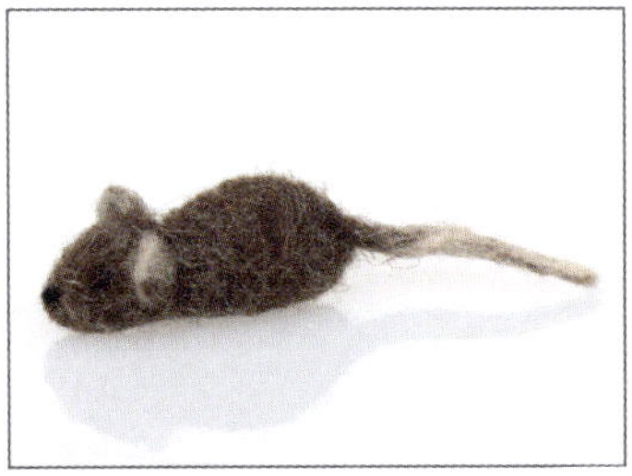

Körperstück: 1 x 3 cm
Schwanzstück: 0,5 x 3,5 cm
Ohrstück: 1 x 2 cm

1

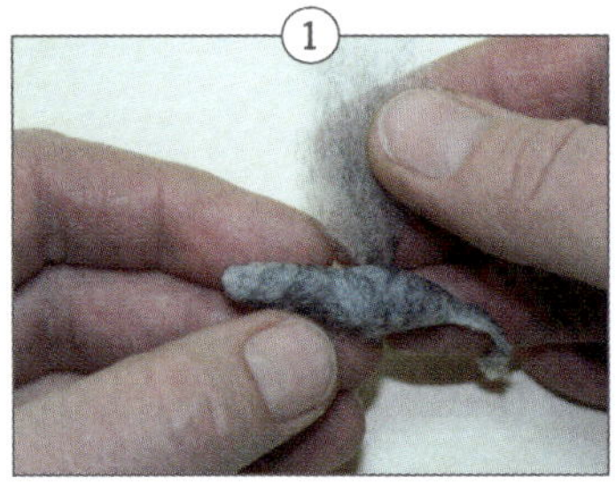

Den Kopf mit 2 kurzen, schmalen Streifen umwickeln, den Körper mit 3 schmalen Streifen umwickeln.

2

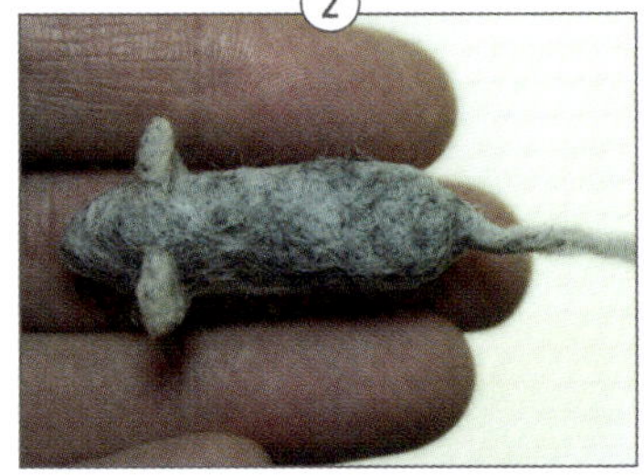

2 Miniflöckchen um die Ohren, unter die Ohren und oben auf den Kopf legen. 2 Flöckchen auf den Körper legen.

Siebenschläfer••••

1 g mittelgraue Merinolandschafwolle, hautfarbene, weiße Merinowolle

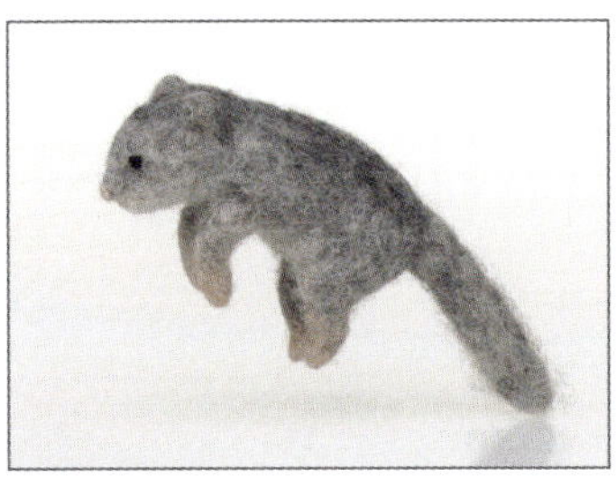

Körperstück: 2 x 4 cm
Schwanzstück: 1 x 4 cm
2 Beinstücke: 0,5 x 3 cm
Ohrstück: 2 x 1 cm

1

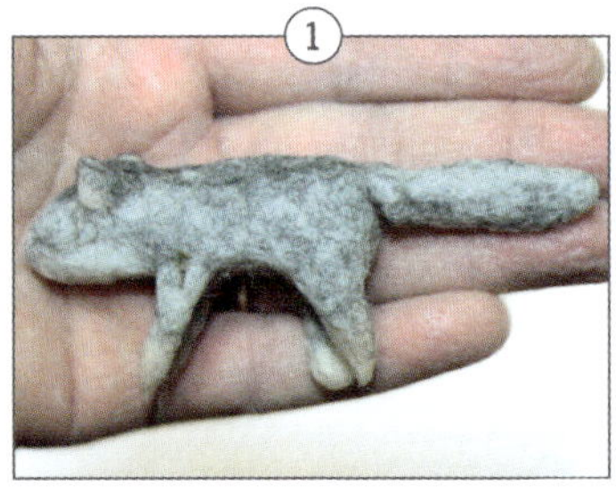

Die Tiergestalt mit 2 bis 3 Miniflocken je Körperstelle aufbauen.

2

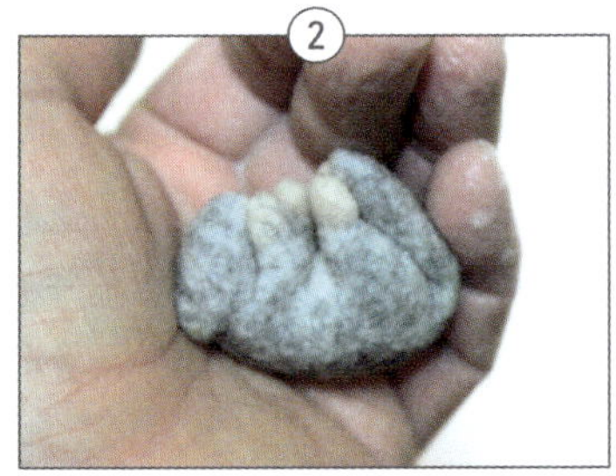

In Schlafposition walken.

Eichhörnchen ohne Beine••

1 g braune, weiße Kapmerinowolle, rotbraune Merinowolle

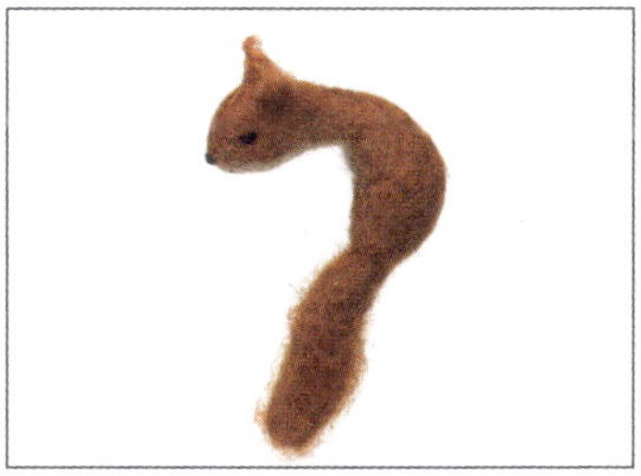

Körperstück: 1 x 3 cm
Schwanzstück: 1 x 4 cm
2 Ohrstücke: 0,2 x 1 cm

1

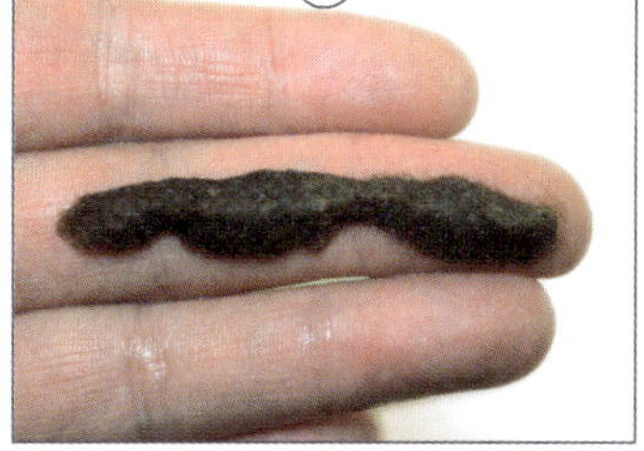

Eine Anfangsrolle mit Schwänzchen formen. Mit je 4 Flöckchen pro Köperteil aufbauen.

Sitzendes Eichhörnchen••••

2 g braune, weiße Kapmerinowolle, rotbraune Merinowolle

Körperstück: 1 x 3 cm
Schwanzstück: 1 x 4 cm
4 Beinstücke: 0,5 x 2 cm
2 Ohrstücke: 0,2 x 1 cm

1

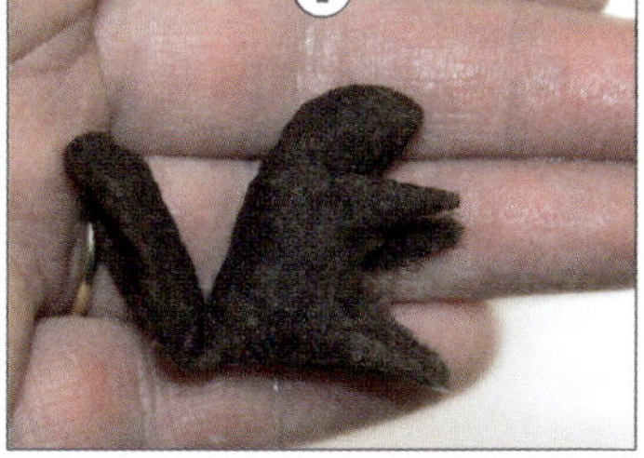

Die Beine mit je 1 Ministück, den Schwanz seitlich am Ende mit je 2, den Kopf mit 5 und den Rücken mit 6 Miniflöckchen aufbauen.

2

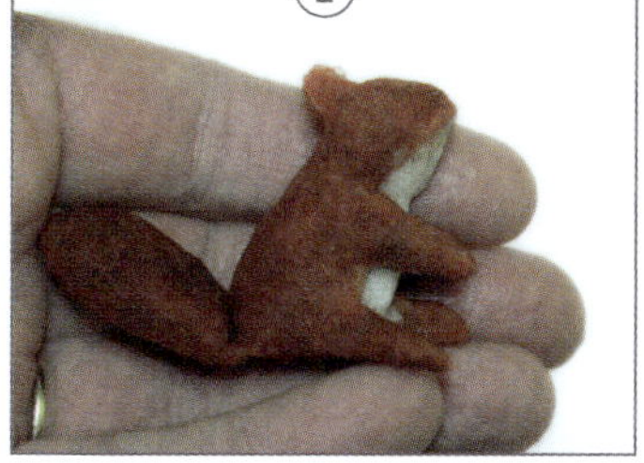

Die Ohren mit Rotbraun ansetzen, alles dünn mit Farbe belegen, die Brust wird weiß belegt.

Springendes Eichhörnchen••••

2 g braune, weiße Kapmerinowolle, rotbraune Merinowolle

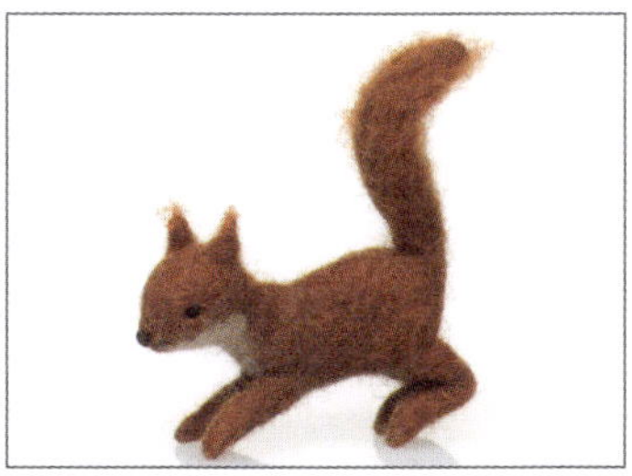

Körperstück: 1 x 3 cm
Schwanzstück: 1 x 4 cm
Vorderbeinstück: 0,5 x 2 cm
Hinterbeinstück: 0,5 x 3,5 cm
2 Ohrstücke: 0,2 x 1 cm

1

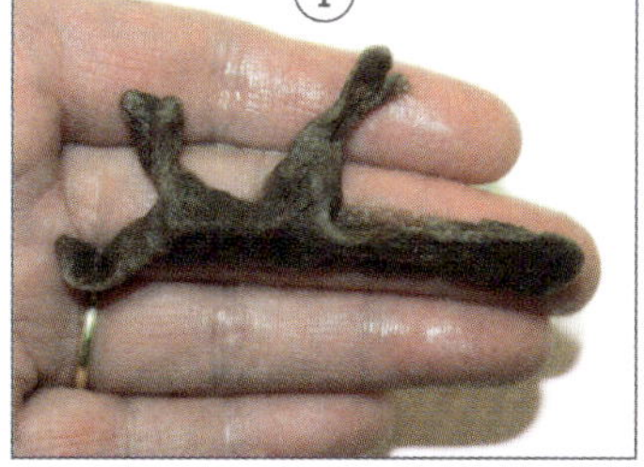

Die Beine mit je 2, Kopf, Brust, Körper und Schwanz mit je 4 Flöckchen aufbauen.

Maulwurf•••

1 g weiße, schwarze, rosa, altrosa Kapmerinowolle

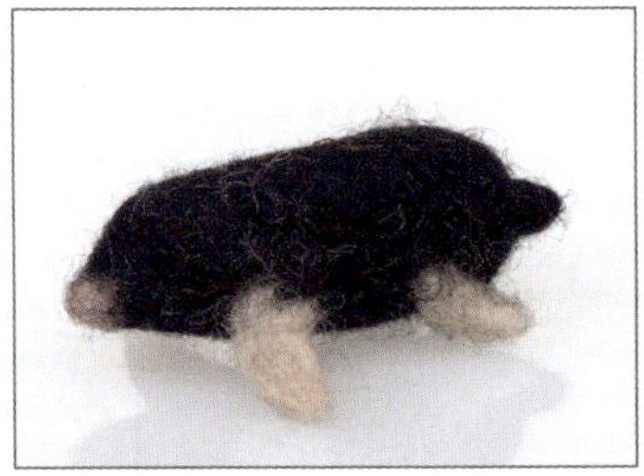

Körperstück: 1 x 5 cm
Vorderbeinstück: 0,5 x 7 cm
Hinterbeinstück: 0,5 x 5 cm

1

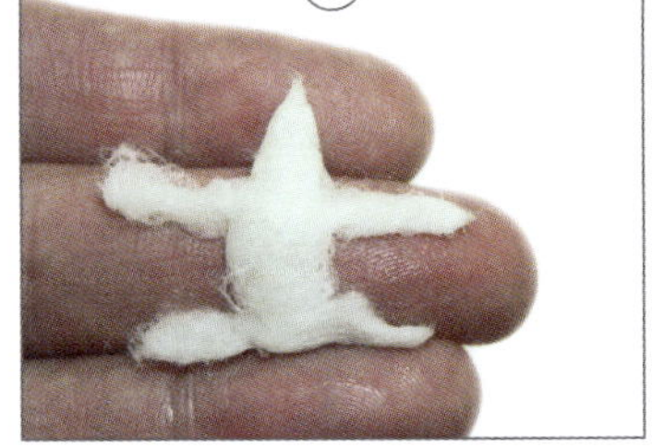

Die Beine an der Körperrolle ansetzen. Kopf und Beine mit Rosa belegen. Den Körper mit 3 schwarzen Flöckchen aufbauen.

Fledermaus••••

2 g braune, beige, weiße Kapmerinowolle

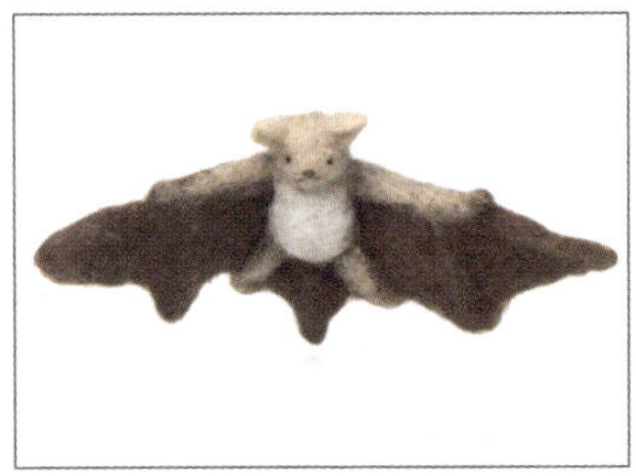

Körperstück: 2 x 5 cm
dreieckiges Flügelstück:
9 x 6 x 6 cm
«Arme»: 0,5 x 6 cm
Beine: 1 x 4 cm
Ohrstück: 3 x 1 cm

1

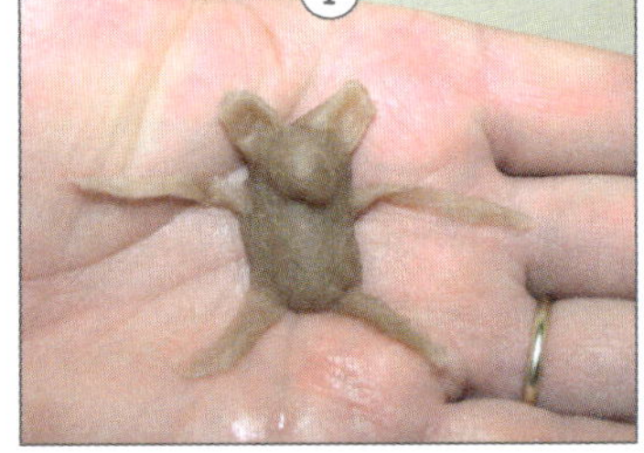

Die Ohren- und Beinansätze mit 1 Miniflöckchen verbinden. Den Bauch und die Schnauze mit 3 Flöckchen verstärken.

2

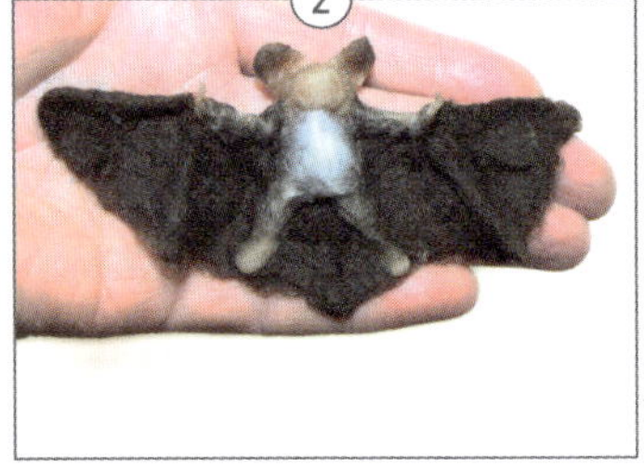

Den Aufbau wie bei der großen Fledermaus, nur ein Flügelknochen weniger.

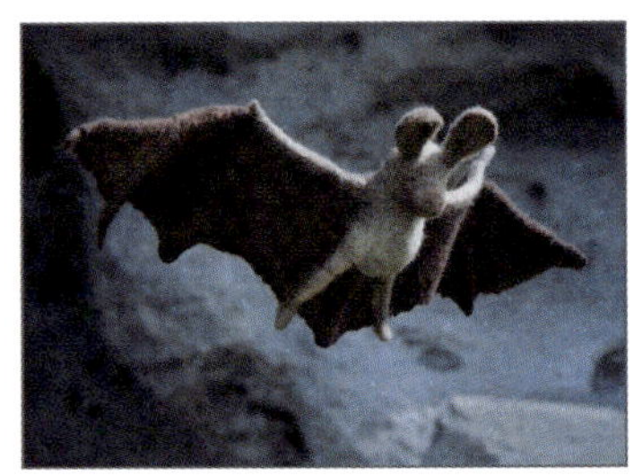

Ente•

Material: 1 g weiße, orange, gelbe Merinowolle

Körperstück: 3 x 3 cm
Kopfstück: 3 x 1,5 cm

1

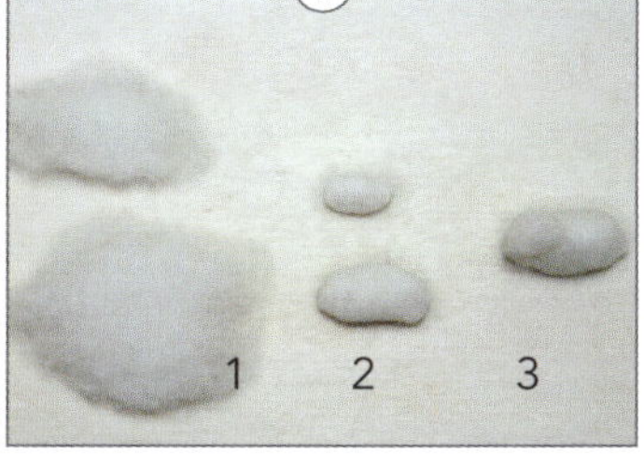

1. Das Körperstück und das Kopfstück abzupfen. 2. Diese aufwickeln und befeuchten. 3. Den Kopf auf den Körper legen.

2

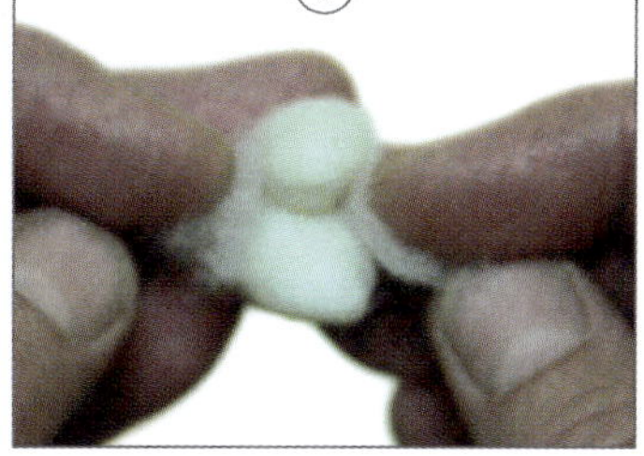

Den Kopf mit einem langen Flöckchen befestigen. Den Hals mit 4 Flöckchen belegen.

3

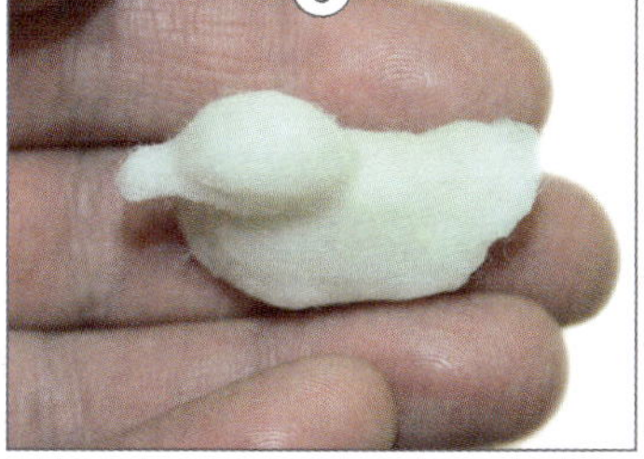

Schwänzchen und Schnabel herauszupfen.

4

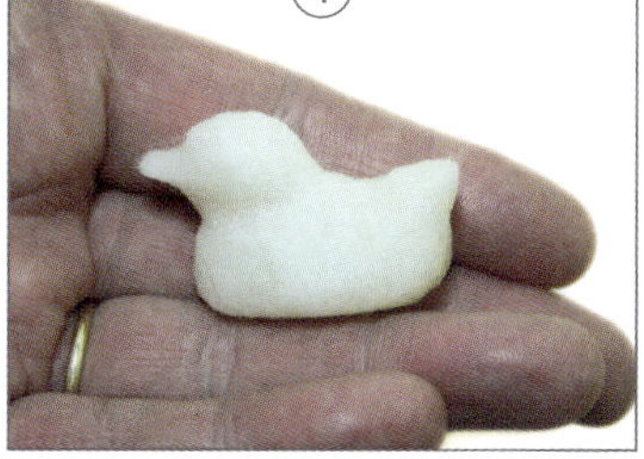

Hals, Köpfchen, Brust, Hinterteil und Seiten mit je 3, das Schwänzchen mit 2 Miniflocken aufbauen.

5

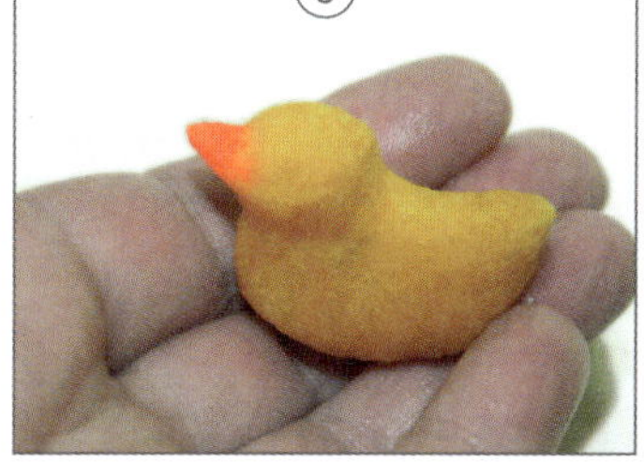

Den Schnabel mit 2 Flöckchen Orange aufbauen, den Kopf und Körper gelb überziehen.

Specht•••• / Rabe••••

Specht: 2 g weiße, schwarze, rote Kapmerinowolle

Rabe: 3 g schwarze, graue Kapmerinowolle

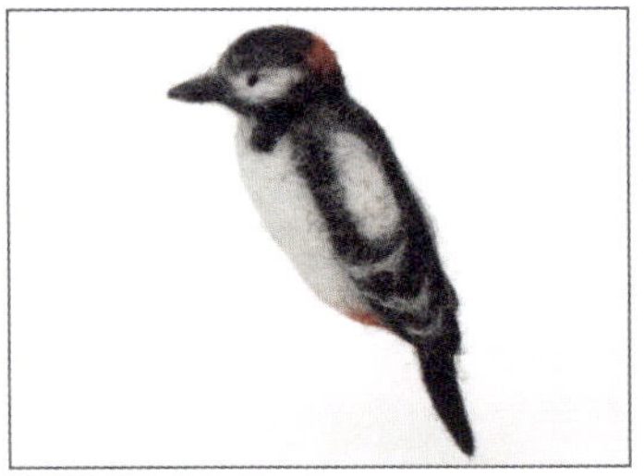

Körperstück: 3 x 4 cm
2 Flügelstücke: 1,5 x 3,5 cm

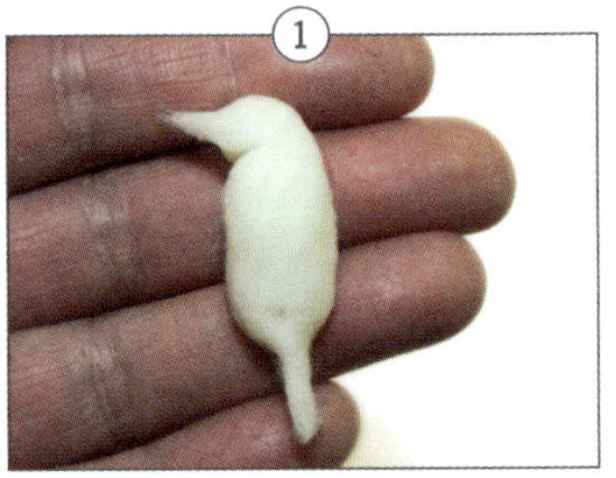

Eine Anfangsrolle formen, den Kopf herauszupfen und nach unten biegen. Den Schnabel herausziehen.

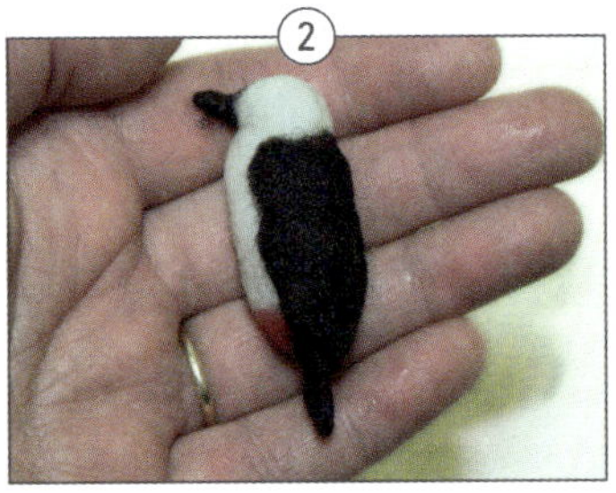

Die Gestalt mit 4 Miniflöckchen auf dem Kopf und 10 auf dem Bauch aufbauen. Schwanz und Flügel ansetzen.

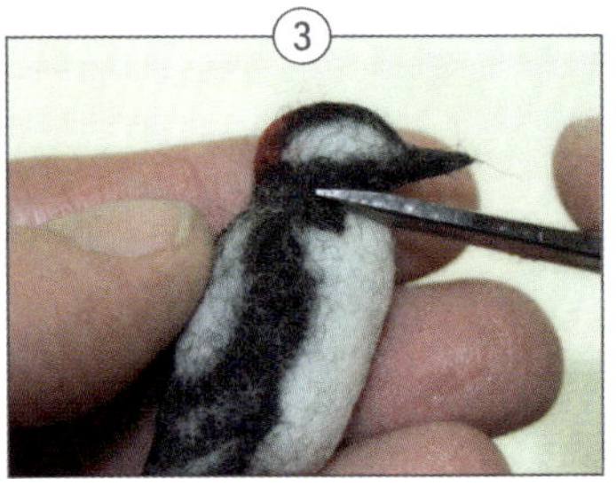

Den Bauch und den Kopf mit je 3 Flöckchen verstärken. Die Federzeichnung auflegen und sachte filzen. Mit der Schere die Halsvertiefung einwalken.

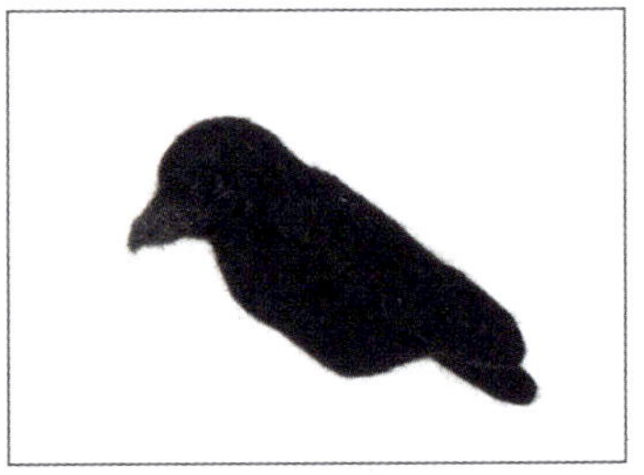

Sehr ähnlich kann auch ein Rabe gefilzt werden, dabei alles etwas dicker aufbauen.

Andere Miniatur-Vögel••••

Rotkehlchen, Blaumeise, Amsel, Waldkauz und Uhu

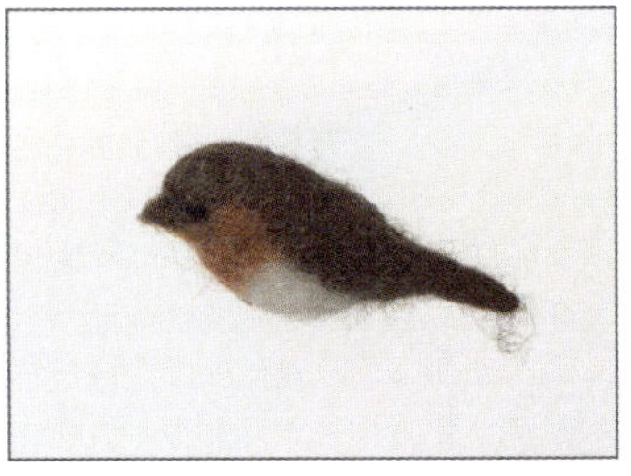

Rotkehlchen:
1 g weiße, beige, braune Merinowolle
Körperstück: 3 x 3 cm

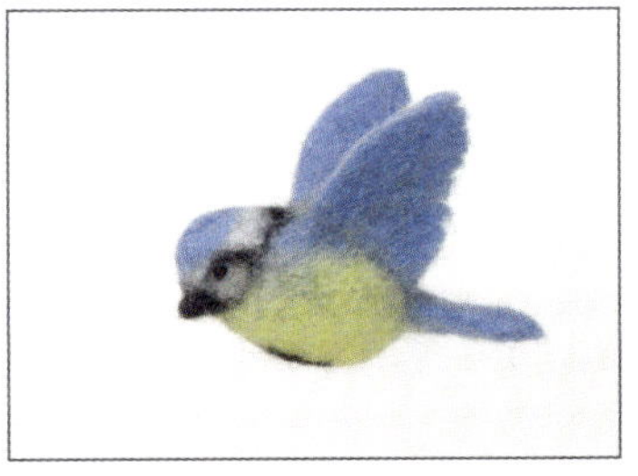

Blaumeise:
1 g weiße, blaue, gelbe, schwarze Kapmerinowolle
Körperstück: 3 x 3 cm
2 Flügelstücke: 1,5 x 5 cm

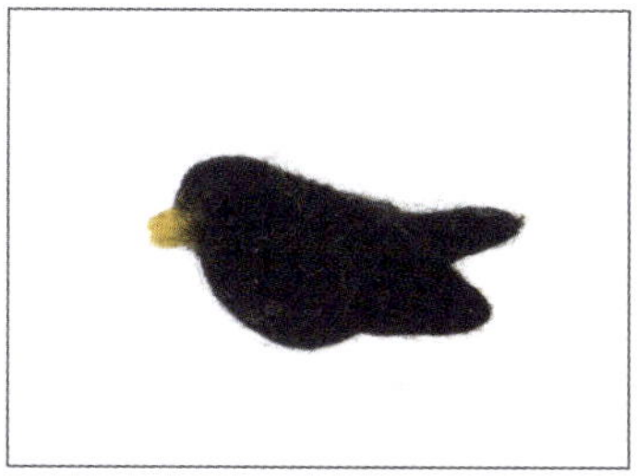

Amsel:
1 g schwarze, gelbe Kapmerinowolle
Körperstück: 4 x 4 cm
2 Flügelstücke: 1 x 2 cm

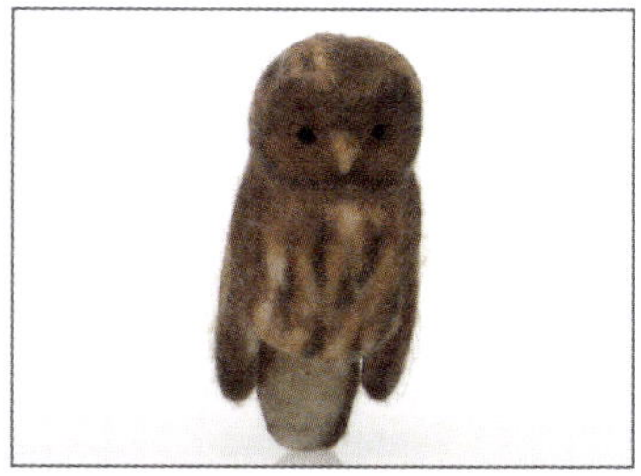

Waldkauz:
2 g weiße, beige, braune Merinowolle
Körperstück: 10 x 5 cm
2 Flügelstücke: 2 x 3,5 cm

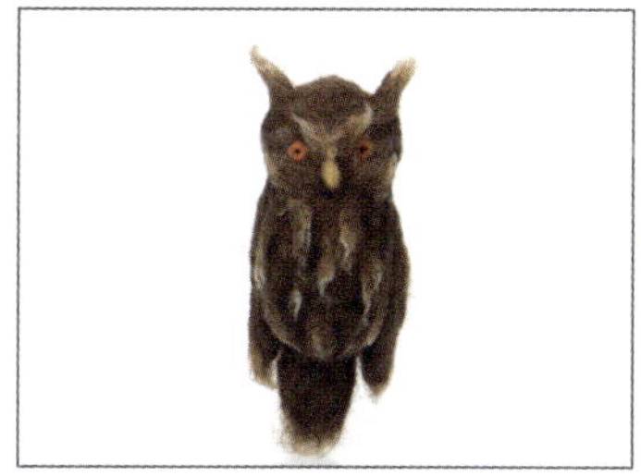

Uhu:
3 g braune Bergschafwolle, kurze Bergschafstapelwolle, dunkelgraue Merionwolle
Körperstück: 11 x 6 cm
2 Flügelstücke: 2,5 x 4 cm

1

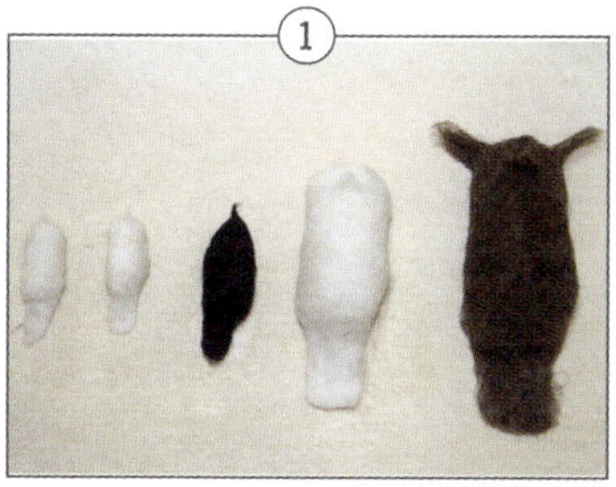

Schwanz und Schnabel aus der Anfangsrolle herauszupfen. Bei der Amsel und den Eulen den Kopf etwas ziehen, damit der Hals entsteht.

2

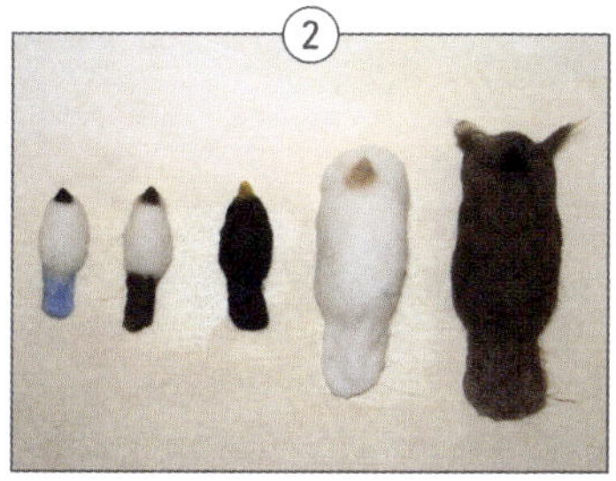

Brust und Bauch mit 6-8 Flöckchen, den Kopf mit 2, bei Eulen mit 6 Flöckchen aufbauen. Die Schwänze mit Farbe verlängern.

3

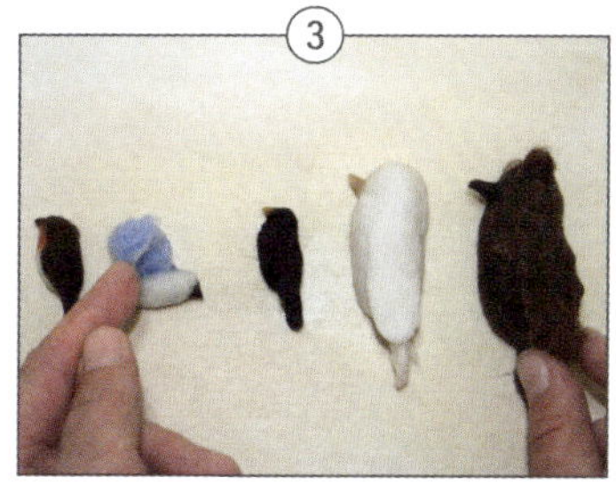

Jeweils die Flügel ansetzen. Den Bauch bzw. die Brust nochmals mit 2-3 Flöckchen belegen.

4

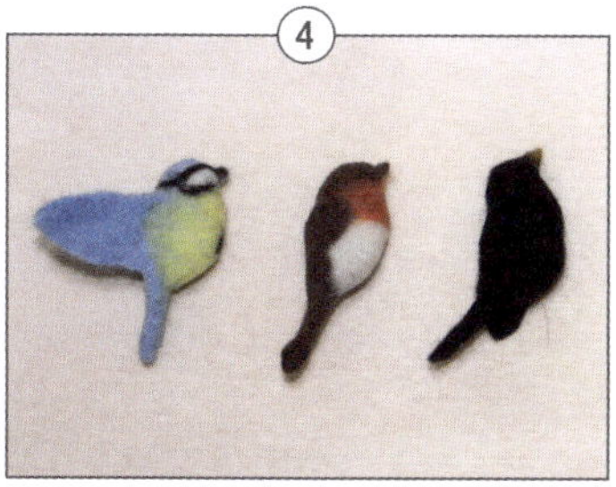

Die Farbzeichnung und das Gefieder dem Vogel entsprechend auflegen.

5

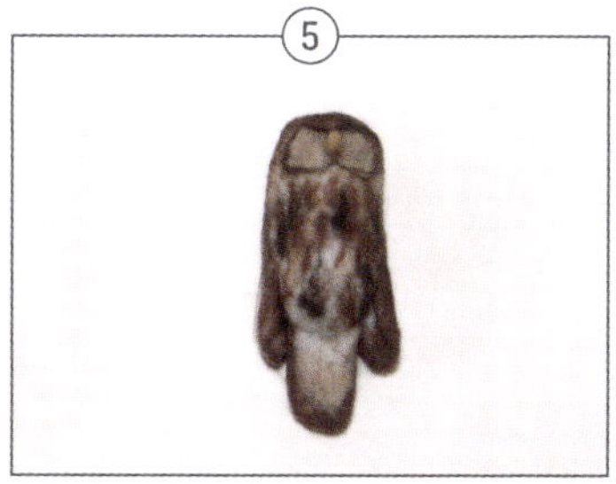

Das Gefieder beim Waldkauz auflegen.

6

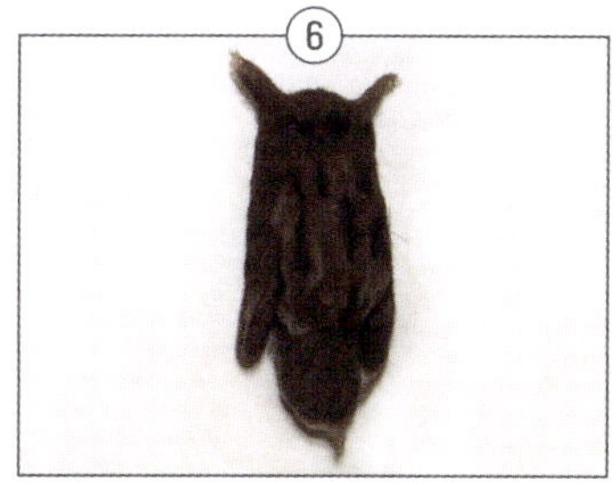

Das Gefieder beim Uhu auflegen.

Frosch••••

1 g grüne Kapmerinowolle, beige Merinowolle, braune, grüne Wollseide

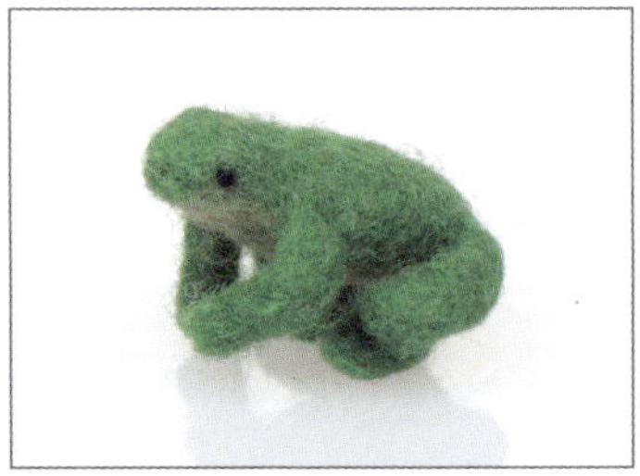

Körperstück: 4 x 1,5 cm
Vorderbeinstück: 6 x 0,5 cm
Hinterbeinstück: 7 x 0,5 cm

1

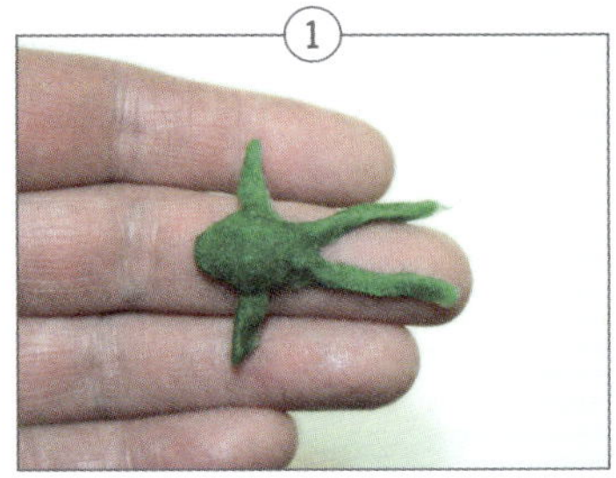

Die Beine an der Körperrolle ansetzen.

2

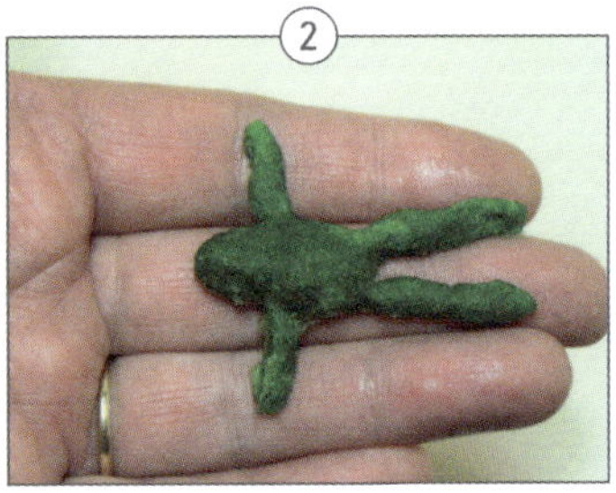

Einen dünnen Längsstreifen über jedes Bein, um den Kopf und um den Bauch legen. Den Bauch beige abdecken, filzen.

3

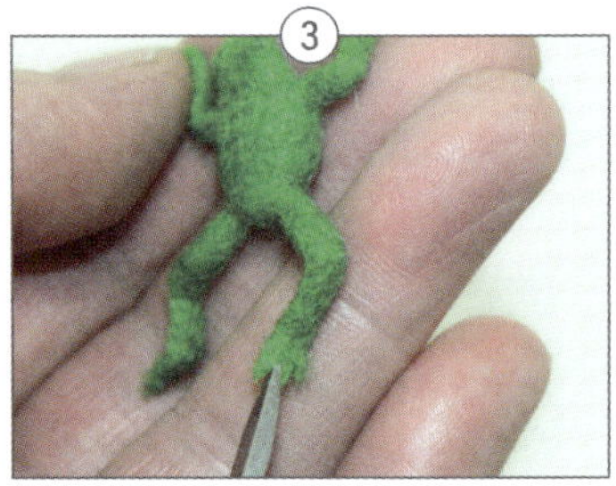

Die Augenhöcker herausziehen. Die Zehen einschneiden und nochmals sacht filzen.

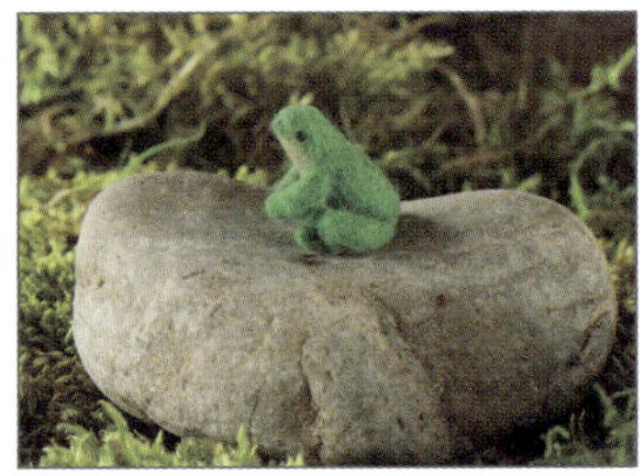

Fertiges Tier

Schnecke••

1 g beige Kapmerinowolle
kleines Schneckenhaus

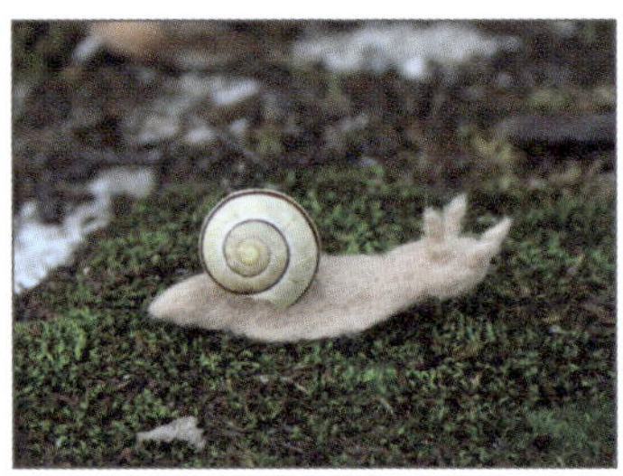

Körperstück: 2 x 4 cm
Fühlerstück: 0,2 x 1 cm
Fühlerstück: 0,2 x 0,5 cm
2 Sohlenstücke: 0,5 x 2 cm

1

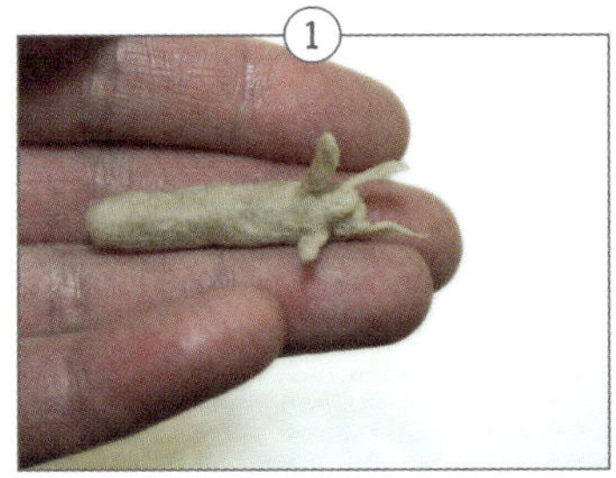

Mit 5 Miniflocken aufbauen.

Eidechse•••

1 g beige Kapmerinowolle, brauner, grüner Wolleseidekammzug

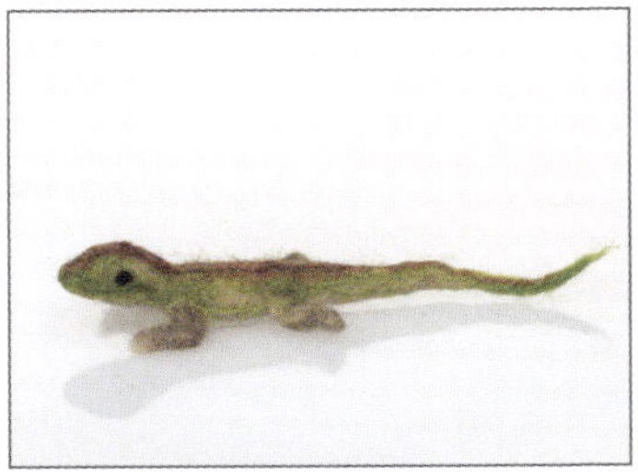

Körperstück: 3 x 1 cm
2 Beinstücke: 2 x 0,5 cm

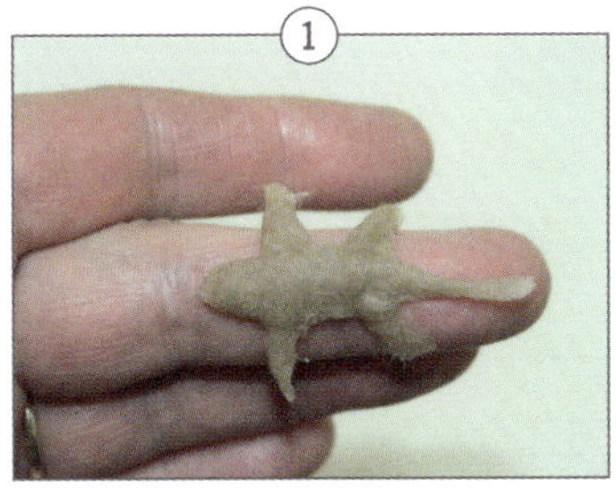

Die beigen Beinstreifen über das beige Anfangsröllchen legen und die Enden jeweils unter den Bauch legen.

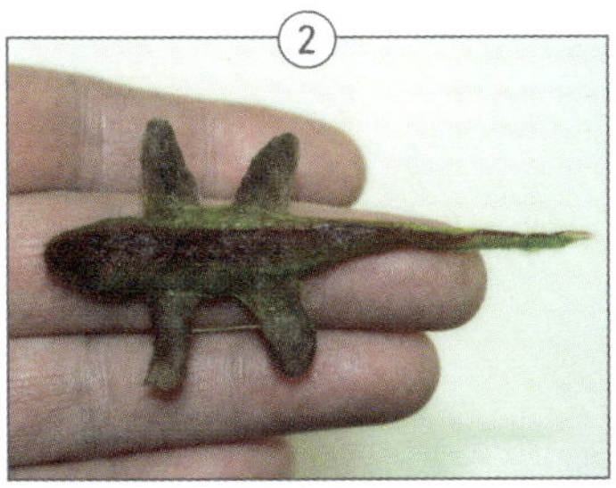

2 Fussel über die Beine und den Schwanz, 2 Streifen um den Bauch und den Kopf wickeln. Die Farbzeichnung auflegen.

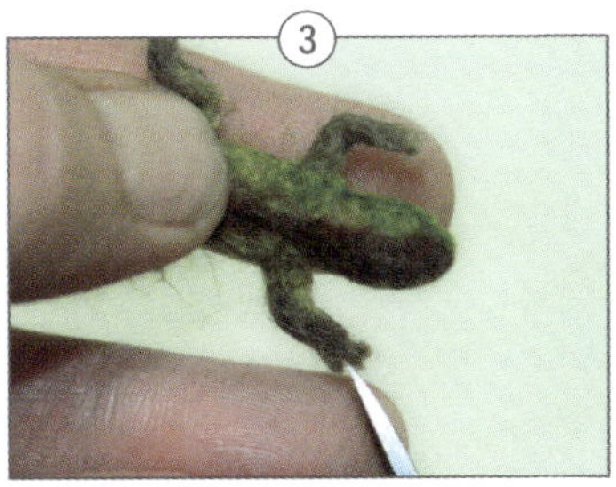

Den Hals und das Hinterteil schmal walken, gegebenenfalls Zehen einschneiden.

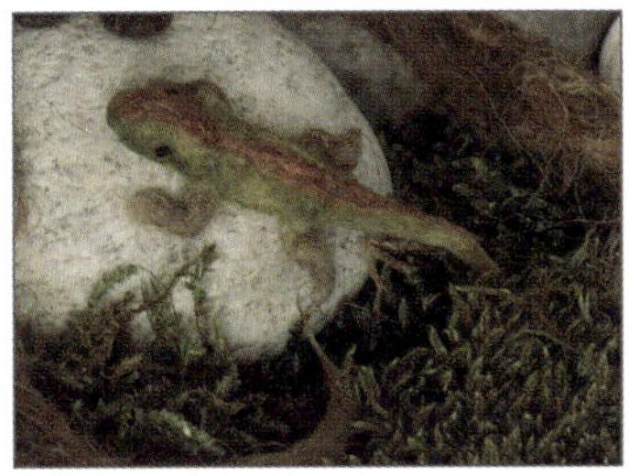

Fertige Eidechse

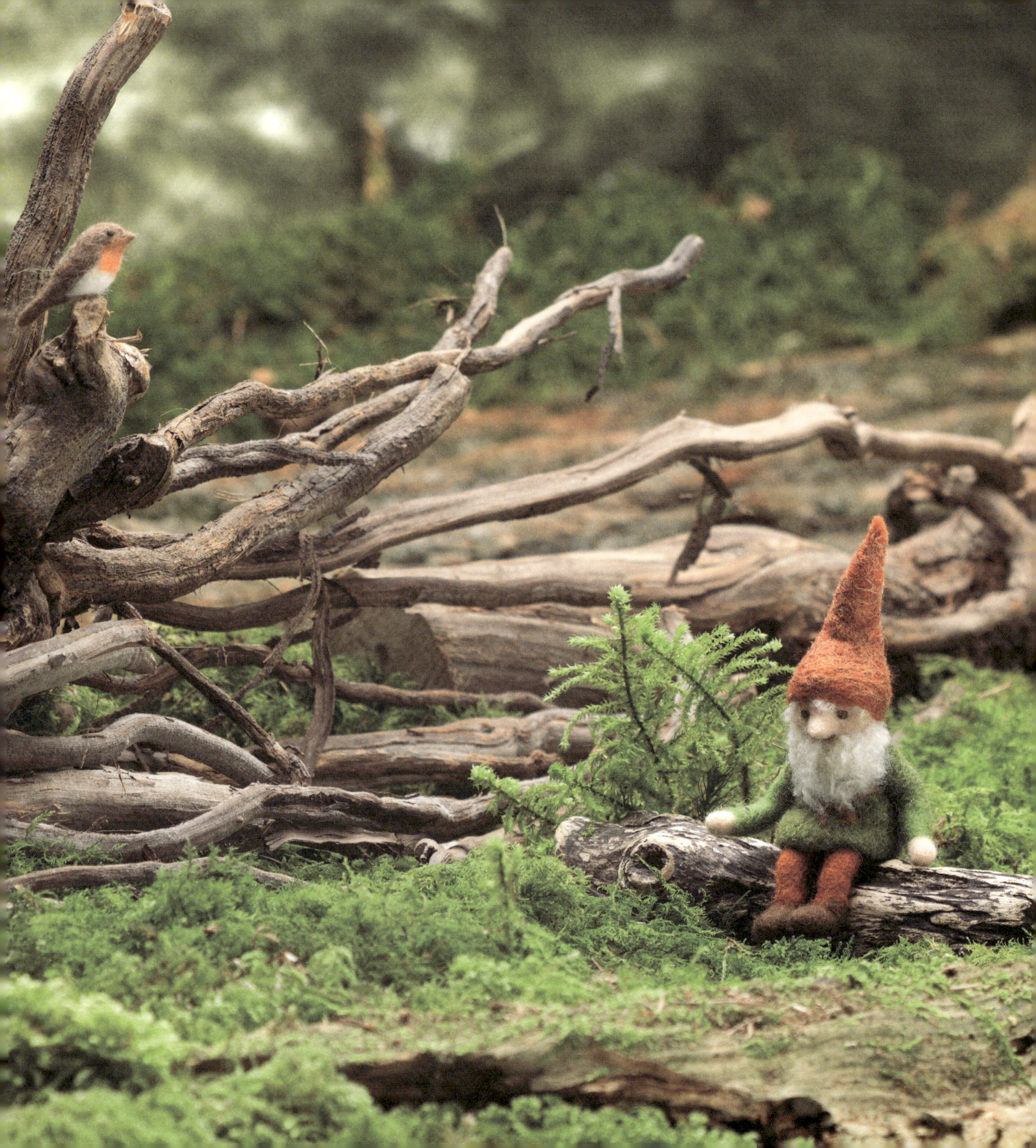

Zwerg

Zwerge kommen in vielen Märchen, Sagen und Geschichten vor. Immer wiederkehrend wird in diesen Geschichten beschrieben, dass Zwerge dem Menschen wohlgesonnen sind, sie unterstützen und beschenken, wenn sie von den Menschen geachtet und gut behandelt werden. Werden sie jedoch schlecht behandelt, können sie richtig zornig werden und Unheil über Mensch und Tier bringen. Im Norden werden den Zwergen traditionell zu bestimmten Zeiten Gaben überbracht. Diese danken es, indem sie Mensch und Tier beschützen. Nach den Erzählungen können sie sehr alt werden.
Die kleinen Wesen bekommen wir meistens nicht zu Gesicht, wir können sie vor allem erahnen und erspüren. Im Haus, im Wald, am Wasser und in der Wiese leben und wirken sie ganz im Verborgenen.

Zwerg ••••

4 g weiße, rotbraune, grüne, hautfarbene Merinowolle, eventuell farblich passender Wolle-Seide-Kammzug
Kupferdraht: 0,5 mm
Draht für Kopf und Arme: 15 cm
Draht für Körper und Beine: 27 cm

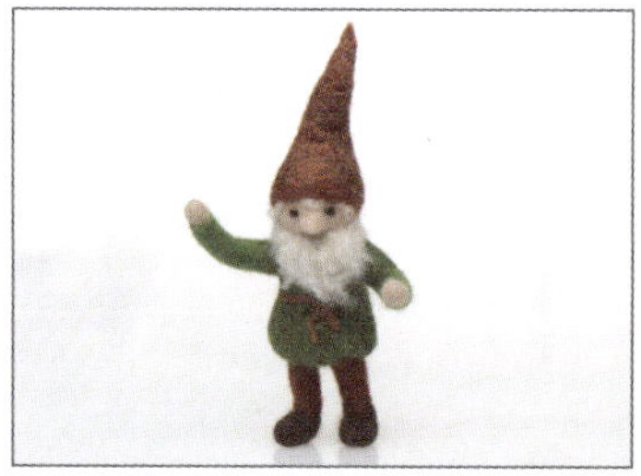

1

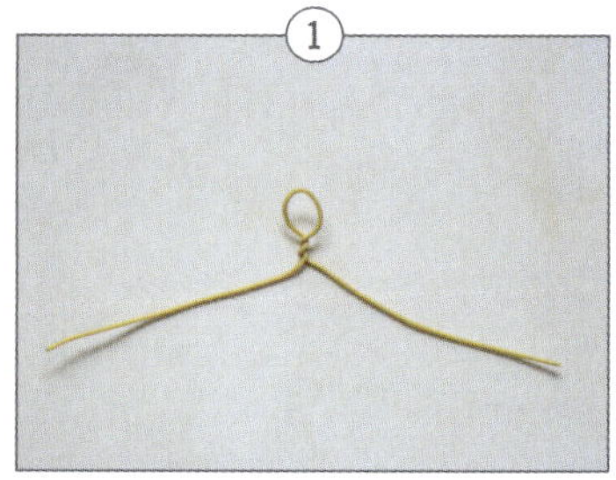

Den kurzen Draht zu Kopf und Armen biegen, zweimal am Hals verdrehen.

2

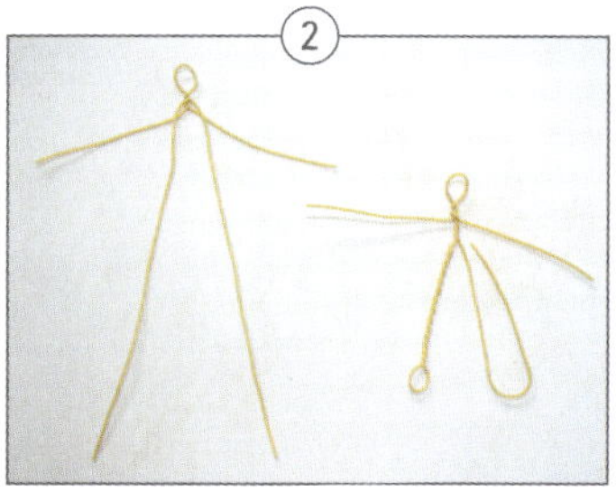

Den langen Draht um den Hals legen und an der Brust zweimal verdrehen. Die Drahtenden zur Hälfte hochbiegen und verdrehen, bis «Schuhe» übrig bleiben.

3

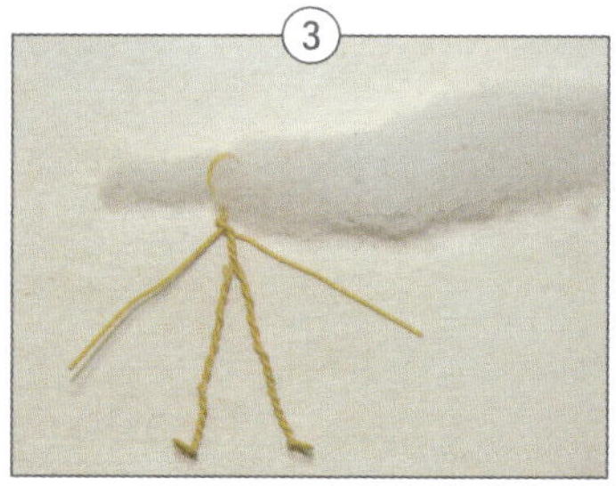

Einen 13 x 2 cm langen Streifen durch die Kopfschlaufe stecken.

4

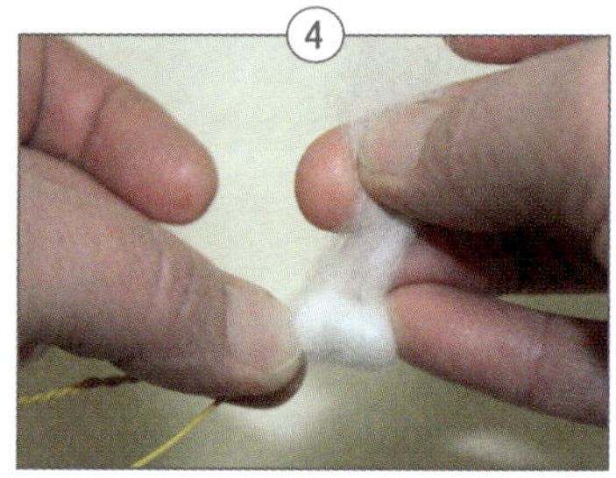

Am Hals festhalten, die Wolle fest um den Kopf wickeln. Nochmals einen dünnen Streifen darüberwickeln (Kopfdurchmesser 1,5 cm).

5

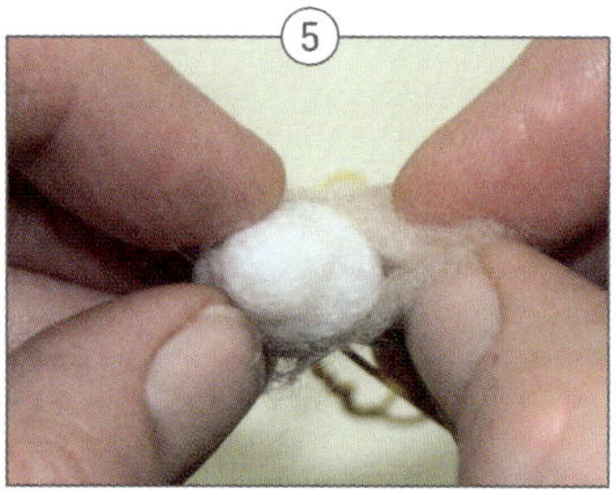

Die Nase mit einem hautfarbenen Streifen (0,5 x 4 cm) in Brückenform ansetzen, befeuchten, zusammendrücken, mit 3 Flöckchen verbinden.

6

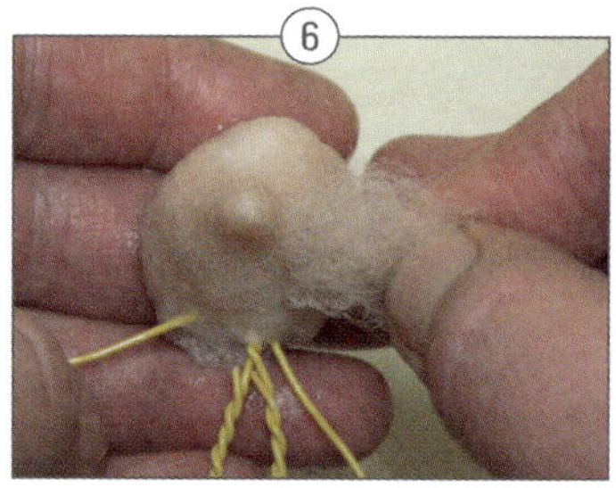

Den Hinterkopf und die Wangen mit 8 hautfarbenen Flöckchen verstärken.

7

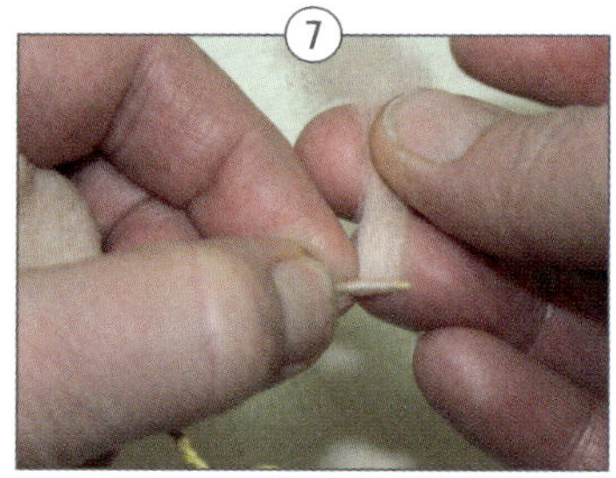

Die Hände mit einem 0,5 x 7 cm langen hautfarbenen Streifen dreimal umwickeln.

8

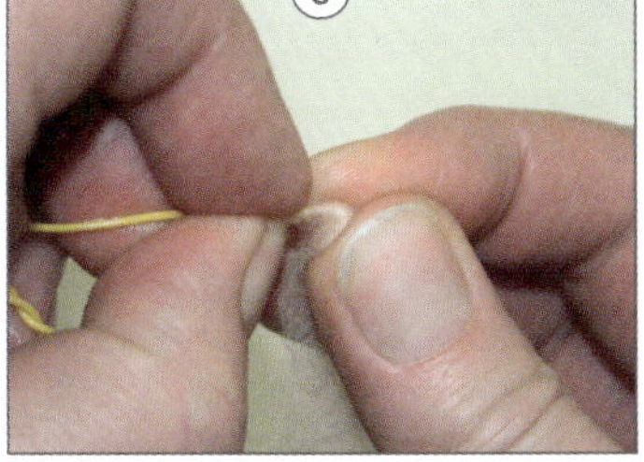

Das Drahtende 0,5 cm komplett umbiegen. Die restliche Wolle straff um die Hand wickeln, überstehende Fasern dabei einschlagen.

9

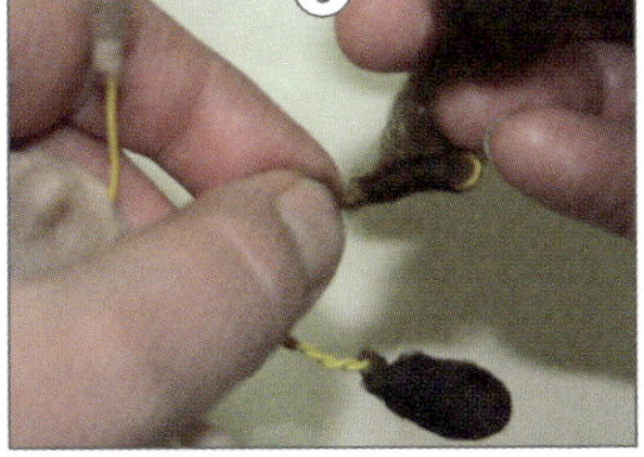

Die Schuhe mit einem 8 x 2 cm langen Streifen, der vorne immer wieder umgeschlagen wird, umwickeln.

10

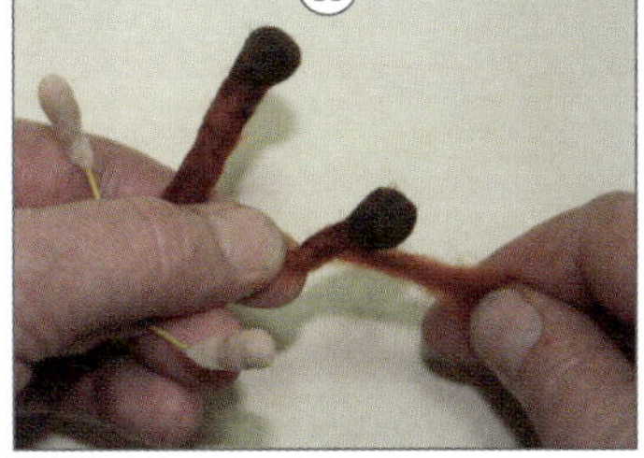

Die Beine mit einem 15 x 1 cm langen Streifen zur Hose umwickeln.

11

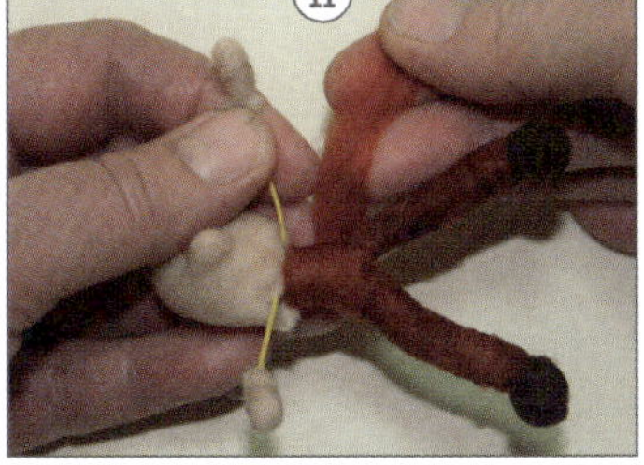

Den kurzen Körper mit einem 1,5 x 9 cm langen Streifen umwickeln.

12

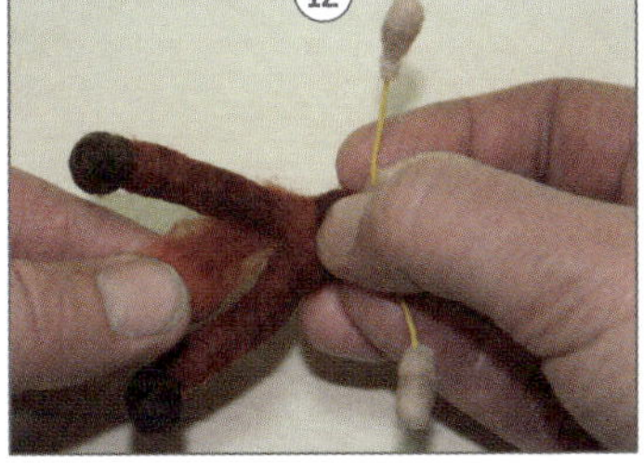

Mit jeweils 3 x 1 cm dünnen Flöckchen den Körper mit den Beinen verbinden.

13

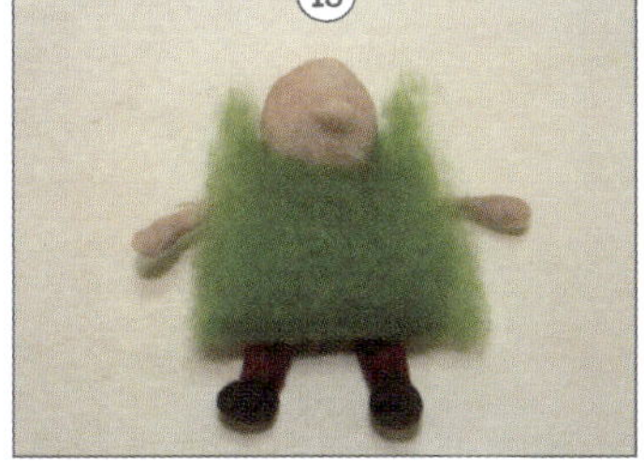

Zwei 8 x 4 cm große Stücke abzupfen. Die schmalere Seite einreißen. Die Unterseite umschlagen. Die schmalen Enden über die Schulter legen.

14

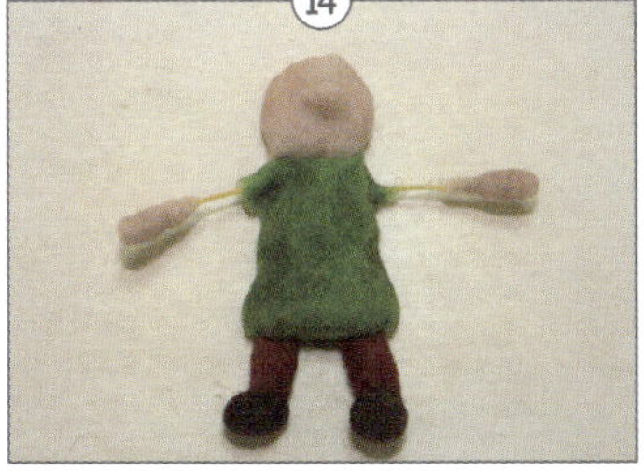

Die Enden nah an den Hals drücken, nass machen und nach hinten umschlagen.

15

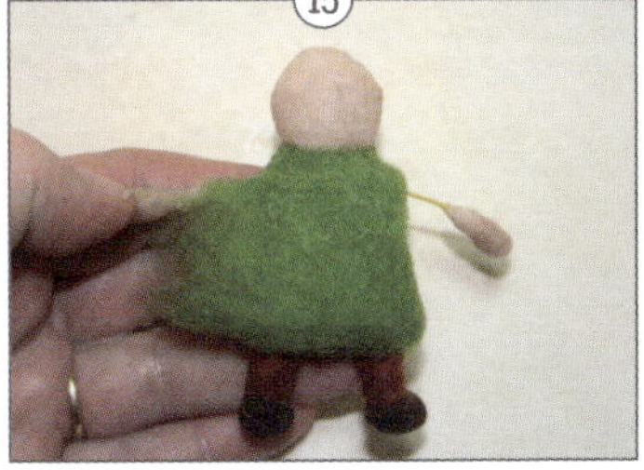

Das zweite Stück ebenso auf dem Rücken auflegen und nach vorne umschlagen.

16

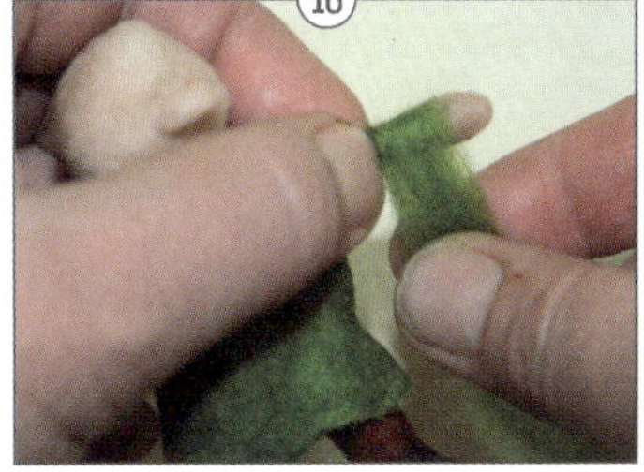

Einen 1 x 6 cm langen Streifen vom Handansatz bis zur Schulter hoch wickeln.

17

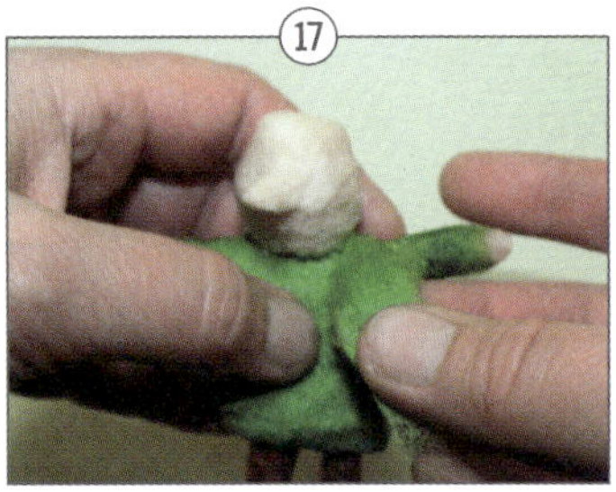

Schulter und Arm mit je 3 Flöckchen verbinden, ggf. die Jacke farblich passend mit geschnittener Wolleseide belegen.

18

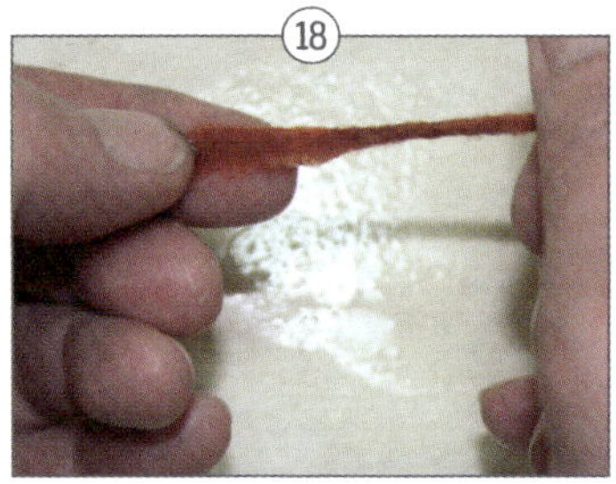

Einen 13 x 0,5 cm langen Gürtelstreifen zupfen, nass machen und kurz überzwirbeln.

19

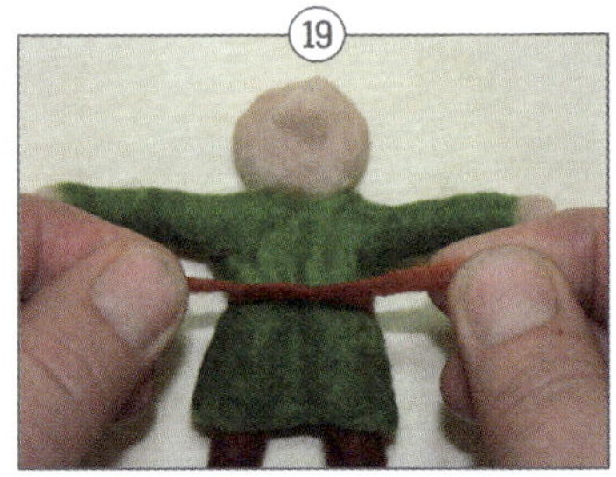

Den Streifen zum Gürtel binden, verknoten und die Enden abschneiden.

20

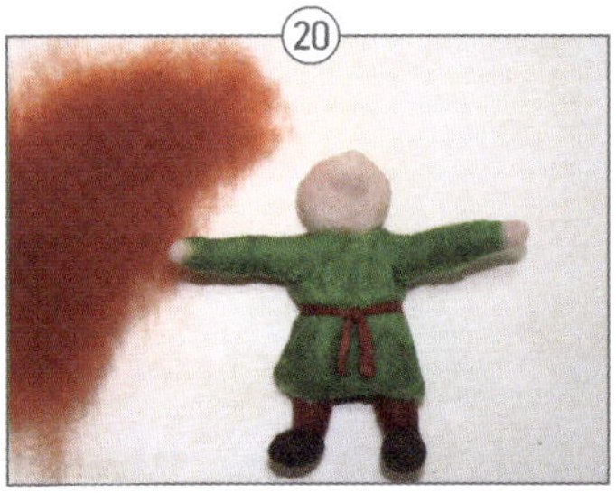

Die Zipfelmützenwolle zu einem Dreieck zupfen: 2 x 8 cm, 1 x 10 cm.

21

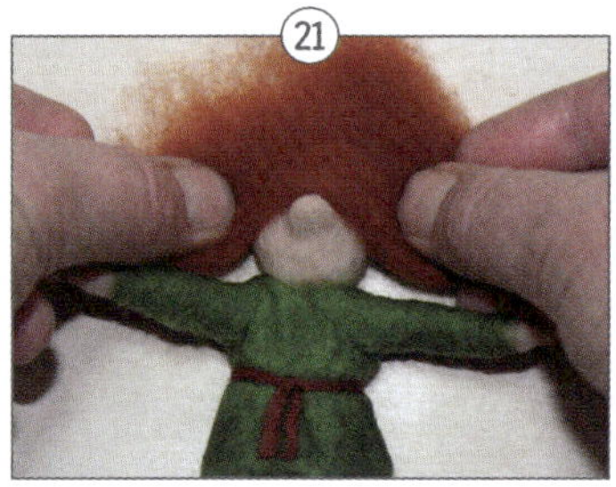

Die lange Kante umschlagen und über die Nase setzen.

22

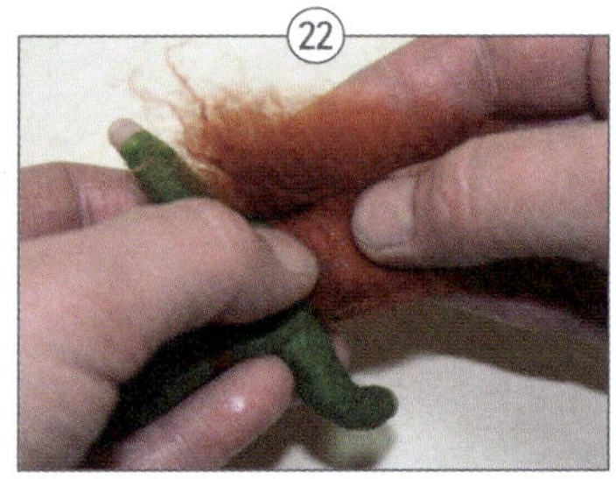

Die eine Seite straff zum Nacken ziehen, die andere darüber wickeln. Alles befeuchten und den Zipfel zusammendrücken.

23

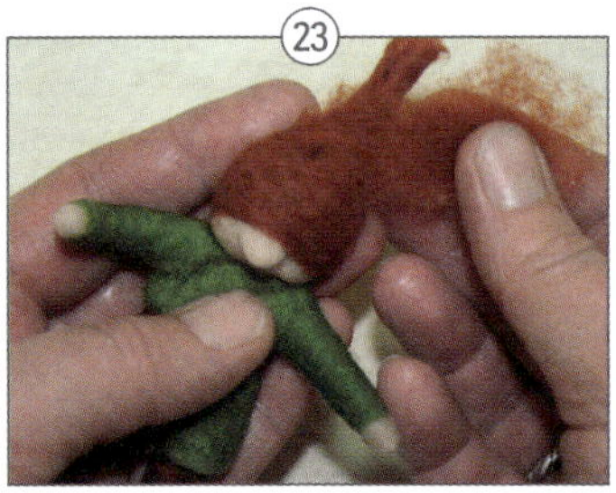

Die Ränder evtl. nachbessern. Den Zipfel mit Flöckchen verstärken, bis er die gewünschte Dicke und Länge hat.

24

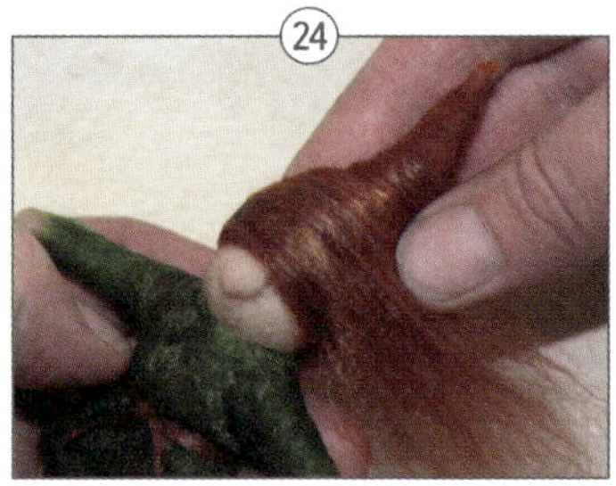

Ggf. farblich passende Wolleseide auftragen.

25

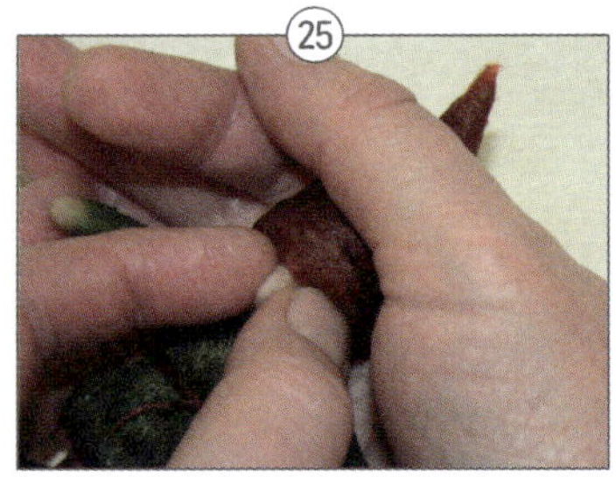

Die Mütze 6 Minuten am Hinterkopf anfilzen, nach 3 Minuten von der linken in die rechte Hand wechseln.

26

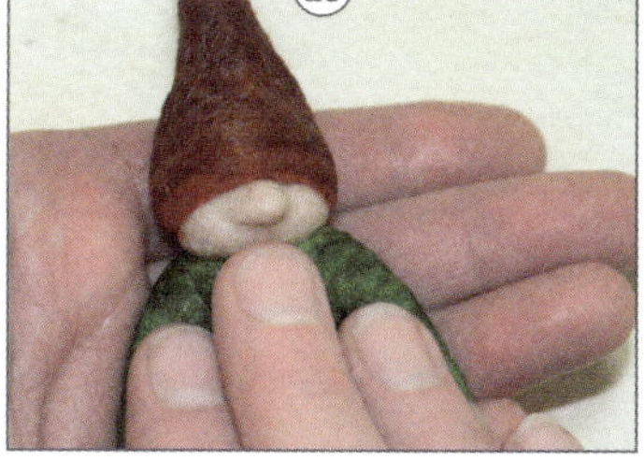

Körper und Arme anfilzen.

27

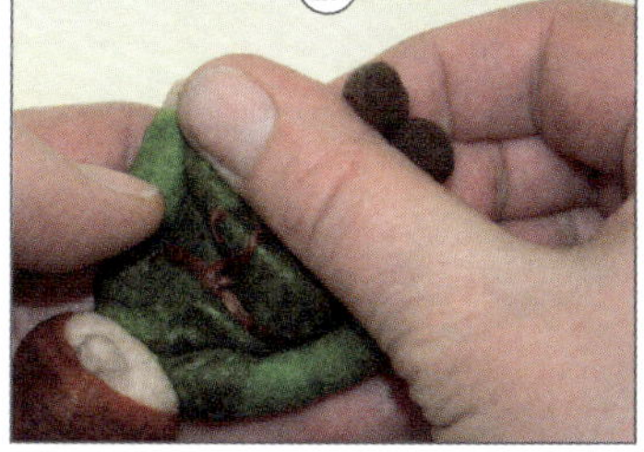

Die Beine filzen, dabei auf 20 zählen. Die Schuhe filzen, dabei auf 20 zählen.

28

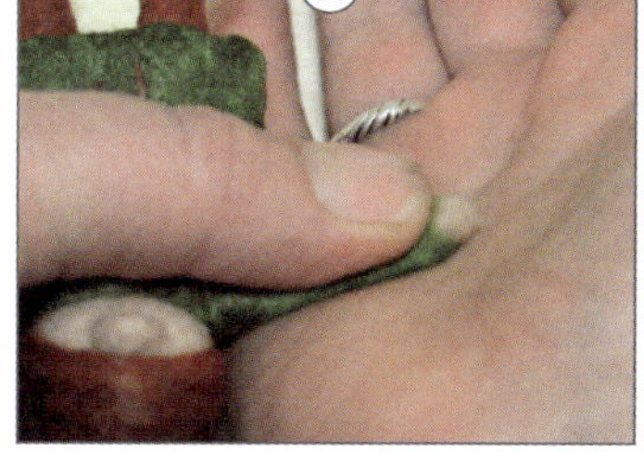

Die Arme filzen, dabei auf 20 zählen.

29

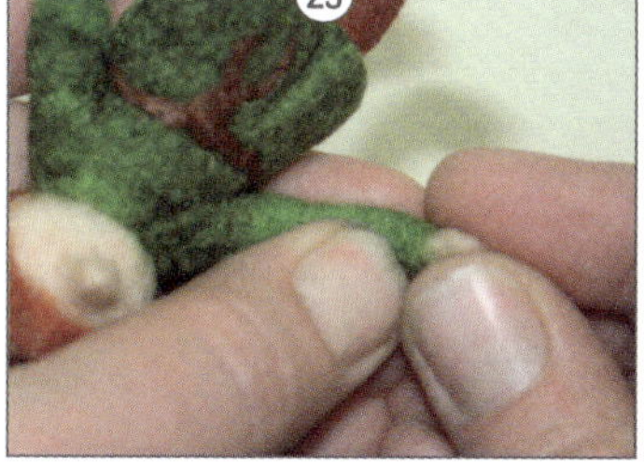

Die Hände filzen, dabei auf 20 zählen.

30

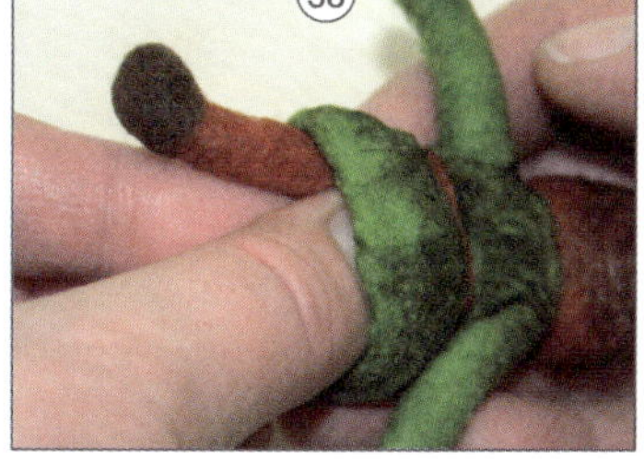

Unterm «Rock» filzen, dabei auf 20 zählen.

31

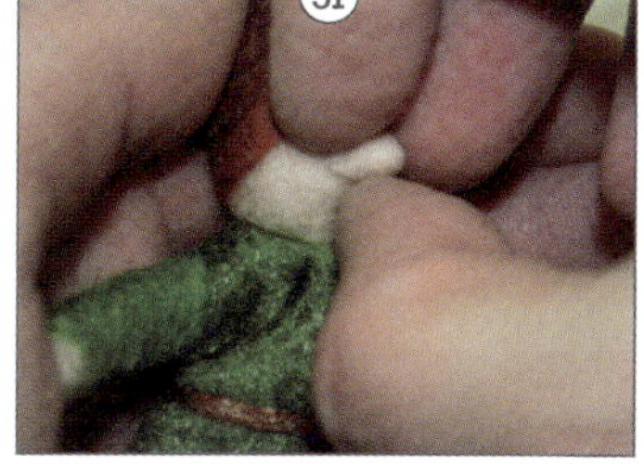

Nase und Kopf filzen, dabei auf 20 zählen, damit der Filzprozess in Gang kommen kann und die Körperteile fest werden.

32

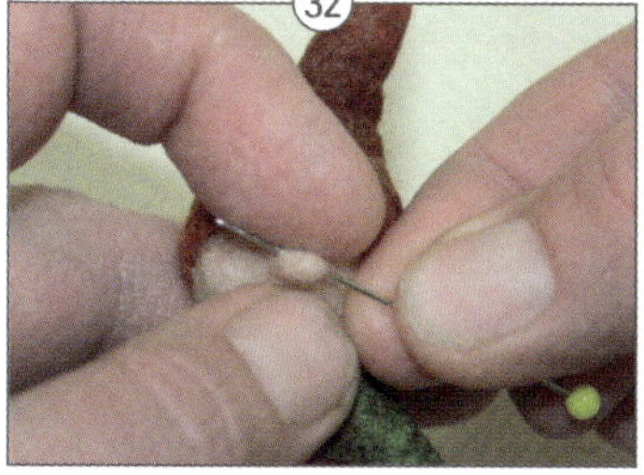

Die Nase und Wangen, falls nötig, mit einer großen Stecknadel weiter herausziehen. Alles vollends festwalken.

33

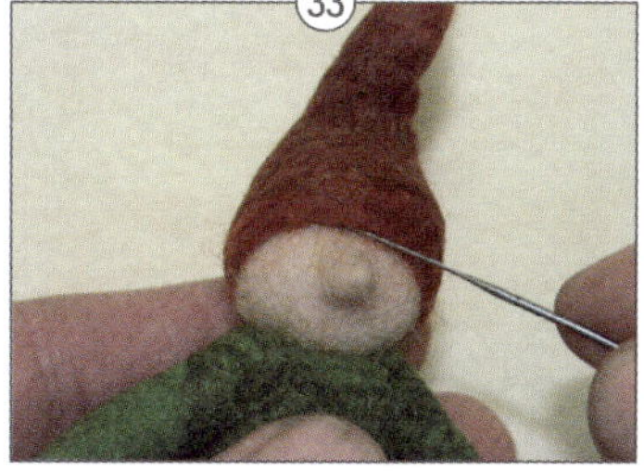

Die Fasern, die vom Rand der Zipfelmütze ins Gesicht wandern, mit der Filznadel zurück unter die Mütze nadeln.

34

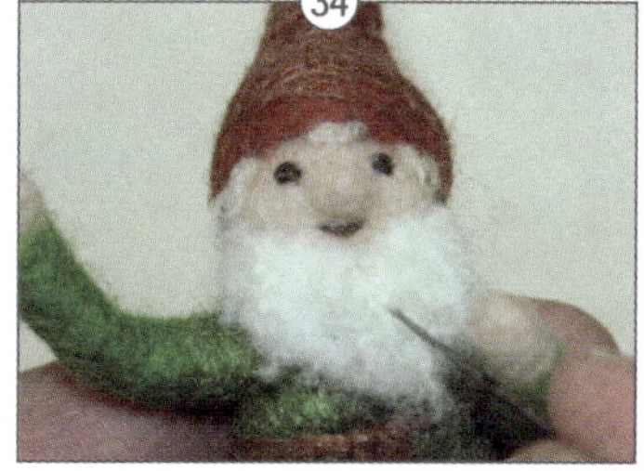

Nach dem Trocknen die Augen und den Mund aufnadeln oder aufsticken. Den Bart in Richtung Nase einnadeln und ggf. mit einigen Stichen festnähen.

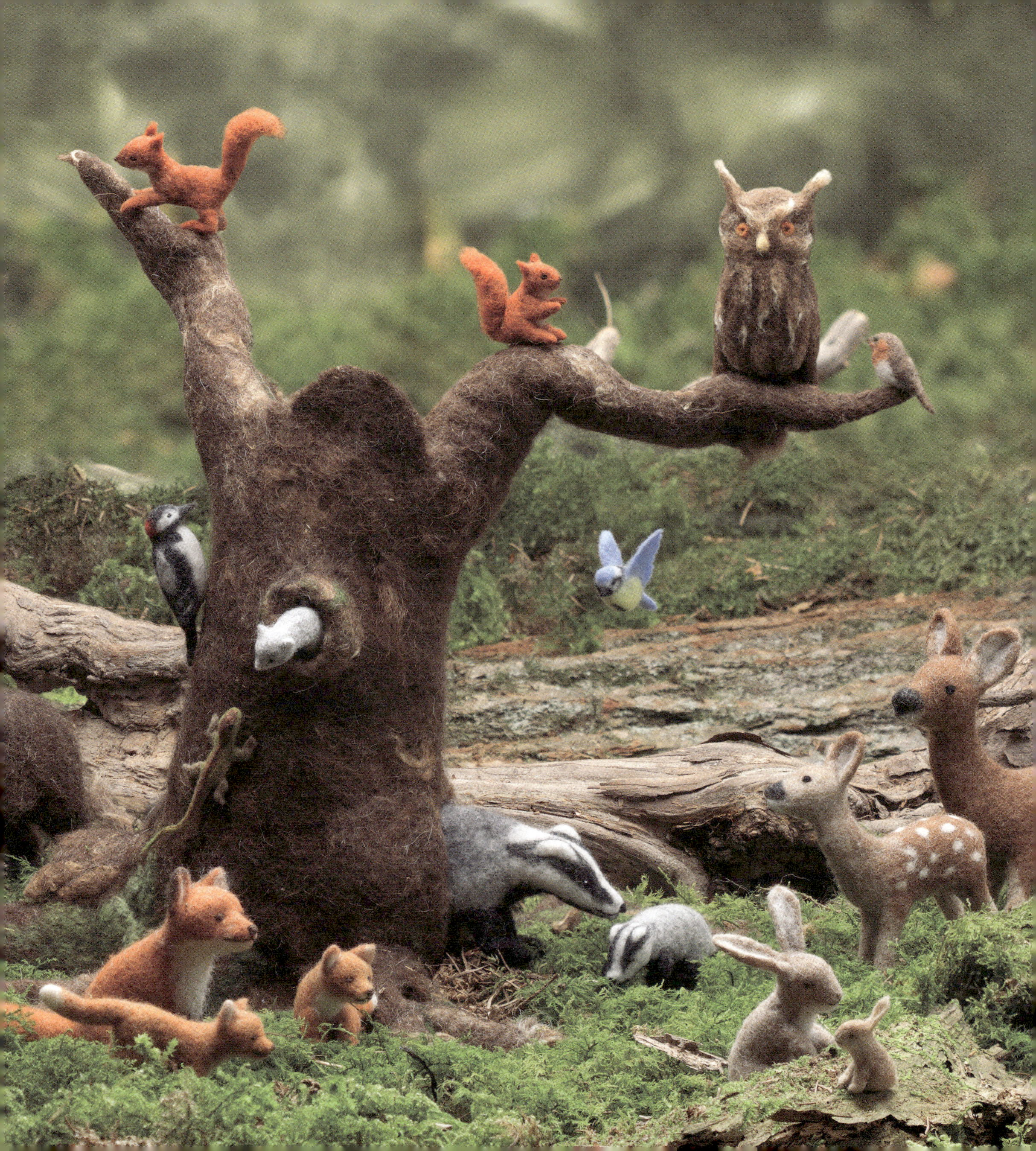

Hohler Baum

Im Wald, an Bächen und auf alten Streuobstwiesen entstehen manchmal durch Blitzschlag, Astabbruch oder durch Absterben hohle Bäume. Die Höhlen dienen vielen Tieren als Unterschlupf. Eichhörnchen, Siebenschläfer, Eulen und Spechte beziehen die kleinen Höhlen im oberen Stamm, Füchse, Dachse und Hasen finden in den großen Höhlen im Wurzelbereich Unterschlupf. Im abgestorbenen hohlen Baum wimmelt es nur so von Leben. Pilze, Flechten und Pflanzen siedeln sich an, und zahlreiche Insekten und Würmer finden Nahrung und Unterschlupf. Viele hohle Bäume haben eine völlig intakte Krone, da die Versorgungsbahnen noch unbeschädigt sind. Die häufig bizarren, beeindruckenden Formen und Höhlungen eines alten Baumes haben schon immer die Fantasie von Menschen angeregt, sie wurden daher oft in der Malerei und in Geschichten aufgegriffen.

Hohler Baum••••

300 g braune Bergschafwolle, braune Bergschafwolleflocken, grüne Locken

Anfangsstück: 40 x 40 cm
Noppenfolie: 50 x 50 cm

1

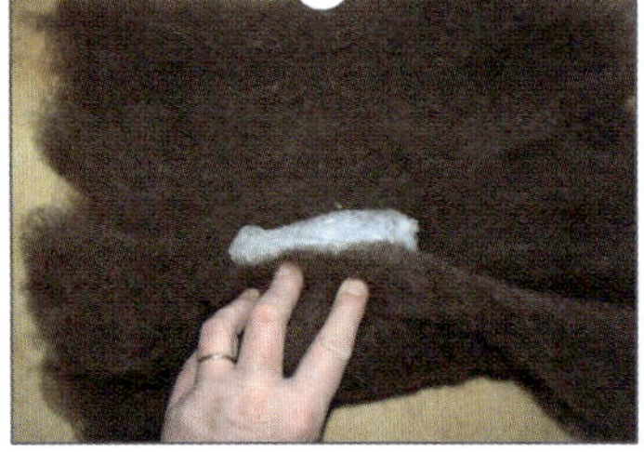

Die aufgerollte Noppenfolie auf die untere Hälfte des Anfangsstücks legen. Dieses wird von der Längsseite her aufgerollt.

2

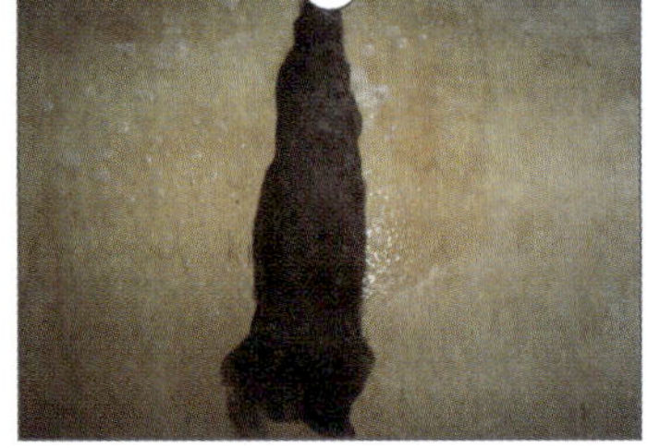

In Seifenwasser tauchen.

3

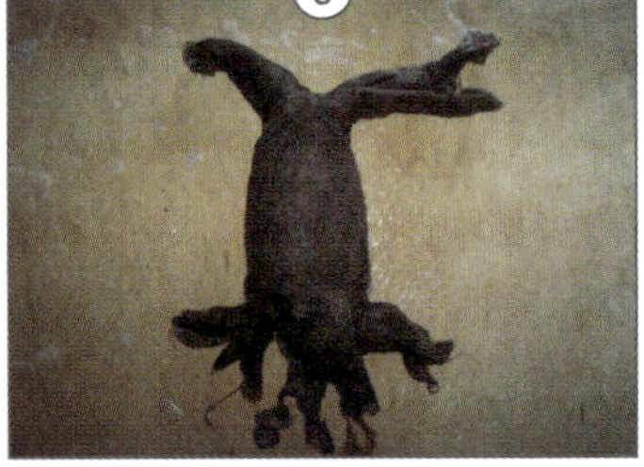

Den Stamm oben zu 2 (oder 3) Ästen teilen, den Wurzelstock zu 5 Wurzeln teilen.

4

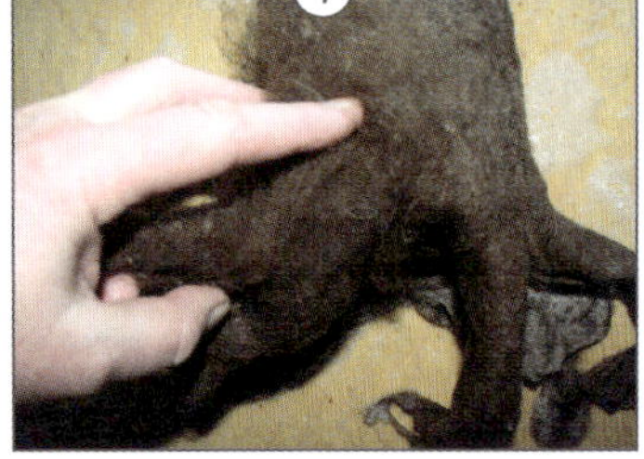

Die Wurzelübergänge verstärken.

5

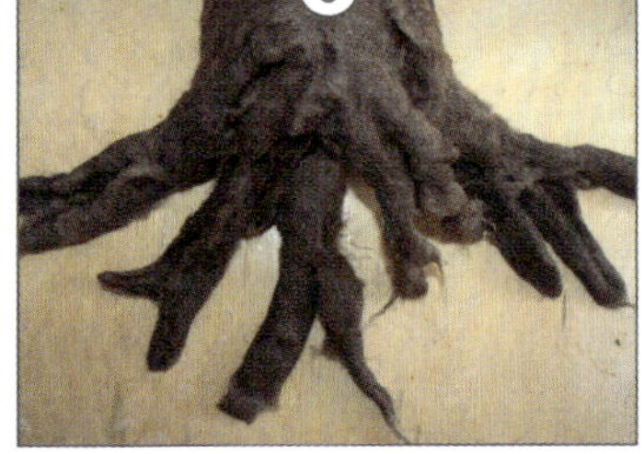

Weitere Wurzelverzweigungen einreißen.

6

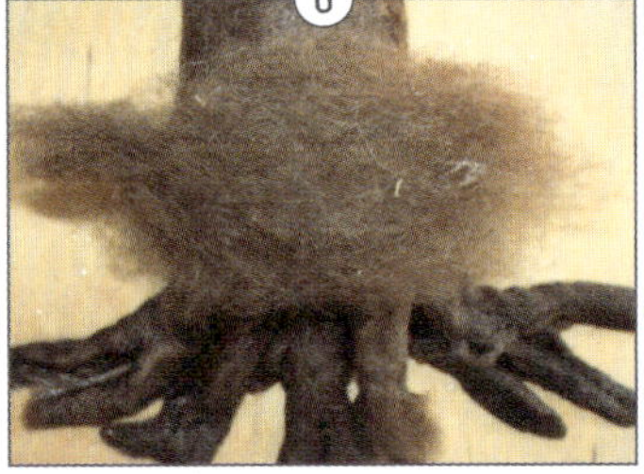

Den Baumstamm mit 6 dicken Stücken verstärken. Die Übergänge zu den Wurzeln hin nochmals mit 2–3 Stücken verstärken.

7

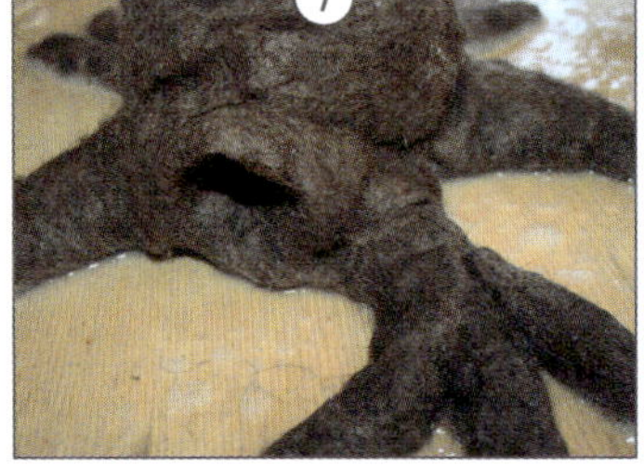

Die Wurzelhöhle ausformen und mit einigen Flocken belegen.

8

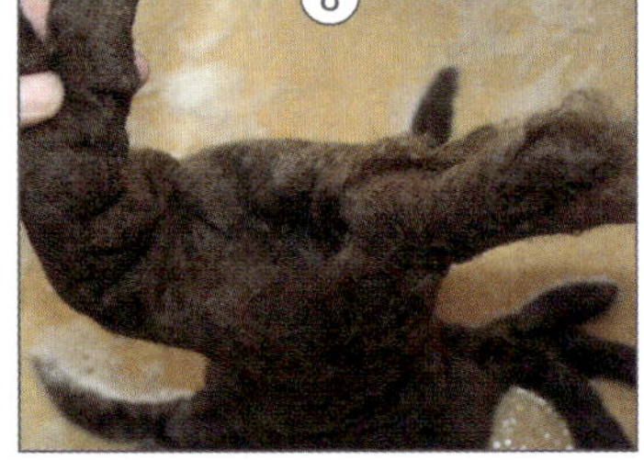

Beide Äste verstärken. Einer der Äste wird zweigeteilt.

9

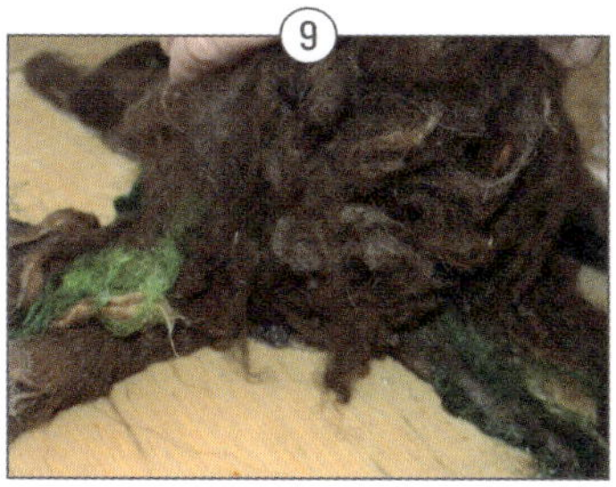

Braune Flockenwolle als Rinde, grüne Locken als Moos auf Wurzeln und Stamm verteilen. Jeweils sofort anfilzen.

10

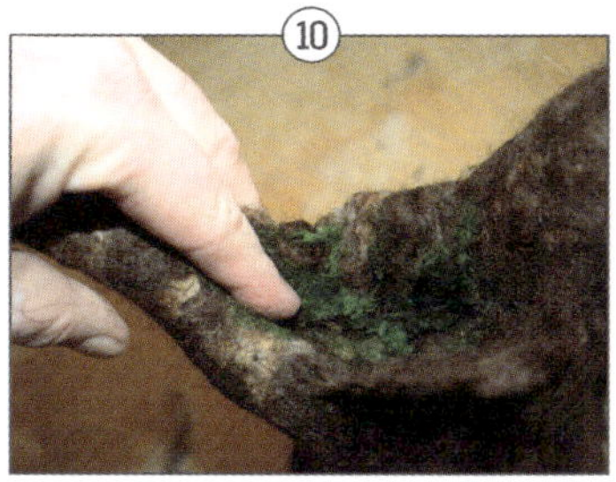

Baum von oben mit «Moos» und «Rinde» belegen und anfilzen.

11

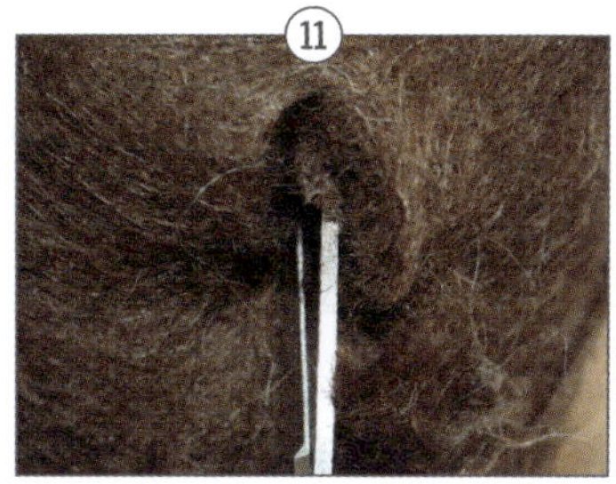

Ein Astloch einschneiden.

12

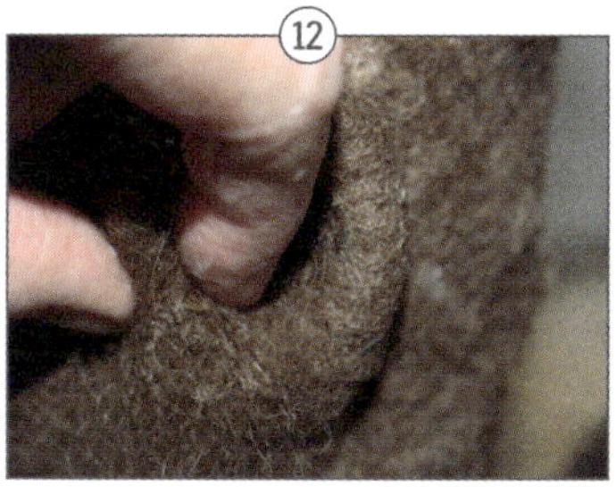

Einen Astloch-Wulst aufbauen.

13

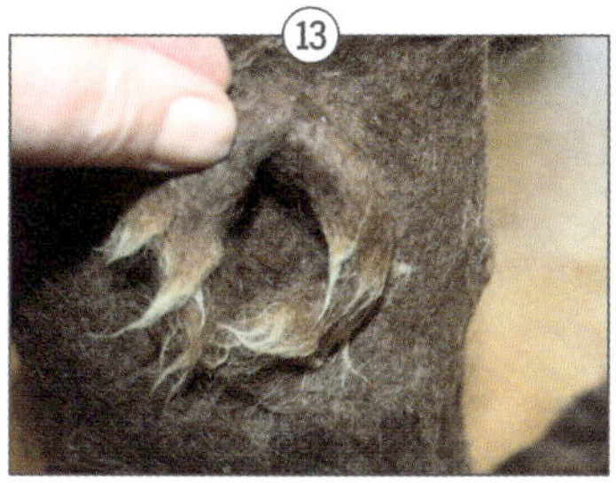

Den Wulst mit heller Flocke belegen und anfilzen. Den ganzen Baum fest walken.

14

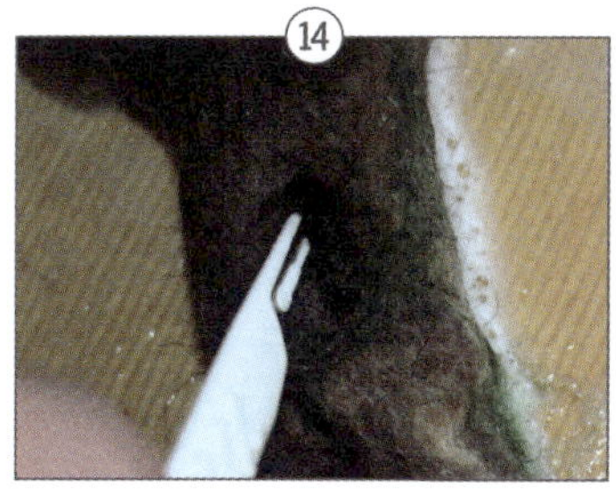

Ein Wurzelloch einschneiden, dann weiter walken.

15

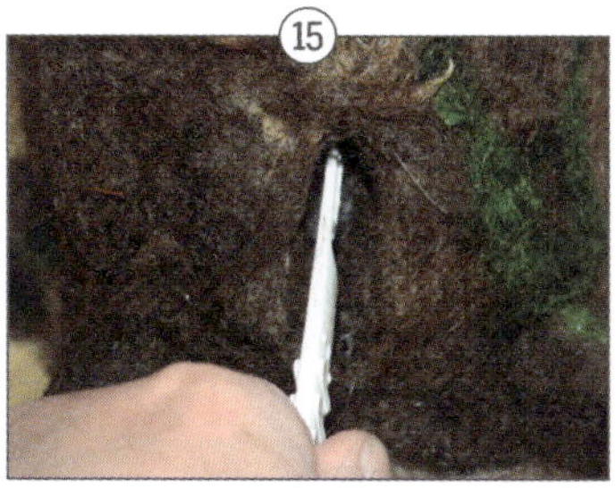

Die Stammhöhle aufschneiden. Die Schnittkante gut walken und ausformen. Die Noppenfolie nach dem Trocknen herausrollen.

16

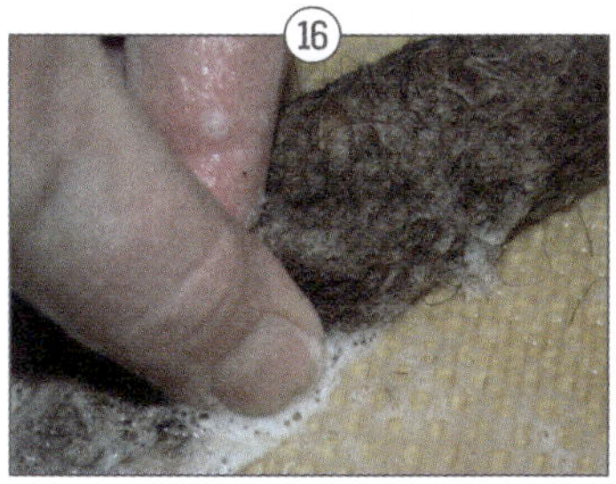

Die Wurzeln auf fester Noppenfolie walken. Den Stamm und die Äste festwalken.

17

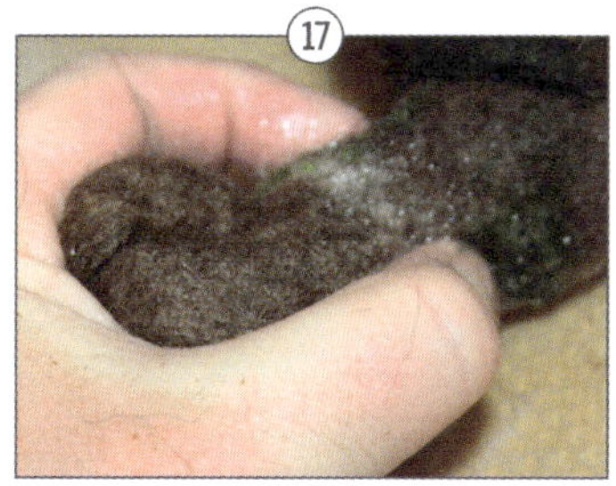

Die Wurzeln nach dem Walken der Länge nach zusammenkneten, dann werden sie «knorrig».

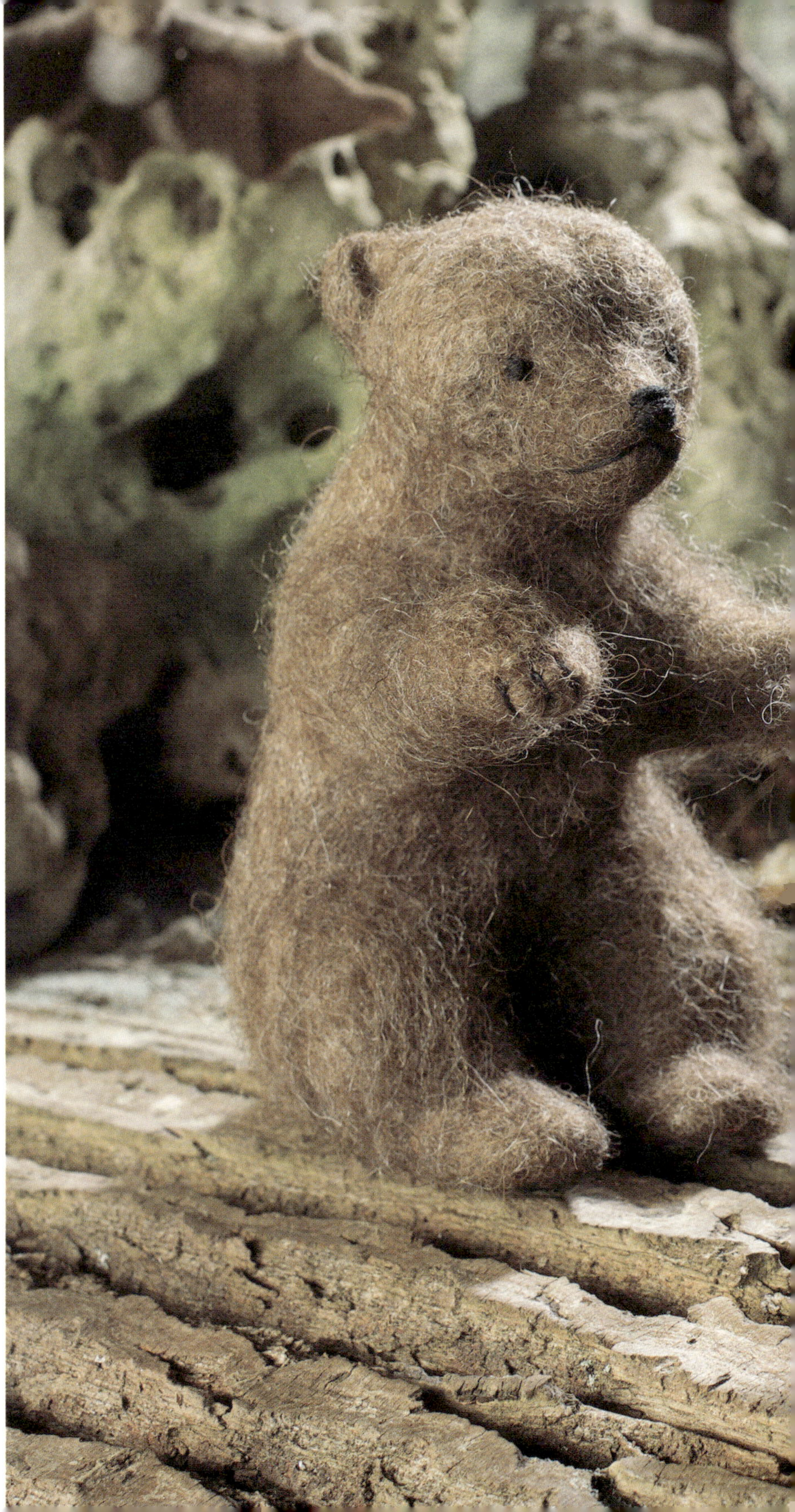

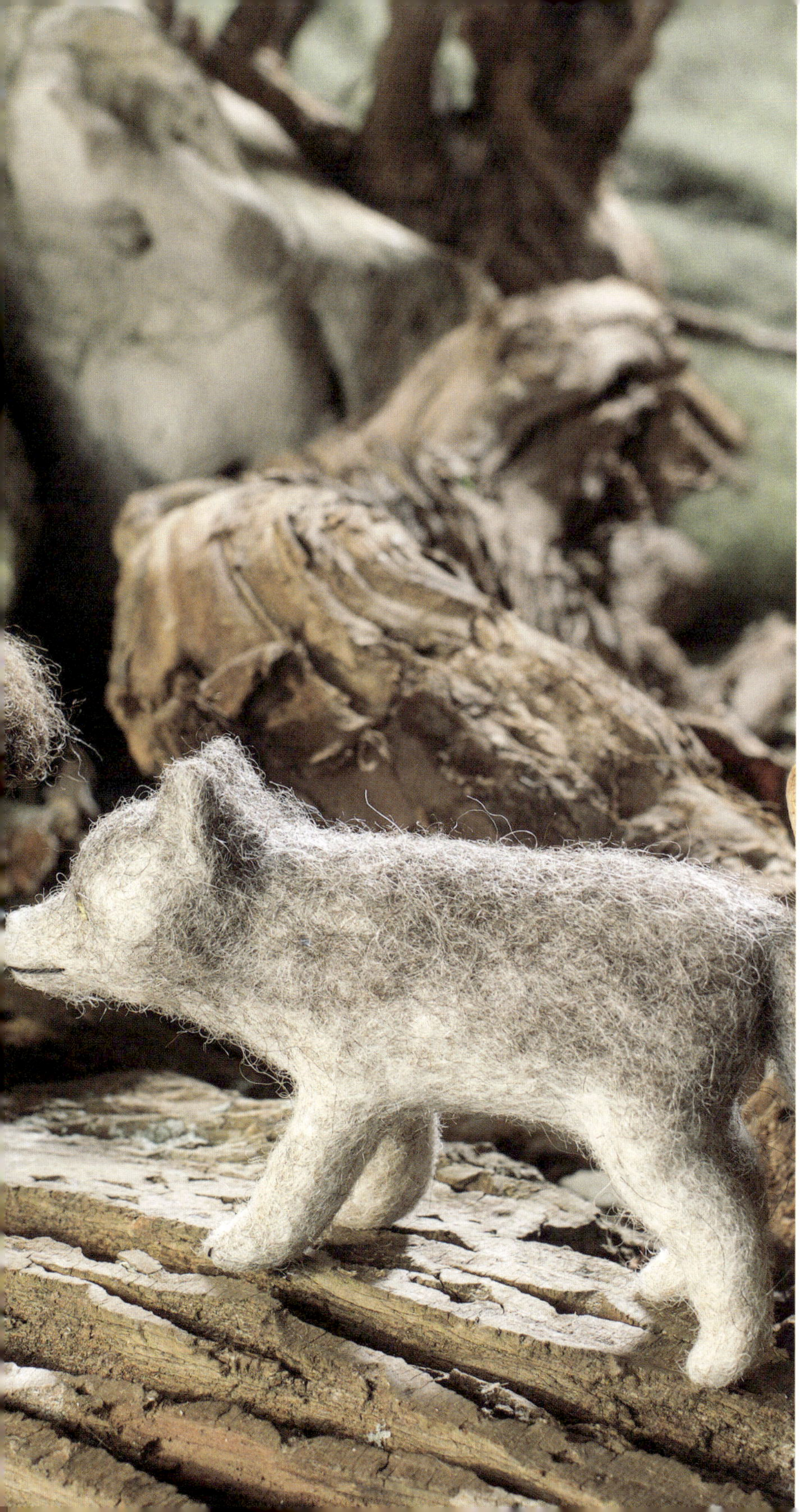

Nach dem Filzen

Arbeiten mit der Filznadel

Die Filznadel kommt aus der Nadelfilzmaschine, sie hat kleine Schlitze an der Spitze. Die Schlitze nehmen beim Einstechen Wollfasern mit nach unten, dadurch kann mechanisch gefilzt werden. Die Filznadel eignet sich beim Nassfilzen besonders zum Aufnadeln von Augen und zum Einnadeln von Nasenlöchern und Maul. Es ist einfacher, Augen und Schnauze aufzunadeln, als sie zu sticken. Bei den meisten Tieren können die Augen und die Schnauze nach dem Trocknen aufgenadelt werden. Benötigt wird hierfür eine Filznadel mittlerer Stärke (Anfängernadel). Die Maullinien wirken gestickt meistens echter, außer beim Frosch und bei der Eidechse. Wer nicht sticken möchte, kann eine Schnauze und dünne Maullinien aufnadeln.

Farbpunkte nadeln

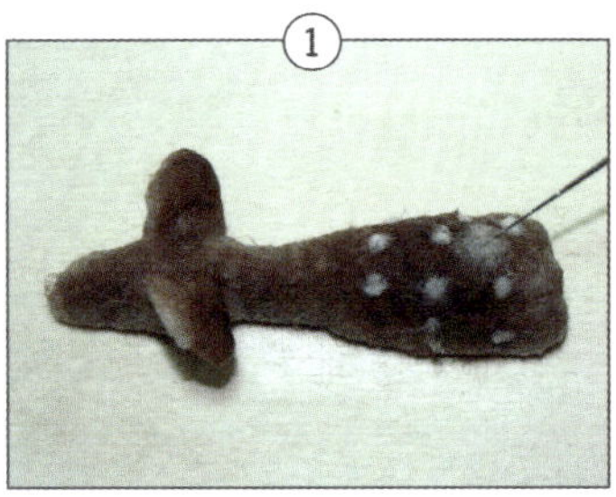

Flöckchen auflegen.

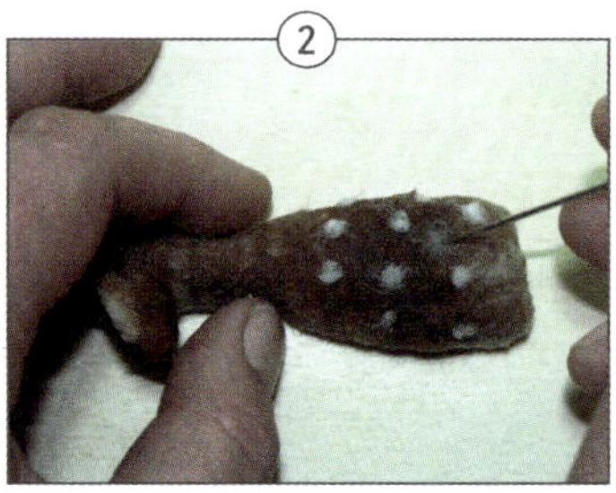

Die Flöckchen einnadeln, indem die Nadel mehrmals nur im Körper hin und her bewegt wird.

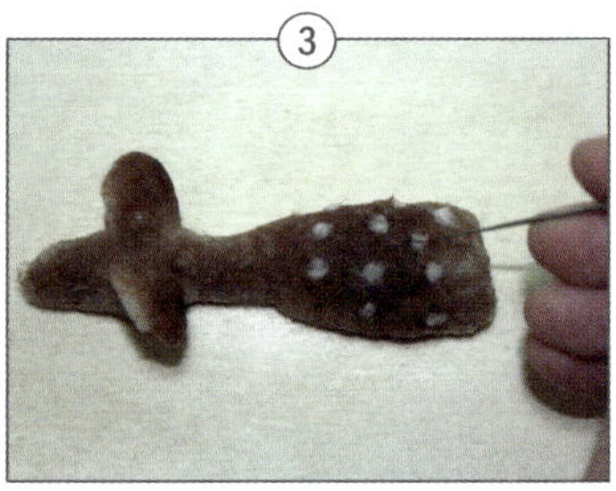

Die Fasern mit der Nadelspitze umkreisen und noch mehrmals einstechen.

Augen nadeln

Augen mit zwei schwarzen Stecknadeln markieren. Zwei gleich große Flöckchen mit der gewünschten Augenfarbe abzupfen, seitlich auf Höhe der Nasenwurzel auflegen und mit der Filznadel einstechen. Die Nadel mehrmals im Kopf hin und her bewegen, bis sich keine Fasern mehr nach unten bewegen. Die äußeren Fasern mit der Nadelspitze umkreisen und noch mehrmals einstechen. Am Augenrand ringsum schräg in Richtung Mitte stechen. Um den Rand herum eine Vertiefung einnadeln. Bei hellen Augen in der Augenmitte eine schwarze Pupille aufnadeln. Bei Eule, Katze, Wolf oder Frosch kann noch eine Lidumrandung aufgenadelt werden; dadurch wirkt das Auge echter. Bei dunklen Augen wirkt ein kleiner aufgenadelter oder gestickter Lichtpunkt lebendig.

1

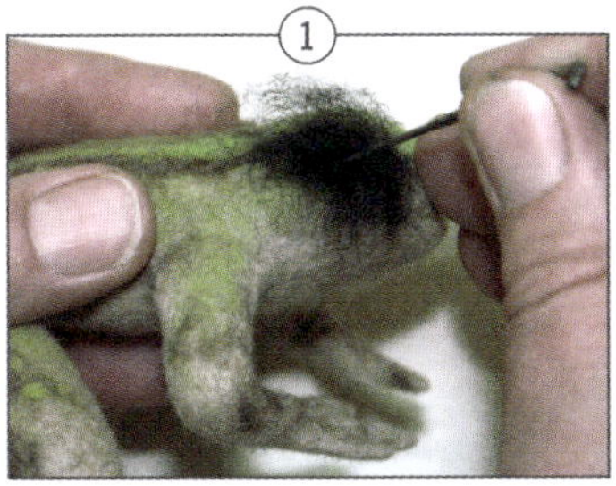

Flöckchen einnadeln.

2

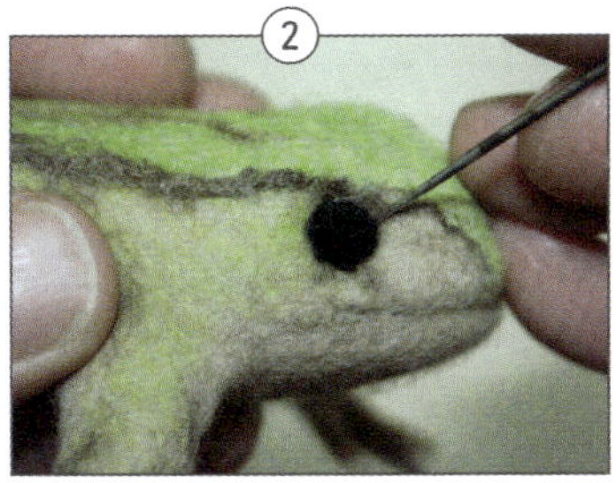

Den Augenrand seitlich in Richtung Mitte stechen und drumherum vertiefen.

3

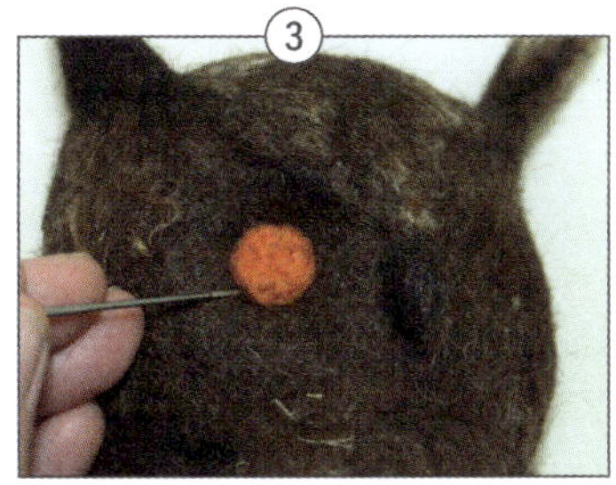

Eulenauge einnadeln.

Maul- und Nasenlöcher nadeln

1

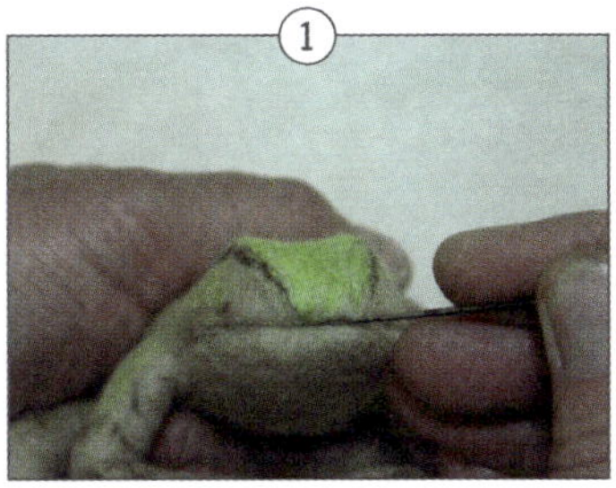

Die Maullinie mit flach gelegter Filznadel einprägen, dazwischen das feuchte Maul immer wieder zusammendrücken.

2

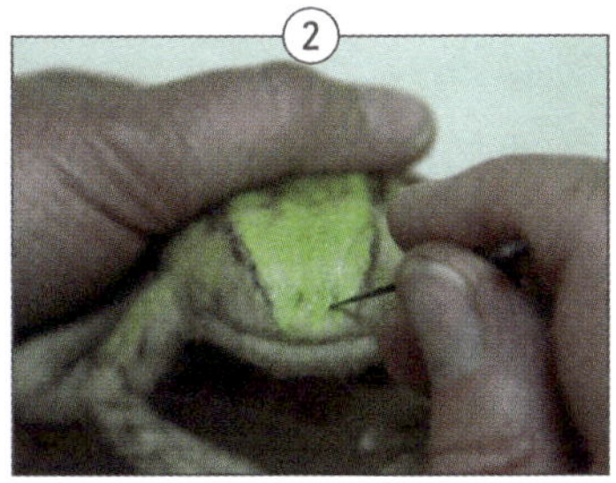

Die Nasenlöcher einnadeln.

3

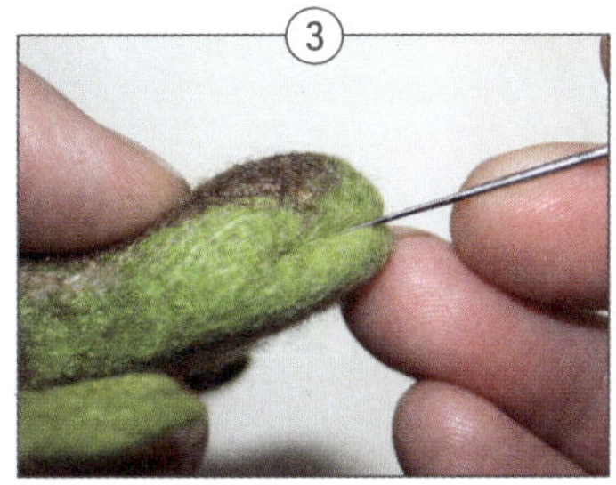

Das Maul einnadeln.

4

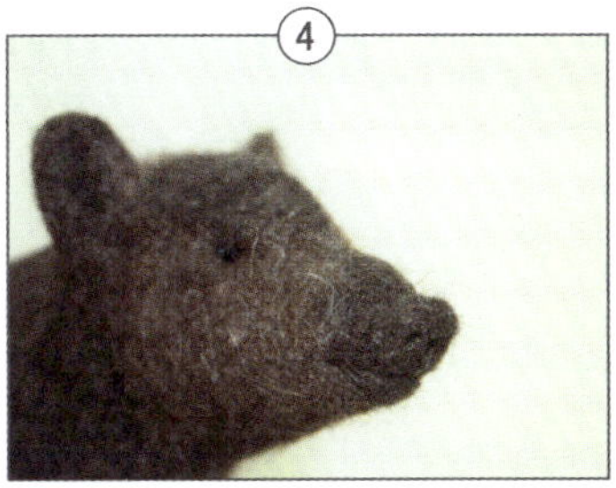

Das Maul und die Nasenlöcher einnadeln.

5

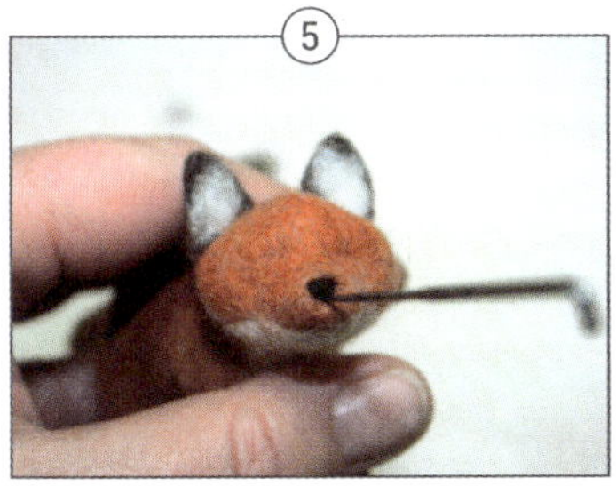

Die Schnauze jeweils mit mehreren Stichen in 3 Eckpunkte aufnadeln, die Mitte festnadeln.

6

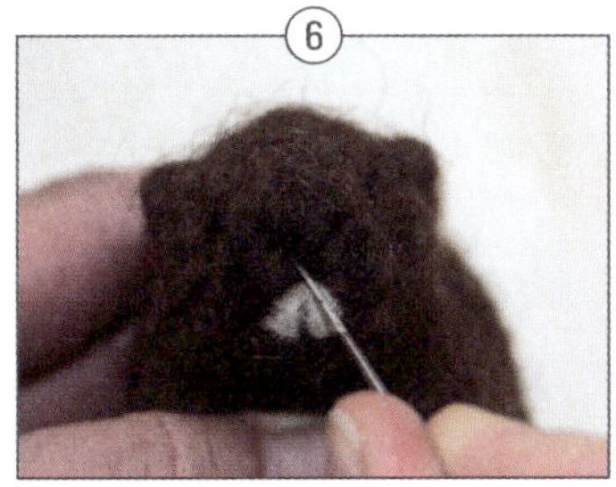

Die Nasenlochvertiefungen wie ein Ypsilon einnadeln.

Flockenwolle aufnadeln

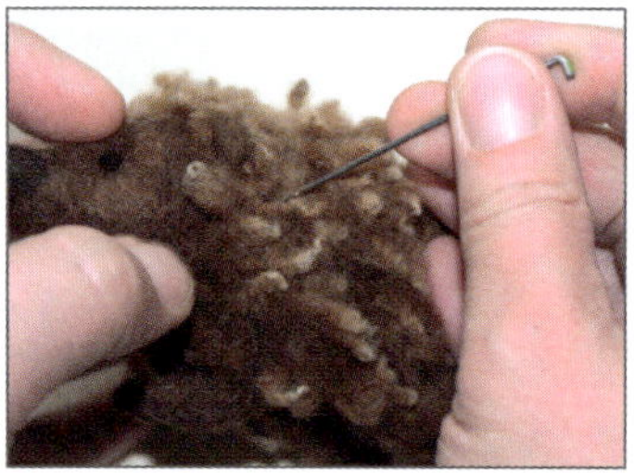

Dachziegelartig von hinten nach vorne die Stacheln einnadeln.

Seife ausspülen und trocknen

Das Filzobjekt etwa zehnmal alle zehn Minuten zehn Sekunden lang abduschen. Vor, während und nach dem Duschen nicht drücken, wringen, quetschen oder reiben (die Figur haart und verformt sich sonst). Anschließend zehn Minuten abtropfen lassen (die Abtropfpause kann auch länger sein), dabei möglichst hochkant hinstellen oder den Schwanz tiefer als den Körper legen, nicht ausdrücken. Das Objekt auf ein Handtuch legen. Wenn das Tier nur noch feucht ist, die Form noch einmal kontrollieren und – falls nötig – korrigieren. Gegebenenfalls auf der Heizung oder in der Sonne trocknen lassen. Der pH-Wert kann mit einem Wasserbad, in das ein Schuss Essigessenz zugegeben wurde, neutralisiert werden. Das ist für Tiere aus feiner Wolle zu empfehlen, ebenso wenn das Filzen länger unterbrochen wurde.

Bürsten und aufzupfen

Mit einer kleinen Fellbürste lässt sich die fest gefilzte Oberfläche nach dem Ausspülen gut aufbürsten. Dafür mehrmals sacht über die gewünschten Stellen bürsten, bis ein Fell entstanden ist. Aufgefilzte Flocken wie beim Igel oder dem Uhu mit einer Stopfnadel aufzupfen, beim Eichhörnchen den Schwanz aufbürsten.

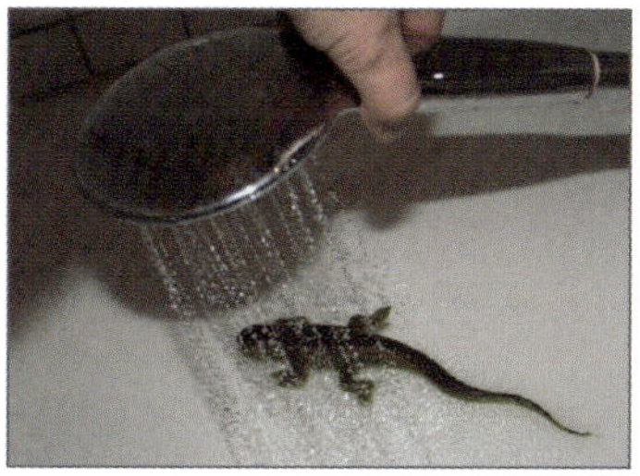

Das Tier zehnmal zehn Sekunden lang alle zehn Minuten mit warmem Wasser abduschen.

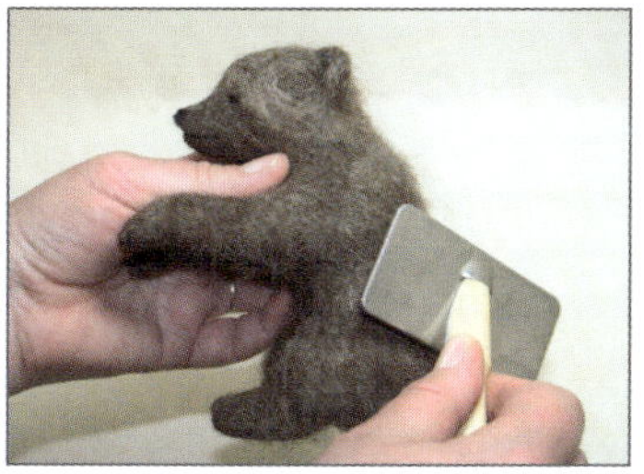

Durch das Aufbürsten wirken Bär, Biber, Wolf und Wildschwein lebensecht.

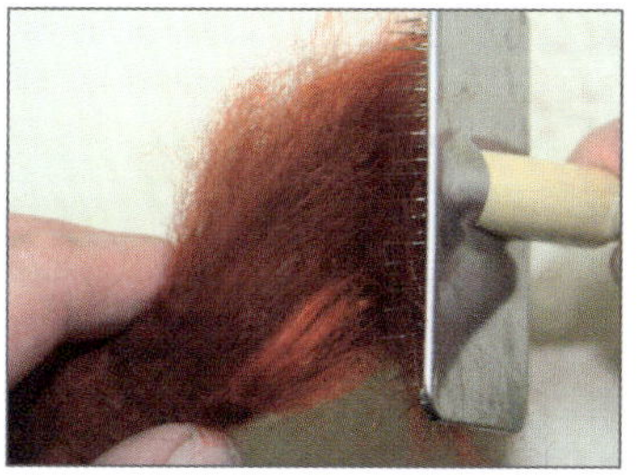

Bei Eichhörnchen, Siebenschläfer, Marder und Fuchs wird nur der Schwanz aufgebürstet.

Sticken

Zum Sticken braucht man Sticknadeln, Schere, Stickgarn oder Baumwollstopfgarn und eventuell einen feinen, wasserfesten Filzstift für die Pupille.

Schnauze und Augen sticken

Schnauze und Augen mit Stecknadeln markieren. Lieber zu klein als zu groß sticken.

① 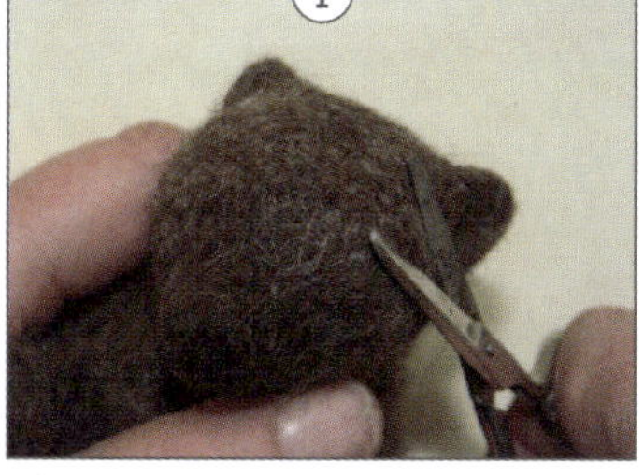

Lange Fasern am Kopf vor dem Sticken abschneiden.

② 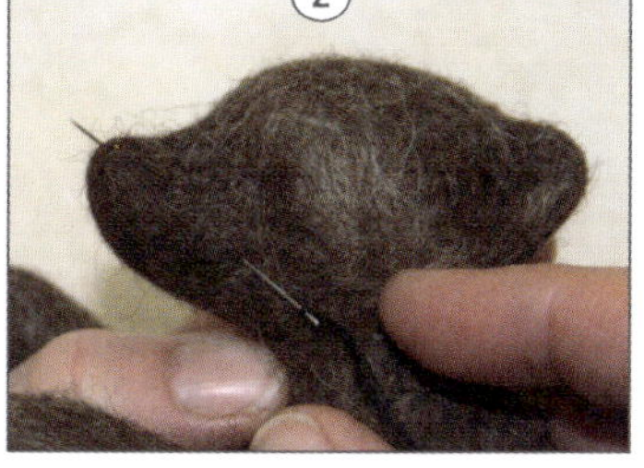

Seitlich am Kopf mit der Nähnadel einstechen und zur Schnauze herausstechen.

③ 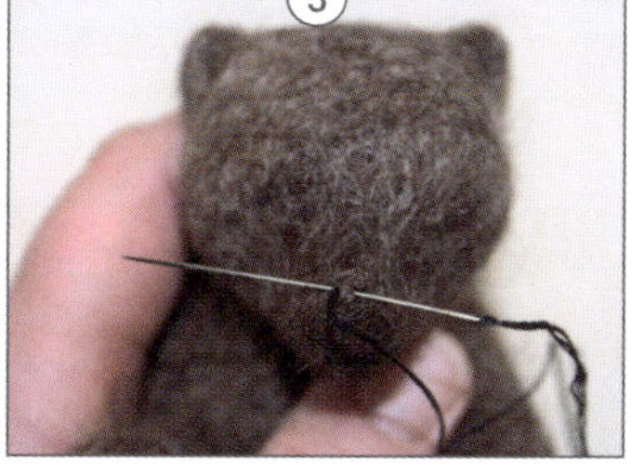

Einen kleinen Stich zum Vernähen setzen.

4

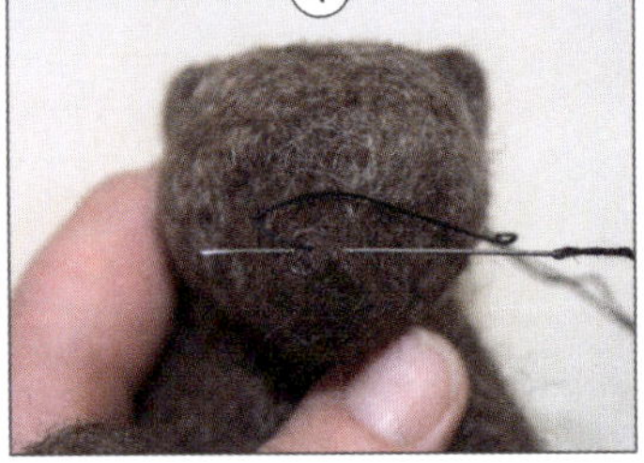

In Schnauzenbreite einen Stich setzen.

5

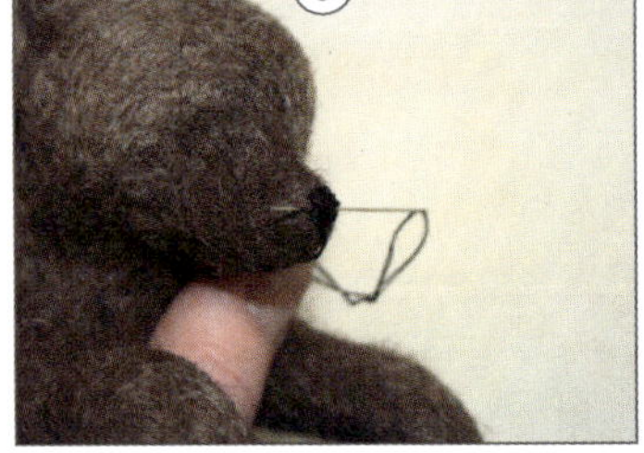

6 Stiche parallel untereinander sticken.

6

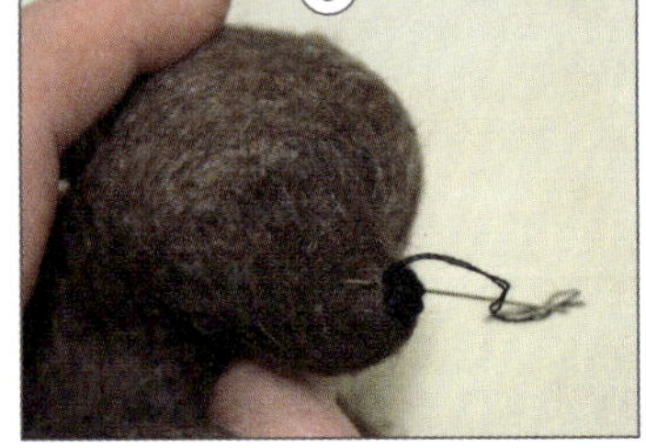

Über diese 6-10 Stiche setzen.

7

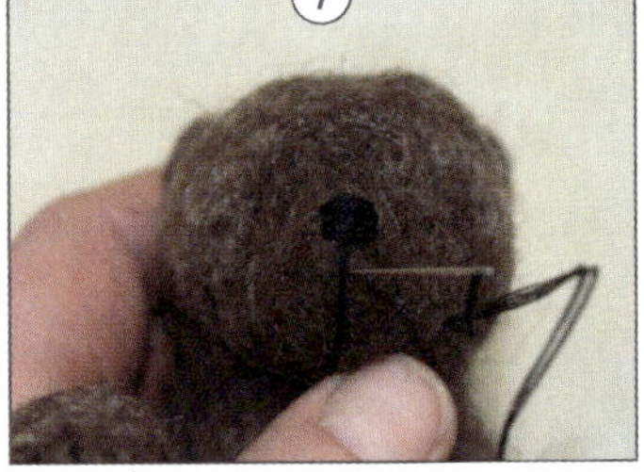

Mittig knapp unterhalb der Schnauze hinausstechen, einen kurzen Mittelstich vertikal nach unten setzen. Seitlich zum Maul stechen.

8

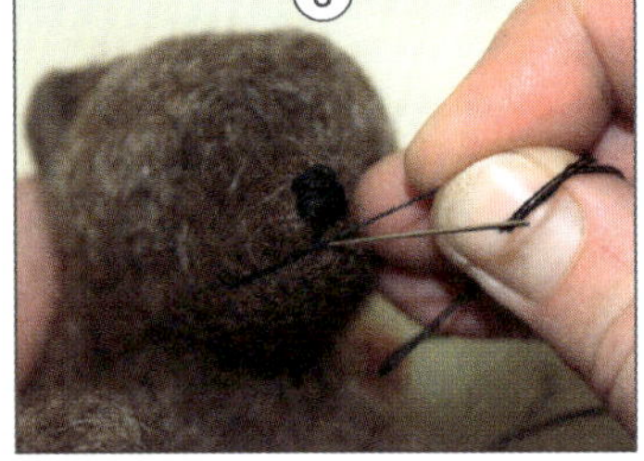

Mit dem Faden prüfen, ob Länge und Schräge gut sind. Beim Mittelstich wieder einstechen, auf der gegenüberliegenden Seite hinausstechen.

9

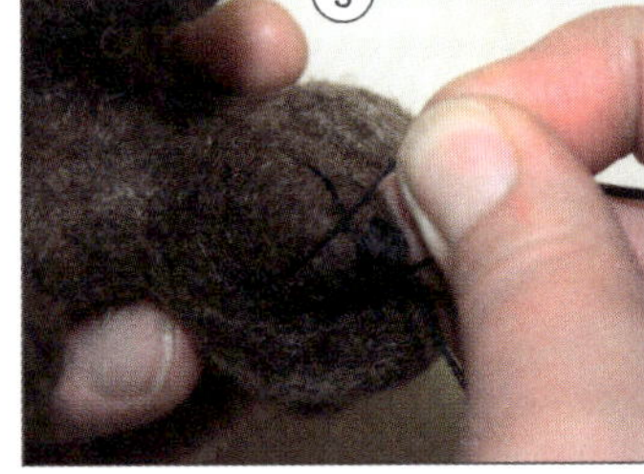

Mit dem Faden prüfen, ob Länge und Schräge dem anderen Maulstich entsprechen. Beim Mittelstich wieder einstechen.

10

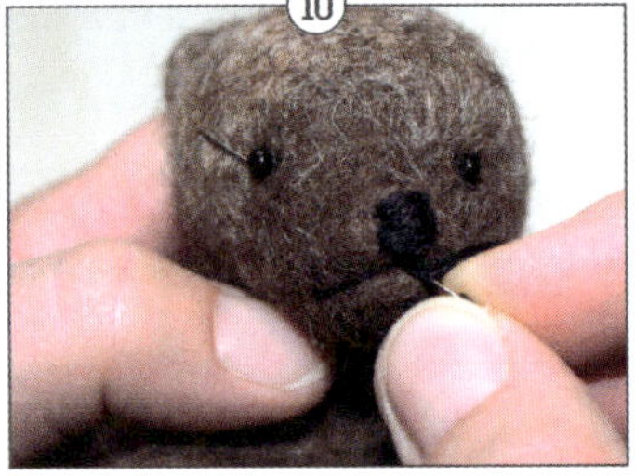

Von der Schnauze kommend beim rechten Auge hinausstechen, 5 kurze Stiche setzen.

11

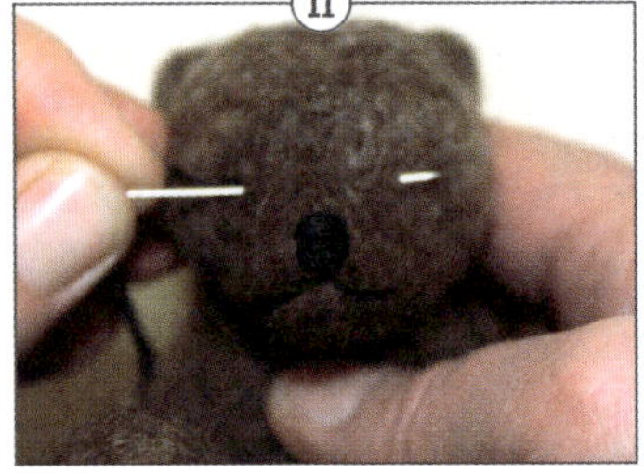

Dann beim zweiten Auge 5 Stiche setzen. Wieder zum ersten Auge stechen, 5 Stiche darüber setzen. Wieder zum zweiten Auge stechen.

12

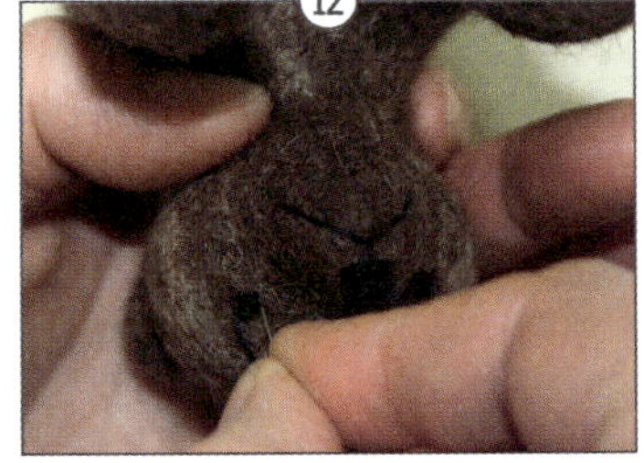

Den Bär auf den Kopf drehen, so gehen die letzten 5 Stiche auch zur Nasenwurzel. Zum Vernähen seitlich hinausstechen, in dasselbe Loch wieder ein- und daneben hinausstechen.

Helle Augen benötigen eine Pupille, die mit einem feinen wasserfesten Stift aufgemalt werden kann. **Dunkle Augen** wirken mit einem gestickten Lichtpunkt echter.
Wenn die Augen nicht mit derselben Farbe genäht werden, nach dem Sticken der Schnauze seitlich am Kopf hinausstechen, zum Vernähen wieder in dasselbe Loch einstechen und ein Stück daneben wieder ausstechen, dann den Faden abschneiden. Den neuen Augenfaden auf dieselbe Weise vernähen wie den Faden für die Schnauze.

Die Krallen sticken

Bei Bär, Biber, Hund, Katze, Fuchs, Dachs und Eichhörnchen wirken aufgestickte Krallen gut.

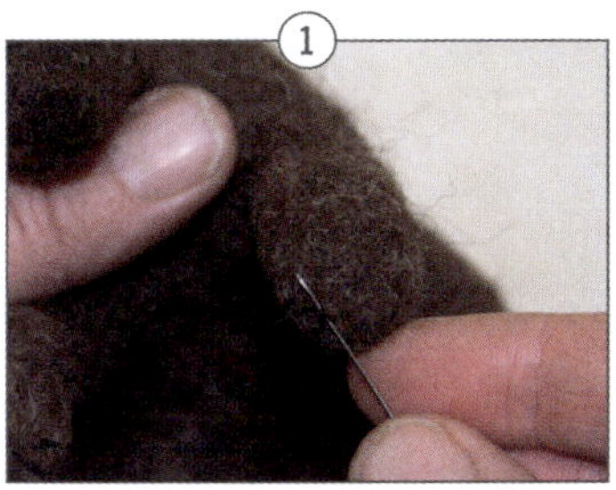
Seitlich der Tatze einstechen. Bei der ersten Kralle hinausstechen und einen Ministich zum Vernähen setzen.

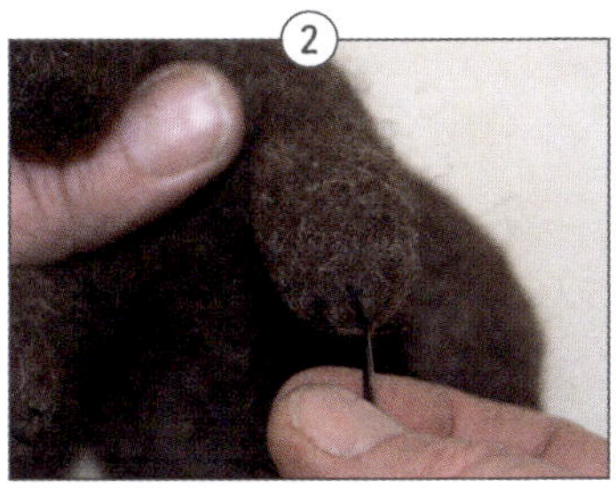
4 Krallen sticken.

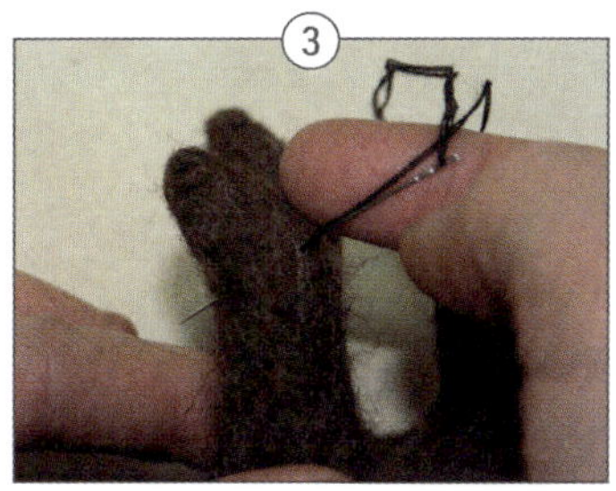
Zur Sohle stechen, zum Vernähen in dasselbe Loch wieder einstechen. Daneben wieder hinausstechen und den Faden abschneiden.

Augen aus Perlen

Perlen als Augen wirken sehr gut bei folgenden größeren Tieren: Maus, Haselmaus, Siebenschläfer, Igel, Vogel und Eidechse.
Zum Annähen der Perlen seitlich am Kopf einstechen, zum Auge herausstechen. Mit einem Ministich zum anderen Auge stechen und wieder einen Ministich zurück zum ersten Auge setzen – so lange, bis der Faden fest vernäht ist. Die Perle einfädeln, am Auge einstechen, zum anderen Auge stechen, dort ebenfalls eine Perle einfädeln und wieder einstechen. Dann wieder zum ersten Auge stechen und zum zweiten Mal durch die Perle stechen, wieder unter der Perle einstechen und beim Ohransatz oder am Hinterkopf hinausstechen. Den Faden fest anziehen, dabei die Perle mit der anderen Hand in die Augenhöhle drücken. In dasselbe Loch zurück zum zweiten Auge stechen, zum zweiten

Mal durch die zweite Perle stechen, wieder unter der Perle einstechen und zum Ohransatz oder am Hinterkopf hinausstechen. Den Faden fest anziehen, dabei die Perle mit der anderen Hand in die Augenhöhle drücken. In dasselbe Loch zur Seite des Kopfes stechen. Zum Vernähen noch mal in dasselbe Loch stechen und an einer anderen Stelle hinausstechen. Den Faden abschneiden.

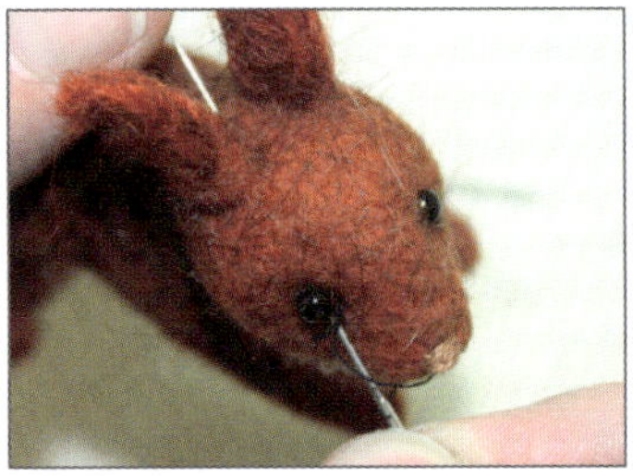

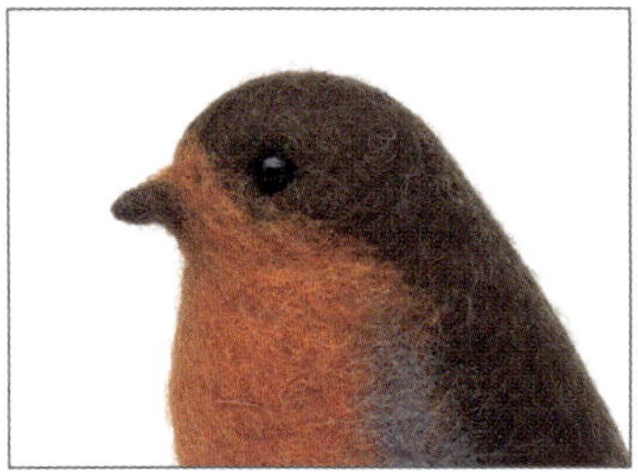

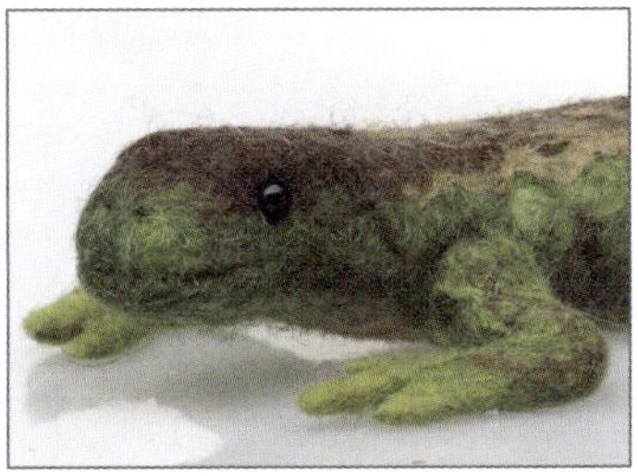

Mottenbefall und Aufbewahrung

Was tun bei Mottenbefall? Wollmotten sind klein und silber-/goldfarben, ihre Larven sind weiß. Der Kot sieht aus wie braune Körnchen. Bei Befall die Filztiere bei 85 °C 15 Minuten auf einem Blech in den Dampfgarer oder befeuchten und bei 85 °C 30 Minuten in den Backofen legen. Große Tiere kommen in eine Sauna. Kleine Fraßspuren können durch Überfilzen beseitigt werden, größere Löcher vorher mit der Filznadel «stopfen».
Vorbeugung: Objekte benutzen, bewegen, regelmäßig kontrollieren und gegebenenfalls Neem-Öl auf die Standfläche auftragen oder Kieselgur unter die Standfläche streuen. Aufbewahren: Braunen oder grauen Karton verwenden und in Zeitungspapier einwickeln. Wer sichergehen möchte, kann Mottenpapier in einem Papierfrühstücksbeutel mit in den Karton legen.
Ausbleichen: Ist ein Filztier längere Zeit direkter oder indirekter Sonneneinstrahlung ausgesetzt, bleicht es aus. Ungefärbte braune Naturwolle bleicht leider besonders schnell aus.
Draußen: Filztiere können geschützt oder ungeschützt auch im Garten oder am Haus ein Plätzchen finden. Sie sollten so angebracht sein, dass Regenwasser gut abtropfen kann. Damit die Vögel für den Nestbau keine Wolle holen, das gesamte Tier mit verdünntem, mattem Acryllack einstreichen. Verdünnung: 70 % Lack zu 30 % Wasser und 2 Tropfen Spülmittel.

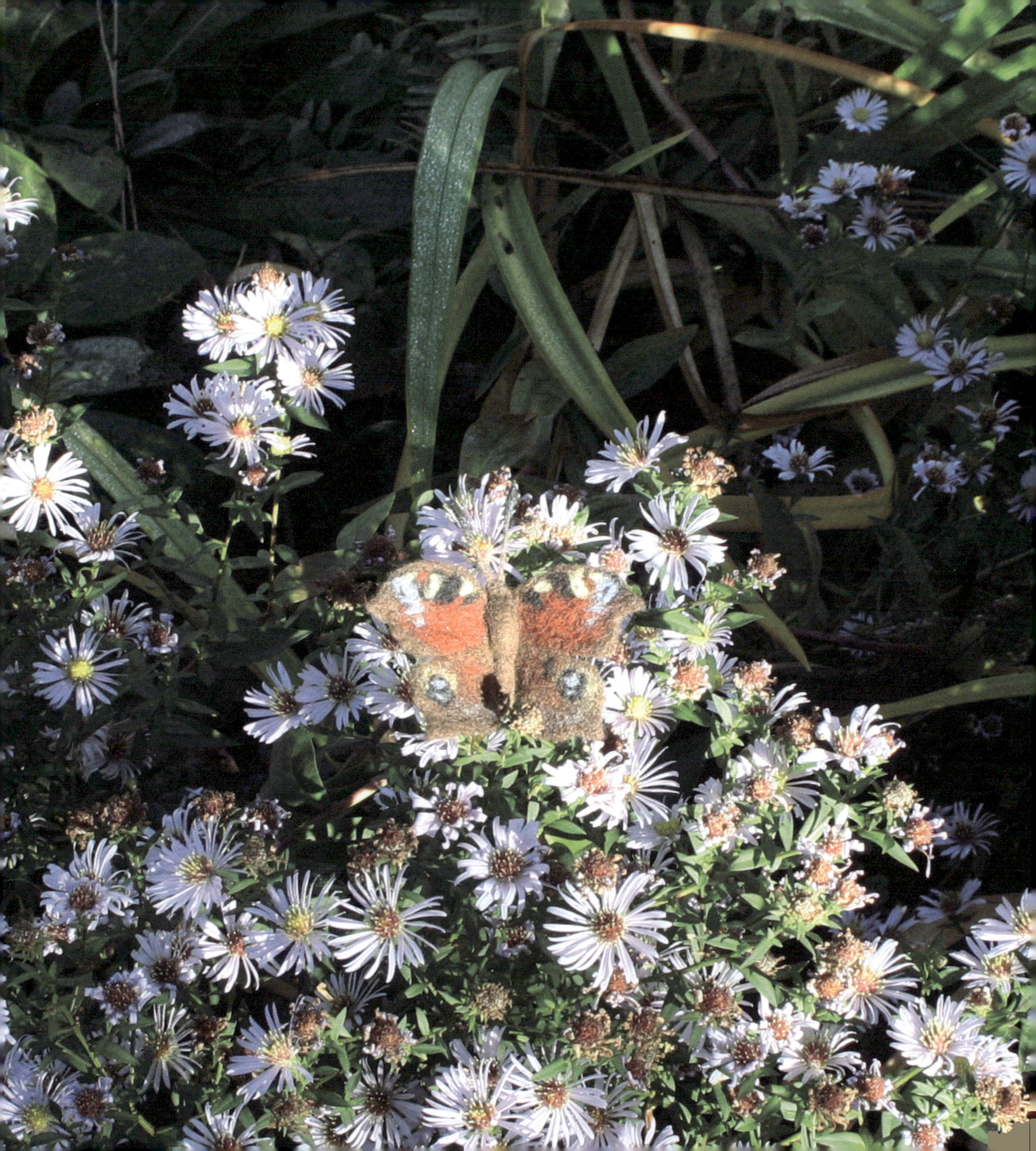

Bezugsquellen

Wollknoll Sonja Fritz
Forsthausstraße 7
74420 Oberrot-Neuhausen
www.wollknoll.eu

Schafwollkämmerei Gerhard Eischer
Adlerstraße 1
91580 Petersaurach
www.wollmeister.de

Filzrausch Frieder Glatzer
Hagenweg 2b
37081 Göttingen
www.filzrausch.de

Hof Kornrade Gabriel Leithaus
Am Bergschlösschen 10
09600 Niederschöna-Hetzdorf
www.wollfaser.de

Wollspinnerei Vetsch
Bahnhofstraße 24
CH-7231 Pragg-Jenaz
www.wollspinnerei.ch

Spycher Handwerk
Bäch 4
CH-4953 Huttwil
www.spycher-handwerk.ch

Wollkarderei Ursula Jaton
Degenmattstraße 68
CH-4421 St. Pantaleon
www.atelier-pecora.ch

Ötztaler Schafwollzentrum Regensburger
Lehnpuit 2-4
A-6441 Ulmhausen
www.schafwollzentrum.tirol

Schmierseife: in manchen Drogerien und Supermärkten erhältlich

weiche Noppenfolie: Verpackungsmaterial

feste Noppenfolie: als Schrankfolie bei Ikea

Elektrodraht: in jedem Baumarkt und beim Elektriker

Kieselgur-Pulver: Hotrega (online)

Über die Autorin

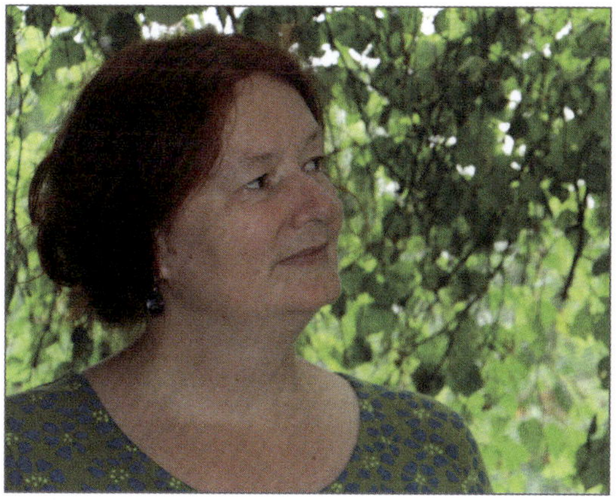

Rotraud Reinhard, geb. 1961, lebt mit Mann und Katze im malerischen Burgdörfchen Maienfels in Nord-Württemberg. Aus den Tätigkeiten rund ums Spinnen, Weben und Stricken stieß sie 1989 auf die Möglichkeit, Wolle zu verfilzen. Viele Anregungen ergaben sich durch das Zusammenleben mit ihren drei Töchtern und durch die Nähe zum Wald. Bald wurde nur noch gefilzt. Rotraud Reinhard entwickelte die Aufbautechnik, die dreidimensionales Filzen ermöglicht, und bald wurde das Hobby zum Beruf. Jahrelang wanderten unzählige Tiere und Figuren aus ihrer Filzwerkstatt zu Kindern und Liebhabern. Inzwischen widmet sie sich hauptsächlich der Kursarbeit und ist leidenschaftliche Großmama von fünf Enkelkindern.
Ihr erstes Buch, *Filzen von Tieren und Figuren*, erschien 2001. 2004 erschien ihr Buch *Filzen von Tieren aus aller Welt*, 2007 zusammen mit Wolfgang Held das Buch *Eisbär, Pinguin & Co., Polartiere filzen.* 2009 erschien *Auf dem Bauernhof. Filzen für die ganze Familie.*

Filzwerkstatt
Rotraud Reinhard
Im Burgfrieden 14
71543 Wüstenrot-Maienfels
www.filztiere.de

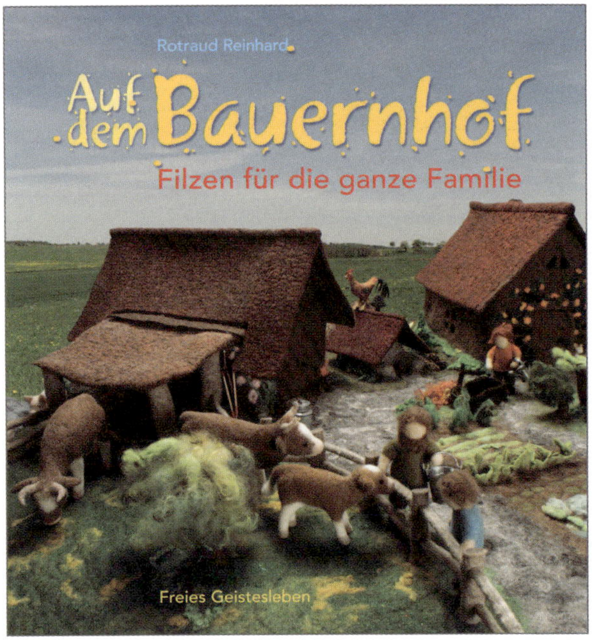

Rotraud Reinhard
Auf dem Bauernhof
Filzen für die ganze Familie
151 Seiten, durchgeh. farbig,
gebunden.
ISBN 978-3-7725-2295-6

Ferien auf dem Bauernhof sind voller Abenteuer – nicht nur für Stadtkinder! Einen Bauernhof mit all seinen unterschiedlichen Tieren und Bewohnern, einem Haupthaus und dem Stall, der großen Scheune, den Weiden, Gärten und vielem mehr mit der ganzen Familie selbst zu gestalten bringt das Landleben mitten ins Kinderzimmer. Durch die detaillierten Anleitungen ermöglicht Rotraud Reinhard das Nacharbeiten eines ganzen Hofes – oder jeder sucht sich einfach sein Lieblingstier aus.

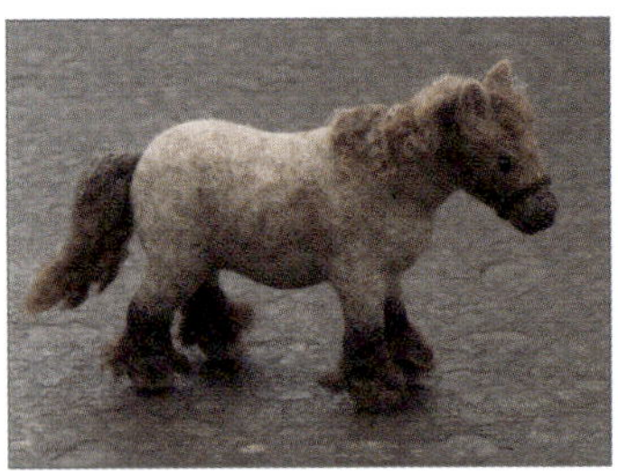
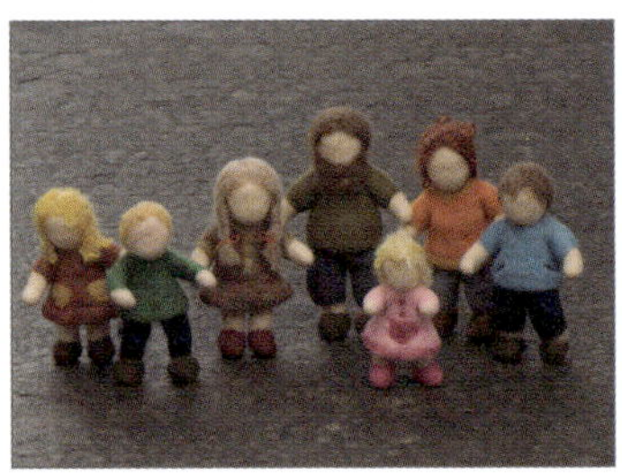
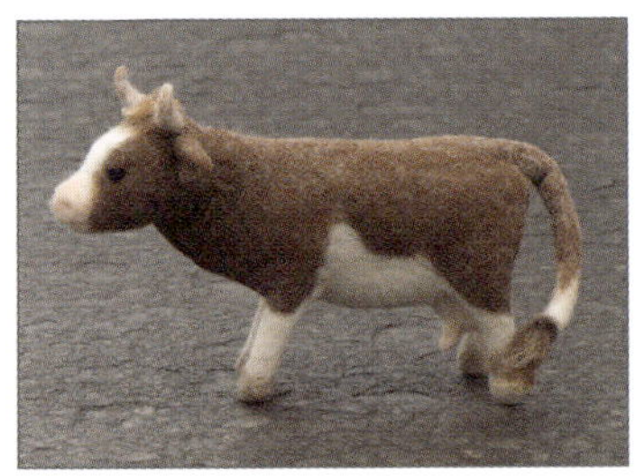

Verlag Freies Geistesleben

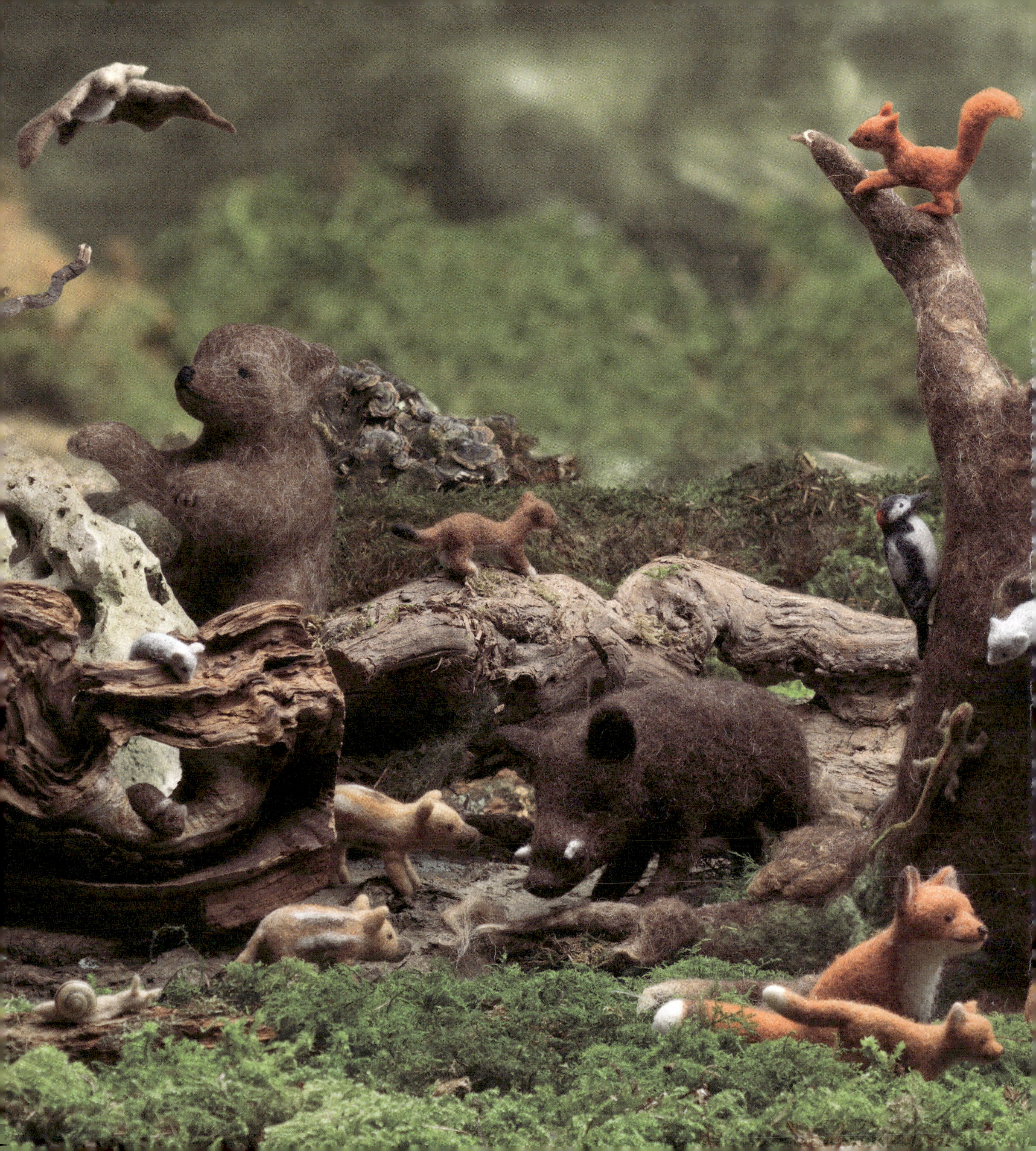